Monika Schulz

Gottfried von Straßburg: ›Tristan‹

Mit 19 Abbildungen und Grafiken

J.B. Metzler Verlag

Die Autorin
Monika Schulz ist Professorin für Ältere deutsche Literatur
an der Universität Regensburg.

Bibliografische Information der Deutschen Nationalbibliothek
Die Deutsche Nationalbibliothek verzeichnet diese Publikation in der Deutschen Nationalbibliografie; detaillierte bibliografische Daten sind im Internet über http://dnb.d-nb.de abrufbar.

ISBN 978-3-476-02575-3
ISBN 978-3-476-05419-7 (eBook)

Dieses Werk einschließlich aller seiner Teile ist urheberrechtlich geschützt. Jede Verwertung außerhalb der engen Grenzen des Urheberrechtsgesetzes ist ohne Zustimmung des Verlages unzulässig und strafbar. Das gilt insbesondere für Vervielfältigungen, Übersetzungen, Mikroverfilmungen und die Einspeicherung und Verarbeitung in elektronischen Systemen.

J.B. Metzler, Stuttgart
© Springer-Verlag GmbH Deutschland, 2017

Einbandgestaltung: Finken & Bumiller, Stuttgart (Abb.: Tristan schneidet dem toten Drachen die Zunge heraus; München, Bayerische Staatsbibliothek, Cgm 51, fol. 67r)
Satz: primustype Hurler GmbH, Notzingen
Druck und Bindung: Ten Brink, Meppel, Niederlande

J.B. Metzler ist Teil von Springer Nature
Die eingetragene Gesellschaft ist Springer-Verlag GmbH Deutschland
www.metzlerverlag.de
info@metzlerverlag.de

Inhaltsverzeichnis

Vorwort		IX
1	**Grundlagen**	1
1.1	Gottfrieds Vorläufer: Berol, Eilhart und Thomas	1
1.2	Stoff- und Motivgeschichte. Die keltische Erzähltradition	8
1.3	Wer war Gottfried? Datierung und Überlieferung des *Tristan*	15
1.4	Gottfrieds Tristan: ein Fragment?	20
	Fazit	20
2	**Der Prolog**	22
2.1	Das Programm der *edelen herzen*	22
2.2	Das Initialenspiel	30
	Fazit	31
3	**Elternvorgeschichte und Identitätssuche. Tristan als höfischer Ritter und Heros**	32
3.1	Das tragische Liebesglück der Eltern: Präfiguration der Haupthandlung?	32
3.1.1	Riwalins *übermuot*	32
3.1.2	Markes Maienfest – Riwalin und Blanscheflur	33
3.1.3	Riwalins Tod – Tristans Geburt – Blanscheflurs Sterben	36
3.2	Tristans Kindheit und Jugend: Sichtbarwerden seiner Exzeptionalität	38
3.2.1	Tristans ›zweite Geburt‹. Konstruktion einer neuen Identität	38
3.2.2	Erziehung und Ausbildung: Das Konzept der ›*elegantia morum*‹	40
3.2.3	Etablierung am Markehof: Tristans höfische ›Hirschbast‹ als Eintrittskarte	41
3.2.4	Abkunftsklärung und ›Vätcrakkumulation‹	44
3.2.5	Die Schwertleite: Tristans Initiation ritterlicher Identität. Der Literaturexkurs	47
3.3	Hybridität: Tristans Hervortreten als Heros	49
3.3.1	Die Rache an Morgan	49
3.3.2	Tristans Entscheidung für den Markehof: der *lantlôse* Held	51
3.3.3	Tristans Jugend als ›Heroenbiographie‹ mit höfischer Stilisierung	52
	Fazit	53
4	**Die Brautwerbung in Irland als Auftakt der Dreiecksbeziehung Tristan – Isolde – Marke**	54
4.1	Das Erzählschema der gefährlichen Brautwerbung	54
4.2	Die Brautwerbung bei Gottfried	55
4.2.1	Die Verbindung nach Irland: Heilung Tristans von der Giftwunde	55
4.2.1.1	Der Moroldkampf: Tristan als ›mythischer Heilsbringer‹	55
4.2.1.2	Die Heilungsfahrt (Irland I) – Der *spilman* Tantris-Tristan als Lehrer Isoldes	59
4.2.2	Die Brautwerbungsfahrt Tristans für Marke (Irland II)	63
4.2.2.1	Werbungsauftrag und Hofintrige	63
4.2.2.2	Tristans Drachenkampf und der betrügerische Truchsess	65

4.2.2.3	Doppelte Wahrheitsfindung: Splitterepisode und Entlarvung des Truchsess	67
4.2.2.4	Hochzeit, Eherechtsproblematik und Brautnachtbetrug	72
4.3	Die Brautwerbung bei Eilhart: ›*immram*‹ und Schwalbenhaar	74
	Fazit	77

5 Der Minnetrank: ›Kurzschluss‹ zwischen Tristan und Isolde 78

5.1	Der Trank als Legitimierung der Ehebruchsminne bei Berol und Eilhart	78
5.2	Der Minnetrank in der *Tristrams Saga*	80
5.3	Der Minnetrank bei Gottfried: Akzeptanz von Trank und Liebestod ...	81
5.3.1	Brangänes Auftrag	81
5.3.2	Trankeinnahme und Liebeserwachen	82
5.3.3	Tristans Akzeptanz von Trankminne und Liebestod – Die *edelen herzen*	85
5.3.4	Forschungspositionen zur Trankminne bei Gottfried	86
5.4	Das Liebesbekenntnis im *lameir*-Wortspiel	89
5.4.1	Das Fragment von Carlisle (Thomas)	89
5.4.2	Das Liebesgeständnis bei Gottfried	91
5.4.3	Minnekonzeptionen: Thomas und Gottfried	93
	Fazit	93

6 Öffentlichkeit und Heimlichkeit – List und Gegenlist 95

6.1	Die Öffentlichkeit als ›Rechtsinstitution‹	95
6.2	Die Listepisoden bei Gottfried	97
6.2.1	Handlungslisten: Brautnacht, Gandin- und Mehlstreuepisode, Schwertlist	99
6.2.2	Sprachlisten	102
6.2.2.1	›Lernstationen‹: Die Bettgespräche	102
6.2.2.2	›Anwendung‹ I: Die erste Baumgartenszene – Das belauschte Stelldichein	104
6.2.2.3	›Anwendung‹ II: Das Gottesurteil – Isoldes doppeldeutiger Eid und *gotes höfscheit*	108
6.2.3	Doppeldeutiger Eid und ›Kapellensprung‹ (*Tristams Saga*, Berol, Eilhart)	117
6.3	Diskurs des rechten Sehens – Auge, Herz und *samblanze*	119
	Fazit	121

7 Paradiesische Minnegrotte vs. entbehrungsreiches Waldleben: Gottfried und die Vorläufer 122

7.1	Die Vorläufer	122
7.1.1	Das Waldleben bei Berol und Eilhart: Tristan und Isolde als Jäger und Sammler	122
7.1.2	Die Minnehöhle in der *Tristrams Saga*: amoener Lustort in der Wildnis	124
7.2	Die Minnegrotte bei Gottfried: Vollendung höfischer Kultiviertheit	125
7.2.1	*wunschleben* und Grottenallegorese	125
7.2.1.1	Herkunft und Topographie der Minnehöhle	126
7.2.1.2	›Autobiographische‹ Erzähler-Exkurse	128

7.2.1.3	Speise- und Gesellschaftswunder: autonomes *wunschleben* der Liebenden.	129
7.2.1.4	Die Grottenallegorese als ›Gesamtmodell rechter Minne‹	132
7.2.2	Die Entdeckung der Liebenden und die Schwertlist – Markes *geluste unde gelange*.	137
7.2.3	Warum kehrt das Liebespaar an den Hof zurück?	140
	Fazit	141

8	**Die Minneexkurse**	**143**
8.1	Die Minnebußpredigt (*rede von guoten minnen*)	143
8.2	Die Minnelehrpredigt (Grottenallegorese)	147
8.3	Die Minnelobpredigt (*huote*-Exkurs)	147
8.3.1	Die Absage an die *huote* und die Utopie des *saeligen wîbes*	147
8.3.2	Baumgarten II: Isolde ist kein *saeliges wîp*	151
	Fazit	154

9	**Die zwei Isolden oder: Wie wird aus der Dreiecksbeziehung eine Vierergeschichte?**	**155**
9.1	Tristans Hinwendung zu Isolde II bei Gottfried	155
9.1.1	Die Abschiedsszene: Treueversicherung und Ringgabe	155
9.1.2	Isolde II: Verweischarakter durch Name und Schönheit	156
9.1.3	Tristans Verwirrung	158
9.1.4	Tristans Rechtfertigungsmonolog	160
9.1.5	Forschungspositionen zur Isolde Weißhand-Episode	161
9.2	Isolde Weißhand bei Thomas	162
9.2.1	Das Kennenlernen: Tristan zwischen Liebe und Begehren (*amur* vs. *delit*)	162
9.2.2	Isoldes Ring und die missglückte Hochzeitsnacht	163
9.2.3	Das ›kühne Wasser‹ und Tristans ›Schönheitsargument‹	165
9.3	Isalde II bei Eilhart	166
9.3.1	Kennenlernen und Heirat: Isalde als ›dynastisches Tauschobjekt‹	166
9.3.2	Das ›kühne Wasser‹ und Tristrants ›Hundeargument‹	167
9.4	Isolde Weißhand in anderen Texten	168
	Fazit	169

10	**›memoria‹ und Wiedersehen um jeden Preis**	**170**
10.1	Die Petitcreiu-Episode: Verzicht auf Leidlöschung	170
10.2	Der Statuensaal bei Thomas: Isolde als duftendes Bildwerk	171
10.3	Tristans Rückkehrabenteuer oder die ›Destruktion des Heros‹	174
	Fazit	178

11	**Segellüge und Liebestod**	**179**
11.1	Eilhart: Versuch einer Harmonisierung am Schluss	179
11.1.1	Voraussetzung: Kaedin als ›Tristanimitator‹ und Tristans Giftwunde	179
11.1.2	Die *tumliche* Segellüge der Ehefrau und der Tod der Liebenden	180
11.1.3	Marcks *jamer* und das Wunder von Rose und Rebe	181
11.2	Thomas: Eine ›*catena fatalis*‹ als Ursache der Katastrophe?	182
11.2.1	Voraussetzung: Tristan als Rächer eines Frauenraubs und seine Giftwunde	182
11.2.2	Der *grant irrur* der Ehefrau als Movens der Segellüge	183
	Fazit	185

12	**Unvereinbares vereinen? König Artus und Tristan**	186
12.1	Artus bei Gottfried und Thomas: Höfischer Normhorizont und Riesenkämpfer	186
12.2	Artus bei Eilhart: Die Wolfeisen-Episode	187
12.3	Artus bei Berol und im Prosa-*Tristan*: Der König als Eidhelfer Isoldes und Marke als Mörder	189
	Fazit	190
13	**Gender-Perspektiven**	191
14	**Die Fortsetzer Ulrich von Türheim und Heinrich von Freiberg**	194
14.1	Ulrich von Türheim	194
14.1.1	Überlieferung, Datierung, Dichter, Gönner	194
14.1.2	Erzählkomplexe: Die Ehebruchsminne als *unsin* und das elsternfarbene Reh	194
14.1.3	Forschungsgeschichte: Vom ›jämmerlichen Notdach‹ zum ›genau durchdachten Text‹	197
14.2	Heinrich von Freiberg	199
14.2.1	Dichter, Gönner, Datierung, Überlieferung	199
14.2.2	Erzählkomplexe	199
14.2.2.1	Astrologie und Minne, Passion und Ehe	199
14.2.2.2	Figurenkonzeptionen: Der höfische Frauenritter Tristan, die listige Isolde und der *einvaltige kunic* Marke	201
14.2.2.3	Heinrichs Verhältnis zu Gottfried: »programmatische Distanznahme«? Gottesliebe statt Passion	202
	Fazit	204
15	**Schlussbetrachtung. ›Erzählen im Paradigma‹ und ›Ökonomie der Transgression‹**	205
Literaturverzeichnis		207
Register		227

Vorwort

Der Tristanroman von Gottfried von Straßburg erzählt die Geschichte einer passionierten Liebe, die die gesellschaftliche Ordnung bedroht. Die Protagonisten sind Tristan und Isolde, eine verheiratete Frau und ihr Geliebter. In diesem Einführungsband werden vor allem die prüfungsrelevanten Interpretationsfelder umfassend behandelt. Im Zentrum steht dabei Gottfrieds radikale Minnekonzeption, die sich von zuvor bereits existierenden Fassungen anderer Dichter teilweise erheblich absetzt. Das betrifft unter anderem das Prolog-Programm, die Elternvorgeschichte sowie die Identitätssuche des Helden, den Minnetrank, die Minnegrotte und die Minneexkurse. Bei der Analyse von Gottfrieds Tristanroman werden, wo sinnvoll, Durchblicke auf und Vergleiche mit den Vorläuferversionen von Berol, Eilhart und Thomas geboten. Die vorliegende Einführung widmet sich auch den Erzählstationen, die bei Gottfried nicht mehr überliefert sind, jedoch von den Vorläufern berichtet werden: der Heirat Tristans mit einer anderen Frau, einer zweiten Isolde (Isolde Weißhand), den teilweise burlesken Rückkehrabenteuern des Protagonisten zur ersten Isolde und schließlich beider Tod. In den Blick kommen auch König Artus sowie Gender-Perspektiven. Das Kapitel über die Fortsetzer Ulrich von Türheim und Heinrich von Freiberg, die Gottfrieds Torso zu Ende erzählen, untersucht deren Bestreben, das Unerhörte der Tristan-Passion in die feudale Lebenspraxis zurückzubinden.

Der Bestand an Forschungsliteratur zum *Tristan* ist immens. Sichtung, Auswahl bzw. kritische Würdigung waren mitunter ein mühsames Unterfangen und ohne Hilfe kaum zu leisten. Für konstruktive Beiträge auch hinsichtlich der Konzeption des vorliegenden Bandes danke ich Tanja Pittner, Maria Link sowie Andrea Mader, die in teilweise langen Sitzungen versuchten, strittige Punkte auch aus der Perspektive der Studierenden zu diskutieren (Johanna Hörnig las dann wichtige Kapitel tatsächlich aus studentischer Sicht). Es ist bekanntlich oft ein recht steiniger Weg bis zur Fertigstellung, und auch hier ist Kollegen und MitarbeiterInnen zu danken, die in das mühselige Geschäft der Endformatierung eingebunden waren. Miriam Luge, Katja Biersack und Julia Enzinger danke ich vor allem für die fleißige bibliographische Recherche bzw. die mühselige Überprüfung der umfangreichen bibliographischen Angaben. (Trotz redlichen Bemühens um korrekte Literaturnachweise kann jedoch aufgrund der Materialfülle nicht gänzlich ausgeschlossen werden, dass hie und da vermeintlich eigene Argumentationen bzw. Formulierungen doch einer Fremdlektüre geschuldet sind.) Meine Kollegen Gerhard Hahn und Ernst Hellgardt standen mir mit wertvollen Hinweisen und Korrekturvorschlägen zur Seite; herzlichen Dank schulde ich ebenso Johannes Hütten, der in vorbildlichem Engagement subtile redaktionelle Korrekturarbeit leistete. Nicht zuletzt danke ich dem J.B. Metzler Verlag für die unkomplizierte Aufnahme des Bandes sowie insbesondere Ute Hechtfischer und Ferdinand Pöhlmann für die kontinuierliche Betreuung.

1 Grundlagen

Der *Tristan* als Ehebruchsgeschichte: Zentrales Thema ist die passionierte Liebe zwischen Tristan und Isolde. Die Verwendung des Begriffs ›Passion‹ soll die »Differenzierung zur höfischen *minne*« (Klinger 1999, S. 135) markieren. Die passionierte Liebe, der ›*amour passion*‹ (um Lese-Stolperstellen zu umgehen, wird im Folgenden der weibliche Artikel verwendet), bezeichnet »*minne*-Verhältnisse[], die sich der sozialen Einbettung entziehen« (Müller 2007, S. 418). Isolde ist verheiratet mit König Marke, Tristan ist ihr Geliebter. Die Geschichte verknüpft diese drei Figuren auf fatale Weise: Tristan ist Neffe von König Marke aus Cornwall und soll zunächst für diesen Isolde von Irland werben, zum Liebespaar werden dann jedoch Tristan selbst und die Marke zugedachte Braut. Dieser ehebrecherischen Liebe eignet ein tragisches Zerstörungspotential, das die gesellschaftliche Ordnung bedroht: König Marke wird von dem Liebespaar hintergangen, das *triuwe*-Verhältnis zwischen Tristan und Marke ist damit gestört, die Ordnung der Ehe irreparabel verletzt. Die Tristan-Passion ist ein »Rechtsbruch, der die Grundlagen der Markeschen Königsherrschaft erschüttert« (Müller 2003, S. 240). Am Ende stirbt das Liebespaar Tristan und Isolde, Marke bleibt allein zurück. Der *Tristan* folgt der zeitgenössischen Trennung von Liebe und Ehe; hier ist vor allem an den Traktat *De amore* von Andreas Capellanus des späten 12. Jahrhunderts zu denken, wonach Liebe (›*amor*‹) nur außerhalb der Ehe möglich sei: »[...] constet inter virum et uxorem amorem sibi locum vindicare non posse« (Kap. 6, ed. Knapp 2006, S. 216). Bei Gottfried ist das Thema der passionierten (Ehebruchs-)Liebe höchst artifiziell vermittelt: Das mittelalterliche höfische Erzählen kennt »staunenswertes differenziell-semiotisches Raffinement; Gottfrieds *Tristan* ist ein epochales Beispiel« (Strohschneider 2014, S. 33).

Gottfrieds *Tristan* wurde Anfang des 13. Jahrhunderts geschrieben und unterscheidet sich teilweise erheblich von den zuvor bereits existierenden Fassungen. Der Stoff kursierte in seinen Grundzügen wohl spätestens seit der Mitte des 12. Jahrhunderts. Vorläufer des *Tristan* Gottfrieds sind die Versionen von Berol, Eilhart und Thomas.

1.1 | Gottfrieds Vorläufer: Berol, Eilhart und Thomas

Der *Tristan* Gottfrieds zählt zur Gattung des höfischen Romans. Der Tristanstoff gehört zum keltischen Erzählgut, der sogenannten ›*matière de Bretagne*‹. Die Einteilung in ›*trois matières*‹ geht zurück auf Jean Bodel, der Ende des 12. Jahrhunderts von drei großen epischen Gattungen spricht: ›*matière de Bretagne*‹, ›*matière de France*‹ (zum Beispiel die heldenepische *Chanson de Roland*), ›*matière de Rome*‹ (vgl. Weddige 2014, S. 192).

1 Grundlagen

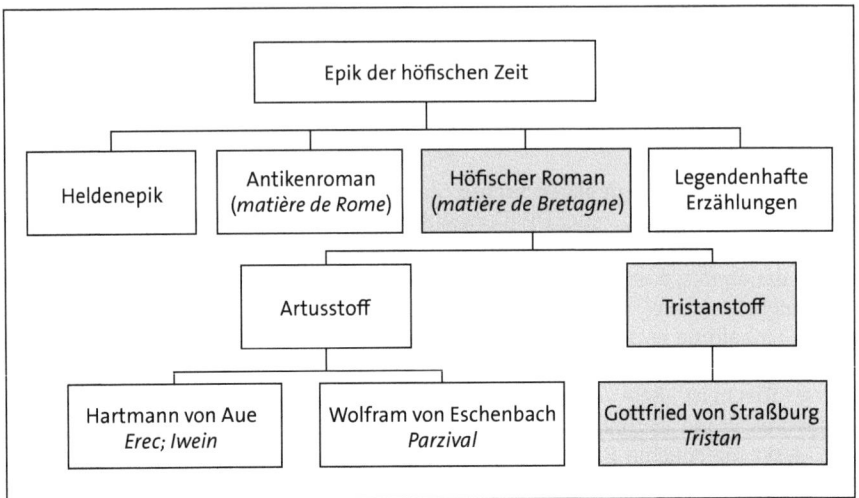

Abb. 1 Der *Tristan* Gottfrieds innerhalb der höfischen Epik

Es existieren unterschiedliche schriftlich fixierte Fassungen des Stoffes. Es gibt vor Gottfrieds Text drei Vorläuferversionen, die Mitte bis Ende des 12. Jahrhunderts entstanden sind; Gottfrieds Fassung wird um 1210 datiert:

Berol	letztes Viertel des 12. Jh.s?
Eilhart	1170er Jahre?
Thomas	nach 1155, evtl. 1170er Jahre?
Gottfried	um 1210

Abb. 2 Die Tristanfassungen des Hochmittelalters

Die Namen der Protagonisten erscheinen in den einzelnen Texten in unterschiedlicher Gestalt: Bei Gottfried heißen sie *Tristan, Isôt, Marke*; bei Berol *Tristran, Yseut, Marc*; bei Eilhart *Trÿstrand, Ysalde, Marck*; die Thomas-Fragmente kennen je unterschiedliche Namen. Der Einfachheit halber werden im Folgenden diese Namensformen verwendet: Tristan, Isolde, Marke hinsichtlich der Texte von Gottfried, Berol und Thomas. In Bezug auf Eilhart werden die Liebenden zu Tristrant und Isalde, *Marck* bleibt. Tristans Erzieher, der bei Gottfried *Curvenal*, bei Eilhart *Kurnewal* heißt, wird zu Kurvenal vereinheitlicht, *Brangene(n)* bei Gottfried bzw. Eilhart wird zu Brangäne. Zudem kennt der *Tristan* mehrere Isolden: Tristan liebt Isolde aus Irland; nach der Trennung von dieser lernt er eine zweite Isolde, Isolde Weißhand, kennen. Zur Unterscheidung wird im Folgenden von der irischen Isolde als Isolde I, von Isolde Weißhand als Isolde II gesprochen. Zumindest bei Gottfried heißt auch die Mutter von Isolde I ebenfalls Isolde.

Der Tristanstoff stellt eine »Art ›Doublettenmatrix‹« (Schulz 2007, S. 315) bereit, die auf mehreren Ebenen relevant ist: Es gibt zwei bzw. drei Isolden; in den Rückkehrabenteuern (siehe Kap. 10.3) begegnet Tristan bei Thomas einer weiteren Figur desselben Namens (Tristan der Zwerg, siehe Kap. 11.2.1) und Tristans Schwager Kaedin kopiert bei Eilhart Tristans Liebesabenteuer mit einer verheirateten Frau (siehe Kap. 11.1.1).

Berols *Tristan*: Berols Text ist in einer einzigen Handschrift aus dem 13. Jahrhun-

Gottfrieds Vorläufer: Berol, Eilhart und Thomas

dert (Paris, Bibliothèque Nationale, fonds français 2171) überliefert, die allerdings auch nur ein Fragment ist. Hinsichtlich der Datierung des ursprünglichen Textes ist sich die Forschung nicht einig, sie schwankt zwischen 1160 und dem frühen 13. Jahrhundert (kritische Betrachtung der Datierungsversuche bei Stein 2001, S. 34–36). Möglicherweise ist vom letzten Viertel des 12. Jahrhunderts auszugehen, eine genauere Festlegung scheint nicht möglich (vgl. Keck 1998, S. 48). Der Schreibdialekt weist auf eine Entstehung in Westfrankreich (vgl. Reid 1972, S. 2 f.).

Der Text bricht mit V. 4485 ab und enthält nur einige wenige Szenen: Erzählt wird von den Listen des Liebespaares Tristan und Isolde am Hof, von der Flucht des Paares in den wilden Wald, von Isoldes Rückkehr an den Hof, vom Gottesgericht, dem die Ehebrecherin Isolde unterzogen wird, und von der Rache Tristans an den Spionen, die seine Liebe zu Isolde an König Marke verraten hatten (die Auflistung des Szenenbestands folgt modifiziert Mölk 1991, S. 7):

Das belauschte Stelldichein (V. 2–580)
Die Mehlstreuepisode (V. 581–826)
Die Flucht in den Wald (V. 827–1274)
Die Waldleben-Episode (V. 1275–2132)
Die Rückkehr Isoldes an den Markehof (V. 2133–3027)
Der doppeldeutige Rechtfertigungseid Isoldes (V. 3028–4266)
Tristans Rache an den Verrätern (V. 4267–4485)
[Das Fragment bricht mitten im Satz ab.]

Bei Berol ist noch ursprünglich mündliches Erzählen zu erkennen. Mündliches Erzählen bedeutet allgemein, dass Stoffe, wie etwa der Nibelungen- oder eben der Tristanstoff, zunächst mündlich in unterschiedlichen Versionen zirkulierten, bevor sie verschriftlicht wurden (zu diesem Sachverhalt vgl. zum Beispiel Müller 2015, S. 31). Bei Berol wurde »dramatisches, sprunghaftes, auf Kontraste hin komponiertes Erzählen« konstatiert, das »Züge eines lockeren, mündlichen Sprachgestus« trägt (Huber 2013, S. 21). So wird zum Beispiel des Öfteren in den Text ein »Hört« bzw. »Hört, Ihr Herren«, also die Aufforderung zum Zuhören, eingestreut oder ein »Scht«. Ein Beispiel: Als Tristan auf König Artus trifft, heißt es *Atant es vos le roi Artus* (Berol, V. 3702).

Eilharts *Tristrant*: Eilharts Fassung ist die älteste vollständig erhaltene *Tristan* (vgl. Stein 2001, S. 160). Dieser hat große Bedeutung für die Literaturwissenschaft, weil von ihm aus die Fragmente, wie eben auch Gottfrieds Torso, inhaltlich ergänzt werden können. Überliefert ist der Text in drei Fragmenten aus dem 12. und 13. Jahrhundert, die vollständige Fassung liegt in zwei Papierhandschriften aus dem 15. Jahrhundert (Heidelberg und Dresden) vor (vgl. Wolff/Schröder 1980, Sp. 412). Insgesamt weichen die Fassungen stark voneinander ab, Huber (2013) spricht von einem »zerrütteten Erhaltungszustand« (S. 20). Hinsichtlich der Datierung wurde lange das literarisch-chronologische Verhältnis zu anderen Texten, vor allem zum *Eneasroman* von Heinrich von Veldeke, in den Blick genommen: Ob und wie die beiden Texte zueinander stehen, wird in der Forschung allerdings unterschiedlich diskutiert (vgl. Schausten 1999, S. 51 f.; zur Forschungskontroverse vgl. Wolff/Schröder 1980, Sp. 415 f.). Möglicherweise kann man davon ausgehen, dass Eilharts Text »zu Anfang der siebziger Jahre [des 12. Jahrhunderts] am Niederrhein verfügbar« war (ebd. Sp. 416; vgl. auch Stein 2001, S. 160).

Der Name des Dichters erscheint nur in der Spätüberlieferung des 15. Jahrhunderts; in der Dresdner Handschrift heißt es: *von Hobergin her Eylhart / haut diß bouch gedichtet* (V. 9672 f.). Allerdings wird in der Heidelberger Handschrift ein anderer Name genannt: *von Baubemberg Segehart* (V. 9644; vgl. hierzu auch Bumke 1990, S. 71; Chinca 2000, S. 118). Darüber hinaus weiß man nichts über Eilhart. Es gibt zwar einen zwischen 1189 und 1209 mehrfach urkundlich genannten *Eilhardus de Oberch*, der einem in der Nähe von Braunschweig ansässigen Ministerialengeschlecht angehörte (vgl. Bumke 1990, S. 71; Wolff/Schröder 1980, Sp. 410), aber es ist keineswegs sicher, ob es sich dabei wirklich um den Dichter des *Tristrant* handelt (dazu kritisch Wolff/Schröder 1980, Sp. 410; Schausten 1999, S. 51).

Thomas' *Tristan*: Gottfried stützt sich jedoch nicht auf Eilhart, sondern auf Thomas. Der Dichter nennt sich in den Fragmenten mit Namen: *Tomas* (Thomas: Fragment Douce, V. 2134) und *Tumas* (Thomas: Fragment Sneyd, V. 3125). Gottfried von Straßburg nennt Thomas *Thômas von Britanje* (V. 150). Ob dieser Zusatz »auf einen Bretonen verweist oder Britannien = England meint (vgl. die in der Romanistik gern verwendete Bezeichnung ›Thomas d'Angleterre‹), ist ebensowenig auszumachen wie die Bestimmung des Thomas als eines Kontinentalfranzosen, eines Anglonormannen oder eines Engländers« (Haug 2011, S. 217). Im Folgenden wird deshalb nur von ›Thomas‹ gesprochen und auf einen spezifizierenden Zusatz zum Namen verzichtet. Es wird angenommen, dass Thomas den *Tristan* am Königshof Heinrichs II. schrieb: »Er scheint zu jener Gruppe von gelehrten, d. h. lateinisch gebildeten Autoren zu gehören, die das literarische Leben am anglonormannischen Königshof Heinrichs II. und seiner Gemahlin Eleonore von Aquitanien prägten« (Bonath 1985, S. 16 f.; vgl. auch Berthelot/Buschinger/Spiewok 1994, S. VII; Tomasek 1986, S. 121). Als Entstehungszeitraum des Thomas-Texts nimmt die Forschung nach 1155 an: Thomas kannte den *Roman de Brut* von Wace und »reflektiert mit seinen Zitaten und Anspielungen offensichtlich auf ein Publikum, dem der ›Brut‹ vertraut war«, der 1155 im Auftrag der englischen Königin Eleonore fertiggestellt wurde (Bonath 1985, S. 17). Für die Bestimmung eines ›terminus ante quem‹ wurde, wenn auch nicht unbestritten, der *Cligès* von Chrétien de Troyes angesetzt. Die Datierung dieses Texts, der meist als korrigierende Antwort auf den *Tristan* gelesen wird, ist ebenfalls nicht sicher, wird aber des Öfteren mit 1176 oder auch etwas später angegeben, so dass für die Entstehung von Thomas' Version die Zeit kurz davor vermutet wurde (zu Datierungsversuchen bzw. dem Tristanbezug des *Cligès* vgl. Stein 2001, S. 32; 108–124).

Von der Thomas-Fassung sind nur kärgliche Reste erhalten. Bis 1994, als das Carlisle-Fragment entdeckt wurde (siehe Kap. 5.4.1), waren Fragmente von fünf verschiedenen Handschriften bekannt, die insgesamt nur 3144 Verse überliefern. Dies dürfte »etwa ein Sechstel« (Stein 2001, S. 31), möglicherweise sogar »kaum mehr als ein Neuntel des ursprünglichen Textes« (Bonath 1985, S. 9) ausmachen. Diese fünf Thomas-Fragmente, die aus dem 12. und 13. Jahrhundert stammen, sind folgende (nach Bonath 1985, S. 9 f.; Haug 2011, S. 752): C = Fragment Cambridge: Cambridge University Library; Sn = Fragment Sneyd: Bodleian Library Oxford; T = Turiner Fragment, verschollen; Str = Straßburger Fragment, 1870 verbrannt; D = Fragment Douce: Bodleian Library Oxford. Diese Fragmente, die sich teilweise inhaltlich überschneiden, setzen erst mit der zweiten Baumgartenszene (siehe Kap. 8.3.2) ein. Diese Szene findet sich bei Gottfried von Straßburg erst ab V. 18124 (von insgesamt 19548 Versen) und berichtet von der Entdeckung des Liebespaares Tristan und Isolde an Markes Hof. Das Carlisle-Fragment jedoch setzt weit vorher ein, und zwar mit dem Liebesgeständnis der Protagonisten nach dem Minnetrank. Der erhaltene Szenenbestand bei Thomas umfasst folgende große Erzählstationen: Minnegeständnisszene/Hochzeit Marke mit Isolde I/Brautnachtbetrug; Entdeckung des Liebespaares (Isolde I und Tristan) im Baumgarten; Tristans Hochzeit mit Isolde II; Anfertigung

1.1 Gottfrieds Vorläufer: Berol, Eilhart und Thomas

einer Statue von Isolde I (= Episode vom Statuensaal); heimliche Treffen Tristans mit Isolde I; Tod von Tristan und Isolde I.

Eine Rekonstruktion der Thomas-Fassung erfolgte durch Joseph Bédier 1902. Er versuchte, den ganzen Roman zu rekonstruieren und integrierte dabei die Fragmente. Sein Bestreben galt im Bereich der afrz. Überlieferung der Herstellung eines kritischen Textes in achtsilbigen Versen, dafür nahm er zahlreiche Eingriffe in den überlieferten Wortlaut in Kauf (vgl. Bonath 1985, S. 21). Die Lücken zwischen den Fragmenten werden in den Editionen von Bonath (1985), Haug (2011) und Berthelot/Buschinger/Spiewok (1994) vor allem durch den Text der *Tristrams Saga ok Ísondar* aufgefüllt. Die *Saga* galt der frühen Forschung als treuester Repräsentant der Tristanfassung von Thomas (vgl. Bédier 1902, S. If.). Der *Saga* »kommt daher eine außerordentliche Bedeutung zu, als Zeugnis norwegisch-isländischer Literatur und als Hilfsmittel zur Kenntnis der verlorenen Teile der Thomas'schen Dichtung« (Uecker 2008, S. 4). Sie ist also, wie auch der *Sir Tristrem*, eine »Hilfsquelle« (vgl. Haug 2011, S. 218 f.). Die folgende Tabelle berücksichtigt das Fragment von Carlisle.

Verseinteilung	Thomas-Fragment	Inhalt
1–154	Carlisle	Minnegeständnis/Hochzeit von Isolde I und Marke/Brautnachtbetrug
Verse nach Bédier:		
1–52	Cambridge	Baumgarten II
53–940	Sneyd 1	Hochzeit Tristans mit Isolde II
941–1196	Turin 1	Statuensaal
1197–1264	Straßburg 1	Treffen Tristans mit Isolde I
1265 --- 1522 1268 ------------------------3087 1489–94/1615–88 1785–1854 2319–3144	Turin 2 Douce Straßburg 2 Straßburg 3 Sneyd 2	Tod von Tristan und Isolde I

Abb. 3 Übersicht über die Verteilung der Thomas-Fragmente (modifiziert nach Bonath 1985, S. 11; vgl. auch Berthelot/Buschinger/Spiewok 1994, S. X)

Bearbeitungen von Thomas' *Tristan*: Es gibt insgesamt sechs Bearbeitungen von Thomas' Roman (vgl. zum Folgenden Bonath 1985, S. 12–16): Die *Tristrams Saga ok Ísondar*, eine altnordische Prosaversion des Texts von Thomas, 1226 durch einen Bruder Robert für den norwegischen König Hákon Hákonarson angefertigt (vgl. Uecker 2008, S. 7 f.); Gottfrieds von Straßburg *Tristan* (Anfang 13. Jahrhundert); der *Sir Tristrem* (Ende 13. Jahrhundert); die sogenannte *Folie Tristan* (Ende 12. Jahrhundert); die *Tavola Ritonda* (14. Jahrhundert); das Niederfränkische Tristanfragment (13. Jahrhundert).

Sogenannte ›version courtoise‹ und ›version commune‹: Thomas schuf die sogenannte ›version courtoise‹ des Tristanstoffes, also die dezidiert höfische Auffassung des Stoffes. Dagegen gelten die Texte von Berol und Eilhart allgemein als ›version commune‹, früher auch als ›spielmännische‹ Fassung bezeichnet. Die ältere Forschung nahm bisweilen eine regelrechte Dichotomie zwischen einer höfischen und einer spielmännischen Fassung an. Diese Unterscheidung sieht man seit langem kritisch. Durch den Begriff ›höfisch‹ wird »eine falsche Opposition zu den Zeugen der ›version commune‹ hergestellt«; denn weder Berol noch Eilhart »können einfach als

›nicht-höfisch‹« (Bonath 1985, S. 19) angesehen werden. Das ist einerseits richtig, denn Berol selbst eröffnet einen Gegensatz von unhöfisch und höfisch: Er »charakterisiert andere Versionen dieses Stoffes bzw. die, die sie verbreiten, als unhöfisch, *vilain*; und er charakterisiert den Helden seiner Geschichte als edel und höfisch, *preuz et courtois*« (Keck 1998, S. 46; Berol, V. 1265–1271). Andererseits ist ebenso festzuhalten, dass Berols und Eilharts Texte weit mehr noch einer eher mündlichen Unterhaltungspraxis angehören als die Versionen von Thomas und Gottfried. Sie lassen Wertvorstellungen einer laikalen Kriegergesellschaft, in der die passionierte Liebe eigentlich keinen Platz hat bzw. einen Störfaktor darstellt, deutlich erkennen. Auch ist zu bedenken, dass Thomas eine neue höfische Auffassung der Minne präsentiert, der ebenso Gottfried verpflichtet ist und die sich von Berols und Eilharts Konzeption deutlich unterscheidet. So gibt es bei Berol und Eilhart zum Beispiel die Flucht des Liebespaares weg vom Hof in ein entbehrungsreiches, ärmliches und ungeliebtes Leben im Wald; bei Gottfried und in Ansätzen bei Thomas wird daraus eine Verbannung des Liebespaares an einen paradiesischen Lustort, die Minnegrotte (siehe Kap. 7). Bei Abwägung der genannten Argumente kann man die folgende Einteilung ansetzen:

Sogenannte ›*version commune*‹ (ältere Forschung: ›spielmännische‹ Fassung)	Sogenannte ›*version courtoise*‹ (höfische Fassung)
Berol	Thomas
Eilhart	Gottfried

Abb. 4 Einteilung der Tristanversionen in zwei unterschiedliche Bearbeitungszweige

Die großen Erzählbausteine des Tristanstoffes: Alle großen Handlungselemente des Tristanstoffes sind einzig bei Eilhart überliefert. Die Synopse der Handlungselemente bei Berol, Eilhart, Thomas und Gottfried (siehe Abbildung 5) folgt Gottfrieds Handlungsverlauf (nicht berücksichtigt ist also die abweichende Handlungschronologie in den verschiedenen Versionen).

Weitere Tristanversionen: Nach 1200 entstand in Frankreich eine »übermächtige Konkurrenz im *roman en prose*« (Stein 2001, S. 251). Der sehr erfolgreiche Prosa-*Tristan* verdrängte offenbar die älteren Fassungen des Stoffes (vgl. Tomasek 2007, S. 298). Der *Tristan en prose* war »für etwa 250 Jahre ein Hit der französischen Literatur« (Stein 2001, S. 256); es existieren etwa 80 Handschriften und Fragmente sowie acht Drucke zwischen 1489 und 1533 (vgl. ebd. 2001, S. 256). Der *Tristan en prose* liefert eine Art frustrierter Zusammenschau: »Der Untergang des Artusreiches, die Nutzlosigkeit der Gralsuche wird mit dem Untergang der Liebenden des ›Tristan‹-Stoffes [...] verbunden. [...] Die Probleme des 12. Jahrhunderts haben sich (in der Existentialität der Fragestellung gleichgeblieben) zur kosmischen Katastrophe des Rittertums ausgeweitet. Dahinein sind Tristan und Isolde genommen worden« (ebd. S. 261). Noch im 13. Jahrhundert setzen Ulrich von Türheim und Heinrich von Freiberg (siehe Kap. 14) Gottfrieds Torso mit je eigener Textintention fort.

1.1 Gottfrieds Vorläufer: Berol, Eilhart und Thomas

	Berol	Eilhart	Thomas	Gottfried
Prolog		x		x
Elternvorgeschichte (Riwalin und Blancheflur)		x		x
Kindheit und Jugend Tristans		x		x
Zweikampf mit Morold und Verwundung Tristans		x		x
1. Irlandfahrt: Tristan bei Isolde (= Isolde I) und Heilung		x		x
2. Irlandfahrt: Brautfahrt und Drachenkampf		x		x
Minnetrank		x		x
lameir-Wortspiel			x (Carlisle)	x
Brautnachtbetrug		x		x
Belauschtes Stelldichein (= Baumgartenszene I)	x	x		x
Mehlstreuszene	x	x		x
Gottesurteil (Eisenprobe) bzw. Reinigungseid	x			x
Verbannung der Liebenden bzw. Verurteilung und Flucht Tristans	x	x		x
Waldleben (= Minnegrotte bei Gottfried)	x	x		x
Entdeckung der Liebenden (= Baumgartenszene II)			x	x
Tristan bei König Artus (= Wolfseisenepisode)		x		
Tristan und Isolde Weißhand (= Isolde II)		x	x	x
Tristans Hochzeit mit Isolde II		x	x	
Wiederkehrabenteuer (Treffen mit Isolde I)		x	x	
Segellüge und Liebestod von Tristan und Isolde I		x	x	

Abb. 5 Szenenbestand bei Berol, Eilhart, Thomas und Gottfried (Erklärung: x = Szene ist erhalten; graue Markierung = Szene ist aufgrund des Fragmentstatus nicht erhalten; leeres Feld = Szene ist nicht vorhanden)

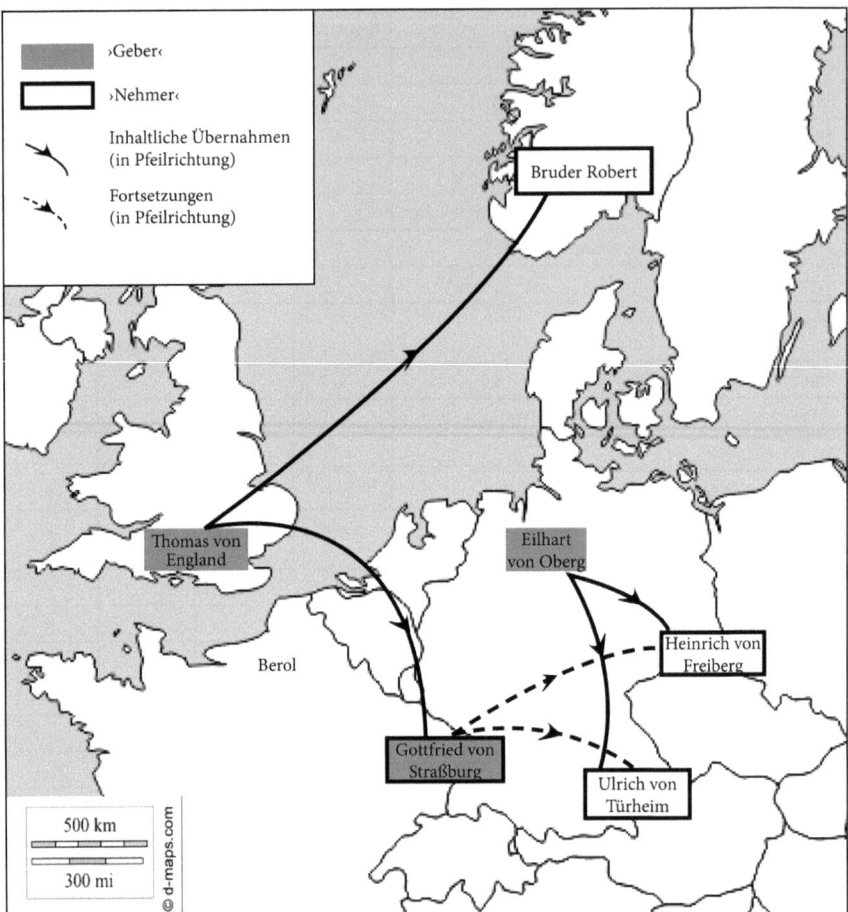

Abb. 6 Geographische Verteilung wichtiger Tristanfassungen (modifiziert nach Huber 2013, S. 22; die Ländergrenzen entsprechen zur besseren Orientierung dem heutigen Verlauf)

1.2 | Stoff- und Motivgeschichte. Die keltische Erzähltradition

Hinweise auf ältere Tristandichtungen: Dass es unterschiedliche Fassungen des Tristanstoffes bereits vor den uns bekannten schriftlichen Versionen von Berol, Thomas oder Eilhart gab, darauf deuten Vermerke in diesen Texten in der Art einer negativen Quellenberufung. So verweist Berol auf Erzähler (*contor*, V. 1265), die die Tristangeschichte (*estoire*) nicht richtig, weil ›unhöfisch‹, vortrügen (die Übersetzungen von Berol, Thomas sowie der *Saga* geben jetzt und im Folgenden die beigegebenen Übersetzungen der jeweils verwendeten Textausgabe wieder):

N'en sevent mie bien l'*estoire*, Berox l'a mex en sen memoire.	Sie [die Erzähler] kennen die Geschichte nicht gut. Berol hat sie besser in seinem Gedächtnis.

(Berol, V. 1267–1268)

1.2 Stoff- und Motivgeschichte. Die keltische Erzähltradition

Thomas distanziert sich ebenfalls von abweichenden Versionen und beruft sich auf einen Mann namens Breri, der die Taten und die Erzählungen von allen Königen gekannt habe (im Folgenden und auch später wird auf die zweisprachige Ausgabe von Bonath zurückgegriffen, die sich allerdings auf den Text Bédiers stützt, jedoch eine leicht fassbare Zusammenstellung bietet; eine neuere Ausgabe des altfranzösischen Texts mit Übersetzung und Stellenkommentar liefert Haug 2011; Edition mit Übersetzung auch von Berthelot/Buschinger/Spiewok 1994).

Entre ceus qui solent cunter	Diejenigen, die zu erzählen
*E del **cunte Tristran** parler,*	und von der **Geschichte Tristans** zu sprechen pflegen,
Il en cuntent diversement:	**erzählen dies auf verschiedene Weise;**
Oï en ai de plusur gent.	gehört habe ich es von mehreren Leuten.
Asez sai que chescun en dit	Zur Genüge kenne ich, was sie alle davon sagen
E ço qu'il unt mis en escrit,	und das, was sie schriftlich abgefaßt haben;
Mès sulun ço que j'ai oï,	aber nach dem, was ich gehört habe,
Nel dient pas sulun Breri	**erzählen sie es nicht Breri entsprechend,**
Ky solt les gestes e les cuntes	der die Taten und die Erzählungen
De tuz les reis, de tuz les cuntes	von allen Königen, von allen Grafen wußte,
Ki orent esté en Bretaingne.	die in der Bretagne gelebt haben.

(Thomas: Fragment Douce, V. 2113–2123)

Eilhart betont ebenso, dass es unterschiedliche Versionen gäbe, um dann zu beteuern, dass er (*Seghart*) es richtig erzähle:

nun spräch licht ain ander man,	**daß man eß unglich von im sagt.**
eß sy anderß umb in komen:	*Seghart mit guotten zügen daß betagt,*
daß wir all wol hand vernommen,	*daß eß recht also ergieng.*

(Eilhart, V. 9678–9683)

Gottfried wiederum beruft sich dezidiert auf die Version von Thomas und versichert, dass er intensiv nach der richtigen Fassung gesucht habe, und zwar in Büchern romanischer und auch lateinischer Herkunft; schließlich habe er die Fassung von Thomas als die einzig wahre erkannt. *gelesen* wird als ›gelesen‹ und als ›erzählt‹ übersetzt (Überblick hierzu bei Schröder 1994, S. 307 f.):

Ich weiz wol, ir ist vil gewesen,	*die rihte und die wârheit*
die von Tristande hânt gelesen;	*begunde ich sêre suochen*
*und **ist ir doch niht vil gewesen***	*in beider hande buochen*
die von im rehte haben gelesen.	*walschen und latînen*
[...]	*und begunde mich des pînen,*
sine spráchen in der rihte niht,	*daz ich in sîner rihte*
als Thômas von Britanje giht,	*rihte dise tihte.*
der âventiure meister was	*sus treip ich manege suoche,*
und an britûnschen buochen las	*unz ich an eime buoche*
aller der lanthêrren leben	*alle sîne jehe gelas,*
und ez uns ze künde hat gegeben.	*wie dirre âventiure was.*
Als der von Tristande seit,	

(Gottfried, V. 131–134; 149–166)

Thesen zur Entstehung des Tristanstoffes: Die Entstehung bzw. Herkunft des Tristanstoffes wurde und wird in der Forschung kontrovers diskutiert. Es gibt Theorien, die eine kontinentale oder eine insulare Herkunft des Stoffes vertreten, einen keltischen oder einen nichtkeltischen Ursprung (vgl. Stein 2001, S. 19–26). Aufsehen erregte die These von Bédier (1905, S. 168–306), der um die Wende vom 19. zum 20. Jahrhundert die Ansicht vertrat, dass alle früheren Tristanversionen auf ein einziges ›*poème primitif*‹ eines genialen Dichters zurückgingen. Der jüngere Ansatz geht dagegen von einer mehrsträngigen und auch oralen, also mündlichen Tradition, aus. Bereits die keltische Kultur kannte den Liebe-Loyalitäts-Konflikt, der für den Stoff entscheidend ist (vgl. Stein 2001, S. 20 f.). Heute ist die These von einem keltischen Ursprung des Tristanstoffes weithin akzeptiert.

Älteste keltische Zeugnisse: Die ältesten walisischen Zeugnisse einer Tristanerzählung sind zwei Fragmente im *Black Book of Carmarthen*, diese sind jedoch »too fragmentary and obscure to throw any light on the development of the legend« (Bartrum 1993, S. 620). Der Held heißt hier *Diristan* (ebd.; vgl. auch Bromwich 1991/2008, S. 209). Das *Black Book of Carmarthen*, eine der wichtigsten Sammelhandschriften in kymrischer Sprache, stammt aus dem 13. Jahrhundert, die Forschung setzt jedoch ein früheres Entstehungsdatum der darin enthaltenen Texte an:

> In the Welsh sources Drystan and March already appear in association with Arthur, and this association may well go back to a much earlier period than that of the manuscripts concerned, since originally independent heroes appear to have been attracted into the orbit of Arthur from as early as the ninth or tenth century (Bromwich 1991/2008, S. 210).

Zudem gibt es Anspielungen in den sogenannten ›Triaden‹, die »als Merksprüche je drei (oder sehr viel seltener auch zwei, vier oder sieben) Namen oder Begriffe unter einem gemeinsamen Oberbegriff zusammenfassen« (Maier 2015, S. 155). Die Triade der mächtigen Schweinehirten »gibt einen der frühesten Hinweise auf den kymrischen Tristan, der nur in sehr später und unvollständiger Form erhalten ist« (Edel 2012, S. 164); es erscheinen dabei die Namen *Drystan* (der hier eben Schweinehirt ist), *Essyllt* und *March* (ebd.; vgl. auch Koch 2006, S. 616; Bromwich 1991/2008, S. 209).

Die keltische ›*immram*‹- und ›*aithed*‹-Tradition: Einen eindrucksvollen Versuch einer monumentalen Sichtung aller wesentlichen Elemente des Tristanstoffes leistete Gertrude Schoepperle 1913. Demnach sind es zwei Motivkomplexe keltischen Ursprungs, die die Basis des Tristanstoffes bilden: Meerfahrt bzw. Heilungsfahrt und Fluchterzählung. In der Terminologie der altirischen literarischen Typenlehre sind dies ›*immram*‹ und ›*aithed*‹ (vgl. Schoepperle 1963 II, S. 326–446; die Schreibung der Begriffe folgt jedoch Edel 2012, S. 135). So sieht Schoepperle (1963 II, S. 370–390) hinter der Meerfahrt des todkranken Tristan, verwundet durch das vergiftete Schwert Morolds, und der Heilung durch die zauberkundige Isolde aus Irland eben diese Tradition des ›*immram*‹-Typus repräsentiert. ›*Immram*‹ bedeutet ›Meerfahrt‹ (vgl. Edel 2012, S. 135) und wurde wie folgt beschrieben:

> Der Typus des Imram faßt Meerfahrten zusammen, deren Ziel eine Insel mit mehr oder weniger deutlichem Jenseitscharakter darstellt. Meist wird der Held durch magische Mittel veranlaßt, die oft gefahrvolle Fahrt anzutreten: von einer unwiderstehlichen Macht getrieben, krank, verwundet, ja bewußtlos, erreicht er in einem in wunderbarer Weise gelenkten Schiff das Jenseitsland, wo eine überirdische, zauberkundige Frau ihn empfängt und heilt (Haug 1990, S. 586).

Diesem Erzählschema folgt beispielsweise auch die Entrückung des verwundeten Artus nach Avalon in der Artussage (vgl. Loomis 1969, S. 65), in der Brandanlegende gibt es eine »christlich-mönchische Abwandlung« (Haug 1990, S. 586) dieses narrativen Musters. Deutlich auf den *Tristan* verweist aber auch der zweite keltische Erzählkomplex, ›*aithed*‹ (Edel 2012, S. 125 übersetzt dies mit »Entführung«). Hierbei handelt es sich um jene in zahlreichen Varianten überlieferte Sage, dessen [sic] zentrales Motiv die Flucht eines Paares in die Wildnis darstellt: eine Frau, meist eine Königin, zwingt einen jungen Verwandten, häufig den Neffen ihres Gatten, mit ihr Hof oder Haus des Ehemannes zu verlassen und verfolgt und gejagt ein ruheloses Leben zu führen, bis die Rache des betrogenen Mannes die Flüchtigen erreicht. Der Zwang beruht darauf, daß die Frau ihren Partner mit einer Art Tabu – altir. *geis* – belegt, dem er sich fügen muß; nur höchst widerstrebend wird er schließlich ihr Geliebter (Haug 1990, S. 586 f.).

Eine ›*geis*‹ ist »ein magisches Gebot oder Verbot, dessen Übertretung Ehrverlust oder gar die Rache einer übernatürlichen Macht zur Folge hat« (Edel 2012, S. 138). In den Tristandichtungen wird diese ›*geis*‹, also der magische Zwang, durch einen Liebestrank ersetzt, der ebenfalls magischen Zwangscharakter hat: Wenn zwei Menschen von diesem trinken, so sind sie einander verfallen (vgl. Schoepperle 1963 II, S. 401–409; Haug 1990, S. 587). Die genannten narrativen Muster der irischen Erzähltradition wurden zunächst mündlich überliefert und erst später verschriftlicht, wobei parallel dazu bis ins 17. Jahrhundert hinein eine mündliche Tradition zu beobachten ist. Trotz der späten schriftlichen Fixierung vermutet die Forschung, dass zum Beispiel die Fluchterzählungen einen älteren Überlieferungszustand, etwa des 11./12. Jahrhunderts, konservieren (vgl. Huber 2013, S. 18). Dies wurde jedoch auch kritisch gesehen. Padel (1981) etwa moniert hinsichtlich der bekanntesten der irischen Erzählungen, *Diarmaid und Gráinne*, die erst sehr spät schriftlich fixiert wurde, dass auch eine kontinentale Beeinflussung eben durch den *Tristan* nicht ausgeschlossen werden könne (S. 56 f.; vgl. auch McCann 1995, S. 26 f.). Aufgrund der Prominenz dieser irischen Erzählung innerhalb der Tristanforschung wird sie im Folgenden dennoch vorgestellt.

Diarmaid und Gráinne – **Motivparallelen und die Frage der Abhängigkeit:** Die Erzählung stammt aus dem sogenannten *Finnzyklus*, dem Sagenkreis um König Finn, in dem von *Diarmaid und Gráinne* berichtet wird (Nacherzählung des *Finnzyklus* mit Einführung bei Clarus 1991, S. 183–249). Inhaltlich geht die irische Sage etwa auf das 10. Jahrhundert zurück, sie liegt aber vollständig erst in einer Handschrift des 17. Jahrhunderts vor (vgl. Edel 2012, S. 146; Brockington 1996, S. 282, sieht den frühesten Verweis auf die Sage bereits im 9. Jahrhundert). Die Erzählung existiert in 24 unterschiedlichen Versionen (vgl. Ní Shéaghdha 1967, S. XIX). Im Folgenden eine knappe Inhaltsskizze (nach Ní Shéaghdha):

Der Sohn von König Finn, Oisín, reist zum König von Irland, um für seinen Vater um die irische Königstochter Gráinne zu werben. Gráinne willigt in die Werbung ein, weil sie glaubt, der junge Königssohn selbst werbe um sie. Als sie herausfindet, dass sie einen alten Mann heiraten soll, beschließt die Königstochter, vor der Heirat zu fliehen. Bei einem Gastmahl setzt Gráinne mittels eines Schlaftrunks fast die gesamte Festgemeinschaft außer Gefecht. Sie fordert Finns Sohn Oisín auf, mit ihr zu fliehen, was dieser jedoch ablehnt. Gráinne wendet sich daraufhin Finns Gefolgsmann Diarmaid zu, der aber ebenfalls nicht gewillt ist, seinem Herrn Finn untreu zu werden. Anschließend zwingt Gráinne ihn mit Hilfe eines Zaubers – mittelkymrisch *geis* – mit ihr in den Wald zu fliehen. Diarmaid jedoch bleibt König Finn, seinem Lehensherrn, treu und vollzieht den Beischlaf nicht. Als symbolischen Ausdruck seiner Gefolgschaftstreue hinterlässt Diarmaid jede Nacht für den König einen gebratenen Fisch bzw. ein gebratenes Stück Fleisch, das nicht gekostet wurde, um Finn zu signalisieren, dass er den Beischlaf mit dessen Verlobter nicht vollzogen hat.

Nach einer anderen Version (vgl. Huber 2013, S. 18) legt Diarmaid nachts ein Schwert zwischen sich und Gráinne, eine weitere Fassung nennt Steine (Kühnel 1987, S. 237). Zeitweise lebt das Paar in einer Höhle. Als eines Tages an Gráinnes Schenkel Wassertropfen empor spritzen, beklagt sie, dass diese Tropfen tapferer seien als Diarmaid, worauf der Held den Beischlaf mit ihr vollzieht. Nach einer langwierigen Verfolgung des Paares durch Finn kommt es zu Friedensverhandlungen. Der Streit wird beigelegt, Diarmaid und Gráinne heiraten, Finn bekommt Gráinnes jüngere Schwester zur Frau. Bei einer Einladung Finns an den Hof des Protagonistenpaares bringt der rachsüchtige Finn Diarmaid dazu, eine seiner *geis* zu übertreten, wodurch Diarmaid zu Tode kommt. Die Handlung schließt damit, dass Gráinne Diarmaids Waffen an ihre gemeinsamen Kinder verteilt, mit der Aufforderung, als Erwachsene den Tod des Vaters zu rächen.

Es sind weitere unterschiedliche Schlüsse dieser Erzählung überliefert, die zum Beispiel vom Liebestod Gráinnes berichten, von der Tötung Gráinnes durch Finn, von der Heirat Gráinnes mit Finn, vom Krieg von Diarmaids Nachkommen gegen Finn (vgl. Ní Shéaghdha 1967, S. XVII; XXIV–XXVI).

Die Parallelen des Tristanstoffs zu diesem altirischen Text sind einerseits nicht zu übersehen (zur folgenden Aufzählung vgl. Haug 1990, S. 586 f.): Es gibt eine unerlaubte Bindung; die Flucht des Liebespaares in den Wald findet sich bei Berol und Eilhart (bei Gottfried wird daraus die paradiesische Minnegrotte); der zauberische Zwang ist im Tristanstoff durch den Minnetrank repräsentiert; ein Dingsymbol für sexuelle Enthaltsamkeit kennt auch die Minnegrottenepisode (hier ist es ein Schwert); das empor spritzende Wasser erinnert an das Motiv des ›kühnen Wassers‹, das Isolde Weißhand beim Ritt durch eine Furt zwischen die Schenkel spritzt und dabei mehr wage als die Männerhand (zu diesem Motiv vgl. Edel 2012, S. 146). Sowohl im altirischen Text als auch bei Eilhart leitet der Spott der Frau den Vollzug des Beischlafs ein; das Ende Diarmaids durch Finns List und der anschließende Liebestod Gráinnes, wie er in einigen Fassungen überliefert ist, lassen zumindest in einigen Bezügen an den Liebestod der Protagonisten im *Tristan* denken. Andererseits gibt es zu Recht kritische Stimmen, die argumentieren, dass es sich zum Beispiel beim ›kühnen Wasser‹ um freischwebende keltische Motive handle, ein Konnex mit dem Tristanstoff also nicht unbedingt vorliegen müsse (vgl. Schröder 1961, S. 9 f.); Motivparallelen bedeuten nicht automatisch Abhängigkeiten (vgl. McCann 1990, S. 20 f.). Neben *Diarmaid und Gráinne* zog die Forschung eine weitere, ganz ähnliche Fluchterzählung zum Vergleich mit dem *Tristan* heran, und zwar die Fluchterzählung von *Derdriu und Noisi* (vgl. Kühnel 1987; Text ist abgedruckt bei Thurneysen 1921/2013, S. 322–334).

Tochmarc Ēmire: Neben ›immram‹ und ›aithed‹ wurde hinsichtlich des Tristanstoffs auf ein drittes Erzählschema keltischen Ursprungs verwiesen, die Werbungsfahrt. Diese ist repräsentiert zum Beispiel in *Tochmarc Ēmire*, also das ›Werben um Ēmer‹ (Inhalt bei Thurneysen, S. 377–395), einem Text wohl aus dem 12. Jahrhundert, wobei eine Szene mit Vorbehalt in das 8. Jahrhundert datiert wurde (vgl. McCann 1990, S. 21). Padel (1981, S. 54 f.) weist darauf hin, dass in *Tochmarc Ēmire* der Name *Drust* als piktische Form für ›Tristan‹ genannt wird (›Pikten‹ ist eine römische Sammelbezeichnung für verschiedene Stämme mit (vor)keltischer Kultur jenseits der Nordgrenze der Provinz Britannia, das Siedlungsgebiet liegt in Schottland; vgl. Todd 2000, Sp. 1006; Brandenstein 1941, Sp. 1198–1203).

Auch hinsichtlich *Tochmarc Ēmire* ist aufgrund der späteren Überlieferung eine kontinentale Beeinflussung nicht auszuschließen (vgl. Padel 1981, S. 56; McCann 1995, S. 24 f.). Die Geschichte verläuft, knapp skizziert, wie folgt (nach Thurneysen 1921/2013, S. 377–395): Der Held befreit eine Prinzessin, die als Tribut drei Meerriesen ausgeliefert werden soll. Er wird bei diesem Kampf verletzt und von dem Mädchen gepflegt und verbunden. Später meldet sich eine Reihe von Betrügern zu Wort, die sich der Tat rühmen und Anspruch auf die Prinzessin erheben. Man lässt daraufhin sämtliche Leute ins Bad steigen, und so wird der wahre Sieger an der verbundenen Wunde erkannt (vgl. auch Bromwich 1953, S. 38 f.). Wenn man will, kann man hier Tristans Drachenkampf und den betrügerischen Truchsess sowie die Badszene (siehe Kap. 4.2.2) erkennen.

Wichtiger als die Frage danach, wer Geber oder Nehmer dieser Motivkomplexe ist, ist die Feststellung, dass in *Diarmaid und Gráinne* eindeutig die gesellschaftliche Ordnung siegt: Die Gefolgschaftstreue des Helden steht hier über dem Liebesbegehren. Bei Gottfried dagegen dominiert die durch den zauberischen Minnetrank gewirkte Liebe zwischen Tristan und Isolde die *triuwe*-Verpflichtung gegenüber Marke. Der *triuwe*-Konflikt wird bei Gottfried zwar von Tristan nach der Trankeinnahme thematisiert, doch setzt sich hier die Liebe, die als Passion verstanden wird, über alle sozialen Bindungen hinweg. In den irischen Erzählungen ist es eindeutig die Frau, die als Verführerin auftritt und den Mann in die Lage bringt, sich zwischen ihr und seiner Lehenstreue entscheiden zu müssen. Doch der Mann ist hier standhaft, nur der Spott der Frau – Stichwort ›kühnes Wasser‹ – bringt ihn dazu, die Lehenstreue zu verraten. In der älteren Forschung wurde dies, die Sache durchaus treffend, folgendermaßen kommentiert:

[...] Von einem Liebesideal ist nicht die Rede; wir stehn noch in der alten, heroischen Welt, in der die Forderungen der männlichen Kriegerethik das Gemüt des Dichters bewegen: das liebeheischende Weib ist gewissermaßen das feindliche Prinzip, gegen das der Held vergeblich ankämpft; nicht die Liebe, der Mann ist Ideal und Problem (Ranke 1925, S. 6).

Keltische Namen und Schauplätze im *Tristan*: Als Argumentationsbasis für den keltischen Ursprung des Tristanstoffes zog man auch die Namen der Protagonisten heran, die die räumliche Anbindung des Stoffes belegen sollten. Der Name Tristan ist als *Drustan* für einen piktischen König aus dem 8. Jahrhundert belegt (vgl. Zimmer 1891, S. 67). Ein *Drustanus* erscheint auf einem südcornischen Gedenkstein des 6. Jahrhunderts; in den Formen *Drest* und *Drestan*, walisisch dann *Drystan*, wurde der Name von den Inselkelten als Personenname übernommen (vgl. Simek 2012, S. 90). König Marke ist in der Historiographie des 9. Jahrhunderts als König Marcus von Cornwall für das 6. Jahrhundert bezeugt (vgl. Schoepperle II 1963, S. 271; Hertz 1904, S. 494). Der keltische Name bedeutet wohl ursprünglich ›Pferd‹; in keltischen Erzählungen hat Marke Pferdeohren (vgl. Newstead 1959, S. 127 f.), auch bei Berol hat Marke Pferdeohren (Berol, V. 1334). Der Name Isolde ist keltisch als *Eselt* im 6. Jahrhundert belegt; ob sich dahinter dann ein germanischer Frauenname *Ethylda* oder *Ishild* und vielleicht auch eine geschichtliche Gestalt verbirgt, kann nicht sicher beantwortet werden (vgl. Schoepperle II 1963, S. 268). Es gibt einen Beleg zu ›hryt eselt‹ als ›Isoldes Furt‹ in anglosächsischen Grenzbeschreibungen von 967 (vgl. Padel 1981, S. 65–67; Lühr 1999, S. 146–148). Zudem ist »Trystan's name [...] found in place-names in Wales and Cornwall« (Bartrum 1993, S. 621; dort auch die Nachweise für die Ortsnamen).

Auch die Schauplätze sind für die Frage der Stoffherkunft von Interesse. Der gesamte Handlungsraum des *Tristan* ist keltisch: Irland als die Heimat Isoldes und Morolds, Cornwall als das Reich Markes und die Bretagne als Tristans Heimat. Einige Forscher sprechen vorsichtig von einem möglichen cornischen Ursprung des *Tristan*, wobei sie sich hier vor allem auf die Namen beziehen (vgl. Padel 1981; Lühr 1999, S. 144–146). Andere Forscher vermuten eine piktische Herkunft des Tristanstoffes in Nordschottland oder eine kymrische in Wales (zu diesem Sachverhalt vgl. Lühr 1999, S. 142 f.). In jedem Fall spielen halbhistorische und regionalmythische Elemente eine Rolle.

Wenn auch der Rekurs auf altirische Erzählungen als unmittelbare Vergleichsbasis oder gar ›Vorstufen‹ zum *Tristan* im Einzelfall kritisch zu sehen ist, ist doch der keltische Hintergrund des Tristanstoffes unstritten. Dreiecksgeschichten erscheinen in der irischen Literatur in vielen Variationen:

Die Problematik einer Frau zwischen zwei Männern verschiedenen Alters macht sie zu einem Vorläufer des festländischen Tristanromans. In den irischen Erzählungen liegt jedoch die Initiative bei der Frau, die die Liebeszweisamkeit fern vom Hof als Beglückung erfährt, während ihr Geliebter unter der Trennung von seinen Gefährten leidet (Edel 2012, S. 144).

Entwicklungsstufen des Tristanstoffes? ›Ur-*Tristan*‹ und ›*Estoire*‹: Vor allem die ältere Forschung bemühte sich, verschiedene Entwicklungsstufen von irischem Erzählgut bis zu den bekannten schriftlichen Fassungen des *Tristan* zu rekonstruieren; es war die Rede von einem ›Ur-*Tristan*‹. Beweisen lässt sich eine solche stufenweise Entwicklung selbstverständlich nicht, sie ist spekulativ. Ranke (1925) sprach von drei Hauptetappen: (1) Nicht erhaltene keltische Urschicht; (2) Nicht erhaltenes Epos; (3) Sogenannte *Estoire*, nicht erhalten. Während heute von den ersten zwei Stufen nicht mehr die Rede ist, ist die *Estoire*, die um 1150 entstanden sein soll (vgl. Keck 1998, S. 48), weiterhin im Blickfeld der Forschung (für Berthelot/Buschinger/Spiewok 1994, S. XIX, etwa ist die Annahme einer solchen ›Urfassung‹ unzweifelhaft: »Es gilt als sicher, daß Thomas ebenso wie der etwa gleichzeitig dichtende Berol [...] und der mittelhochdeutsche Versroman des Eilhart von Oberg [...] auf eine altfranzösische romaneske Urfassung zurückgeht, die sogenannte *Estoire*«). Die »Annahme einer einzigen und bereits schriftlichen Quelle der späteren Tristanüberlieferung hat die Forschungen zur Stoffgeschichte lange beschäftigt« (Keck 1998, S. 47), wobei die vermutete Vorlage eben als *Estoire* bezeichnet wird. Die Forschung stützt sich dabei auf eine Angabe bei Berol: *Ne, si conme l'estoire dit / L[a] ou Berox le vit escrit* (V. 1789 f.). »›L'estoire‹, hier näherhin als ›escrit‹ charakterisiert, dient dabei offenbar als gemeinsame Bezeichnung für die Vorlage, den Stoff und die Erzählung« (Keck 1998, S. 47). Doch ob Berols *estoire* wirklich als Beleg für eine verlorene schriftliche Fassung gelesen werden darf, ist keineswegs sicher (vgl. Krohn 2005, S. 43).

Orientalisches Erzählgut: Die Forschung hat auch orientalisches Erzählgut ausmachen wollen, nämlich zum einen das persische Epos von *Wîs und Râmîn* (Inhaltsangabe in der Nacherzählung einer georgischen Fassung von Neukomm/Tschenkéli, eine englische Übersetzung des georgischen Textes liegt von Wardrop 1914 vor; eine kurze Inhaltsangabe auch bei Hartmann 1999, S. 115–123). Haug (1990, S. 591–593) sieht zahlreiche Ähnlichkeiten zwischen dem genannten persischen Epos und dem Tristanstoff, doch betrifft das bei genauerem Blick eher partikulare narrative Versatzstücke, denn Ausgangskonstellation und Handlungszusammenhänge des persischen Texts sind anders situiert. Haugs Einschätzung ist also kritisch zu bewerten (vgl. Kunitzsch 1980; Hartmann 1999). Tatsächlich verhandelt die orientalische Erzählung allgemein weltliterarische Motive, von denen sich keine direkten Abhängigkeiten zum *Tristan* ableiten lassen. Auf einen weiteren orientalischen Erzählstoff als möglichen Zulieferer insbesondere für die Isolde Weißhand-Episode wies Schröder (1961, S. 29–31; ähnlich McCann 1995, S. 12). Dieser Text erzählt die Geschichte von der Liebe des arabischen Dichters Kais ibn Doreidsch (vgl. auch Singer 1935) zu zwei Frauen gleichen Namens. Doch auch hier scheint die Vergleichsbasis ausgesprochen dünn.

Insgesamt lässt sich festhalten, dass der keltische Ursprung des Tristanstoffes Konsens der Forschung ist. In den Stoff eingeflossen sind jedoch auch international verbreitete Motive; es gibt Elemente aus der antiken Sage bzw. dem spätantiken Roman und möglicherweise auch aus orientalischen Quellen. Die Stoffgeschichte des *Tristan* bildet ein extrem verdichtetes System von Motiven und narrativen Bausteinen, deren spätere Segmentierung in einzelne Bestandteile und Überlieferungsstränge kaum möglich ist (vgl. Stein 2001, S. 17).

1.3 | Wer war Gottfried? Datierung und Überlieferung des *Tristan*

Gottfried von Straßburg schrieb den mittelhochdeutschen *Tristan*, der 19548 Verse umfasst. Der historische Gottfried bleibt weitgehend im Dunkeln; man weiß nur das, was im *Tristan* gesagt wird und was andere Dichter äußern (vgl. Kuhn 1981, Sp. 153 f.; Bunte 2014, S. 35 f.). Der Versuch, Gottfrieds Leben von der Geschichte Straßburgs her zu erhellen bzw. Gottfried dem Kreis eines Straßburger Stadtbürgertums zuzuordnen, kommt über den Status einer Hypothese nicht hinaus (vgl. Stein 2001, S. 166). Ulrich von Türheim lobt Gottfried und bezeichnet ihn als *meister*. Allgemein bezeichnet der Titel *meister* jemanden, der eine klerikal gelehrte Ausbildung hat (vgl. Huber 2013, S. 29). Hier jedoch bezieht sich *meister* vor allem auf Gottfrieds stilistische Meisterschaft in der Dichtkunst (vgl. Stein 2001, S. 166; Bunte 2014, S. 37):

Uns ist ein schade groz geschehen,
des mac diz mere ze schaden jehen,
wan ez beliben ist in not,
*sit **meister** Gotfried ist dot,*
der diz buches begunde.
er hat siner tage stunde
*mit **kunste** erzeiget wol daran.*

*er was ein **kunstricher man**:*
uns zeiget sin getihte
***vil kunstliche geschihte**,*
ez ist eben unde ganz,
kein getihte an spruhen ist so glanz,
*daz ez von **kunste** ge der vur,*
der ez wiget mit wiser kur.

(Ulrich, V. 1–14)

Die Bezeichnung *meister*, die ebenso Heinrich von Freiberg benützt (V. 15), belegt zudem, dass Gottfried vermutlich nicht dem Adel angehörte, entsprechend erscheint nirgends das Adelsprädikat *her* bzw. *herre* in Bezug auf Gottfried (vgl. Huber 2013, S. 29).

In der *Großen Heidelberger Liederhandschrift*, auch *Codex Manesse* genannt, gibt es eine Illustration, die Gottfried mit fünf Gefährten zeigt (siehe S. 16). Das Autorbild ist in seiner Deutung umstritten. Exemplarisch sei auf Tomasek (2007) verwiesen, der hier einen »Kreis von Literaturexperten« vermutet, der »gemäß der Gestik der Figuren in Gottfried seinen Mittelpunkt sieht« (S. 20). Das Autorbild dieser Liederhandschrift zeige so eine »bildliche Entsprechung zu der seit Rudolf von Ems herrschenden Sicht Gottfrieds als eines in der literarischen Szene anerkannten exzeptionellen *meisters*« (ebd. S. 24).

Was hat Gottfried geschrieben? Wirklich gesichert ist nur der *Tristan*. Allerdings führt Rudolf von Ems in seinem *Alexander* Gottfried auch als Sangspruchdichter an mit zwei Sangspruchstrophen über das ›Gläserne Glück‹ und ›Mein und Dein‹; diese wurden als noch am »ehesten authentisch« (Huber 2013, S. 29) bewertet. Die Liedzuschreibungen der Minnesanghandschriften gelten dagegen zu Recht als »unecht und spät« (Kuhn 1981, Sp. 156).

Datierungsversuche – Literaturexkurs: Die Entstehungszeit von Gottfrieds *Tristan* kann nur ungefähr erschlossen werden. Man spricht von relativer Chronologie im Unterschied zu absoluter Chronologie; relative Chronologie bedeutet, dass die Datierung in Relation zu anderen Texten, deren Datierung als gesicherter gilt, erschlossen wird. Einen wichtigen Hinweis für die Datierung liefert der Literaturexkurs (V. 4589–4823) – auch als ›Dichterschau‹ oder ›Dichterrevue‹ bezeichnet – der als »Beginn einer zeitgenössischen deutschen Literaturkritik« (Krohn 2005, S. 90) gesehen wird. Gottfrieds Literaturexkurs nennt eine Auswahl prominenter Dichterkollegen und folgt dabei zeitgenössischen Bewertungskategorien bzw. poetischen Idealen (vgl. Brinker-von der Heyde 1999, S. 447, 454; Dilg 1978, S. 275 f.;

Abb. 7 Das Autorbild Gottfrieds im *Codex Manesse* (Heidelberg, Universitätsbibliothek, Cod. Pal. germ. 848, fol. 364r)

Winkelmann 1975, S. 92 f.). Hartmann von Aue zum Beispiel, der gegen Ende des 12. Jahrhunderts schrieb, erscheint als *poeta laureatus* und scheint zu Gottfrieds Zeit noch gelebt zu haben:

Hartman der Ouwaere,
âhî, wie der diu maere
beide ûzen unde innen
mit worten und mit sinnen
durchverwet und durchzieret!

wie er mit rede figieret
der âventiure meine!
wie lûter und wie reine
sîniu **cristallinen wortelîn**
beidiu sint und iemer müezen sîn!

(Literaturexkurs; Gottfried, V. 4621–4630)

Von Heinrich von Veldeke, der ebenfalls sehr gelobt und als Begründer einer deutschsprachigen Literatur gefeiert wird (*er inpfete daz êrste rîs / in tiutischer zungen*; zu dieser Baummetapher detailliert Winkelmann 1975) und seinen *Eneasroman* wohl spätestens 1190 beendete, wird in der Vergangenheit gesprochen (vgl. Huber 2013, S. 29):

1.3 Wer war Gottfried? Datierung und Überlieferung des Tristan

von Veldeken Heinrîch
der sprach ûz vollen sinnen.
wie wol sang er von minnen!
wie schône er sînen sin besneit!
*ich waene, er sîne **wîsheit***
ûz Pegases ursprînge nam,
von dem diu wîsheit elliu kam.

ine hân sîn selbe niht gesehen;
nu hoere ich aber die besten jehen
die, die bî sînen jâren
und sît her meister wâren,
die selben gebent im einen prîs:
er inpfete daz êrste rîs
in tiutischer zungen.

(Literaturexkurs; Gottfried, V. 4726–4739)

Der Erzähler im *Tristan* geht auch auf lyrische Dichter ein; der Minnesänger Reinmar von Hagenau scheint bereits verstorben zu sein:

*»nu sprechet umb die **nahtegalen**!«*
die sint ir dinges wol bereit
und kunnen alle ir senede leit
sô wol besingen unde besagen.
welhiu sol ir baniere tragen,

*sît diu **von Hagenouwe**,*
ir aller leitevrouwe
der werlde alsus geswigen ist,
diu aller doene houbetlist
versigelt in ir zungen truoc?

(Literaturexkurs; Gottfried, V. 4774–4783)

Walter von der Vogelweide wird als neuer Anführer der ›Nachtigallen‹ in der Liedkunst gepriesen (zu den ›Nachtigallen‹ als zoologische Metapher für die Lyriker vgl. Wyss 2002, S. 327–338; zur ›Führungsrolle‹ vgl. Brinker-von der Heyde 1999, S. 452 f.):

ich waene, ich sî wol vinde,
diu die baniere vüeren sol.
*ir **meisterinne** kann ez wol,*
*diu **von der Vogelweide**.*

hî wie diu über heide
mit hôher stimme schellet!
waz wunders sî stellet!
wie spaehe s'organieret!

(Literaturexkurs; Gottfried, V. 4798–4805)

Aus all dem ergeben sich vage Datierungshinweise. Reinmars dichterisches Schaffen ist bis nach 1194 belegbar (vgl. Schweikle 1989, Sp. 1182), Walther von der Vogelweide schrieb etwa zwischen 1198 und 1230 (vgl. Schweikle 1994, S. 16–19). Herangezogen wurde auch der Verweis auf einen Dichterkollegen, den der Erzähler im Anschluss an den gelobten Hartmann von Aue schmäht:

*swer nû des **hasen geselle** sî*
und ûf der wortheide
hôchsprünge und wîtweide
*mit **bickelworten** welle sîn*
und ûf daz lôrschapelekîn
wân âne volge welle hân,
der lâze uns bî dem wâne stân.
[...]

vindaere wilder maere,
der maere wildenaere,
die mit den keten liegent
und stumpfe sinne triegent,
die golt von swachen sachen
den kinden kunnen machen
und ûz der bühsen giezen
stoubîne mergriezen [...]

(Literaturexkurs; Gottfried, V. 4638–4644; 4665–4672)

Dieser Dichter hüpfe laut Erzähler wie ein Hase auf der Wortheide umher mit hingeworfenen Worten, er sei ein Dichter ungezügelter Geschichten, ein kunstloser Jäger von Erzählungen, und mache aus wertlosem Material Gold (zu *hasen geselle* und den Lesarten von *bickelworten* vgl. Spitz 1995). Die Forschung hat diesen Dichter, der namentlich nicht genannt wird, mehrheitlich als Wolfram von Eschenbach identifiziert (vgl. Klein 1988, S. 127 f.; Tomasek 2007, S. 145); jedoch setzte vor allem die ältere Forschung zu stark auf eine personalisierte Dichterfehde zwischen Gottfried und Wolfram (ausführlicher Forschungsüberblick und Kritik bei Tomasek 2007,

S. 145–147). Wolframs *Parzival* ist im ersten Jahrzehnt des 13. Jahrhunderts entstanden, doch auch dieses Datum ist nur erschlossen (im *Parzival* gibt es eine Anspielung auf ein historisches Ereignis, nämlich auf die Zerstörung der Erfurter Weingärten, die 1203 erfolgte; vgl. Bumke 2004, S. 18). Als Argument für die Datierung des *Tristan* wurde auch Rudolf von Ems herangezogen, dessen literarisches Schaffen »von etwa 1220 bis in die Mitte der fünfziger Jahre [des 13. Jhs.] hinein belegt« ist (Walliczek 1992, Sp. 324); Rudolf hat in seinem *Alexander* den *wîsen Gotfrit von Strâzburg* (V. 3153 f.) als Dichter einer vortrefflichen Tristandichtung gerühmt (vgl. Tomasek 2007, S. 17).

Aufgrund der genannten Überlegungen setzt man die Entstehungszeit des *Tristan* auf einen Zeitraum um 1210 an; diese Datierung gilt als »weitgehend unstrittig« (ebd. S. 25; Kuhn 1981, Sp. 155, nennt 1200 bis 1220).

Handschriftliche Überlieferung von Gottfrieds *Tristan*: Es existieren insgesamt 29 Textzeugnisse, davon elf vollständige Handschriften und 18 Fragmente (vgl. Haug 2011, S. 221). In der folgenden Übersicht sind die vollständigen Handschriften durch Großbuchstaben, die Fragmente durch Kleinbuchstaben repräsentiert (zur folgenden Auflistung vgl. Klein 2006, S. 215 f.; Tomasek 2007, S. 45; Haug 2011, S. 221–225):

1. **Handschriften:**
   - **B:** Köln, Hist. Archiv der Stadt, Cod. W 88*
   - **E:** Modena, Bibl. Estense, Ms. Est. 57
   - **F:** Florenz, Bibl. Nazionale Centrale, Ms. B. R. 226
   - **H:** Heidelberg, Universitätsbibl., Cpg 360
   - **M:** München, Staatsbibl., Cgm 51
   - **N:** Berlin, Staatsbibl., mgq 284
   - **O:** Köln, Hist. Archiv der Stadt, Cod. W 87*
   - **P:** Berlin, Staatsbibl., mgf 640
   - **R:** Brüssel, Königl. Bibl., ms. 14697
   - ***S:** Johann Georg Scherz, Straßburg [verschollen; Abschrift des 18. Jahrhunderts: Hamburg, Staats- und Universitätsbibl., Cod. germ. 12]
   - **W:** Wien, Österr. Nationalbibl., Cod. 2707,3

2. **Fragmente:**
   - **a:** Innsbruck, Landesmuseum Ferdinandeum, Cod. FB 1519/III
   - **b:** Wien, Österr. Nationalbibl., Cod. 15340
   - **e:** Hamburg, Staats- und Universitätsbibl., Cod. germ. 15, Fragm. 3 [verschollen]
   - e_1: Hamburg, Staats- und Universitätsbibl., Cod. germ. 15, Fragm. 3a
   - **f:** Köln, Hist. Archiv der Stadt, Hss.-Fragm. A 44
   - f_1: Augsburg, Staats- und Stadtbibl., Fragm. germ. 31
   - **ff:** Frankfurt a. M., Stadt- und Universitätsbibl., Fragm. germ. II 5 **g:** Linz, Landesarchiv, Pa I/3b
   - **h:** Antiquariat L. Rosenthal, München [verschollen]
   - **I:** Berlin, Staatsbibl., mgf 923 Nr. 5
   - **m:** Berlin, Staatsbibl., mgf 923 Nr. 4
   - **n:** München, Staatsbibl., Cgm. 5249/75
   - **ö:** Augsburg, Universitätsbibl., Fragm. aus Cod. III.1.4o 8
   - **q:** Sammlung Eis, Heidelberg, Hs. 63
   - q_1: Dillingen, Studienbibl., Hss.-Fragm. 25

r:	Frankfurt a. M., Stadt- und Universitätsbibl., Ms. germ. oct. 5
s:	Straßburg, Universitätsbibl., ms. 2280
t:	Tübingen, Universitätsbibl., Ms. Md 671
v:	Würzburg, Universitätsbibl., M. p. misc. f. 35
w:	Wien, Österr. Nationalbibl., Cod. 2707,1
z/z_1:	Zürich, Staatsarchiv, Cod. C VI 1/VI 6a

Illustriert sind die Handschriften M, B, R (München, Köln und Brüssel), wobei vor allem der Cgm 51 mit seinen immerhin 15 nachträglich eingebundenen ganzseitigen Bildblättern, die 118 Bildszenen übermitteln (drei Register je Bildseite) und Gottfrieds und Ulrichs Text illustrieren, das Interesse der Forschung fand (vgl. Baisch 2013, S. 689, dort auch weiterführende Literaturhinweise; Faksimile-Ausgabe des Cgm 51 von Montag/Gichtel 1979). Es handelt sich um lavierte Federzeichnungen vor gedecktem Hintergrund (siehe beispielhaft die Szene, in der Tristan dem Drachen die Zunge herausschneidet auf dem Cover dieses Buches). Die Illustrationen des Cgm 51 repräsentieren (zusammen mit dem Cgm 19) einen neuen Typ von Bilderhandschrift, wobei die »Form der blockartigen Zusammenfassung der Bilder [...] deren Autonomie gegenüber dem Text« betont (Baisch 2013, S. 688). Die Bildstruktur verfolgt gegenüber dem Text teilweise ein eigenes Programm (maßgeblich hierzu Ott 1993; vgl. auch Saurma-Jeltsch 1992, S. 124–128; Brüggen/Ziegeler 2012, S. 223 f.; Falkenberg 1986, S. 157–182; zum Zusammenspiel von Text und Bild des *Brüsseler Tristan* vgl. Zacke 2016).

Die weitaus meisten Textzeugen stammen aus dem 13. und 14. Jahrhundert. Die Forschung hat eine »ausgeprägte Überlieferungsinsel« (Tomasek 2007, S. 49) anhand der erhaltenen Textzeugnisse ausgemacht. Diese liegt »vom ausgehenden 13. bis ins frühe 15. Jahrhundert im ostfränkisch-ostmitteldeutsch-böhmischen Raum« (ebd. S. 50). In den Buchdruck schaffte es Gottfrieds Text nicht. Es existiert also insgesamt eine relative hohe Zahl an Textzeugen, die allerdings hinter dem *Parzival* und dem *Willehalm* Wolframs von Eschenbach mit etwa 80 bzw. 70 Textzeugen weit zurückbleibt. Sicherlich weist auf der einen Seite eine hohe Zahl an Textzeugen auf die Beliebtheit eines Textes hin, andererseits ist aber eine dürftige Überlieferung nicht der letzte Beweis dafür, dass ein Text nicht rezipiert wurde. Einen prominenten Fall liefert hier Hartmanns von Aue *Erec*, der wohl sehr bekannt war, aber nur in einer einzigen Handschrift des frühen 16. Jahrhunderts, dem *Ambraser Heldenbuch*, weitgehend vollständig überliefert ist. Der Überlieferungsbefund hat immer etwas Zufälliges an sich, weil es sich nicht abschätzen lässt, wie viele Handschriften in Kriegswirren etc. zerstört wurden oder als Makulatur endeten, weil sie als nicht mehr zeitgemäß galten.

Stemma der Gottfried-Handschriften: Vor allem die ältere Forschung hat sich intensiv mit der Frage beschäftigt, wie die einzelnen Handschriften zusammenhängen. Die Textkritik, wie sie Karl Lachmann (1793–1851) für die Germanistik begründete, »setzt sich die Herstellung eines dem Original möglichst nahekommenden Textes zum Ziel. Ihre Aufgabe ist die Rekonstruktion des *Archetypus*. Das ist diejenige Fassung eines Textes, die als Ausgangspunkt der gesamten Überlieferung gelten muß, aber nicht mit dem Original identisch ist« (Weddige 2014, S. 32). Ranke (1917, S. 157–278; 381–438) legte ein Stemma mit zwei Hauptästen vor. Unter ›Stemma‹ versteht man eine graphische Gliederung einzelner Handschriften eines Textes unter Berücksichtigung von Entstehungszeit und Abhängigkeit der Handschriften untereinander. Der Archetypus Z wird durch X und Y repräsentiert; X besteht aus älteren Textzeugen, der Y-Ast

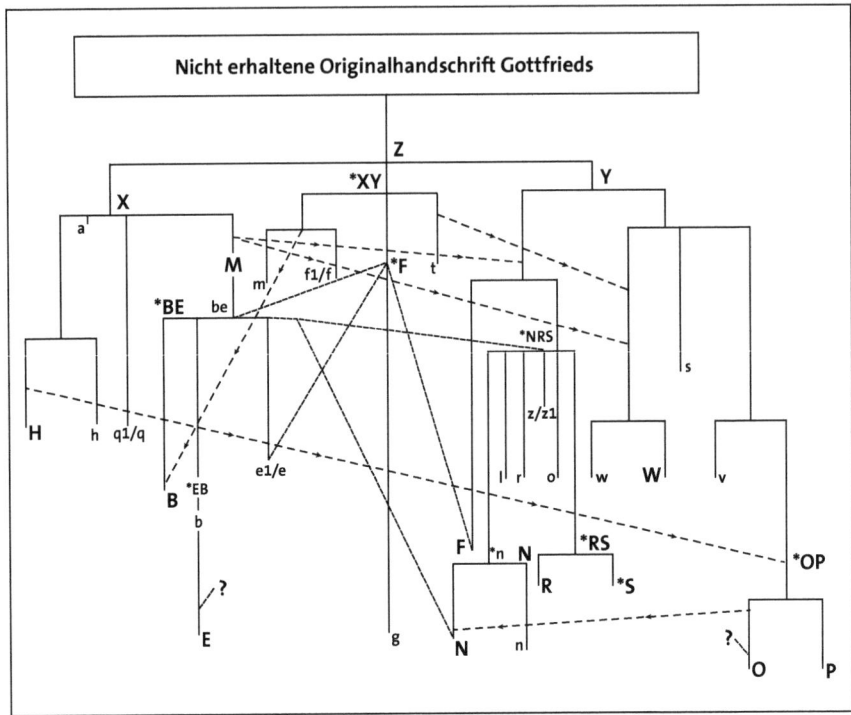

Abb. 8 Stemma der Handschriften von Gottfrieds *Tristan* (modifiziert nach Wetzel 1992, S. 403; die Buchstaben bezeichnen die Handschriften bzw. Fragmente, siehe oben)

ist durch jüngere Texte vertreten (vgl. Bennewitz 2002, S. 9–23). Die neuere Forschung (Wetzel 1992) ergänzte dieses Stemma durch einen dritten Ast, XY (s. Abb. 8).

1.4 | Gottfrieds Tristan: ein Fragment?

Gottfrieds *Tristan* ist mit höchster Wahrscheinlichkeit ein Fragment, wenn auch der Text nicht mitten in einer Handlungssequenz abbricht. Doch endet er relativ abrupt mit dem Rechtfertigungsmonolog des Protagonisten: Es sind also wesentliche Teile der Stofftradition wie etwa die Hochzeit mit Isolde Weißhand, die Rückkehrabenteuer zur irischen Isolde und beider Tod nicht vorhanden; ein Epilog fehlt, das Initialen-Kryptogramm bricht ab, und Ulrich von Türheim, der den Torso Gottfrieds fortsetzte, spricht davon, dass Gottfried vor der Zeit starb, so *daz er diz buch niht volle sprach* (V. 18). Die konkurrierende und teilweise spekulative Forschungsdiskussion kreist vor allem um die Frage, ob ein bewusster Abbruch des Texts vorliegt (etwa weil Gottfried an seinem radikalen Minnekonzept, das sich von den Vorläufern absetzt, scheiterte und keinen anderen Ausweg hatte) oder ihn doch der Tod an einer Fertigstellung hinderte (Forschungsdiskussion bei Haug 2011, S. 743–751).

Fazit: Der *Tristan* ist in unterschiedlichen Versionen verbreitet. Die wichtigsten Fassungen des Hochmittelalters stammen von Berol, Eilhart, Thomas und Gottfried von Straßburg. Die beiden letzteren liefern eine höfische Fassung, die sich vor allem in einer positiven Bewertung der passionierten Liebe zwischen Tristan und Isolde auszeichnet. Der keltische Ursprung des Stoffes ist Konsens der Forschung. Dreiecksgeschichten bzw. der Liebe-Loyalitäts-Konflikt kommen in der altirischen Literatur in vielen Variationen vor. Konstitutiv für den Tristanstoff sind die altirischen Erzählschemata ›*immram*‹ und ›*aithed*‹, also Meer- bzw. Heilfahrt und Fluchterzählung. Insgesamt jedoch bildet die Stoffgeschichte des *Tristan* ein extrem verdichtetes System von international verbreiteten Motiven und narrativen Bausteinen.

Über Gottfried von Straßburg ist trotz aller Spekulationen nichts Sicheres bekannt. Er schrieb wohl um 1210 den *Tristan*, der trotz seiner nahezu 20000 Verse mit sehr großer Wahrscheinlichkeit ein Fragment ist. Der Text ist in 29 Textzeugen vom 13. bis zum 15. Jahrhundert, elf Handschriften und 18 Fragmenten, überliefert. Die Fortsetzer Ulrich und Heinrich bezeichnen Gottfried als *meister* – dies bezieht sich auf dessen stilistische Meisterschaft in der Dichtkunst –, sehr wahrscheinlich gehörte er nicht dem Adel an. Der *Codex Manesse* übermittelt ein Autorbild von Gottfried von Straßburg, das die Wertschätzung durch seine Zeitgenossen dokumentiert.

2 Der Prolog

Der Prolog ist in keiner früheren Tristanversion vorgegeben, er ist die alleinige Schöpfung Gottfrieds (vgl. Krohn 2006, S. 62). Hauptthema ist die Konzeption eines idealen Rezipientenkreises der *edelen herzen*. Diese zeichnen sich dadurch aus, dass sie nicht nur die Freuden der Liebe, sondern auch das zugehörige Leid annehmen. Der Prolog formuliert ein ethisches Programm und etabliert dabei eine »Kommunikationsgemeinschaft von Autor/Erzähler, sprachlichem Text und Rezipienten« (Haupt 2004, S. 164). Auffallend ist die ausgesprochen kunstvolle formale Stilisierung, die Strophen sind mit einer Fülle von Klangresponsionen durchwoben (vgl. Huber 2013, S. 40).

2.1 | Das Programm der *edelen herzen*

Der formale Prologaufbau: Der Prolog umfasst die Verse 1–244 und lässt sich in einen strophischen und in einen stichischen Teil (von griech. ›*stichos*‹ = Vers) gliedern. Diese formale Aufteilung markiert inhaltliche Zäsuren. Der strophische Teil geht von V. 1–44 und von V. 233–244, dabei bilden je vier Verse eine Strophe mit zwei Reimwörtern. Diese Einteilung ist nicht unumstritten, manche Forscher sehen den strophischen Teil schon mit V. 40 beendet (zum Beispiel Dilg 1977; Mazzadi 2000, S. 49 f.). Der stichische Teil umfasst die V. 45–232.

Versform	Verszahl	Thema
Strophischer Teil I	V. 1–44	Das Gute und die Kunst (*list*) benötigen *êre unde lop*
Stichischer Teil	V. 45–232	*edele herzen* vs. *ir aller werlde*; die Bedeutung von Liebesgeschichten für edle Liebende (Forderung nach poetischer Vergegenwärtigung)
Strophischer Teil II	V. 233–244	Speisemetaphorik (Eucharistiebezug?); die Geschichte von Tristan und Isolde als *brôt* für die Lebenden

Abb. 9 Formaler und inhaltlicher Aufbau des Prologs

Die Aufgaben eines Prologs im Allgemeinen (vgl. zum Folgenden Brinkmann 1964, S. 80–86) finden sich zuerst in den antiken Rhetoriken. Der Prolog, auch ›*prooemium*‹, ›*exordium*‹ oder ›*principium*‹ genannt, ist in der antiken Redekunst der Beginn einer Rede. Die rhetorischen Prinzipien des Prologs haben sich im Wesentlichen in der Beschäftigung mit der Gerichtsrede entwickelt; Anwalt bzw. Verfasser tragen einen bestimmten Gegenstand vor und vertreten eine bestimmte Sache, für die die Hörer oder Leser aufnahmebereit gemacht werden sollen. Das muss zweckmäßigerweise vor der ›Verhandlung‹ der Angelegenheit bzw. des Themas geschehen (vgl. Eifler 1975, S. 359). Es ist Aufgabe des Prologs, den Zuhörer ›*benevolum*‹, ›*attentum*‹ und ›*docilem*‹, das heißt wohlwollend, aufmerksam und aufgeschlossen, zu stimmen. Ist der Gegenstand problematisch oder gar moralisch heikel, ist er eine ›*causa turpis*‹ wie etwa die Ehebruchsgeschichte im *Tristan*, so muss es erst recht darum gehen, Sympathie und Aufgeschlossenheit gegenüber dieser Angelegenheit zu entwickeln.

2.1 Das Programm der *edelen herzen*

Brinkmann (1964) nimmt (entsprechend der antiken Gerichtsrede) eine rhetorisch motivierte Zweiteilung des Prologs vor: In das ›*prooemium*‹ (V. 1–120) und den ›*prologus*‹ (V. 121–244; vgl. ›*prologus praeter rem*‹ und ›*prologus ante rem*‹). Diese Grenzziehung wurde allerdings auch kritisch, weil möglicherweise als zu willkürlich, gesehen (vgl. Jaffe 1978; Tomasek 2007, S. 125 f.). Spätere Untersuchungen gehen von einer Dreiteilung aus und beziehen diese auf die Kryptogramminitialen (siehe Kap. 2.2). Die zugehörige inhaltlich-thematische Gliederung bezieht sich dabei »auf den Bereich ›Ethik/Kunst‹ (1 ff.), auf Fragen der Rezeption von Liebesdichtung (45 ff.) und zuletzt auf den Tristanroman selbst (131 ff.)« (Tomasek 2007, S. 127). Schlüsselbegriffe des Prologs sind die *edelen herzen* und die *edelen senedaere*; gemeint sind die ›edlen‹ Liebenden, die Freude und Leid in Liebesdingen annehmen (mittelhochdeutsch *sene* meint das liebende Verlangen, den Liebes- bzw. Sehnsuchtsschmerz; BMZ IIB, S. 249). Die Übersetzung von *edel* ist schwierig, gemeint ist so etwas wie ein ›innerer Adel‹, eine vornehm-edle Gesinnung.

Strophischer Teil I – Die Kunst benötigt *êre unde lop*: De Boor (1959, S. 48) und die Forschung nach ihm teilte den ersten strophischen Teil des Prologs in zwei Zyklen ein. Der erste Zyklus umfasst die Strophen 1 bis 5 (V. 1–20), mit der sechsten Strophe schließt sich der zweite Prologzyklus an.

Erster Prologzyklus: Dieser beginnt entsprechend der zeitgenössischen Prologtopik mit einer Exordialsentenz (vgl. Goller 2005, S. 69). Eine Sentenz ist ein einprägsamer Sinn- oder Denkspruch; das ›*exordium*‹ ist die Einleitung, die das Publikum zu Sympathie, Aufmerksamkeit und Aufgeschlossenheit bewegen soll. Hier heißt es: Das Gute, das getan wird, muss gut aufgenommen werden, um wirksam zu werden:

Gedaehte mans ze guote niht, *sô waere ez allez alse niht,*
von dem der werlde guot geschiht, *swaz guotes in der werlde geschiht.*

(Prolog: Gottfried, V. 1–4)

In der zweiten Strophe wird dieser Gedanke fortgeführt, aber »ins Negative gewandt« (de Boor 1959, S. 49):

Der guote man swaz der in guot *swer daz iht anders wan in guot*
und niwan der werlt ze guote tuot, **vernemen** *wil, der* **missetuot.**

(Prolog: Gottfried, V. 5–8)

Das negative *vernemen* einer guten Tat wird also offen verurteilt (*missetuon*). Eifler (1975) spricht bezüglich der beiden Strophen von »wertlogischen Sätzen von uneingeschränkter Allgemeinheit« (S. 370), deren Gültigkeit außer Zweifel steht. Die dritte Strophe wechselt mit *ich hoere* in die Ich-Rede. Es wird moniert, dass die Gesinnung, Gutes nicht anzuerkennen, sondern herabzusetzen, weit verbreitet sei:

Ich hoere es velschen harte vil, *dâ ist des lützelen ze vil,*
daz man doch gerne haben wil: *dâ wil man, des man niene wil.*

(Prolog: Gottfried, V. 9–12)

In der vierten Strophe gibt es ein klares, aber noch allgemein gehaltenes Urteil: Es gehöre sich einfach, das zu loben, was man nötig hat.

Ez zimet dem man ze lobene wol, *und lâze ez ime gevallen wol,*
des er iedoch bedürfen sol, *die wîle ez ime gevallen sol.*

(Prolog: Gottfried, V. 13–16)

In der fünften Strophe wechselt der Erzähler in eine nahezu emphatische Redeweise. Er preist denjenigen, der zwischen Gut und Schlecht abwägt und darüber hinaus auch den Erzählenden und jeden anderen richtig beurteilen kann:

Tiure unde wert ist mir der man,   der mich und iegelîchen man
der **guot und übel betrahten** kan,   **nâch sînem werde** erkennen kan.

(Prolog: Gottfried, V. 17–20)

In diesem ersten Zyklus bezieht sich Gottfried also noch nicht auf Tristan und Isolde, das Thema wird allgemein formuliert: Es geht um die Anerkennung des Guten und desjenigen, der das Gute lobt (vgl. de Boor 1959, S. 51 f.; Brinkmann 1964, S. 86).

Zweiter Prologzyklus: Dieser beginnt mit der sechsten Strophe. Hier wird der eigentliche Bezugspunkt, der bisher im Dunkeln blieb, offenbart: Es geht um die *list*. Mittelhochdeutsch *list* bedeutet eigentlich ›Weisheit‹, ›Klugheit‹, aber auch ›Wissenschaft‹ und ›Kunst‹ (BMZ I, S. 1010; zur Übersetzung mit ›Kunst‹ vgl. Krohn 2005, S. 22 f.; Haug 2011, S. 249). Wenn man die Kunst anerkennt, könne sie aufblühen; »Kunst ist auf Ruhm aus« (Haug 2011, S. 249). Nur das Lob, die »wohlwollende Rezeption, erlaubt dem Dichter, seine künstlerischen Fähigkeiten so zu entfalten, dass er eine würdige Stimme der *memoria* wird« (Mazzadi 2000, S. 42):

Êre unde lop diu schepfent list,   *swâ er mit lobe geblüemet ist,*
dâ list ze lobe geschaffen ist: *dâ blüejet aller slahte list.*

(Prolog: Gottfried, V. 21–24)

Die siebte Strophe bringt das Gegenteil: Wenn der Kunst weder Anerkennung noch Ansehen, also weder *lop* noch *êre*, zuteil wird, dann geht sie zugrunde, sie sinkt in die Unbeachtetheit (*unruoche*, V. 25) ab. In der achten Strophe wird eine Zeitklage formuliert. Heute (= *nu*) wird vielfach falsch geurteilt, das Gute wird für schlecht und das Minderwertige für gut gehalten (vgl. Eifler 1975, S. 382):

*Ir ist sô vil, die des **nu** pflegent,*   *daz übel wider ze guote wegent:*
*daz si **daz guote** z'**übele** wegent,*   *die pflegent niht, si widerpflegent.*

(Prolog: Gottfried, V. 29–32)

In der neunten Strophe ist das Thema der *nît*, die Missgunst. Kunst und Urteilsvermögen (*cunst unde nâhe sehender sin*, V. 33) passen an sich sehr gut zusammen, wenn aber der *nît* hinzutritt, wird beides erstickt: *er leschet kunst unde sin* (V. 36). Die Neidthematik allgemein ist »one of the most common motifs in medieval prologues« (Jaeger 1972, S. 12). Die zehnte Strophe beruft sich auf den bekannten Bibelvers, wonach der rechte Weg schmal und steinig ist, die zum Verderben führenden Straßen dagegen breit (Mt. 7,13). Derjenige wird gelobt, der diesen Weg der *tugent* geht (vgl. Mazzadi 2000, S. 46):

*Hei **tugent**, wie smal sint dîne stege,*   *die dîne stege, die dîne wege,*
wie kumberlîch sint dîne wege!   *wol ime, der si wege unde stege!*

(Prolog: Gottfried, V. 37–40)

Die elfte Strophe, die von einigen Forschern nicht zum strophischen Teil gerechnet, sondern als ›transitio‹, als Überleitung, zum folgenden stichischen Teil gesehen wird (so Mazzadi 2000, S. 49; vgl. auch Haupt 1977, S. 117), wechselt wieder zur Ich-Rede; der Erzähler bekennt, *gewerldet* zu sein:

2.1 Das Programm der *edelen herzen*

> *Trîbe ich die zît vergebene hin,*
> *sô zîtic ich ze lebene bin,*
>
> *sône var ich in der werlt sus hin*
> *nicht sô **gewerldet**, alse ich bin.*
>
> (Prolog: Gottfried, V. 41–44)

Der Begriff *gewerldet* ist eine Neubildung Gottfrieds und fand in der Forschung Beachtung, weil *werlt* in dem folgenden paargereimten Abschnitt zum Leitwort und zum Gegenbegriff der *edelen herzen* wird. Nach Jackson (1971) bedeutet *gewerldet* hier lediglich »experienced in the ways of the world« (S. 52); Young (1998, S. 201) sieht in der Verwendung des Begriffs ein Indiz dafür, dass sich der Erzähler zu *ir aller werlde* zugehörig sieht, kontrastiv zu den *edelen herzen*; nach Mazzadi (2000, S. 66), die sich dabei auf die Verse 47 f. bezieht, gehört der Erzähler dagegen durchaus zur Welt der *edelen herzen*.

Das Thema des zweiten Zyklus ist folgendes: Die Kunst benötigt *êre unde lop*, also öffentliche Anerkennung, um gedeihen zu können. Nur das »›Gedenken‹, dessen spezifisch ästhetischer Modus die Rezeption durch *êre* und *lop* ist, verschafft der Kunst ihre Geltung, indem es sie vor dem Vergessen bewahrt« (Kellner 1999, S. 490). Dagegen wird der Kunst Schaden zugefügt, wenn kein Lob erfolgt und wenn die Missgunst Kunst und Urteilsvermögen erstickt. Dieser Gedanke ist nicht neu. Die Idee einer Abhängigkeit der Kunst von einer guten Aufnahme durch die Rezipienten entspricht antiken Vorstellungen, die in mittelalterlichen Lehrbüchern übermittelt wurden (vgl. Krohn 2005, S. 22 f., der dabei auf Ciceros *Tusculanae Disputationes* verweist; ähnlich Haug 2011, S. 249 f.).

Beide Prologzyklen sind thematisch eng aufeinander bezogen: Das Gute und die Kunst bedürfen der Anerkennung, um bestehen zu können, doch die Vielzahl der Menschen vermag beides nicht zu erkennen und richtig einzuschätzen. Eifler (1975, S. 366) sieht die Rezipientenbeeinflussung im Zentrum: Wenn im Prolog derjenige gepriesen wird, der das Gute und die Kunst hochschätzt, so werde der Rezipient dazu motiviert, sich selbst in diese Reihe der ›Sehenden‹, die über *tugent* verfügen, einzugliedern, weil sie den schmalen Weg der Vollkommenheit gehen. Damit wird der Rezipient auf das heikle Thema einer Ehebruchsgeschichte positiv eingestimmt. Eifler sieht dies als »raffinierte Persuasionsstrategie« (S. 388), um das Publikum für seine Geschichte zu gewinnen; der rhetorische Aufwand diene dazu, einer zweifelhaften Geschichte, einer ›causa turpis‹, moralischen Kredit zu verschaffen.

Stichischer Teil – die *edelen herzen*: Im stichischen Teil, der etwa 200 Verse umfasst, werden die Rezipienten positiv auf das Ehebruchspaar Tristan und Isolde eingestimmt. Von zentraler Bedeutung ist das Programmwort der *edelen herzen*. Diese erscheinen in den 244 Versen des Prologs fünfmal, sechsmal in der Vorgeschichte, noch siebenmal dann in der Hauptgeschichte (vgl. Keck 1998, S. 192). Auffallend ist, dass alle Belege bis auf einen in der ersten Hälfte stehen (vgl. Jauch 1951, S. 169 f., dort auch alle Nachweise), nach dem Minnetrank erscheint der Begriff kaum mehr (vgl. Linden 2009, S. 130; die letzten Belege finden sich V. 8127 und V. 11910). Das mag damit zusammenhängen, dass Tristan und Isolde in der Akzeptanz des todbringenden Zaubertranks die *edelen herzen* ideal verkörpern. Dass Tristan und Isolde bereits im Prolog genannt werden (V. 130), wurde in der Forschung unterschiedlich diskutiert. Bedeutet es, dass Tristan und Isolde bereits im Prolog zu diesen *edelen herzen* gerechnet werden? Während Brinkmann (1964, S. 88) dies bejaht, formuliert etwa Jauch (1951, S. 171) Kritik an der Identifikation des Protagonistenpaares mit den *edelen herzen* an dieser Stelle.

Erzählchronologisch-thematische Gliederung des stichischen Prologs:
1. Zunächst identifiziert sich der Erzähler mit einer elitären Rezipientengruppe, den *edelen herzen* (vgl. Keck 1998, S. 192):

Ich hân mir eine unmüezekeit	***den herzen, den ich herze trage,***
der werlt ze liebe vür geleit	***der werlde, in die mîn herze siht.***
*und **edelen herzen** z'einer hage,*	

   (Prolog: Gottfried, V. 45–49)

   Für diese *edelen herzen* schlägt das Herz des Erzählers, er widmet sich *der werlde, in die mîn herze siht* (vgl. hierzu auch Young 1998, S. 198). Die Fokussierung auf das Wort ›Herz‹ ist überdeutlich; in fünf Versen wird fünfmal das Herz genannt. Die Bedeutung von mittelhochdeutsch *herze* reicht sehr viel weiter als das neuhochdeutsche Wort; es bezeichnet den eigentlichen Personenkern, sowohl die affektiven wie die intelligiblen Kräfte, das Gefühl und den Verstand.

2. Die Gruppe der *edelen herzen* wird »durch die Bereitschaft, Schmerzen im Namen der Liebe hinzunehmen« definiert, eine Welt der bloßen Freude wird abgelehnt (Keck 1998, S. 194; vgl. auch Haupt 1977, S. 118):

*ine meine **ir aller werlde** niht*	*diu samet in eime herzen treit*
als die, von der ich hoere sagen,	*ir süeze sûr, ir liebez leit,*
*diu **keine swaere** enmüge getragen*	***ir herzeliep, ir senede nôt,***
*und **niwan in vröuden** welle sweben.*	*ir liebez leben, ir leiden tôt,*
die lâze ouch got mit vröuden leben!	***ir lieben tôt, ir leidez leben.***
Der werlde und diseme lebene	*dem lebene sî mîn leben ergeben,*
enkumt mîn rede niht ebene.	*der werlt wil ich gewerldet wesen,*
ir leben und mînez zweient sich.	*mit ir verderben oder genesen.*
*ein **ander werlt** die meine ich,*	

   (Prolog: Gottfried, V. 50–66)

   Deutlich sind die *edelen herzen* von *ir aller werlde* geschieden, was so etwas wie die ›gewöhnlichen‹ Menschen meint; diese könnten eben kein Leid ertragen und wollten immer nur in Freude leben. Die Rezipienten werden auf die elitäre Gruppe der *edelen herzen* eingeschworen. Diese zeichnen sich dadurch aus, dass sie *herzeliep* und *senede nôt* kennen. Ein solches Leben, das Liebe und Leid annimmt, will auch der Erzähler; unter solchen *edelen herzen* will er entweder selig leben oder mit ihnen zugrunde gehen. Haug (2011) sieht »die beiden Größen ›edele herzen‹ und ›Gottfrieds Publikum‹ nahezu deckungsgleich« (S. 254), weil im Blickwinkel rhetorischer Prologstrategie betrachtet, sich »kaum ein Rezipient der insinuatorischen Vorgehensweise des Sprechers entzogen haben« dürfte (ebd.).

3. Nur dieser Gruppe der *edelen herzen* legt der Erzähler seine Dichtung *ze kurzewîle* vor (V. 72). Die Dichtung sei gut gegen *ir nâhe gênde swaere* (V. 74), gegen alle *herzesorgen* (V. 80), die Qual (*nôt*, V. 76) könne so etwas gemindert werden. Wenn Liebesqual auf *müezekeit*, auf Müßiggang (V. 85), trifft, so würde sie sich verschlimmern; jeder, der Liebesqualen leidet, solle nach bedachter Ablenkung suchen, das würde ihm gut tun. Doch der Erzähler warnt davor, eine Zerstreuung zu suchen, die *reiner liebe missezeme* (V. 96), also nicht zu ihr passen würde (vgl. hierzu Krohn 2006, S. 66).

4. Wenn der *innecliche minnen muot*, die echte Liebe, in Sehnsuchtsschmerzen brenne, dann empfinde sie nur umso glühender. Dieser Schmerz sei ein freudenreicher und der Kummer *tuot sô herzewol*. Kein *edelez herze* wolle deshalb auf Liebesgeschichten (*senediu maere*) verzichten. Die Vokabel *sene* als liebendes Ver-

langen, Liebes- bzw. Sehnsuchtsschmerz, ist »besonders geeignet, die Paradoxie unglücklicher Liebe zu erfassen und mit positiven Wertvorstellungen ambivalent anzureichern« (Huber 2002, S. 349). Programmatisch heißt es: Der vornehm-edle Liebende schätzt Liebesgeschichten:

der **innecliche minnen muot**,	daz es kein **edele herze** enbirt,
sô der in sîner **senegluot**	sît ez hie von geherzet wirt.
ie mêre und mêre **brinnet**,	ich weiz ez wârez alse den tôt
sô er ie sêrer **minnet**.	und erkenne ez bî der selben nôt:
diz leit ist liebes alse vol,	der **edele senedaere**
daz übel daz tuot sô herzewol,	der minnet senediu maere.

(Prolog: Gottfried, V. 111–122)

Dies sei ›todsicher‹ (*ich weiz ez wârez alse den tôt*); der Erzähler betont sogar, dass er das aus eigener leidvoller Erfahrung wisse. Der Erzähler zählt sich so selbst zu den *edelen senedaeren* (so Keck 1998, S. 188). Für Haug (2012) ist der Terminus ›edele senedaere‹ »wegen der Nachbarstellung zum *edelen herzen* (v. 117) mit diesem gleichzusetzen oder präzisiert dieses« (S. 258).

5. Eine solche Liebesgeschichte von *edelen sendaeren* soll in der Folge erzählt werden, die Geschichte nämlich von Tristan und Isolde:

[...]	die reiner sene wol tâten schîn:
von diu swer **seneder maere** ger,	ein senedaere unde ein senedaerîn,
der envar niht verrer danne her.	**ein man ein wîp, ein wîp ein man,**
ich wil in wol bemaeren	**Tristan Isolt, Isolt Tristan.**
von **edelen senedaeren**,	

(Prolog: Gottfried, V. 123–130)

Der chiastische Bau von *Tristan Isolt, Isolt Tristan* übermittelt eine sprachliche Umschlingung, die geradezu zur magischen Formel wird (vgl. Huber 2013, S. 42). Die Erzählung von Tristan und Isolde soll ein Exempel einer Liebesgeschichte für vornehm-edle Zuhörer sein. Wie bei den *edelen herzen* wird hier also eine elitäre Auswahl getroffen (vgl. Keck 1998, S. 193).

6. Der Erzähler betont, dass zwar viele von Tristan erzählt haben, jedoch nur wenige richtig; der Dichtung von Thomas wird der Vorzug gegeben (siehe Kap. 1.1).

7. Thema ist die ›utilitas‹ von Liebesgeschichten. Die Liebesgeschichte, die Gottfried erzählt, soll *allen edelen herzen* (V. 170) vorgelegt werden. Das Hören solcher Liebesgeschichten stärkt höfische Eigenschaften: *ez liebet liebe und edelet muot, / ez staetet triuwe und tugendet leben* (V. 174 f.). Wer von unverbrüchlicher Treue hört, der wird Liebe, Treue und Beständigkeit liebgewinnen (V. 178–181). Pfeiffer (2004) spricht diesbezüglich von einer »ethische[n] Erziehung der Leser«, von einem »Zugewinn an moralischer Kompetenz« (S. 156 f.) hinsichtlich des höfischen Wertekanons. Der Erzähler beklagt, dass nicht alle Menschen nach *herzeliebe* (V. 194), nach der wahren Liebe, strebten, nur wenige Menschen seien bereit, den Liebesschmerz um des Geliebten willen zu ertragen. Doch *ein edeler muot* (V. 201), eine edle Gesinnung also, sei bereit, für tausend positive Dinge ein Übel zu ertragen (V. 201–203; vgl. hierzu Keck 1998, S. 191 f.). Programmatisch heißt es: *liep unde leit diu wâren ie / an minnen ungescheiden* (V. 206 f.). Das *liebe-leit*-Motiv ist für Gottfrieds Minnekonzeption essentiell. Damit leitet der Erzähler zu Tristan und Isolde über, die Glück und tiefen Kummer erfuhren; heute noch sei es angenehm, von ihrer *inneclîch[en] triuwe* (V. 220) zu hören, von *ir liep, ir leit, ir*

wunne, ir nôt (V. 221). Die Liebesgeschichte von Tristan und Isolde will also belehren und erfreuen; diese Doppelfunktion eines ›*prodesse aut delectare*‹ weist bereits Horaz in seiner *Ars poetica* der Dichtung zu (vgl. Kern 2001, S. 39; Goller 2005, S. 78).

8. In diesem Abschnitt wird ein literarästhetisches Programm formuliert (V. 222–232), das implizit auf den Prolog des *Iwein* von Hartmann von Aue verweist. Bei Gottfried heißt es: ›Und auch wenn Tristan und Isolde schon lange tot sind, so lebt ihr Name doch fort‹. Es wird also der ästhetische Anspruch fixiert, dass Dichtung als *memoria* dem Gedenken an vortreffliche Menschen dient (vgl. Nellmann 2009, S. 242; Keck 1998, S. 196):

[...] und sin si [Tristan und Isolde] lange tôt,
ir süezer name der lebet iedoch
und sol ir tôt der werlde noch
ze guote lange und iemer leben,

den triuwe gernden triuwe geben,
den êre gernden êre:
ir tôt muoz iemer mêre
uns lebenden leben und niuwe wesen;

(Prolog: Gottfried, V. 222–229)

Dieses Programm vertritt auch der *Iwein*-Prolog, dort heißt es in Bezug auf Artus:

*Er [**Artus**] hât bî sînen zîten*
gelebet alsô schône
daz er der êren krône
dô truoc und noch sîn name treit.
des habent die wârheit

sîne lantliute:
sî jehent er lebe noch hiute:
er hât den lop erworben,
ist im der lîp erstorben,
sô lebet doch iemer sîn name.

(Hartmann von Aue: *Iwein*, V. 8–17)

Gottfried ersetzt Artus durch Tristan und Isolde, die Aussage ist in beiden Prologen dieselbe: Der oder die Toten leben in den Erzählungen weiter. Obwohl Tristan und Isolde

schon lange tot sind, lebt ihr Name in der Erzählung fort, und in paradoxer Steigerung soll darin auch ihr Tod weiterleben, ja für immer lebendig bleiben und erneuert werden für die Lebenden (V. 222–229). Die Erzählung wird so zum Akt der Vergegenwärtigung von Leben und Tod der Minnehelden, ja die Grenze zwischen Leben und Tod scheint sich im Erzählen bzw. Hören der Geschichte zu verlieren: Die Toten sind im Gedächtnis der Erzählung lebendig (Kellner 1999, S. 492 f.).

Der stichische Prolog, in dessen Fokus die *edelen herzen* stehen, schließt also mit der Forderung einer poetischen Vergegenwärtigung.

Forschung zu den *edelen herzen*: Jackson (1971, S. 53) hält es für fruchtlos, diesbezüglich nach der Etymologie zu fragen oder nach dem zeitgenössischen Gebrauch der beiden Wörter, denn es sei davon auszugehen, dass Gottfried die Konzeption eines ›*cor nobile*‹ oder ähnliche Termini kannte. Die konkurrierenden Forschungsansätze beschäftigen sich zum Beispiel mit der Frage, ob ein Bezug zur Mystik vorliegt. Zentrales Analogon wäre hierbei die *edeliu sêle* (›*anima nobilis*‹), eine Vorstellung, die die lateinische Mystik des 12. Jahrhunderts, besonders die zisterziensische Theologie (Bernhard von Clairvaux) entwickelte. Die »*anima nobilis* ist die schöpfungsmäßige Disposition, die es Gott ermöglicht, in der Seele Wohnung zu nehmen. Als Disposition steht sie dem *edelen herze* näher als dem ›*gentil cuer*‹, das eine Qualität des Herzens bezeichnet« (Ruh 1980, S. 229). Krohn (2006, S. 63) führt die Vorstellung einer ›*anima nobilis*‹ zurück auf die bereits in der Antike bekannte

Idee vom Geistes- und Tugendadel, die vom Christentum aufgenommen und ins Mittelalter tradiert wurde. Nach Kunisch (1971) führt jedoch von der *edelen sêle* der Mystik »kein Weg zu Gottfrieds *edelen herzen*« (S. 430). Zu Recht nicht durchgesetzt hat sich die Ansicht, dass Gottfried *edel* nur in einem ständischen Sinn (›adlig‹) gebraucht habe (so zum Beispiel Sayce 1959, S. 394–396), und deshalb die Annahme eines ›inneren Adels‹ nicht relevant sei (zur Forschungsdiskussion hierzu vgl. Mazzadi 2000, S. 74 f.).

Strophischer Teil II – Liebestod als Eucharistiemetapher? Der Erzähler behauptet, dass dort, wo man die Geschichten von Tristan und Isolde erzählt, alle *edelen herzen brôt* fänden, und weiter: Wenn man vom Leben und Tod des Liebespaares liest, dann *ist uns daz süeze alse brôt*. Die Aussage kulminiert in dem Diktum: *Ir leben, ir tôt sint unser brôt*, der Tod der Liebenden ist also Brot für die Lebenden:

Wan swâ man noch hoeret lesen [von Tristan und Isolde]	*und ist uns daz süeze alse brôt.*
[...]	*Ir leben, ir tôt sint unser brôt.*
Deist aller edelen herzen brôt.	*sus lebet ir leben, sus lebet ir tôt.*
hie mite sô lebet ir beider tôt.	*sus lebent si noch und sint doch tôt*
wir lesen ir leben, wir lesen ir tôt	*und ist ir tôt der lebenden brôt.*

(Prolog: Gottfried, V. 230; 233–240)

Die Forschung diskutiert, ob damit bewusst eine Eucharistiemetapher formuliert ist. De Boor (1940, S. 272 f.) vertrat die Ansicht, dass ausdrücklich zwei tragende Wörter aus der sakramentalen Sphäre der Eucharistie aufgenommen seien. Er sprach von einer Gedankenassoziation der Eucharistie, am Ende des Tristanprologs sei eine Analogie zur christlichen Abendmahlslehre angelegt; es gehe dabei um den ›panis vivus‹, das lebendige bzw. lebende, das verwandelte Brot. Die Forschung konstatierte früh eine Säkularisierung (vgl. Schwietering 1943, S. 9): Gemäß der christlichen Lehre wird Christus beim Abendmahl im Menschen verlebendigt, nimmt man einen Bezug zur Tristan-Minne an, wird diese ins Sakrale, ja Sakramentale, gehoben. Kellner (1999) formuliert: »Über die metaphorische Analogisierung von Erzählung und Eucharistie wächst der literarischen Rede Geltung zu«; der Text »legitimiert sich über die in der Metaphorik geleistete Verknüpfung mit dem Sakrament als Bildspenderbereich« (S. 493 f.). Young (1998) wertet die Eucharistiemetapher als »Höhepunkt des Prologs« (S. 208); nach Tomasek (2007) verleiht die religiöse Metapher dem Prolog eine »Aura der Erhabenheit« (S. 135). Geradezu apodiktisch formuliert Haug (2011): »Die entscheidende Koppelung von *brôt* und *tôt* aber führt unbestreitbar auf die Abendmahlszene (Mt 26,26; Lc 22,19) und damit auf das Sakrament der Eucharistie [...] und/oder auf das Jesuswort vom Brot des Lebens (Io 6,35.48.51)« (S. 267).

Kritik an einer geistlichen Deutung der Brot-Stelle kommt zum Beispiel von Willms (1994). Sie argumentiert, dass in der zeitgenössischen Realität für das konsekrierte, also das liturgisch geweihte Brot, nahezu ausschließlich andere Bezeichnungen in Gebrauch waren, so etwa *gotes lîchnam* oder *unsers herren lîchnam* ebenso wie *gotes hailigez flaisk und sein bluot* (ebd. S. 42 f.). Das Brot war im 13. Jahrhundert »die wichtigste *lîpnar*, den Hungernden *süeze*« (ebd. S. 31). Vor dieser Folie sei das Brot als Speisemetapher, die bereits die antike Tradition kennt, so zu deuten, dass die Geschichte von Tristan und Isolde für die Lebenden so wichtig ist wie das tägliche Brot (vgl. auch Haupt 1977, S. 124); die »erinnernde Teilnahme der Lebenden an den Toten ist geistige Nahrung für die Lebenden« (Willms 1994, S. 28).

Außerdem sei kritisch zu bedenken, dass bei Gottfried eben nicht die Rede sei vom lebendigen Brot, sondern vom Brot für die Lebenden (ebd. S. 28). Auch Jackson (1971) bezweifelt, »that the word *brot* has any mystical or eucharistic connotations« (S. 62); Wisbey (1980, S. 25) liest die Brot-Stelle als Verweis auf das Speisewunder in der Minnegrotten-Episode.

Der Prolog schließt mit der Aufforderung, dem nun Folgenden mit Herz und Ohren zuzuhören (V. 241–244). Diesen Appell kennt auch der *Iwein* Hartmanns von Aue. Dort wird argumentiert, dass der, der die Geschichten von Artus nicht nur mit den Ohren, sondern auch mit dem Herzen aufnimmt, diese in Taten (*werc*) umsetzen könne (*Iwein*, V. 251–256; vgl. zu diesem Aspekt auch Young 1998, S. 206). Hinsichtlich Gottfrieds *Tristan* würde das bedeuten, dass der Rezipient durch verstehendes Zuhören mit dem Herzen befähigt wird, eine solch passionierte Liebe nachzuleben (vgl. Eifler 1975, S. 366). Die V. 241–244 »stehen in *transitio*-Funktion« (Haug 2011, S. 272), stellen also die Verbindung zur Handlung her.

2.2 | Das Initialenspiel

Gottfrieds Text beginnt mit einer Initiale, die mit den weiteren Anfangsbuchstaben der folgenden Strophen das Akrostichon GDIETERICH erkennen lässt. Danach kommt ein T, der paargereimte Text beginnt dann mit einem I und schließlich folgen wiederum T und I (vgl. Huber 2013, S. 40). Was soll das bedeuten? G liest die Forschung für den Dichter (vgl. Schirok 1984, S. 189). Nellmann (2009) geht davon aus, dass die Initiale »die Erinnerung an Menschen [wachhält], denen die Welt Gutes verdankt« (S. 253); auf diese Weise sichere der Dichter in seinem Werk die Fortexistenz des Guten. DIETERICH sieht man in der Forschung mehrheitlich als den Auftraggeber bzw. Gönner an (zur Forschungsdiskussion, die ebenso den Vermittler der französischen Vorlage oder einen Freund Gottfrieds ins Spiel brachte, vgl. Haug 2011, S. 244). Das I steht für Isolde, T für Tristan. Für Huber (2013, S. 40) wie für andere zuvor ist damit die verschlüsselte Botschaft der Initialen nicht zu Ende, die Forschung vermutet ein den ganzen Roman durchdringendes Initialenspiel, das allerdings in den verschiedenen Handschriften nicht bewahrt ist. Nach Baisch (2006) lässt »die weitgehende Zerstörung des Initialensystems« erkennen, »wie schwierig es für die mittelalterlichen Rezipienten war, derart versteckte, kryptische Strukturen, die den Texten eingeschrieben sind, wahrzunehmen« (S. 23).

G	TIIT	O	RSSR	T	IOOI	E	SLLS	[F	TDDT	R	AEEA	I	NNNN	T]
G		O		T		E		[F		R		I		T]
	T		R		I		S		[T		A		N]	
	I		S		O		L		[D		E		N]	
	I		S		O		L		[D		E		N]	
	T		R		I		S		[T		A		N]	

Abb. 10 Das erschlossene Initialenspiel (aus Schirok 1984, S. 213)

Trotz aller Unsicherheiten scheint sich immerhin ein Schema anzudeuten, das die im Prolog genannten Namen abbildet: Gottfried, Tristan und Isolde. Ein solches Schema berücksichtigt allerdings nur die Stropheneinsätze der Handschriften, aus deren Initialen sich die genannten Namen bilden lassen; man nimmt also mit dieser Konstruktion eine Reihe ungedeuteter Stropheneinsätze in Kauf (vgl. Schirok 1984, S. 210–213).

Nach dem Namen *gotefrit* umschlingen sich die Namen des Liebespaares in »doppelter, chiastisch invertierter Verschränkung« (Huber 2013, S. 38). Haug (2011) sieht darin »die Umarmung Isolds durch Tristan« (S. 252) symbolisiert. Keck (1998, S. 189) ist der Ansicht, dass der Dichter durch die Verschränkung seines Namens mit dem des Paares in den Akrosticha seine Solidarität gegenüber den Protagonisten und damit eine Identifikation mit den *edelen herzen* zum Ausdruck bringt.

Fazit: Gottfrieds Prolog vermittelt ein ethisches Programm und etabliert dabei eine Kommunikationsgemeinschaft von Erzähler und Rezipienten. Auffallend ist die ausgesprochen kunstvolle formale Stilisierung. Die Rezipienten werden aufgefordert, dem Guten wie der Kunst (= *list*) Anerkennung und Ansehen (*lop* und *êre*) entgegenzubringen, nur so könne beides gedeihen. Wichtiges Stichwort ist das der *edelen herzen*. Es handelt sich dabei um die Konzeption eines elitären Rezipientenkreises, der deutlich von *ir aller werlde* geschieden ist, weil er Liebesfreude und Liebesleid akzeptiert. Die Behauptung, dass durch die Erzählung von Leben und Tod Tristans und Isoldes alle *edelen herzen brôt* fänden, ist in der Forschung zumeist als Eucharistiemetapher verstanden worden. Das *liebe-leit*-Motiv ist für Gottfrieds Minnekonzeption essentiell.

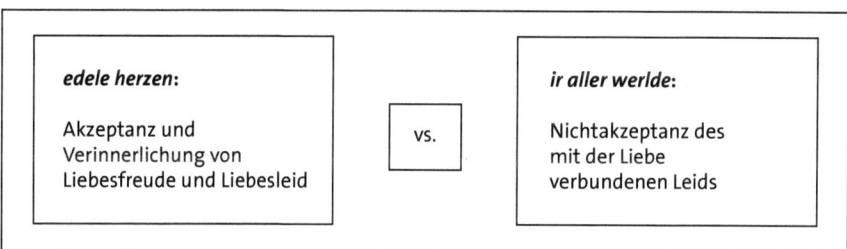

Abb. 11 Die *edelen herzen* als positiver Kontrast zu *ir aller werlde*.

3 Elternvorgeschichte und Identitätssuche. Tristan als höfischer Ritter und Heros

3.1 | Das tragische Liebesglück der Eltern: Präfiguration der Haupthandlung?

Der Geschichte von Tristans Eltern wird meist Verweischarakter für die Geschichte von Tristan und Isolde zugeschrieben (vgl. zum Beispiel Collings 1973; Krohn 2005; S. 37; Huber 2013, S. 56). Diese Präfiguration betrifft drei Aspekte: In erster Linie die Minne, die als Passion verstanden wird, zweitens die Unvereinbarkeit dieser Minne mit der höfischen Gesellschaft sowie drittens den tragischen Tod des Paares (vgl. hierzu Wolf 1989, S. 115–120; Huber 2013, S. 51–54). Andererseits ist die genealogische Identität Tristans gestört, weil er bei Zieheltern aufwächst und seine Namensgebung nicht durch die leiblichen Eltern erfolgt. Tristans genealogische Identität steht nicht im Vordergrund (vgl. Koch 2006, S. 224–228; Hermann 2006, S. 105), doch ist Tristans avunkulare Verbindung (das meint König Marke als Onkel mütterlicherseits) für seinen Minneweg bestimmend.

3.1.1 | Riwalins *übermuot*

Tristans Vater heißt Riwalin. Der Name ist keltisch und erscheint bereits in bretonischen Urkunden des 9. Jahrhunderts (vgl. Krohn 2005, S. 39; Ruberg 1989, S. 311). Der junge Riwalin ist Herr von Parmenien, gemeint ist die Bretagne oder ein Nachbarland (vgl. Krohn 2005, S. 37; Haug 2011, S. 275; die Bretagne wurde seit dem 6. Jahrhundert ›Britannia‹ bzw. ›Britannia minor‹ genannt, vgl. Maier 2015, S. 56). Ein anderer Herkunftsort wird bei Gottfried zwar genannt, nämlich Lohnois, dieser wird aber vom Erzähler verworfen (zum wohl schottischen Lohnois, genauer die Landschaft Lothian in Südschottland, vgl. Haug 2011, S. 278; Combridge 1964, S. 20 f.; Krohn 2005, S. 40). Riwalin trägt auch den Zunamen *Canêlengres* (V. 323), dies geht möglicherweise auf eine frühe piktische Überlieferung des Stoffes zurück (vgl. Hertz 1904, S. 492).

Riwalin wird im Sinne der Panegyrik zunächst konventionell eingeführt: Er ist *wol an gebürte künege genôz* (V. 249); er ist *des lîbes schoene und wunneclîch* (V. 250) sowie *getriuwe, küene, milte, rîch* (V. 251), *der ritterschefte ein lêre, / sîner mâge ein êre* (V. 257 f.). Doch gleich im Anschluss wird Kritik geübt: Riwalin will zu sehr dem Begehren seines Herzens folgen und nur nach seinem eigenen Willen leben, daraus sei ihm später großes Leid erwachsen. Seine Jugend und sein Reichtum befördern seinen *übermuot*, (V. 268), seinen stolzen und hochfahrenden Sinn (vgl. hierzu Poag 1989, S. 20–22). Haug (2011) bemerkt, dass *übermuot* im *Tristan* Gottfrieds nur dreimal gebraucht wird (V. 342; 268; 299) »und dies stets für Riwalin« (S. 279). Riwalin will keine Nachsicht üben, sondern *übel mit übele gelten, / craft erzeigen wider craft* (V. 272 f.), also Böses mit Bösem vergelten und Gewalt gegen Gewalt setzen. Der Erzähler rügt: Es gehe auf die Dauer nicht, dass man mit dem strengen Maßstab Kaiser Karls heimzahle, denn Riwalin räche sich so oft, bis er selbst den Schaden davon trage (V. 275–277; 288 f.). Gleich darauf wird Riwalin aber entschuldigt: Nicht etwa

Bosheit, sondern *ûfgêndiu jugent* (V. 267) und *spilndiu kintheit* (V. 298) seien Ursache hierfür; niemals seien solche *kint* (V. 301), solche jungen Leute, klug vorausschauend (*vorbesihtic*, V. 301 f.).

Bereits jetzt gibt es explizite Warnungen, dass Riwalin früh sterben werde (V. 311–318), daneben einen impliziten Verweis, der sich auf die zeitgenössische Praxis von Bärenfalle bzw. Bärenjagd (V. 284–287) bezieht: Hierbei macht man sich des Bären Gier nach Honig zunutze und hängt einen ›Bärenhammer‹ über das Honigloch, der, von dem Bären immer weggestoßen, diesen schließlich betäubt, bis er gefangen werden kann (vgl. Krohn 2005, S. 39; Haug 2011, S. 276, verweist diesbezüglich auf Vinzenz' von Beauvais *Speculum naturale*).

Der Angriff auf Morgan: Tatsächlich wird kurz darauf von der weichenstellenden Unglückstat berichtet, die Riwalins Untergang begründen wird. Riwalin beginnt kurzerhand einen Krieg gegen seinen Lehensherrn, den Bretonen Herzog Morgan (dem Riwalin Gefolgschaft schuldet, weil er von ihm *ein sunderez lant*, V. 331, erhalten hat). Der Erzähler behauptet, er wisse nicht, ob diese Kriegshandlung aus *nôt alde übermuot* (V. 342) erfolgte; nach Haug (2011, S. 279) klingt diese Beteuerung »vorgeschoben«. Riwalin greift Morgan an *als einen schuldegen man* (V. 346), als ob Morgan ihm etwas angetan hätte. Riwalin überfällt das Land, es kommt zu gegenseitigen Verwüstungen *mit roube und mit brande* (V. 394). Morgan wird besiegt, es werden zwar Waffenruhe und ein Jahr Frieden vereinbart, doch Riwalins Auftritt als Aggressor hat fatale Folgen und wird ihn später das Leben kosten. Dieser erste Kriegszug wird in der Forschung als feudaler Beutekrieg bzw. feudalkriegerischer Konflikt gesehen (vgl. Wolf 1989, S. 115), es wurde von Riwalin als einem Gewaltherrscher gesprochen (so Gottzmann 1989, S. 130).

Riwalins *edelez herze* (V. 460) veranlasst ihn, seine Erziehung bei König Marke von Cornwall zu vollkommnen, der *höfsch* und *êrbaere* (V. 421) ist. Die Bezeichnung Riwalins als *edelez herze* wurde unterschiedlich gedeutet: Soll das auf Künftiges hinweisen, auf eine Veredelung durch die Liebe, oder ist hier die Wendung nur ganz unspezifisch und also nicht im Sinne des Prologs gebraucht? (Überblick bei Haug 2011, S. 282). Land und Leute vertraut Riwalin seinem Marschall *Rûal li foitenant* (V. 469) an; der sprechende Beiname betont den Treueaspekt (vgl. Krohn 2005, S. 44).

3.1.2 | Markes Maienfest – Riwalin und Blanscheflur

Riwalin wird in Tintajol gut aufgenommen; Tintajol bezeichnet in allen Tristanfassungen Markes Hof, vermutlich an der Westküste Cornwalls (Krohn 2005, S. 44). Mit Markes großem Maienfest kommt die passionierte Liebe ins Spiel. Das Erwachen der Natur wird geradezu hymnisch in einer konventionell »lyrisch-idyllische[n] Liebesszenerie« (Wynn 1984, S. 65) geschildert. Auffallend ist »die hochgradig rhetorisierte Beschreibung« von maienseliger Natur und Gesellschaft (Klein 2011, S. 67; zu den sprachmusikalischen Mitteln dieser Szene ebd. S. 69 f.); die Landschaftsschilderung folgt der rhetorischen Tradition eines ›locus amoenus‹. Auf dem grünen Gras werden Zelte aufgeschlagen, es herrscht Überfluss an Speisen und prächtigen Gewändern, höfischer Zeitvertreib wie Tanz und Kampfspiele wird in Fülle angeboten.

Gottfried entwirft »ein buntes und strahlendes Bild schönsten Genusses, glänzendster Pracht und vollendetster Wunscherfüllung, das seinerseits ganz offensichtlich an die Paradiesdarstellung der Bibel, also an den ›paradisus voluptatis‹ aus Gen. 2,8–17 angelehnt ist« (Röcke 1990, S. 44 f.). Wichtigstes Mittel der Beschreibung ist

»die Hyperbel oder Übersteigerungsphrase: Prächtigeres ward noch nie gesehen. Und freigebiger war noch nie ein Herr« (ebd.). Die Forschung sieht in dieser Darstellung der Selbstrepräsentation des zeitgenössischen Adels auch ein Analogon zum Artushof bzw. höfischen Artusfest (anders sieht das Wolf 1989, S. 116). So spricht etwa Glauch (2005) davon, dass die Schilderung des glanzvollen Festes den Markehof »zu einem Spiegelbild der Artusgesellschaft« mache, das »Rollenmodell der Tafelrunde« besitze eben auch für Gottfrieds *Tristan* »Zugkraft« (S. 44).

In dieses »Bild optimistisch-höfischen Daseins« (Poag 1989, S. 27) bricht die Minne ein, die mit dem Tod des Liebespaares enden wird. Die Liebe wird zum Störfaktor, der die gesellschaftliche Harmonie gefährdet. Denn bei Markes Maienfest ist auch Blanscheflur anwesend, Markes Schwester; der französische Name Blanscheflur heißt ›weiße Blume‹ und findet sich in nahezu allen Tristanfassungen (vgl. Krohn 2005, S. 48). Nach dem Schönheitspreis Blanscheflurs (V. 635–640) geht es um höfische Repräsentation; kostbare Gewänder und Stoffe werden ausführlich beschrieben (V. 663–675), und es gibt prächtige Ritterspiele, bei denen sich die Kämpfenden in allem Glanz (V. 692) zeigen. In der kollektiven Wahrnehmung übertrifft jedoch der strahlende Riwalin alle an Schönheit und ritterlicher Gewandtheit. Blanscheflur hört davon, verliebt sich auf der Stelle (*er was ir in ir herze komen*, V. 726), hält dies aber zunächst noch geheim (*tougenlîch*, V. 731).

Doch sofort ist nicht nur von Liebe, sondern auch von Leid die Rede. Als Riwalin auf Blanscheflur trifft, klagt diese in einem verhüllten Liebesgeständnis darüber, dass er einem, der ihr nahestehe, Kummer bereitet habe. Riwalin denkt dabei an *ritterschaft* (V. 763), doch es ist sie selbst, ihr Herz, das seinetwegen leidet (V. 767–770). Die Frau ergreift also vorsichtig die Initiative, das Wortspiel um Verhüllung und Enthüllung der Liebe findet sich später wieder beim Liebesgeständnis Isoldes in der *lameir*-Episode (siehe Kap. 5.4). Riwalin prüft Blanscheflurs Worte sowie ihr Seufzen und deutet sie als Zeichen der Liebe; die Mitteilung der Liebe entflammt ihn, das Verlieben des Mannes ist hier also an die Kommunikation der Frau gebunden. Riwalin gerät in Zweifel: *er wancte mit gedanken / wîlent abe und wîlent an* (V. 834 f.) und verstrickt sich in widerstreitende Überlegungen *unz er sich alsô gâr verwar / in den stricken sîner trahte, / daz er dannen niene mahte* (V. 838–840).

Die Leimrutenmetapher: Dieses Verstricken in der Liebe wird über die Leimrutenmetapher vermittelt, die später auch die Tristan-Minne kennzeichnet (vgl. Kern 2001, S. 37; Collings 1973, S. 387–389). Das bildliche Sprechen bedient sich einer Natur- bzw. Tiermetaphorik: Der Liebende, der frei war, bevor ihn die Liebe im Griff hatte, verhält sich in seiner Gedankenverlorenheit, die ausschließlich auf die Liebe gerichtet ist, wie ein Vogel, der sich auf einer Leimrute niederlässt. Wenn er – der Vogel wie der Liebende – flüchten will, hält ihn diese Leimrute fest, jeder Fluchtversuch, jedes Wegflatternwollen führt nur zu einem stärkeren Anhaften am Leim. Am Ende liegen der Vogel und genauso der Liebende festgeleimt auf der Rute. Die Herkunft der Leimrutenmetapher wird auf Platon (vgl. Huber 2013, S. 52) oder auf Ovid (vgl. Kern 2001, S. 37) zurückgeführt.

3.1 Das tragische Liebesglück der Eltern: Präfiguration der Haupthandlung?

Der gedanchafte Riwalîn
der tete wol an im selben schîn,
daz der minnende muot
*rehte alse der **vrîe vogel** tuot,*
der durch die vrîheit, die er hât,
ûf daz gelîmde zwî gestât:
als er des lîmes danne entsebet
und er sich ûf ze vlühte hebet,
sô clebet er mit den vüezen an;

sus reget er vedern und wil dan;
dâ mite gerüeret er daz zwî
an keiner stat, swie kûme ez sî,
ez enbinde in unde mache in haft;
sô sleht er danne ûz aller craft
dar unde dar und aber dar,
unz er ze jungeste gar
sich selben vehtende übersiget
und gelîmet an dem zwîge liget.

(Leimrutenmetapher; Gottfried, V. 841–858)

Es ist von Minnezwang die Rede, von Minnestricken, denen man sich unter keinen Umständen entziehen könne. Der Verliebte will eigentlich in die Freiheit zurück, aber die *gelîmete[] minne* (V. 867) hält ihn mit ihrer Süße fest, er verstrickt sich so sehr, dass er sich nicht mehr zu helfen weiß. Je mehr Riwalin fortstrebt, desto mächtiger hält ihn die Liebe fest, je mehr er sich bemüht zu fliehen, desto mehr zieht ihn die Liebe zurück: *sô er ie sêrre dannen ranc, / sô minne ie vaster wider twanc. / sô er ie harter dannen vlôch, / sô minne ie vaster wider zôch* (V. 903–906). Riwalins Denken richtet sich allein auf Blanscheflur; zu ihm kommt *diu rehte minne / diu wâre viuraerinne* (V. 929 f.), die wahre Liebe, die Flammenschürerin, die ihn verstehen lässt, was tiefer Kummer ist: *herzeliebe* ist *swaere* (V. 919 f.). Sein Leben verdüstert sich, *sîn gemuotheit* (V. 955), seine Hochgestimmtheit, wird in Liebesschmerz getaucht.

Blanscheflur empfindet dieselbe Minnequal, immer wieder ist von schwerem Kummer die Rede, durch Riwalin erleidet sie *nôt* (V. 973) und *senelîche[] arbeit* (V. 976). Die Minne ist hier als Krankheit gefasst, wie sie Ovid in seiner *Remedia amoris* beschreibt (Ovid, ed. Holzberg 2011; zur Liebe als Krankheit allgemein vgl. Toepfer 2013, S. 447–450; Kern 2001). Diese Vorstellung gelangte über die altfranzösischen Troubadours nach Deutschland. Die minnekranke Blanscheflur grüßt Riwalin heimlich mit zärtlichen Blicken, das Auge ist das »Einfallstor der Minne« (Wawer 2000, S. 74), es wird als Fenster des Herzens verstanden (zu diesem Topos allgemein und elaboriert Schleusener-Eichholz 1985, Bd. II, S. 759–797). Auge und Herz befinden sich »in einer Art symbiotischer Abhängigkeit« (Gewehr 1972, S. 637), wenn Verliebte sich ansehen, erhält das Feuer der Liebe neue Nahrung (V. 1115–1118). Riwalin *greif in ein ander leben; / ein niuwe leben wart im gegeben* (V. 937 f.). Dies wurde als Neugeburt (vgl. Wolf 1989, S. 119; Collings 1973, S. 382) bzw. Identitätstransformation (vgl. Wynn 1983, S. 64; Buschinger 2003, S. 75 f.) gelesen.

Annahme des Liebesleids – Riwalin und Blanscheflur als *edele herzen*: Mit der weitgespannten Schilderung von Liebe und Liebesschmerz bei Riwalin und Blanscheflur wird das Prologthema vitalisiert. Riwalin und Blanscheflur sind *edele herzen*, weil sie bereit sind, um der Liebe willen auch den zugehörigen Schmerz zu ertragen. Markes Maienfest, dieser Ort vollkommener Hofesfreude, steht kontrastiv zu Riwalins und Blanscheflurs Liebesleid, denn die Teilnehmer dieses Maienfests sind *ir aller werlde* des Prologs, die kein Leid ertragen, sondern nur in Freude leben wollen. Die Damen dort schauen buchstäblich nur »auf die Oberfläche« (Poag 1989, S. 24), auf den Körper Riwalins, er ist Objekt weiblicher Begierde: *wie gâr sîn lîp ze wunsche stât!* oder: *wie saeleclîche stât sîn lîp!* (V. 708; 717) heißt es da. Die beiden Liebenden dagegen nehmen Wohnung in des anderen Herz: *die teilten wol gelîche / ir herzen künicrîche: / daz ir wart Riwalîne, / dâ wider wart ir daz sîne* (V. 815–818). Das Leid der Liebenden wird im Text metaphorisch eindringlich beschrieben. Es ist vom Verbrennen die Rede, weil die wahre Minne, die Flammenschürerin, das Herz entzünde, es ist die Rede von *swaere* (V. 920), von *herzesorge* (V. 1019), von *senelîcher arbeit* (V. 976), von *nôt* (V. 973). Der Anblick des Geliebten verursacht *nâhe gêndiu leit* (V. 991) und Blanscheflur klagt: *durch got, wiest mir von ime geschehen / sô leide und alsô swâre* (V. 1008 f.; vgl. hierzu auch Koch 2006, S. 219–224).

Riwalins Verwundung: Diese Leiddimension wird in der Folge drastisch verschärft, denn unmittelbar nach dem Maienfest wechselt abrupt der Schauplatz: Marke erhält die Nachricht, dass *sîn vîent* (V. 1122) in sein Reich eingedrungen ist, in wenigen Versen wird die Katastrophe entfaltet. Marke stellt ein Heer auf, im Kampf wird *der werde Riwalîn / mit eime sper zer sîten în / gestochen* (V. 1135–1137). Blanscheflur schlägt sich daraufhin mit der Faust auf das Herz und martert *ir jungen, schoenen, süezen lîp* (V. 1180). Poag (1989) sieht die Seitenwunde in einer »Dimension im Christlichen«, die Metaphorik der Wunde sei als das »paradoxe Gesetz des Eros« zu lesen, als »Mit- und Ineinander von Tod und Leben« (S. 30 f.). Die Selbstgeißelung als gestischer Topos ist in der mittelhochdeutschen Literatur bekannt (vgl. Krohn 2005, S. 54).

Die Minne als Ärztin – Zeugung Tristans: Die jungfräuliche Blanscheflur (*maget*, V. 1266) wird, in armselige Kleider gehüllt und das schöne Gesicht verdeckt, in das Gemach Riwalins geschleust und ihm als *arzaetinne* (V. 1278) angekündigt. Blanscheflur heilt den halbtoten Riwalin durch ihre Liebe (vgl. Ehlert 1986). Die Vorstellung, dass die Liebe bzw. der Beischlaf von Minneleid erlöst und somit die Minne eine Ärztin sei, geht auf Ovids *Ars amatoria* zurück (Ovid, ed. Albrecht 2005, S. 88–91) bzw. auf die mittelalterliche Medizin (Toepfer 2013, S. 447; zum Thema Minne als Krankheit und Ärztin vgl. Wessel 1984, S. 488–497; Collings 1973, S. 380). Der literarische Topos nimmt in Blanscheflur leibhaftig Gestalt an, dies bewirkt dreierlei: Beide Liebende werden von ihrem Liebesleid geheilt, Riwalin zusätzlich von seinen physischen Wunden – und Blanscheflur wird schwanger. In Bezug auf Riwalin wurde sogar von einer »Auferstehung zu neuem Leben« gesprochen (Storp 1994, S. 182; vgl. auch Collings 1973, S. 379). Das nun folgende Glück wird eindringlich beschrieben; es wird, obwohl außerhalb der Legalität befindlich, dennoch ›aufrichtige wahre Liebe‹ (*lêal amûr*) genannt (Haug 2011, S. 297, spricht diesbezüglich mit dem Verweis auf den afrz. Antikenroman von ›gesetzlicher Liebe‹):

[...]
sus was er sî und sî was er.
er was ir und sî was sîn.

dâ Blanscheflûr, dâ Riwalîn, dâ Riwalîn,
dâ Blanscheflûr,
dâ beide, dâ lêal amûr.

(Elternvorgeschichte: Heimliches Liebesglück in der Kemenate; Gottfried, V. 1358–1362)

Doch der Zeugung ist bereits der Tod eingeschrieben. Denn Blanscheflur wird bei der Geburt Tristans sterben (*den tôt sî mit dem kinde enpfie*, V. 1340), so dass Tristan im Moment seiner Zeugung »gleichzeitig Leben und Tod als Erbe« empfängt (Zotz 2006, S. 89; zum Erzählkomplex Zeugung und Tod vgl. Hermann 2006, S. 108; Haug 1972, S. 99; Collings 1973, S. 379 f.).

3.1.3 | Riwalins Tod – Tristans Geburt – Blanscheflurs Sterben

Das Liebesglück ist von kurzer Dauer. Riwalin muss für seinen *übermuot* bezahlen, denn Morgan hat ein neues Heer gesammelt und Riwalin muss deshalb in die Heimat zurück. Blanscheflur teilt ihm beim Abschied ihre Schwangerschaft mit und schildert ihren Kummer: Wenn ihr Bruder und Herr, König Marke, davon erführe,

Das tragische Liebesglück der Eltern: Präfiguration der Haupthandlung?

würde er sie verdammen und sterben lassen; falls Marke sie leben ließe, würde er sie zumindest enterben und ihr Besitz und Ansehen rauben; wenn alle erführen, dass sie ein uneheliches Kind habe, so wäre das für Cornwall und Parmenien *ein offenbaeriu schande* (V. 1498; zu Blanscheflurs Kummer vgl. Müller 2012, S. 28–30). Riwalin reagiert unverzüglich, er lässt Blanscheflur heimlich auf sein Schiff bringen und nimmt sie mit nach Parmenien. Der treue Rual rät, Riwalin solle Blanscheflur öffentlich vor Verwandten und Gefolge heiraten und zuvor noch kirchlich die Ehe bestätigen lassen, das geschieht auch: *[...] und alse er sî dô ze ê genam* (V. 1640; zur Rechtsproblematik dieser nach dem Beischlaf geschlossenen Ehe vgl. Combridge 1964, S. 32–42; Müller 2012, S. 31; Schlechtweg-Jahn 2012, S. 146; Gottzmann 1989, S. 129 f.).

Riwalin lässt Blanscheflur in der Obhut Ruals zurück und zieht in den Krieg gegen Morgan, um kurz danach im Kampf gegen seinen Lehensherrn zu fallen: »Riwalin's death is not caused by love but by feudal strife« (Müller 2012, S. 31). Als Blanscheflur das erfährt, versteinert ihr Herz, sie verstummt, gebiert nach vier Tagen Tristan und stirbt dann vor Schmerz (zur stummen Trauer Blanscheflurs vgl. Wolf 1966, S. 73; Jaeger 1977, S. 22–30; zum Vergleich mit Herzeloydes Klage im *Parzival* vgl. Wapnewski 1963, S. 173–185). Das Motto der Elternvorgeschichte – kurzes Glück und langes Leid durch die Minne (*mit kurzem liebe ûf langez leit*, V. 1409) – hatte Blanscheflur bereits bei der Nachricht von Morgans Angriff artikuliert: Liebe sei *der werlde unsaelekeit* (V. 1400), vom Glück bleibe lediglich *tôtlîch herzesêre* (V. 1416).

Präfiguration der Tristan-Minne durch die Elternvorgeschichte? Die Forschung formulierte folgende Parallelen zwischen der Elternvorgeschichte und der Liebe der Protagonisten:
- Die Begegnung und der Liebesvollzug bei beiden Minnepaaren geschehen außerhalb der Legalität (vgl. Wolf 1989, S. 120; Schommers 2010, S. 17).
- Wegen des unehelichen Kindes droht Riwalin und Blanscheflur der Ausschluss aus der Gesellschaft; auch Tristan und Isolde werden später vom Hof verbannt werden (vgl. Poag 1989, S. 32).
- Blanscheflur arrangiert ihr Liebestreffen mit Riwalin mit Hilfe einer List; auch Tristan und Isolde werden später nur durch Listhandeln zusammentreffen können (vgl. Schommers 2010, S. 16).
- Wie bei den Eltern steht auch Tristans Leben und Lieben im »Spannungsverhältnis von Liebe und Tod« (Schommers 2010, S. 18; vgl. Collings 1973, S. 379–381; ähnlich Zotz 2006, S. 89).

Huber (2013) sieht in der Spiegelung von Vorgeschichte und Haupthandlung sogar »ein Verhältnis von Verheißung und Erfüllung, von Vorbereitung und Vollendung, wie es das Mittelalter in der heilsgeschichtlichen Denkform der Typologie am Zusammenhang von Altem und Neuem Testament entwickelt« hat (S. 49). Eine solche Präfiguration wird jedoch nicht von allen gesehen. Wynn (1984, S. 65) zum Beispiel geht davon aus, dass die Liebe in den beiden Geschichten vollkommen unterschiedlich sei; im Falle der Eltern sei sie konventionell, bei Tristan und Isolde unkonventionell. Müller (2012) argumentiert: »I maintain that Tristan's passion is unique, and by telling the story of his parents Gottfried tries to emphasize the differences from usual courtly love. There is no connection from one to the other. [...] Tristan and Isolde's passion cannot surpass *leal amur*, but only countermand it« (S. 20). Buschinger (2003) geht davon aus, dass die Elternbeziehung mehr den höfischen Normen entspreche, die Tristan-Minne hingegen sieht sie als »serious crime« (S. 83) nach zeitgenössischem Recht. Manche Forscher wollen eine antithetische Figurenzeichnung bei Riwalin und Tristan erkennen (vgl. Wynn 1984, S. 66; Wolf 1989, S. 114). Richtig ist jedenfalls, dass der Minnetrank kein Äquivalent in der Elternvorgeschichte besitzt.

Es ist jedoch weitgehend Konsens der Forschung, dass die Elternvorgeschichte als Vorausdeutung bzw. Spiegelung der Geschichte von Tristan und Isolde zu lesen ist. In beiden Fällen geht es um eine heimliche Liebe, Begegnung und Liebesvollzug geschehen außerhalb der Legalität, die Konsequenz ist der »gesellschaftliche Tod« (Schommers 2010, S. 17). In beiden Fällen zeigt sich die Fatalität der Minne bzw. der Zusammenhang von Minne und Leid in einer extremen Ausprägung. Tristans Minnedisposition ist ›ererbt‹: Die Minne ist seine *erbevogetîn* (V. 11765), seine Zimier (= Helmzier, ein plastisches Objekt mit heraldischem Charakter) zeigt einen Minnepfeil (V. 6594–6598), und in der Minnegrotte (siehe Kap. 7.2) ist von *erbepfluoc* (V. 16842) die Rede. Die Bildungen mit ›erbe‹ sind »bei Gottfried häufig« und bezeichnen »›durch Erbschaft Überkommenes‹. Damit stellt der Autor den Bezug zur Vorgeschichte her [...]. Das Minneschicksal Tristans (und Isoldes) wird in dem von Riwalin und Blanscheflur präfiguriert« (Krohn 2005, S. 239). »Was mit Tristans Eltern angelegt wurde, muss von ihrem Sohn aufgearbeitet werden« (Huber 2013, S. 57). Eilhart kennt keine so ausgefeilte Elternvorgeschichte, der Gottfriedsche *liebe-leit*-Komplex der Eltern, der sich bei Tristan und Isolde wiederholt, entfällt, Riwalin stirbt nicht; in der Thomas-Version der *Tristrams Saga* verläuft die Elternvorgeschichte dagegen ähnlich wie bei Gottfried.

3.2 | Tristans Kindheit und Jugend: Sichtbarwerden seiner Exzeptionalität

3.2.1 | Tristans ›zweite Geburt‹. Konstruktion einer neuen Identität

Tristan wird als uneheliches Kind geboren, er trägt also von vorneherein einen »sozialen und gesellschaftlichen Makel« (Schommers 2010, S. 20), zudem ist er durch Herzog Morgan bedroht. Um das Kind vor der Rache Morgans zu retten, nehmen es der getreue Marschall Rual und seine Frau Floraete auf. Der Erzähler ist voll des Lobes, *wan sî wol nâch gotes gebote / ganzlîcher triuwe wielten* (V. 1806 f.) und auch *âne alle missewende* (V. 1809) bis an ihren Tod bewahrten. Wenn irgendjemand nur *von triuwen halben* (V. 1812) König oder Königin werden könnte, so stünde das Rual und Floraete zu. Um den gesellschaftlichen Makel der unehelichen Geburt Tristans zu tilgen, verbreiten beide, dass ihre Herrin Blanscheflur ein Kind getragen habe, das in und mit ihr gestorben sei.

Dann wird der Konflikt mit Morgan geregelt, und zwar *mit listen* (V. 1882), das heißt mit Klugheit – im Gegensatz zu Riwalins einstigem *übermuot*. Denn Rual berät sich mit den Vornehmen des Reiches und veranlasst sie, Frieden zu schließen und sich und ihren Besitz in Morgans Hand zu geben. Rual kommt nach Hause und befiehlt seiner Frau Floraete bei Todesstrafe, dass sie sich niederlegen solle in der Weise, wie eine Frau im Kindbett liegt, und dass sie nach angemessener Zeit sage, *daz sî daz kint gebaere, / daz ir juncherre solte sîn* (V. 1902 f.). »Rual wird zu einem zweiten Vater, Floräte zu einer zweiten Mutter Tristans« (Haug 2011, S. 306). Koch (2006, S. 236) nennt das die »zweite Geburt Tristans«, Schausten (2001) spricht von der »Konstruktion einer Biographie« (S. 36). Tristan wird mit dieser Lüge der Ersatz-

Abb. 12 Die Geburt Tristans (Historisches Archiv der Stadt Köln Best. 7020 (W*) 88, fol. 22v)
Unmittelbar über der Illustration heißt es: *[...] einen sûn mit maniger not / sieht der genas vnd si lach dot*. Wenn man das auf die Darstellung bezieht (allerdings ist die Figurenzuordnung hier nicht eindeutig), so sieht man Blanscheflurs Sterben und die Geburt Tristans; die beiden Figuren neben dem Wochenbett wären dann Floraete und Rual. So verstanden, kann die Darstellung »be read as a composition that both visualizes the beginning of Tristan's life and presents the precarious tension between the real descent and the manipulated biography of the hero« (Brüggen/Ziegeler 2012, S. 242).

eltern eine neue Identität verschafft, die durch seine Taufe besiegelt wird (vgl. Schommers 2010, S. 20–22).

Der Name, den Rual aussucht, ist kein zufälliger: Denn das Schicksals der leiblichen Eltern Tristans bedenkend, wählt Rual den Namen Tristan. Rual erklärt seiner Frau, dass dieser Name von *triste* komme (*von triste Tristan was sîn nam*, V. 2003); *triste* aber heiße *triure* (V. 1999). Auch der Erzähler bestätigt diese Pseudoetymologie und autorisiert damit die Namensgebung. Der Name verweist auf das Schicksal der Eltern, Trauer wird zum identitätsschaffenden Merkmal für den Protagonisten (vgl. Koch 2006, S. 238–241). Hermann (2006) spricht von einem Rekurs auf antike Vorstellungen, wonach der »Name als schicksalshafter Topos« gebräuchlich gewesen sei (S. 109; vgl. dazu auch Ruberg 1989, S. 315). Mit der Namensgebung endet die genealogische Anbindung Tristans weitgehend (vgl. Hermann 2006, S. 112). Dies ist Tristans Sonderweg der passionierten Minne – die freilich ein Erbteil seiner Eltern ist – geschuldet.

3.2.2 | Erziehung und Ausbildung: Das Konzept der ›*elegantia morum*‹

Bis zum siebten Lebensjahr wächst Tristan bei seiner Ziehmutter Floraete auf, dann übergibt ihn sein Ziehvater Rual dem Erzieher Kurvenal, der ihm eine standesgemäße Ausbildung zukommen lässt. Tristans Erziehung »folgt dem gängigen Schema der Lebensalter« (Baier 2006, S. 53; zum Folgenden ebd. S. 53–75). Bis zum siebten Jahr liegt die Erziehung bei den Frauen, die eigentliche Ausbildung erfolgt über männliche Lehrer und meist an einem fremden Hof. Die Ausbildung ist zweigeteilt: die intellektuelle Schulung anhand eines Sprachenstudiums (Latein und andere Fremdsprachen) sowie die körperliche Ausbildung bzw. das Erlernen von Kampffertigkeiten. Die Lehrfächer entsprechen den ›*artes liberales*‹, also dem ›*trivium*‹ (Grammatik, Rhetorik und Dialektik) sowie dem ›*quadrivium*‹ (Arithmetik, Geometrie, Musik und Astronomie). In der Antike galten die ›*septem artes liberales*‹, die eben nicht dem Gelderwerb dienten, ›als eines freien Mannes würdig‹ (vgl. Weddige 2014, S. 52); die Kenntnisse der ›sieben freien Künste‹ werden im Mittelalter unter anderem aus Boethius' († 524 n. Chr.) bezogen (vgl. Bernard 1997; Baier 2006, S. 62). Tristan wird auch in den ›*septem probitates*‹ unterwiesen, die den Anforderungen an einen Adligen (vgl. Baier 2006, S. 75) entsprechen. Hierzu gehören die Handhabung der Waffen, Schwertkampf und Schildgebrauch, die Herstellung von Pfeil und Bogen, das Speerwerfen, das Jagen mit Hunden, das Zähmen und Reiten von Pferden, das Schwimmen und Beherrschen von Brettspielen, das Lernen von Heldenliedern sowie das Saitenspiel. Baier spricht allgemein von einem »im Adel verbreiteten Mißtrauen[] gegenüber geistiger Tätigkeit« (ebd. S. 54), deshalb werde diese auch mit Beginn der ritterlichen Erziehung abgebrochen. Bei Tristan ist das jedoch anders. Die Forschung sieht den Schwerpunkt von Tristans Erziehung gerade in der »intellektuellen und musischen Ausbildung« (Briški 1996, S. 15; vgl. auch Hermann 2006, S. 113–115).

Die Ausbildung Tristans entspricht dem von Jaeger (2001) beschriebenen Konzept der ›*elegantia morum*‹, der darunter einen »ethischen Code« im Unterschied zu ›*curialitas*‹ als »rein gesellschaftlichen Code höfischer Sitten« versteht (S. 181). Im »schönen Glanz gesellschaftlicher Umgangsformen [wird] unmittelbar die innere Tugend einer Person abgebildet«, es geht um ein »ästhetisiertes Erziehungsideal« (Linden 2009, S. 117). Wenn Tristan seine Bücher so eifrig studiert, dass er *gelernete in sô kurzer zît / danne ie kein kint ê oder sît* (V. 2091 f.), dann zeigt dies nach Storp (1994, S. 124) seinen Rückzug aus der aristokratischen Welt, weil dort Wissen durch Partizipation und Nachahmung vermittelt wird. Tristan lernt mehrere Sprachen, beherrscht auch das Saitenspiel vorzüglich, er lernt perfekt reiten, kann schnell laufen und weit springen, den Speer werfen, auch das Pirschen und Jagen erlernt er so gut wie niemand sonst, und er beherrscht *aller hande hovespil* (V. 3121). Mit 14 Jahren holt der treue Ziehvater Rual ihn heim und lässt ihn reisen, um Reich und Volk zu erkunden. Nie war ein *kint sô tugentlîche* (V. 2142), alle Welt begegnet ihm freundlich und mit Wohlwollen. Tristan erfährt eine allseitige Bildung in allen denkbaren Wissenschaften und Künsten, hierin erwirbt er höchste Vollkommenheit, seine Ausbildung zeigt ihn als ›Wunderkind‹ (*wunder*, V. 2099); der junge Tristan ist von herausragender Idealität (vgl. Russ 2002, S. 316–333).

Die Entführung – Schnittstelle zum Erwachsenenleben: Die herausragende Bildung Tristans wird ihm zunächst zum Verhängnis. Tristan besucht mit seinem Ziehvater Rual, seinem Erzieher Kurvenal und anderem Gefolge ein norwegisches Handelsschiff, um dort Beizvögel zu kaufen. Die Kaufleute sind von Tristan begeistert, denn er spricht mit ihnen in ihrer eigenen Sprache, auch glauben sie, nie einen Jüngling gesehen zu haben, der so schön ist und ein so feines Benehmen hat. Die Initiative zum folgenden Schachspiel mit den Kaufleuten geht von Tristan aus; die Forschung las das bereits als Signal einer Trennung von der väterlichen Welt (vgl. Lenschen 1991, S. 211 f.), auch besteht ein Deutungszusammenhang zwischen Schachspiel und Minneschicksal (vgl. hierzu Krohn 2005, S. 64 f.). Rual verlässt das Schiff mit dem ganzen Gefolge, während Tristan mit Kurvenal auf dem Schiff bleibt. Die Kaufleute sind über Tristan erstaunt, der seine Geschicklichkeit im Schachspiel, im Musizieren und im Umgang mit Fremdsprachen unter Beweis stellt, so dass sie beschließen, Tristan durch eine List zu rauben, weil sie dadurch *grôzen vrumen und êre* (V. 2303) erwerben könnten. Dies zeigt nach Hermann (2006) »den Antagonismus zwischen den höfischen Persönlichkeitsidealen und ihrer Bewertung durch die Außenwelt« (S. 129).

Die Anker werden gelichtet, das Schiff legt ab. Tristan und Kurvenal bemerken dies erst, als sie eine Meile vom Land entfernt sind. Kurvenal wird in einem kleinen Schiffchen ausgesetzt (die Kaufleute sind nur an Tristan interessiert), doch vertraut er auf Gottes Hilfe und kommt heil zurück. Auch das norwegische Handelsschiff unterliegt göttlicher Providenz, doch hier schickt Gott (*als der wolte unde der gebot*, V. 2411) einen gewaltigen Sturm, so dass das Schiff der Norweger *mit dem wilden sê / ûf als in den himel* (V. 2426 f.) steigt, um dann *in daz abgründe* (V. 2429) herabzustürzen. Gott lenkt also das Schiff und mit diesem Tristans Weg, er greift »dezidiert zugunsten Tristans« ein (Haug 1972, S. 103). Als nach acht Tagen und Nächten die Norweger geloben, Tristan im Falle ihrer Rettung freizugeben, legen sich Winde und Wellen, *daz mer begunde nider gân* (V. 2464). Man befindet sich vor der Küste *Kurnewals* (= Cornwall), und die Kaufleute bringen Tristan dort an Land: »Tristan's isolation is complete: he is utterly alone, he does not know who he is, he does not know where he is, and he is afraid that he will lose his life« (Schultz 1995, S. 139).

Tristan ist jetzt *der ellende* (V. 2483), das heißt der Heimatlose (diese Bezeichnung wird im Folgenden mehrfach wiederholt, vgl. Haug 2011, S. 321 f.). Doch befindet er sich, allerdings ohne es zu wissen, im Land seines Onkels Marke, des Bruders seiner Mutter Blanscheflur. Die Entführung ist also »symbolischer Ausdruck für Tristans Schritt ins Erwachsenensein« (Storp 1994, S. 186) sowie Katalysator der Rückführung in die mütterliche Sphäre (vgl. Lenschen 1991, S. 212). Die Überfahrt über das Wasser markiert den Übergang Tristans von einem Zustand (Kindheit) in einen anderen (Erwachsenenleben) im Sinne einer Ablösung von der bisherigen Welt (vgl. zu ›Übergängen‹ bzw. Übergangsriten allgemein van Gennep 2005).

3.2.3 | Etablierung am Markehof: Tristans höfische ›Hirschbast‹ als Eintrittskarte

Tristan begibt sich in die Hand Gottes und bittet darum, ihm den Weg zu weisen. Er trifft daraufhin in der Wildnis zwei alte Pilger, was Haug (1972) als »Mechanik von Gebet und Erhörung« (S. 104) las (vgl. auch Grosse 1970, S. 294). Tristan *was vil wol bedâht / und sinnesam von sînen tagen* (V. 2692 f.), deshalb erzählt er diesen wiederum *vremediu maere* (V. 2694), wonach er bei einer Jagd in diesem Land Jäger, Hunde und sein eigenes Pferd verloren hätte. Tristans Handeln entspricht hier dem eines ›puer senex‹ (vgl. Sassenhausen 2007, S. 162–166). Die Pilger gehen mit Tristan in Richtung Tintajol, dem Residenzort seines Onkels Marke.

Durch göttliche Providenz wird Tristans Lügengeschichte bestätigt. Denn man trifft unterwegs auf die Jäger des Königs Marke, die gerade das Horn zum Todesstoß für einen Hirsch blasen – und Tristan nutzt die Gelegenheit, gegenüber den Pilgern zu beteuern, dass er genau diese Jagdgruppe heute verloren hätte und verabschiedet sich. Es folgt die Entbästungsszene (auch: Bastszene), die die älteste mittelhochdeutsche Quelle für die Gebräuche der französischen Jagd darstellt (vgl. Krohn 2005, S. 69). Gottfried verleiht dem Verb *enbesten* (als ›losbinden‹ bzw. ›losmachen‹; BMZ I, S. 92) eine neue Bedeutung, nämlich Wild zu zerlegen (vgl. Sayers 2003, S. 5; Dick 1996, S. 1). Wie dem Schachspiel mit den Kaufleuten eignet auch der Bastszene eine vorausweisende Funktion, denn »dem Publikum Gottfrieds sind die Zusammenhänge zwischen der ars venandi und der ars amandi, die sich auch in den zahlreichen Jagd-Metaphern in der Sprache der Erotik ausdrückt, natürlich bewusst gewesen« (Krohn 2005, S. 69).

Die Intention der Szene liegt darin, die vollkommene Höfischheit Tristans herauszustellen (vgl. dazu Gnädinger 1967, S. 29; Hermann 2006, S. 133). Tristan »galt im Mittelalter als Inbegriff des vollendeten aristokratischen Jägers« (Krohn 2005, S. 69). Denn *der höfsche Tristan* (V. 2793) ist dem Jägermeister Markes überlegen, er ist entsetzt, als dieser das tote Tier *alsam ein swîn* (V. 2791) auf die Erde legt und erklärt, den Hirsch in vier gleich große Teile zerlegen zu wollen. Tristan demonstriert dann vor den Augen des Jägers das waidgerechte Zurichten des Tieres. Er geht dabei »der Anatomie des Hirsches entsprechend vor und orientiert sich an dessen natürlichem Wuchs« (Seggewiss 2012, S. 159). Diese besondere Form einer kulturellen Aneignung ist kein Zufall, denn die

> differenzierende Anerkennung seiner anatomischen Ordnung bringt symbolisch die Achtung vor *natura naturata* als nach göttlichem Plan zweckmäßig eingerichtetes Ganzes zum Ausdruck, durchaus im Sinne der Mikrokosmos-Makrokosmos-Relation. Ein grobes, unterscheidungsloses Vierteilen, wie es Markes Jäger vorhaben, würde dieser Ordnung keinesfalls gerecht, was Tristans entsetzte Reaktion erklärt (ebd. S. 161).

Der *bast* sieht folgendermaßen aus:

[...]
sîne brust [Hirsch] er [Tristan] dô began
ûz dem rucke scheiden
und von den sîten beiden
ietwederhalp driu rippe dermite.
daz ist der rehte bastsite.
diu lât er iemer dar an,
der die brust geloesen kan.
und al zehant sô kêrte er her,

vil kündecliche enbaste er
beidiu sîniu hufbein,
besunder niht wan beide in ein.
ir reht er ouch den beiden liez,
den brâten, dâ der rucke stiez
über lanken gein dem ende
wol anderhalber hende,
daz die dâ cimbre nennent,
die den **bastlist** erkennent.

(Tristan als vollendet höfischer Waidmann: die Entbästungsszene; Gottfried, V. 2890–2906)

Danach führt Tristan *die furkîe* (V. 2926) vor: An einer Astgabel (*furke*, V. 2937) werden Leber, Nieren und Hoden des Hirsches angebunden und mit grünem Bast umwickelt. Das »nur bei Gottfried belegte, dem afrz. *fourchié* entsprechende Wort *[furkîe]* bezeichnet den Brauch, ausgewählte Leckerbissen auf einem gegabelten Stock aufzuspießen und sie dem Herrn der Jagd darzubringen« (Haug 2011, S. 328). Die sich anschließende *curîe* (V. 3022) führt Tristan darauf zurück, dass bestimmte Teile des Hirsches, die man den Hunden gibt, auf die *cuire* (V. 3023) gelegt werden. Vier Herzviertel liegen an den vier Enden der Haut ›wie es der Jagdbrauch vorschreibt‹, Milz, Lunge, Pansen und Gedärm *und swaz der hunde spîse was* (V. 3010) werden auf der

3.2 Tristans Kindheit und Jugend: Sichtbarwerden seiner Exzeptionalität

Haut ausgebreitet und die Hunde gerufen. Gottfried verwendet also dezidiert waidmännische Termini (zu einzelnen Fachbegriffen vgl. Sayers 2003). Die auffallend ausführliche Bastszene wurde unter anderem damit begründet, dass die Beziehung Tristans zu den Jägern der Beziehung Gottfrieds zum deutschen Publikum entspräche, in beiden Fällen würden Nichtwissende belehrt (ebd. S. 11).

Aufnahme am Markehof: Tristans unübertreffliche Ausübung der modernen höfischen Jagdbräuche aus Frankreich, seine Kompetenz auf höchstem Niveau, sind die Eintrittskarte an Markes Hof und das Bindeglied zu seiner mütterlichen Familie. Als Tristan den König sieht, werden sofort die avunkularen Blutsbande zum Thema gemacht, lange bevor die Verwandtschaft der Beiden enthüllt wird. Denn Tristans *herze in [Marke] sunder ûz erlas, / wan er von sînem bluote was. / diu natiure zôch in dar* (V. 3243–3245). Die Bedeutung der avunkularen Verbindung, die Verwandtschaft zum Mutterbruder also (und nicht die über Tristans Vater), ist von größtem Interesse, ist sie doch letztlich Ausgangspunkt der ›amour passion‹. König Marke empfängt den kunstvoll formierten Jagdzug unter Tristans Anleitung, der mit Hörnerklang (Tristan selbst spielt das Horn) auf Tintajol einzieht. Tristan tritt am Markehof als »solistische[r] Vorspieler« und »Tonangeber« auf (Gnädinger 1967, S. 22). Das »Naturwesen ›Hirsch‹ ist damit in ein Kultur- bzw. Kunstereignis ersten Ranges transformiert worden« (Seggewiss 2012, S. 160).

Der Jägermeister berichtet von der vollendeten höfischen Jagdkunst Tristans, es werden dessen Schönheit, seine vollkommene höfische Kleidung und sein höfischer Anstand gepriesen. In mittelalterlicher Literatur ist in der Regel von einer Konkordanzästhetik auszugehen, von einer ›analogia interioris et exterioris‹, dass also einem schönen Äußeren auch ein vortreffliches ›Inneres‹ entspricht. Das von der Antike übernommene Ideal der ›kalokagathia‹ sieht eine weitgehende Kongruenz von Schönheit und Gutheit. Der Schönheitskatalog Tristans, der hier zum ersten Mal vollständig aufgelistet wird (vgl. Sayers 2003, S. 17), ist also ein Ausweis für seine vollkommen höfische Gesinnung und weist zudem auf die künftige Minneaffinität:

Daz junge hovegesinde
daz lief engegen dem kinde [Tristan]
und condewierte ez schône
under armen vür die crône.
ouch kunde er selbe schône gân.
dar zuo was ime der lîp getân,
als ez diu Minne gebôt.
sîn munt was rehte rôsenrôt,
sîn varwe lieht, sîn ougen clâr.
brûnreideloht was ime daz hâr,
gecrûspet bî dem ende.
sîn arme und sîne hende
wol gestellet unde blanc.
sîn lîp ze guoter mâze lanc.
sîne vüeze und sîniu bein,
dar an sîne schoene almeistic schein,
diu stuonden sô ze prîse wol,
als man'z an manne prîsen sol.
sîn gewant, als ich iu hân geseit,
daz was mit grôzer höfscheit
nâch sînem lîbe gesniten.
an gebaerde unde an schoenen siten
was ime sô rehte wol geschehen,
daz man in gerne mochte sehen.

(Tristans triumphaler Einzug bei Marke: Schönheit und Auftreten als höfischer Repräsentationswert; Gottfried, V. 3327–3350)

Doch Tristans Auftreten und seine außerordentliche Schönheit stehen im Widerspruch zum behaupteten Stand (Tristan hatte Markes Jägern während des Jagdzugs erzählt, dass er ein Kaufmannssohn sei, V. 3099). Allerdings wird die Kongruenz von Innen und Außen »auch da thematisiert, wo sie – scheinbar – nicht gilt, so etwa beim vermeintlichen Kaufmannssohn Tristan« (Meyer 2015, S. 7). Der Text stößt hier an seine narrativen Grenzen. Das erzählerische Dilemma wird so zu lösen versucht, dass von Zweifeln die Rede ist: Der Jäger, von Marke nach dem strahlenden Jüngling befragt, versichert: *in geloube ez aber niemer* (V. 3283) – denn wie könnte ein Kaufmann so viel *muoze* (V. 3288) auf die Erziehung legen? Den gesellschaftlichen Rang hat der Hof Tristan aufgrund »seiner umfassenden Bildung und Exzellenz auf sämtlichen Gebieten ideell bereits verliehen« (Uttenreuther 2009, S. 269).

Tristans höfische Fertigkeiten begründen seine feste Installierung am Hof. Er wird Jägermeister bei Marke, ohne über beider Verwandtschaft Bescheid zu wissen. Der Erzähler bescheinigt, dass Tristan, der sich *ellende* (V. 3381) glaubt, doch *unwizzende* (V. 3380) *ze hûse komen* (V. 3379) sei. Seine Einsetzung bei Hof ist auch dadurch legitimiert, dass er sich als Meister in der Musik und in den Sprachen erweist: Er übertrifft einen walisischen Harfenspieler, der selbst als Fachmann gilt, im Singen und Spielen von Liedern in verschiedenen Sprachen (zu Tristans musikalischem Können sowie den einzelnen Instrumenten vgl. Gnädinger 1967, S. 23–31), und antwortet Norwegern, Iren, Deutschen, Schotten und Dänen in ihrer eigenen Sprache (V. 3700–3703). Das Lob gipfelt in den Worten: Alle Welt höre her! Ein 14-jähriger Knabe *kan al die liste, die nu sint* (V. 3718–3720). Tristans Polyglossie wurde als Markierung für Höfischheit und intellektuelle Erziehung gelesen, die ihm zunächst große Bewunderung am Markehof einbringt, ihn jedoch dann zunehmend isoliere (Classen 2007, S. 106 f.).

Der Markehof ist also zunächst Raum der Entfaltung für Tristans Fertigkeiten (vgl. Hermann 2006, S. 137), gerade die Verhüllung seiner Identität rückt Tristans virtuose Kunstfertigkeit in den Fokus der Beurteilung (vgl. Grosse 1970, S. 296; zu ›Künstlertum‹ und ›Kunst‹ an dieser Stelle vgl. Mohr 1959, S. 153–156). Marke bietet Tristan seine Freundschaft an und *der ellende* (V. 3742), das heißt der Heimatlose, erlangt am Hof des Königs höchste Wertschätzung. Tristans höfische Vollkommenheit bedeutet umgekehrt auch für den Markehof einen Zugewinn an Reputation (vgl. Schlechtweg-Jahn 2012, S. 151).

Handlungslogisch muss jetzt die Aufdeckung der wahren Herkunft Tristans erfolgen. Denn Marke behandelt Tristan wie einen eigenen Sohn, des Königs Geschenke (V. 3734–3739) konstituieren Tristans höfische Ausstattung, er erhält das, was er nicht hat: Pferd, Schwert und Sporen sind Attribute des Ritterlichen, Armbrust und Horn ehren Tristan als vollkommenen Jäger (vgl. Krohn 2005, S. 82). All das lässt darauf schließen, dass Marke an Tristan als seinen Erben denkt. Zuvor müssen jedoch die drei Erzählstränge, die sich bisher mit der Herkunft Tristans beschäftigten, zusammengeführt werden: die wahre und die konstruierte Biographie der »zweiten Geburt« sowie Tristans Herkunftslügen. Die Enthüllung der wahren Identität Tristans geschieht durch Rual.

3.2.4 | Abkunftsklärung und ›Väterakkumulation‹

Rual hat seinen entführten Ziehsohn Tristan inzwischen dreieinhalb Jahre lang (zu dieser biblisch verorteten Zeitspanne als Zeit der Not und Drangsal vgl. Lenschen 1996, S. 339) in allen möglichen Ländern gesucht, bis er völlig verarmt an Markes Hof kommt. Das ist die Schaltstelle, an der die wahre Biographie Tristans und die konstruierte Biographie, die hier in der Gestalt Ruals repräsentiert ist, offengelegt werden: Tristan und Marke erfahren jetzt erstmals Tristans wahre Herkunft. Tristan erkennt Rual sofort, obwohl dieser von Entbehrungen stark gezeichnet ist. Es geht um das Sehen mit dem ›inneren Auge‹ bzw. dem Herzen, das erkennen kann, wenn die Augen versagen müssen. Nicht zufällig wird jetzt explizit Ruals Vaterrolle betont (vgl. hierzu Zotz 2006, S. 97), Rual ersetzt dem heimatlosen Tristan Eltern, Verwandte und Gefolge (V. 3953; vgl. dazu auch Schommers 2010, S. 24–27). In Rual umarmt Tristan seine »parmenische Identität« (Koch 2006, S. 244):

[Tristan:]	
»Nu müeze unser trehtîn	dâ nâch lief er in lachende an
iemer gebenedîet sîn,	und kuste den getriuwen man,
vater, daz ich dich sehen muoz!«	als ein kint sînen vater sol.
diz was sîn alrêrster gruoz.	daz was vil billîch unde wol.
	er was sîn vater und er sîn kint.

(Erkennungsszene Tristan – Rual an Markes Hof; Gottfried, V. 3939–3947)

In mittelalterlichen Texten ist die Kleidung die »zweite Haut« (von Moos 2004a, S. 135; vgl. auch Wenzel 2004, S. 180). Schulz (2008) spricht pointiert von einer »Ideologie des adligen Körpers«, von einer »Übereinstimmung zwischen Person und ihrem sichtbaren Äußeren« (S. 7 f.), so dass der höfische Körper lesbar wird. Kleidung ist also Indikator für den Status; soziale bzw. personale Identität wird über die adäquate äußere Erscheinung hergestellt (vgl. von Moos 2004a, S. 127). Es »gibt keine Diskrepanz zwischen der Person und ihrem Äußeren – oder zumindest darf es sie nicht geben« (Schulz 2008, S. 7). Andererseits erzählt die höfische Literatur »eine Fülle von Geschichten, in denen von einer solchen ›Lesbarkeit‹ der höfischen Körper, von einer solchen Übereinstimmung der Person und ihrem sichtbaren Äußeren nicht die Rede sein kann« (ebd. S. 7 f.).

Eine solche Diskrepanz von Innen und Außen wird auch bei Rual sichtbar. Beschrieben wird sein *vil armez rockelîn / beschaben und verslizzen* (V. 3996 f.), Haar und Bart sind verfilzt, Füße und Beine bloß (V. 4004–4009); er ist in diesem Zustand *unhovebaere* (V. 4029), also nicht hoffähig. Ob in diesem Fall der Bruch mit der höfischen Konkordanzästhetik (vgl. dazu Ernst 2007, S. 177) auch eine Assoziation zu geistlichem Gedankengut mitmeint, muss offenbleiben. Das ›Innen‹ Ruals scheint durch das defizitäre Äußere der Kleidung durch: Er ist *an lîbe und an gebâre / vollekomen unde rîch* (V. 4032 f.) – und daran kann man ablesen, dass dieser Mann eben kein einfacher Bettler ist, er ist im Gegenteil *an rehter hêrschaft / aller keiser genôz* (V. 4044 f.). Die Diskrepanz von Innen und Außen wird mit Ruals *triuwe* legitimiert, denn die Spuren von Hunger und Frost an seinem Körper bezeugen seine Opferbereitschaft im Zeichen seiner Liebe und Treue zu Tristan. Das Moment der Vaterliebe dominiert das Erfordernis der adäquaten Kleidung. Dennoch geht es letztlich nicht ohne höfische Restituierung: Als Rual dann vor König Marke erscheint, wird er schnell gebadet und prächtig gekleidet. Der mit kostbaren Kleidern bedeckte Körper Ruals ist nicht mit seinem vermeintlichen Kaufmannsstatus kompatibel. Diese Disparatheiten müssen aufgelöst werden.

Aufdeckung der wahren Abkunft: Rual berichtet Marke, dass ihm Tristan, anders als seine leiblichen Söhne, eigentlich fremd sei und er dennoch so viel Kummer erlitten habe. Marke fragt nach: *er ist iuwer sun doch, alse er giht?* (V. 4143) – und dann kommt Ruals Bekenntnis: *nein hêrre, ern bestât mich niht, / wan alse vil: ich bin sîn man* (sein Gefolgsmann also, V. 4145 f.). Tristan erschrickt und alle sprechen wie aus einem Munde: Sag uns, *wer ist Tristan?* (V. 4170). Rual berichtet von Tristans Geburt und dem Tod der Eltern Riwalin und Blanscheflur, der Hof wird so zum Zeugen der wahren Herkunftsgeschichte Tristans (vgl. zu diesem Aspekt Grosse 1970, S. 297). Die konstruierte Biographie Tristans, also die Lügengeschichte von Tristans Geburt, wird vom Hof nicht verurteilt, sondern wird umgewandelt in ein Lob der *triuwe*: Rual habe die allertreueste Gesinnung, die je ein Vasall gegenüber *sîner hêrschefte* (V. 4281) bewies.

Im Folgenden wird dann allerdings sichergestellt, dass diese neue Geschichte nicht wieder eine Lüge ist. Denn der König fragt Rual, ob die Geschichte wahr sei, und dieser kann ein *vingerlîn* als dinglichen Repräsentanten der Wahrheit vorzeigen (zum Ring als Wiedererkennungszeichen und Rechtssymbol vgl. Krohn 2005, S. 86). Marke erkennt den Ring, den er selbst von seinem Vater auf dem Sterbebett erhalten und ihn an seine Schwester Blanscheflur weitergegeben hat; der Ring wird so zum genealogischen Wahrzeichen. Der König will nunmehr seinem Neffen Tristan *erbevater* (V. 4301) sein. Die Besiegelung durch einen Kuss (V. 4299) bekräftigt den verbindlichen Charakter, denn der Kuss diente »als Bekräftigung eines Vertrages oder eines Versprechens« (Strätz 1991, Sp. 1591). ›*erbevater*‹ ist ein Begriff, der nur bei Gottfried belegt ist und zudem nur in der Jugendgeschichte, und auch da nur in Bezug auf Marke (vgl. Zotz 2006, S. 94; zu ›*erbevater*‹ als Pflegevater für einen erbberechtigten Blutsverwandten vgl. Krohn 2005, S. 86 f.; einen anderen Akzent setzt BMZ III, S. 279: »vater durch erbrecht, der nach dem tode des wirklichen vaters als nächster verwandter dessen stelle vertritt«).

Tristan zwischen drei Vätern: Tristan hat mit der Annahme durch seinen *erbevater* eine neue soziale Identität, die dieses Mal nicht in einer Lügengeschichte gründet. Die Herkunftslügen wurden mit der Nicht-Identifizierbarkeit des Helden begründet, der sich seine eigenen Herkunftslügengeschichten konstruieren muss (vgl. Gerok-Reiter 2009, S. 128–131). Genealogien haben in vormodernen Gesellschaften außerordentlich große Relevanz, sie sind identitätsstiftendes Instrument:

> Zunächst und vor allem präsentieren Genealogien Antworten auf die Fragen nach der Stellung des einzelnen innerhalb der Gemeinschaft, denn besonders in sogenannten traditionellen Gesellschaften ist die Identität des einzelnen in ganz erheblichem Maße durch sein Wissen um seine Eltern und Vorfahren, durch seine Einbindung in Familie und Verwandtschaft bestimmt: Wie der Name garantiert seine Herkunft die Unverwechselbarkeit des Menschen (Kellner 2004, S. 15).

Tristan fallen unterschiedliche Ersatzidentitäten durch nichtleibliche Ersatzväter zu, die für Verwirrung sorgen. Als Rual seinem Ziehsohn Tristan von dessen wahrer Identität und dem Tod des leiblichen Vaters berichtet, werden die drei Väter Tristans zum Thema (zu Tristans Vaterkonflikt vgl. Zotz 2006, S. 91–100; Storp 1994; Lenschen 1991, S. 212 f.; Schmitz 1988, S. 220). Tristan klagt: *sus muoz ich âne vater sîn* (V. 4370), doch Rual versichert ihm: *hâst doch zwêne veter als ê, / hie mînen hêrren unde mich. / er ist dîn vater, alsô bin ich* (V. 4384–4386).

Die »Vervielfachung des Vaterbildes« (Wenzel 1988a, S. 238) sorgt für Verwirrung hinsichtlich der genealogischen Identität und des materiellen Besitzes. Riwalin, der leibliche Vater, ist tot; Rual ist zunächst der Ersatzvater, er ist nach Tristans Geburt dessen Vormund und wird später die Schwertleite für Tristan vorbereiten, dezidiert und mehrfach ist von Tristan als seinem *kinde* (z. B. V. 2384) die Rede; der dritte Vater ist sein Onkel König Marke, der *erbevater*. Entsprechend existiert eine Verdreifachung des Erbes (vgl. Wenzel 1988a, S. 239). Diese Anforderungen lassen sich nicht vereinbaren, und Tristan wird später die Identität aufgeben, die von seinem leiblichen Vater stammt, nämlich die Stellung als Landesherr in Parmenien. Diese ›Väterakkumulation‹ Tristans wird als »Vervollkommnungsprozess in Etappen« (Tomasek 2007, S. 109) verstanden. Tristan erhält von den drei Vätern Unterschiedliches: »from Riwalin *muot* and beauty of body; from Rual manners, skill, learning, grace, and all the other qualities included in *lîp* taken in the sense of excellence of body; and from

Mark, *guot*« (Jaeger 1977, S. 42). Denn Marke stellt Tristan sein Reich und alles, was er hat, zur Verfügung: Cornwall (Markes Reich) sei sein *urbor* (V. 4468; *urbor* meint ein zinstragendes Gut, BMZ I, S. 152, hier wohl eher metaphorisch zu verstehen; vgl. Haug 2011, S. 356), seine *crône* sei seine *zinsaerîn* (V. 4469). Marke versichert Tristan: *dû hâst keiserlîche habe* (V. 4473).

Mit Riwalin, Rual und Marke steht Tristan zwischen unterschiedlichen sozialen Identitäten. Auffallend ist, dass Tristan auf seinem Lebensweg kein einziges Lebensmodell der drei Väter übernehmen wird. Seine genealogische Identität wird seinem von der Liebespassion dominierten Lebensweg geopfert, die Liebe dominiert alle anderen sozialen Bindungen. Hinweise auf die unterschiedlichen Identitäten Tristans geben seine Schifffahrten; jedes Mal kündigen Seefahrten Veränderungen seiner Identität sowie seines gesellschaftlichen Status an (vgl. Wenzel 1988a, S. 242–245; Schommers 2010, S. 27–31): Ausgangspunkt ist Parmenien, das ihm zugehört, in Irland gibt er sich als Spielmann aus und in Cornwall wird Tristan, der sich zunächst als Kaufmann ausgibt, Erbe Markes. Wenzel (1988a, S. 243) sprach treffend davon, dass Tristans Seefahrten sein »Takt« seiner Identitätssuche seien, die aus seiner Vaterlosigkeit resultiere.

3.2.5 | Die Schwertleite: Tristans Initiation ritterlicher Identität. Der Literaturexkurs

Mit der Aufdeckung der wahren Abkunft Tristans können die standesgemäßen Rituale vollzogen werden, die ihm die nur konstruierte Biographie als Kaufmannssohn nicht gestattet hätten. Es geht um die »Erreichung der ständischen Basis« (Stein 1977, S. 305), um »die gesellschaftliche Anerkennung von Tristans höfisch-ritterlicher Männlichkeit« (Uttenreuther 2009, S. 270). Rual und Tristan treffen Vorbereitungen für die Schwertleite Tristans *als ez in beiden was gewant* (V. 4549). Doch ein Bericht hiervon wird zunächst nicht geliefert. Der Erzähler stockt mit dem Argument, er wisse jetzt nicht, was er darüber erzählen solle, damit es dem Publikum gefalle und Freude mache sowie *schône an disem maere stê* (V. 4599) – denn bereits zuvor sei von anderen Dichtern vortrefflich von höfischem Prunk und Waffenruhm und Rittertum erzählt worden.

Die fingierte Sprachnot wird dann weiter ausgeführt: Selbst wenn er, so der Erzähler, *zwelf zungen trüege* (V. 4608), könne er nicht angemessen von Tristans Schwertleite berichten. Eine solche Unfähigkeitsbeteuerung ist traditionelles Element christlicher Literatur im Sinne einer Demutsformel (vgl. Stein 1977, S. 320; ob man in den *zungen* eine Assoziation zum Pfingstwunder sehen kann, sei dahingestellt), es wurde jedoch auch vom rhetorischen Gestus der ›affektierten Bescheidenheit‹ gesprochen, die umso mehr das Können des Dichters unterstreiche (vgl. ebd. S. 321). Kern (2006) sieht eine »Verschiebung des Unfähigkeitstopos zum Topos des narrativen Unwillens« (S. 86).

Wenn der Erzähler beteuert, dass der Festaufwand einer Schwertleite schon so vielfältig beschrieben und dadurch zerredet worden sei, dass er nicht mehr davon sprechen könne (V. 4597–4599), so ist nach Fromm (1989) dieser Hinweis auf den »Abnutzungsgrad des sprachlichen Materials« ein für das hohe Mittelalter »neuer und unerhörter Ausspruch« (S. 160). Möglicherweise ist aber auch an »die in zeitgenössischen lateinischen Poetiken geforderte Vermeidung von Abgedroschenem (*res trita*)« zu denken (Fritsch-Rößler 2010, S. 97 f.). Die ›descriptio‹ der Schwertleite Tristans fehlt also im Rahmen der vorgeblichen Unfähigkeit zunächst, stattdessen wird überraschend ein literaturkritischer Exkurs geboten. Diese Themenverlagerung zeigt, dass »Gottfried wished to discuss not knightliness but the literature of knighthood« (Jackson 1962, S. 365).

Der Literaturexkurs: Dieser Exkurs (siehe ebenso Kap. 1.3), auch ›Dichterschau‹ genannt, umfasst die V. 4619–4818. Hier geht es nicht um Waffen-, sondern um Dichterruhm. Der Literaturexkurs (kritischer Forschungsüberblick bei Mazzadi 2000, S. 137–171) wird unter anderem als »neuer, gern nachgemachter Topos« (Glauch 2003, 159), als »Beginn einer zeitgenössischen deutschen Literaturkritik« (Krohn 2005, S. 90), als »komplexe[] Selbstpositionierung« Gottfrieds (Mühlherr 2002, S. 319) verstanden.

Der Literaturexkurs bewertet mehrere Dichter. Positiv nennt der Erzähler unter den Epikern, die er als *verwaere* (V. 4691), also als ›Wortmaler‹ bezeichnet, vor allem Hartmann von Aue, Bligger von Steinach, dessen Werk nicht erhalten ist, und Heinrich von Veldeke. Dagegen wird ein Ungenannter geschmäht. Es ist mehr oder weniger Konsens der Forschung, dass es sich dabei um Wolfram von Eschenbach handelt; der früheren Annahme einer ›Dichterfehde‹ zwischen Gottfried und Wolfram steht man heute jedoch distanziert gegenüber. Von den Lyrikern, die als Nachtigallen bezeichnet werden, preist der Erzähler Reinmar von Hagenau und Walther von der Vogelweide als die Besten (zu den Nachtigallen als zoologische Metapher für die Lyriker vgl. Wyss 2002, S. 327–338). Danach wird die (fingierte) Sprachnot wiederum zum Thema: *mir ist von worten genomen / enmitten ûz dem munde / daz selbe, daz ich kunde* (V. 4856–4858).

Musenanruf und allegorische Einkleidung: Die erwartete Festschilderung der Schwertleite wird ein weiteres Mal aufgeschoben. Es gibt ein »neuerliches Hinspannen« (Stein 1977, S. 321), einen Anruf bzw. ein Gebet an die Musen nämlich, um die Gabe der Inspiration zu erflehen, so dass Zunge und Geist wieder hergestellt würden (V. 4860–4907). Im Zentrum steht dabei der Helikon. In der »antiken Mythologie galt der Helikon als Sitz der neun Musen« (Krohn 2005, S. 109). Der Musenanruf »schichtet antike und christliche Inspirationsgaranten übereinander. In der langen Tradition der Inspirationsbitte ist das zweistöckige Inspirationskonzept seit dem 12. Jahrhundert und vor allem seit der Renaissance zu belegen« (Huber 2013, S. 68; zu den Musen im Einzelnen – also Apollo, die Kamönen, die Sirenen – vgl. Krohn 2005, S. 108–110). Dieses Musengebet ist nach Hahn (1973, S. 441) Ausdruck gesteigerten Selbstbewusstseins des Dichters.

Der ›narrative Unwillen‹ wird danach ein weiteres Mal strapaziert. Denn der Erzähler gibt (im Irrealis) vor, dass er nicht erzählen würde, wie und auf welche Weise der Gott Vulkan Tristans Waffen, Helm und den Schild geschmiedet und wie Kassandra ihre Kunst und ihren Verstand auf die Fertigung seines Gewandes verwendet hätte (V. 4929–4960) – daran seien bereits andere gescheitert (V. 4926 f.). Der römische Gott Vulcanus ist der »Meister der Schmiede« (Kern 2003, S. 672 f.) und erscheint in dieser Funktion auch im *Eneasroman*, Kassandra galt im Mittelalter als »Meisterin der Web- und Stickereikunst« (Krohn 2005, S. 112). Doch selbst diese Götter hätten Tristan nicht besser ausstatten können als die vier höfischen »abstrakten Tugenden *muot, guot, bescheidenheit* und *höfscher sîn*« (Glauch 2003, S. 159), sind doch die Kleider von Tristans 30 Gefährten *mit vierhande rîcheit* (V. 4564) geschmückt. Für die Einkleidung »machen sich vier allegorische Schneider ans Werk: Hochfliegende Begeisterung (*hôher muot*) sorgt für den Entwurf der Kleider, Reichtum in Fülle (*vollez guot*) liefert den nötigen Stoff, kluge Unterscheidung (*beschei-*

denheit) gibt diesen den rechten Zuschnitt, und höfische Gesinnung (*hoefscher sin*) näht die Teile passend zusammen« (Huber 2013, S. 65).

In der Forschung ist des Öfteren von einer ›Kleiderallegorie‹ die Rede, teilweise im Rückgriff auf geistliche Traditionen wie Messrituale und kirchliche Ankleidegebete (vgl. Fromm 1989, S. 158 f.; Stein 1977, S. 315 f.). Haugs (2011) diesbezüglicher Einwand ist jedoch nicht von der Hand zu weisen: »Die Kleider [im *Tristan*] werden nicht interpretiert, sondern ihre Herstellung geschicht durch allegorische Figuren« (S. 358). Die Botschaft ist jedenfalls eindeutig: Die innere Disposition ist wichtiger als die äußeren Kleider, selbst dann, wenn diese von Göttern gefertigt würden (V. 4972–4974; vgl. hierzu auch Glauch 2003, S. 169; ähnlich Goebel 1977, S. 66). Der Literaturexkurs und die rhetorische Einkleidungsmetaphorik wurden als »literarische Maßstäbe für die Lektüre des epischen Hauptteils« (Klein 1970, S. 21), als »Kostprobe« literarischen Könnens (Glauch 2003, S. 159) gelesen.

Die Schwertleite: Erst nach diesem langen rhetorisch ausgefeilten Spiel des Texts um die Einkleidung Tristans wird der tatsächliche Bericht des Rechtsrituals in wenigen Versen nachgeliefert: *Marke nam dô Tristanden / sînen neven ze handen, / swert unde sporn stricte er im an* (V. 5019–5021). Der König mahnt Tristan, die ritterlichen Werte zu wahren: bescheiden und aufrichtig zu sein, wahrhaftig, gütig zu Armen und stolz zu Mächtigen, die Frauen zu ehren und zu lieben, *milte unde getriuwe* zu sein (V. 5035); dies entspricht den Tugendtopoi in Fürstenspiegeln (vgl. Grosse 1970, S. 297). Doch bricht der Erzähler dann bei der Schilderung der Zweikämpfe und Reiterspiele wiederum lustlos ab: Davon sollten die Knappen berichten, die die zerbrochenen Lanzen aufsammeln, er könne schließlich nicht alle Kämpfe wie ein Herold ausrufen (V. 5046–5062). Dieser lakonische Einwurf statt einer erwartbaren üppigen ›descriptio‹ der Schwertleite mit großem rhetorischen Aufwand wurde als »Relativierung der ritterlich-höfischen Gesellschaft« (Fromm 1989, S. 170) gelesen bzw. als »Absetzbewegung vom höfischen Roman« (Stein 1977, S. 344).

Vor allem die jüngere Forschung betont die Einheit von Literaturexkurs und Musenanruf im Kontext der Schwertleite (vgl. Krohn 2005, S. 91; zu einem genaueren Vergleich bzw. zu Symmetrien dieser Teile vgl. Klein 1970, ebenso Fritsch-Rößler 2010, S. 98; elaboriert zu Motivsymmetrie und zahlenkompositorischer Struktur Kraß 2006, der hinsichtlich des Literaturexkurses einen durchdachten Bauplan Gottfrieds postuliert). Die Schwertleite als Initiation in die Erwachsenenwelt führt erzählchronologisch konsequent zu Tristans Einstieg in das aktive Heldenleben, das wiederum folgerichtig mit dem Konflikt der Vatergeneration seinen Anfang nimmt.

3.3 | Hybridität: Tristans Hervortreten als Heros

3.3.1 | Die Rache an Morgan

Die Morgan-Episode wird mit der Formel von *leit unde linge* (Kummer und Glück; V. 5076) eröffnet, Tristans Schicksalsformel. Denn Tristan ist zwar mit der Schwertleite *ze rîcher linge komen* (V. 5086), doch dass er seinen Vater von Morgan erschlagen weiß, *daz qual in in dem muote* (V. 5095). Tristan geht mit Rual zunächst nach Parmenien zurück in das Land seines Vaters, er wird begeistert empfangen und vergibt dort Lehen und Land (*sî empfiengen al besunder / ir lêhen, ir liut unde ir lant / von ir hêrren Tristandes hant. / si swuoren hulde und wurden man*; V. 5284–5287). Doch Tristan hat *den tougenlîchen smerzen / verborgen in dem herzen, / der dâ von Mor-*

gâne gie (V. 5289–5291). Er berät sich *mit mâgen und mit mannen* (V. 5295) und verkündet, er wolle *ze Britanje* (V. 5297, gemeint ist die Bretagne, nicht Britannien), um dort sein Lehen aus der Hand seines Feindes Morgan zu erhalten *durch daz er sînes vater lant / mit rehte haete deste baz* (V. 5300 f.). Haug (2011) bewertet das als »beschönigende Aussage« (S. 405), denn tatsächlich gehe es um Rache. Die *Tristrams Saga* behandelt die Angelegenheit unverhüllt: Nach der Identitätsklärung durch Rual (hier: Roald) verkündet Tristan, den Tod seines Vaters rächen zu wollen und auch Marke rät ihm, nie einen Schlag ungerächt zu lassen (*Saga*, Kap. 24).

Tristan zieht mit seinem Gefolge in die Bretagne. Als er hört, dass Morgan sich in der Nähe auf der Jagd befindet, greift er zu einer List: Er befiehlt seinen Gefolgsleuten, unter dem Gewand heimlich Brustpanzer und Rüstung anzulegen, so dass niemand auch nur einen Panzerring sehen konnte (V. 5318 f.); der größte Teil der Ritter kehrt zurück, Tristan hat etwa 30 Bewaffnete bei sich. Czerwinski (1989, S. 231) bezeichnet Tristans List als »Heimtücke«.

Die Begegnung Tristans mit Morgan folgt zunächst höfischer Etikette: Morgan empfängt *die geste* (V. 5363) *vil gestlîchen und wol, / als man die geste enpfâhen sol* (5365 f.). Doch als Tristan von Morgan verlangt, ihn zu belehnen mit dem, was er *ze rehte haben sol* (V. 5377), wirft dieser ihm vor (wenn auch zunächst verhüllt) unehelich geboren zu sein. Tristan präzisiert: *ir meinet ez alsô, daz ich / niht êlîche sî geborn / und süle dâ mit hân verlorn / mîn lêhen und mîn lêhenreht* (V. 5408–5411) – und Morgan bestätigt das. Tristan beschuldigt Morgan daraufhin *niuwe swaere* (V. 5423) zu schaffen und *alte schulde* (V. 5424) zu vergrößern; dabei nennt er explizit die Tötung seines Vaters (*ir sluoget mir den vater doch*, V. 5425). Die angeblich illegitime Abkunft (*kebeslîche* = von außerehelicher Geburt, V. 5429) wird von Tristan mit dem Hinweis auf die Heirat seiner Eltern vor Riwalins Tod abgewiesen. Das bezieht sich vermutlich auf die ›legitimatio per subsequens matrimonium‹ des kanonischen Rechts, wonach alle Nichtehelichen durch die nachfolgende Ehe ihrer leiblichen Eltern legitimiert werden (vgl. Merzbacher 1978). Als daraufhin Morgans höfische Affektkontrolle zusammenbricht (›ûz‹ sprach Morgân ›in gotes haz!‹, V. 5445), versetzt Tristan diesem kurzerhand zunächst einen Schwerthieb von oben durch Schädeldecke und Hirn bis zur Zunge und dann einen Schwertstich ins Herz (V. 5451–5455), ein »geradezu heldenepischer Hieb« (Wolf 1989, S. 408).

Eine solch scheinbar übertriebene affektive Reaktion aufgrund einer bestimmten Handlungskonstellation (hier die Tötung des Vaters, die Tristans *leit*, V. 5071, und *haz*, V. 5101, bedingt, sowie die Schmähung der Geburt) entspricht der ›Anthropologie‹ der Heroen wie sie Müller (1998, S. 201) für das *Nibelungenlied* konstatiert. Das meint nicht etwa eine psychische Reaktion im modernen Sinn, sondern die heldische Reaktion auf einen »beschädigten Weltzustand« (ebd. S. 208; vgl. hierzu auch Uttenreuther 2009, S. 113). Tristans Reaktion ist nicht die eines höfischen Ritters, sondern die *haz*-Reaktion eines vorhöfischen Heros. Diese scheint nicht kompatibel mit Tristans Ausbildung nach dem Konzept der ›*elegantia morum*‹; sein *haz* bedient ein anderes Register, das heroische nämlich (wie auch Moroldkampf und Drachentötung) und nicht das höfische. Beurteilungsmaßstäbe im Sinne höfischer Kampfkonvention greifen also hier gerade nicht. Uttenreuther (2009) spricht treffend von einer »siegfriedartigen Doppelcharakteristik Tristans« als Heros und Ritter, von einer »hybriden Männlichkeitskonzeption« (S. 269 f.).

Dieser ›Registerwechsel‹ wird von der Forschung nicht immer angemessen berücksichtigt. Seggewiss (2012) fragt sich, »warum Gottfried seinen Helden in dieser Szene so eklatant von der höfischen Norm abweichen läßt, statt einen ersten glanzvollen Zweikampf zu gestalten« (S. 97, Anm. 180), dies stelle »ein schwerwiegendes Problem« dar, denn die Beleidigung Tristans durch Morgan könne die Tötung nur teilweise erklären, es bleibe ein »Element von Heimtücke« (ebd.). Nach Stein (1977) ist die Tat »gegen das Recht« (S. 329), Brunner (2011) spricht von Tristan als Mörder, Haug (1972) bewertet ähnlich: »Die erste Rittertat Tristans ist ein Mord« (S. 109); als Mörder sieht Tristan auch Huber (2013, S. 73). Tristan wurde jedoch auch exkulpiert: gewaltbezogene moralische Skrupellosigkeit sei nach zeitgenössischem Verständnis »durchaus legitim«, vor allem bei einem Angriff auf die Ehre (Storp 1994, S. 192). Nach Przybilski (2004, S. 388) sind Morgans Todeswunden als spiegelnde Strafen zu lesen, denn der Schlag durch den Kopf bis auf die Zunge als Sprachorgan ziele auf die unrechtmäßige Beleidigung Tristans.

3.3.2 | Tristans Entscheidung für den Markehof: der *lantlôse* Held

Tristans erste Waffentat, die Tötung Morgans, leitet über zu breit auserzählten blutigen Kampfhandlungen zwischen den Parmeniern und den Bretonen, die Tristan durch das Eingreifen Ruals an der Spitze eines Entsatzheeres für sich entscheiden kann. Damit *was Tristande / sîn lêhen und sîn sunderlant / verlihen ûz sîn selbes hant* (V. 5618–5620) lautet der ironische Erzählerkommentar. Tristan tritt jedoch die Herrschaft nicht an, sondern überlässt Rual sein Land als Erblehen und schlägt dessen zwei Söhne zu Rittern, damit sie nach Ruals Tod die Erbschaft antreten können. Tristan entscheidet sich also für die Hofgesellschaft bei Marke und gegen seine Abstammung von Vaterseite (vgl. Hermann 2006, S. 159–161). Tristan ist jetzt *der lantlôse Tristan* (V. 5868). Eigentlich kann seine Entscheidung nicht gutgeheißen werden, das unterstreicht der Erzählerkommentar: Einen Mann machen zwei Dinge aus, *lîp* und *guot* (V. 5697), beide generieren *edele[n] muot und wertlîcher êren vil* (V. 5698 f.). Wenn man beides voneinander trennt, *sô wirt daz guot ein armuot* (V. 5701). Doch der Erzähler gesteht Tristan dennoch zu, nach Cornwall zu König Marke zu gehen, denn wenn Tristan in Parmenien bliebe, so würde er auf höheres Ansehen verzichten und Markes Rat missachten, an dem *al sîn êre stât* (V. 5668).

Die Entscheidung Tristans für Cornwall statt Parmenien kommentierte die Forschung wie folgt: Schultz (1995, S. 161) weist allgemein darauf hin, dass literarische Texte dazu neigen, mehr Gewicht auf die Abenteuer des Helden im fremden Land als auf die Nachfolge zu Hause legen. Nach Schmitz (1988, S. 222) nimmt Tristan Herrscherrollen immer nur temporär an und legt sie leicht wieder ab; andere Forscher betonen, dass sich Tristan eben nicht über die Väter bzw. die genealogische Disposition definiere (Storp 1994, S. 194; Hermann 2006, S. 151; Zotz 2006, S. 102). Storp (1994) weist zudem darauf hin, dass Tristan mit dem Verzicht auf die Herrschaft zu einem »wahre[n] ›Niemand‹«(S. 194) würde, Marke könne dagegen einen Prestigegewinn verbuchen; allerdings übernehme Tristan hinsichtlich der Herrscherqualitäten dann die Führung (S. 196 f.). Nach Gottzmann (1989) ist Tristan die Herrschaftsfähigkeit »nicht als Identitätsmerkmal verliehen worden« (S. 134).

Die Wahl Tristans ist erzähllogisch begründet und zeigt im Sinne Lugowskis (1994, S. 66–81) die »Motivation von hinten«, die für vormoderne Erzählungen typisch ist. Denn Tristans Verzicht auf Parmenien ist kein irgendwie zufälliger, er ist notwendig: Tristan muss nach Cornwall zurück, weil sich von da aus der Plot der Geschichte, die ›amour passion‹ zwischen Tristan und Isolde, entwickelt.

3.3.3 | Tristans Jugend als ›Heroenbiographie‹ mit höfischer Stilisierung

Die Jugendgeschichte Tristans wird teilweise als ›Heroenbiographie‹ gelesen. Der Topos einer außergewöhnlichen Geburt und Jugend ist zahlreichen literarischen Helden eingeschrieben (zum Beispiel Alexander, Siegfried, Gregorius, Artus, Parzival, Dietrich). De Vries (1961, S. 282–289) entwickelte das Modell einer Heroenbiographie, das von Teichert (2008, S. 43 f.) modifiziert wurde. Gerok-Reiter (2009, S. 119 f.) arbeitete im Rekurs auf diese Heroenbiographien und unter Bezug auf Pörksen/Pörksen (1980, S. 268 f.) charakteristische Motive in literarischen Kindheitsgeschichten heraus, die elf Stationen umfassen:
- (in der Regel) hohe Abkunft
- ungewöhnliche Zeugung
- Träume und Weissagungen
- verborgene Geburt
- Verwaisung
- Gefahren im frühesten und späteren Kindesalter
- wunderbare Rettung
- Aufwachsen in ungemäßer Umgebung
- Offenbarung von Tugenden (und Untugenden)
- entscheidendes Hervortreten
- Erfahren von Name und Herkunft

Gerok-Reiter (2009, S. 121 f.) kommt zu dem Schluss, dass sich diese narrativen Stationen der Geburt des Helden bis auf die Weissagung im *Tristan* Gottfrieds wiederfinden:

Tristan ist das Kind von Riwalin, König von Parmenien, und Blanscheflur, Schwester des Königs von Cornwall; seine hohe Abkunft ist damit sicher (1); die Zeugung erfolgt unter ungewöhnlichen Umständen: Blanscheflur schleicht sich nachts heimlich zu Riwalin, der im Kampf tödlich verwundet wurde; sie empfängt Tristan; das Paar flieht, nachdem Riwalin wieder gesund ist (2); Riwalin stirbt im Kampf vor Tristans Geburt; sofort nach der Geburt stirbt die Mutter (5); Tristans Geburt wird verheimlicht (4), um das verwaiste Kind vor Herzog Morgan zu schützen (6); Rual und seine Gattin Floraete nehmen das Kind auf; Floraete täuscht eine Geburt vor, gibt Tristan als eigenes Kind aus und zieht ihn auf (7); Rual übergibt Tristan mit sieben Jahren dem Erzieher Kurvenal, der ihm in der unstandesgemäßen Umgebung (8) eine standesgemäße Ausbildung zukommen lässt, wobei sich Tristans wunderbare Begabung sowie seine außerordentliche Schönheit bereits früh zeigen (9); eine zweite Motivreihe von Gefahr und wunderbarer Rettung erfolgt, wenn Tristan von Kaufleuten entführt (6), jedoch aufgrund eines Sturmes in Cornwall, dem Land seines Onkels Marke, ausgesetzt wird (7); auf dem Weg zu Marke sticht der Vierzehnjährige in der Jagdkunst, durch seine Sprach- und Musikkenntnisse und durch sein souveränes Auftreten hervor (9); sein Hervortreten als Held wird durch den Sieg über Morold besiegelt (10); zuvor hatten er und sein Onkel Marke durch Rual, der sich auf die Suche nach Tristan gemacht hatte, die wahre Herkunft Tristans enthüllt (11).

Die positiven Kindheitstopoi im *Tristan* sind nach Gerok-Reiter eigentlich Heldentopoi, denen allerdings ein fester Bezugsrahmen fehle (ebd. S. 135). Nicht zu übersehen ist dabei jedoch die im »›Aktionsfeld‹ von Harfe und Schwert« (Uttenreuther 2009, S. 269) angesiedelte Hybridität des Protagonisten, wobei »dem Roman von vornherein ein heldenepischer Subtext unterliegt, der zeitweise einer intensiv betriebenen höfischen Stilisierung unterworfen ist« (ebd. S. 274). So sind allein der höfischen Erziehung Tristans etwa 600 Verse gewidmet und auch die fingierte Sprachnot des Erzählers, der nicht von der Schwertleite Tristans erzählen will und sich stattdessen den zeitgenössischen Dichtern widmet, legt die Betonung auf intellektuell-ästhetische Fertigkeiten.

Fazit: Es ist weitgehend Konsens der Forschung, dass die Elternvorgeschichte (die Erzählung von Riwalin und Blanscheflur) als Präfiguration bzw. Spiegelung der Geschichte von Tristan und Isolde zu lesen ist. In beiden Fällen geht es um eine passionierte heimliche Liebe, Begegnung und Liebesvollzug geschehen außerhalb der Legalität. Durch Tristans ›zweite Geburt‹ bei den Zieheltern nach dem Tod der leiblichen Eltern wird eine neue Biographie konstruiert, die jedoch Tristans Disposition zum Wunderkind nicht überdeckt. Auffallend ist die starke Gewichtung seiner Ausbildung nach einem höfisch ästhetisierten Erziehungsideal; Jagd- und Sangeskunst in höchster Vollendung bilden als höfische Fertigkeiten seine Eintrittskarte in die höfische Marke-Gesellschaft. Tristans Herkunftslügengeschichten sind in der Nicht-Identifizierbarkeit des Helden begründet; durch seinen *erbevater* Marke erhält er eine neue soziale Identität. Die Morgan-Episode, die mit Tristans Schicksalsformel *leit unde linge* eröffnet wird, zeigt ihn als vorhöfischen Heros. Tristan ist ein hybrider Held, seine Kindheits- und Jugendgeschichte vereint höfische und heroische Aspekte und repräsentiert in diesem Registerwechsel unterschiedliche Traditionen der Stoffaneignung.

4 Die Brautwerbung in Irland als Auftakt der Dreiecksbeziehung Tristan – Isolde – Marke

Die Brautwerbung in Gottfrieds *Tristan* folgt einerseits dem literarischen Muster der gefährlichen Brautwerbung, andererseits zeigt sie signifikante Abweichungen. Denn die Minnethematik ist hier als Dreiecksgeschichte zwischen Isolde, Tristan und Marke verhandelt; am Ende steht nicht das Glück des Herrscherpaares, sondern der Tod des ehebrecherischen Liebespaares.

4.1 | Das Erzählschema der gefährlichen Brautwerbung

Das literarische Brautwerbungsschema ist eine (Re)Konstruktion der modernen Forschung. Die Stringenz des literurwissenschaftlichen Konstrukts verführt dazu, das Brautwerbungsschema als scheinbar bloß formales und geradezu a-semantisches Regelsystem der Textorganisation zu lesen und so eine Art Schemarealismus zu betreiben. Doch erst die Emanzipierung vom Schemablick, und sei dieser noch so ungefähr, legt den Zugang zum eigentlichen Sujet, zur energetischen Logik vieler Texte frei. Andererseits kann kein Zweifel darüber bestehen, dass die ästhetische Rede dazu neigt, Schemata und Topiken auszubilden, doch in keiner der Brautwerbungserzählungen ist das prominente Erzählschema der gefährlichen Brautwerbung als lediglich formale Szenenkonvention zu lesen. Die Richtung des Texts bestimmt nicht das Schema, sondern die Textintention, das heißt, der so und nicht anders geführte legitimatorische Diskurs, der die Semantik einzelner ›Schemakonstituenten‹ choreographiert. Dies kann man am *Tristan* mit seiner Dreieckskonstellation sehr gut sehen.

Man unterscheidet zwischen einer einfachen und der sogenannten gefährlichen Werbung. Die einfache Werbung ist erzählerisch eher uninteressant, die Braut wird dem Brautwerber einfach übergeben. Die gefährliche Brautwerbung ist dagegen dadurch definiert, dass es Widerstände auf Seiten der Braut bzw. des Brautvaters gibt. Zu den mittelhochdeutschen Brautwerbungsdichtungen gehören folgende Texte: *Dukus Horant*, *König Rother*, *Kudrun*, *Orendel*, *Ortnit*, *Oswald*, *Salman und Morolf*. Im Folgenden die Konstituenten des produktiven Erzählschemas der Brautwerbung (die Darstellung folgt weitgehend Schmid-Cadalbert 1985, S. 83–98):

Raumstruktur: Im Brautwerbungsschema spielt die dreiteilige Raumstruktur eine besondere Rolle.
- Machtbereich des Werbers: Herrschaftsgebiet im europäischen Festlandraum; Werber ist König und superiorer Aktant der westlichen Hemisphäre
- Machtbereich des Brautvaters bzw. Brauthüters: Herrschaftsgebiet in einem fremden (oft ›heidnischen‹), jenseits des Meeres liegenden Reich
- Trennung der beiden Machtbereiche durch das Meer.

Handlungsträger: Es müssen nicht immer alle Rollen besetzt sein, auch kann eine Figur mehrere Rollen akkumulieren.
- Der Werber: Ein junger König bzw. heiratsfähiger Thronprätendent wird von seinen Vasallen aufgefordert zu heiraten. Dabei geht es in erster Linie um die Sicherung der Erbfolge bzw. Herrschaft, nicht um Liebe. Aufgrund der Machtfülle des Werbers gibt es im eigenen Land keine ebenbürtige Braut. Das Prinzip der Ebenburt begründet die exogame Brautwerbung, das heißt die Werbung außerhalb des eigenen Landes; die endogame Werbung innerhalb des eigenen Landes spielt bei der gefährlichen Brautwerbung keine Rolle.

- Der Nenner: Er nennt die angemessene Braut in einem fernen Land und ist meist gleichzeitig ein Ratgeber oder enger Vertrauter des Werbers.
- Der Kundige: Dieser kennt die Verhältnisse im Machtbereich des Brautvaters und bestimmt deshalb das weitere Vorgehen bei der Brautwerbungsfahrt.
- Der außergewöhnliche Helfer: Er verfügt über besondere Begabungen und kann aufgrund seiner Exzeptionalität (Tristan!) in Konkurrenz zum Werber geraten, da er diesem überlegen ist.
- Der Bote: Er verkündet dem Brautvater die Werbungsbotschaft und versucht, das Einverständnis der Braut zu erlangen.
- Die Braut: Sie ist eine wohlbehütete Königstochter, dem Werber ebenbürtig und entspricht vollkommen dem geltenden Schönheitsideal. Die mythische Basisregel besagt: Dem Besten die Schönste. Die Braut willigt (meistens) heimlich in die Werbung und die daran anknüpfende Entführung ein.
- Der Brautvater: Er präsentiert sich als ein an Macht und Reichtum angemessener Herrscher, widersetzt sich aber dem Verlangen des Werbers und lässt zum Beispiel die Werbungsboten köpfen oder einkerkern. Der Werber muss den Brautvater daher im Kampf bezwingen oder sogar töten.
- Die Brautmutter: Ihre Rolle ist fakultativ; wenn sie auftritt, vermittelt sie zwischen Brautvater und Werber, weil sie der Werbung günstig gegenübersteht.

Handlungskonstituenten: Die (re)konstruierten Handlungsschritte, die nicht in jedem Brautwerbungstext realisiert sind und modifiziert sein können, lassen sich wie folgt beschreiben.
1. Ratszene: Die Vasallen raten dem jungen König zur Brautwerbung
2. Hilfeverpflichtung der Vasallen und Botenbestimmung
3. Werbungsfahrt in das Land der Braut
4. Heimliche Landung im Herrschaftsbereich des Brautvaters
5. Gang des Werbers bzw. Werbungshelfers zur Residenz des Brautvaters, meist mit Listhandeln verbunden
6. Kemenatenszene: Zusammenkunft von Werber bzw. Werbungshelfer und Braut
7. Entführung der Braut mit ihrem Einverständnis
8. Kampf zwischen Werber und Brautvater
9. Heimführung der Braut
10. Hochzeit

4.2 | Die Brautwerbung bei Gottfried

Der Brautwerber ist König Marke, dessen Machtbereich in Cornwall mit der Residenz Tintajol liegt. Sein Neffe Tristan tritt zugleich als Nenner der Braut und Kundiger sowie als Bote und außergewöhnlicher Werbungshelfer auf. Die Prinzessin Isolde ist die Braut, König Gurmun von Irland mit Residenz in Dublin der Brautvater und Königin Isolde die Brautmutter (es gibt also eine Namensdoppelung hinsichtlich Mutter und Tochter). Werber und Werbungshelfer, König Marke und Tristan, sind als Onkel und Neffe miteinander verwandt, Marke ist zudem Tristans *erbevater* (siehe Kap. 3.2.4) – all dies verkompliziert die spätere Dreiecksgeschichte. Die Verbindung zu Irland, dem Land der Braut, wird über den Kampf Tristans mit Morold hergestellt.

4.2.1 | Die Verbindung nach Irland: Heilung Tristans von der Giftwunde

4.2.1.1 | Der Moroldkampf: Tristan als ›mythischer Heilsbringer‹

Die Geiselforderung Morolds: In seiner Wahlheimat Cornwall steht Tristans Heldwerdung noch aus, sie wird unmittelbar nach seiner Rückkehr aus Parmenien eingeleitet. Denn als *der lantlôse Tristan* (V. 5868) zu König Marke kommt, vernimmt er ein schreckliches *maere* (V. 5870): Der riesenhafte Morold aus Irland fordert Zins von Cornwall und droht mit Krieg. Man erfährt auch die Vorgeschichte. Einst, als Marke *ein kint* war (V. 5927), unterwirft König Gurmun aus *Affricâ* (V. 5883) mit Waffengewalt und der Erlaubnis Roms zunächst Irland, dann Cornwall und England. Weil Marke, noch ein Knabe, sich nicht verteidigen kann, verliert er seine Macht und wird Gurmun zinspflichtig. Dieser nimmt sich aus Gründen politischer Machtpotenzierung Isolde von Irland zur Frau, die Schwester von Herzog Morold. Möglicherweise bildet Gurmun eine historische Gestalt des 9. Jahrhunderts ab, nämlich König Gudhorm, der in Normannenkämpfe verwickelt war (zu Gurmun als historischer Gestalt vgl. Hertz 1904, S. 518; bei Berol und Eilhart erscheint Gurmun nicht namentlich, sondern nur als irischer König). Als dann Marke Herrscher ist, muss er sich kontinuierlich steigernde Zinsforderungen an Morold als *vorvehtaere* Gurmuns (V. 5941) erfüllen; schließlich fordert Morold 60 Knaben aus Cornwall und England als Geiseln, die von den Baronen übergeben werden sollen (V. 5964–5968).

Diese Auslieferung von Knaben, der dem irischen König Gurmun und der römischen Oberherrschaft geschuldete Tribut, wird in der Forschung teilweise als Rekurs auf mythische Erzählschemata gelesen (vgl. Krohn 2005, S. 125; Huber 2013, S. 74). In der griechischen Mythologie etwa fordert Minotaurus auf Kreta von den Bürgern Athens jedes Jahr jeweils sieben Jungen und Mädchen, ehe Theseus ihn bezwingen kann. Der Name Morold ist etymologisch mit dem Meer verbunden (vgl. Hammer 2007, S. 83, 88). Dies sowie Morolds *vier manne craft* (V. 6879) weisen auf seine Herkunft aus Irland als einer »magisch-dämonischen Welt« (Hellgardt 2002, S. 169). In irischen Sagen gibt es »menschenverschlingende Seeungeheuer, die nur von einem Heros überwunden werden können« (Huber 2013, S. 74). Die allgemein schwierige Situation zwischen landsässigen Kulturen und seefahrenden Eroberern ist bekannt (vgl. Hammer 2007, S. 89 f.). Auf einen völlig anderen Gesichtspunkt wies Küsters (1986) hin, der in Gottfrieds Exkurs über die Unrechtmäßigkeit der Zinspflicht und Geiselstellung sowie im Beutezug Gurmuns und der »indirekte[n] Abhängigkeit des Marke-Reiches vom römischen Imperium« das standardisierte »Arsenal der intellektuellen Rom-Kritik im 12. Jahrhundert« erkennt (S. 146).

Tristan beschimpft die Barone, die ihre Söhne an Morold *ze schalken* (V. 6109) geben wollen, in die Leibeigenschaft also, und spricht von *zinslîchen schanden* (V. 6078) im Hinblick auf die *edelen kindelîn* (V. 6079). Stattdessen sollten die Väter ihr eigenes Leben geben, das sei gottgefällig (*deist mit gote*, V. 6105). Tristan macht den Fall zu einem Rechtskasus. Seine Argumentation will »das Ehrgefühl und das familiare Gewissen der Barone rühren, gipfelt aber in einem prinzipiellen Programm, wenn er die Freiheit der Kinder zum unveräußerlichen Gottesgebot und gleichsam zum Naturrecht erklärt« (Küsters 1986, S. 148).

Tristans Zweikampf mit Morold – der Schwertsplitter: Tristan rät zum Zweikampf und stellt sich dann selbst zur Verfügung (V. 6156–6159), denn die Barone wollen lieber ihre eigenen Kinder weggeben als selbst das Leben *wider disen vâlandes man* (V. 6213) verlieren. Tristan »operiert also gegen das Agreement der Barone mit der Idee eine[s] *bonum commune*. Er vertritt dieses Prinzip aber nicht allein mit seinem *consilium*, sondern auch mit dem notwendigen *auxilium*, indem er sich, als sich keiner der Barone überwinden kann, als Gerichtskämpfer – trotz seiner mangelnden ritterlichen Erfahrung – zur Verfügung stellt« (Küsters 1986, S. 149). Tristan betont gegenüber Morold, dass der Zins ohne Rechtsgrundlage sei, man solle dagegen das Recht wiederherstellen, das bisher verfälscht worden sei (V. 6296 f.). Morold pocht dagegen auf die Rechtmäßigkeit der Zinsforderung. Tristan als *voget* (V. 6348) übergibt seinen Handschuh (*sînen hantschuoch zôh er abe. / er bôt in Môrolde dar*, V. 6454 f.). Beim »Herrschaftszeichen Handschuh tritt die Realie an die Stelle der Hand, steht damit *pars pro toto* für die handelnde Person« (Hüpper 2012, Sp. 750).

Die Kampfansage Tristans ist öffentlich (›*ir hêrren*‹ *sprach er* ›*nemet war [...]*‹, V. 6456). Morold nimmt die Herausforderung an und bietet ihm seinerseits ein Pfand (*er bôt ouch ime dâ widere / des kampfes bewaerde / mit herter gebaerde*; V. 6486–6488). Bei der Verhandlung des Zweikampfs als juristisches Beweismittel wird also darauf geachtet, dass die Rechtsgesten und die sprachliche Formel eingehalten werden (vgl. hierzu Kellermann 2002, S. 140). Es »entspinnt sich nach öffentlicher Kampfansage ein Entscheidungskampf zwischen zwei verfeindeten Parteien, ausgetragen von zwei erwählten Kämpfern nach allen Regeln des mittelalterlichen Rechts«, bei dem Tristan für die rechte Sache kämpft (Przybilski 2004, S. 389). Morolds Viermännerstärke gegenüber stehen Gott, das Recht und dessen zuverlässiger Vasall Tristan, zudem ein *willeger muot*, der Wunder bewirken könne. In dieser »allegorische[n] Vervielfältigung« (Krohn 2005, S. 132) treten also Vier gegen Vier an, der Erzähler spricht von *zwo ganze rotte oder ahte man* (V. 6891):

[...]
daz was der strît in eine sît.
sô was anderhalp der strît:
daz eine **got***, daz ander* **reht***,*
daz dritte was ir zweier Knecht

und ir gewaerer dienestman,
der wol gewaere **Tristan***,*
daz vierde was **willeger muot***,*
der wunder in den noeten tuot.

(Gott und das Recht sind auf Seiten Tristans beim Kampf mit Morold; Gottfried, V. 6881–6888)

Es kommt zu einem Zweikampf auf einer Insel, die zu Markes Land gehört; die bewaffnete Konfrontation findet also nicht in Irland statt, die vorgelagerte Insel ist gewissermaßen neutrales Gebiet (vgl. Hammer 2007, S. 80). Tristan kann Morold erst in einem zweiten Waffengang besiegen, er wird zunächst selbst schwer verwundet und von Morold verhöhnt. Doch da reiten Gott und das Recht herbei mit gerechtem Urteil (*got unde reht diu riten dô in / mit rehtem urteile* (V. 6996 f.) – und Tristan schlägt daraufhin Morold die rechte Hand ab, fügt ihm eine schwere Kopfwunde zu, nimmt dann sein Schwert in beide Hände und trennt Morolds Kopf mitsamt dem Kopfschutz ab.

Tristan wird damit zum Retter Cornwalls, er ist der mythische Heilsbringer (vgl. Kuhn 1980, S. 16). Der Sieg über Morold bedeutet das Ende der Tributzahlungen und das Ende von Gurmuns Herrschaft über Markes Königreiche Cornwall und England; es geht nach Haug (2011, S. 442) um eine ›*translatio imperii*‹ von Rom in die Reiche Markes. Der Kampf selbst betont die »heldenepische Komponente« (Keck 1998, S. 205); Tristan ist wie im Morgankampf Heros, ein weiterer Registerwechsel also. Denn der »*ritter lobelîch* (6697) beendet den Kampf mit einer im ritterlichen Tugendsystem eher grenzwertigen brutalen Enthauptung (7084 f.)« (Warning 2003, S. 192). Tristans Verspottung des Totwunden (V. 7065–7068) wurde ebenso als »unhöfisch« (Combridge 1964, S. 54) gewertet. Der segmentierte Körper Morolds wird durch Boten an den irischen Königshof geschickt; Kellermann (2002) bewertet das als »Degradierung der Person zur Sache« (S. 143; zu weiteren Details der Verwundung Morolds vgl. ebd.).

Der Zweikampf wurde als »historical concept of ›Widerstandsrecht‹« gesehen (Kerth 1988, S. 449). Gottfried verstehe die einstige Eroberung durch Gurmun als »widerrechtliche Gewalttat«, die zur »kriegerischen Notwehr« (Combridge 1964, S. 51) berechtige. Nach Küsters (1986) leitet sich ein Widerstandsrecht in dieser Sache nicht »nach dem feudalen Prinzip aus der Vernachlässigung oder dem Verlassen einer gemeinsamen Rechtsbasis ab, sondern die Widerstandspflicht gründet in der völligen Absenz von Recht« (S. 150).

Der Schwertsplitter: Die Moroldstation stellt zudem die Weichen für die spätere Splitterepisode im Bad (siehe Kap. 4.2.2.3), in der Tristan als Moroldtöter entlarvt werden wird. Denn als Tristan mit Morold kämpft, bleibt bei einem furchtbaren Schwerthieb ein Stück von Tristans Schwert im Schädel Morolds zurück. Auf die Folgen (Überführung Tristans anhand des Splitters) weist der vorausblickende Erzählerkommentar, der vor *sorgen* und *grôzer nôt* warnt:

[...]	*daz von dem selben zucke*
und under disem valle	**des swertes ein stucke**
gab er [Tristan] im [Morold] aber einen slac	**in sîner hirneschal beleip,**
reht obene, dâ diu kuppe lac,	*daz ouch Tristanden sider treip*
und truoc ouch der sô sêre nider,	*ze* **sorgen** *und ze* **grôzer nôt**:
dô er daz wâfen zucte wider,	*ez haete in nâch brâht ûf den tôt.*

(Der Schwertsplitter in Morolds Kopf; Gottfried, V. 7050–7060)

Tristans Rolle beim Moroldkampf wird durch diesen Schwertsplitter nachweisbar. So kann Tristan zwar vor den irischen Boten seine Verletzung verbergen, indem er Blut und Wunde mit seinem Schild verdeckt (V. 7123 f.), doch in Irland zieht Königin Isolde mit einer Zange den Splitter aus der Kopfwunde ihres toten Bruders. *sî unde ir tohter sâhen s'an, / mit jâmer und mit leide* (V. 7190 f.), und beide legen das Corpus Delicti in einen *schrîn* (V. 7193), in ein Kästchen also. Der Splitter konserviert so den Moroldkampf bis auf Weiteres.

Gurmuns Bann: Markes Hofgesellschaft jubelt nach dem Sieg über Morold, die irischen Boten aber werden von Tristan verhöhnt, dass man sie nicht mit leeren Händen zurückkehren lasse (V. 7126 f.): Tatsächlich finden diese jetzt statt des verlangten Zinses *einen zerstucketen man* (V. 7141), dessen drei Teile sie zusammenlegen *daz ieman iht dâ von verlür* (V. 7149) und nach Irland bringen. König Gurmun lässt überall ausrufen, dass jeder sofort getötet werde, der aus Cornwall nach Irland komme, ob Mann oder Frau: *swaz in der werlde lebendes dar / von Curnewâle kaeme, / daz man ime den lîp naeme, / ez waere wîp oder man* (V. 7208–7211). Mit diesem Bann wird König Gurmun zum gefährlichen Brautvater des Brautwerbungsschemas, Tristan aber muss seiner tödlichen Verletzung wegen nach Irland.

Die vergiftete Wunde Tristans als Bindeglied zu Irland: Bevor Tristan Morold tötet, wird er selbst durch das vergiftete Schwert seines Gegners tödlich verwundet. Das Heilmittel nennt Morold selbst: Nicht Ärzte könnten die Wunde heilen, einzig und allein könne das seine Schwester Isolde, die Königin von Irland:

[Morold:]	*diu künegîn von Îrlande.*
»du bist mit eime swerte wunt,	*diu erkennet maneger hande*
daz **toedic** *unde* **gelüppet** *ist.*	*wurze und aller crûte craft*
arzât noch arzâte list	*und arzâtliche meisterschaft.*
ernert dich niemer dirre nôt,	**diu kan eine disen list**
ez entuo mîn swester eine, Îsôt,	**und anders nieman, der der ist.«**

(Tristans Wunde kann nur Königin Isolde von Irland heilen; Gottfried, V. 6942–6952)

Morold verkörpert also nicht nur die Station, die Tristan im Land seines Onkels als Heros und Heilsbringer bestätigt, er ist zudem über die vergiftete Wunde das Bindeglied zu Irland, zum Land der späteren Marke-Braut Isolde. Mit Morolds Tötung erwirbt sich Tristan »zum ersten Mal ein Anrecht auf Isolde, denn aufgrund des ganz in den Hintergrund tretenden Königs Gurmun und des besonderen – nämlich avunkularen – Verhältnisses von Isolde zu Morold scheint dieser eine ähnliche Funktion zu übernehmen wie der Brautvater« (Oswald 2001, S. 138). Verortet man den *Tristan* in der keltischen Anderwelt bzw. im Feenmärchen, so wäre Morold der Bewacher, der den Zugang zum Reich der Fee verhindert und deswegen besiegt werden muss (vgl. Simon 1990, S. 109).

Der siegreiche Kampf gegen den Bedränger Morold leistet mindestens zweierlei:
1. Er installiert Tristan als Befreiungshelden im Reich König Markes und weist damit diesen und nicht König Marke als den superioren Aktanten aus. Tristan, nicht Marke, ist der Beste (und damit der ›Richtige‹ für Isolde), denn der Herrscher hatte die Zinsforderung Irlands über Jahre widerspruchslos hingenommen.
2. Der Kampf stellt die Verbindung zu Irland her, dem Land Isoldes. Der Moroldkampf ist die unverzichtbare Vorgeschichte für die spätere Brautwerbung.

4.2.1.2 | Die Heilungsfahrt (Irland I) – Der *spilman* Tantris-Tristan als Lehrer Isoldes

Wie von Morold vorausgesagt, kann nur die zauberkundige Königin Isolde aus Irland die Wunde heilen. Das Gift aus Morolds Schwert verfärbt bereits Tristans Körper und verbreitet einen widerwärtigen Gestank:

daz gelüppe was alsô getân,
daz sî'z mit nihte kunden
gescheiden von der wunden,
unz ez im al den lîp ergienc
und eine varwe gevienc
sô jaemerlîcher hande,

daz man in kûme erkande.
dar zuo gevie der selbe slac
einen sô griulichen smac,
daz ime daz leben swârte,
sîn eigen lîp unmârte.

(Tristans Wunde durch das vergiftete Schwert Morolds; Gottfried, V. 7268–7278)

Die Wunde Tristans befindet sich am Oberschenkel (V. 6924). Dies liest Huber (2013, S. 76), als »symbolische Kastration«, die nur von der vorbestimmten Minnepartnerin geheilt werden könne. Diese Gleichung geht bei Eilhart auf, weil hier der König seine Tochter Isalde veranlasst, den unerkannten Tristrant zu heilen; bei Gottfried jedoch ist die Mutter, die Königin selbst, die zauberkundige Heilerin. Die ursprüngliche problematische Doppelrolle Isoldes als Heilerin und Geliebte ist also bei Gottfried entschärft (vgl. hierzu Altpeter-Jones 2009, S. 18), aus einer Figur werden bei ihm zwei. Diese Aufspaltung der Isoldefigur ist bereits in der *Tristrams Saga* (Kap. 28) vorhanden, auch hier bezeichnet Morold seine Schwester als die einzig mögliche Heilerin der vergifteten Wunde.

Erste Irlandfahrt: Tristans Reise nach Irland muss wegen Gurmuns Bann verheimlicht werden und so wird verbreitet, dass er zur Heilung nach Salerno gereist sei (V. 7330). Die salernitanische Schule war die »älteste und wohl berühmteste Akademie des Mittelalters« (Rautenberg 1993, S. 180). Tristan nimmt seine Harfe mit, die später noch eine wichtige Rolle spielen wird, und reist auf schnellstem Weg nach Irland, die Fahrt ist dezidiert zielgerichtet (V. 7392 f.). Bei Gottfried greift also zumindest zunächst nicht das Motiv der keltischen ›*immram*‹, der ziellosen Fahrt in einen Jenseitsbereich (siehe Kap. 1.2). Anders ist das bei Eilhart oder bei Thomas bzw. in der *Tristrams Saga*, wo Tristan durch Sturm bzw. Zufall an die Küste Irlands verschlagen wird (vgl. hierzu Keck 1998, S. 182). Gottfrieds Tristan dagegen bittet den Steuermann, er möge auf die Hauptstadt Dublin zuhalten, in der die heilkundige Königin Isolde wohnt (V. 7397–7402).

Im weiteren Verlauf kommt es dann allerdings zu einer vereinbarten und also inszenierten ›immram‹, denn Tristan wird eine halbe Meile vor der Stadt auf eigenen Wunsch von seiner Besatzung auf dem wilden Meer in einem Boot treibend zurückgelassen (V. 7492–7494). Das narrative Schema der Jenseitsfahrt erscheint in Tristans Irlandfahrt also teilweise rationalisiert, doch kann man noch die Konstituenten erkennen: Der Held muss wegen seiner vergifteten Wunde diese Fahrt antreten, weil er sonst stirbt; allerdings ist der erste Teil der Reise vom Schiffsführer sorgsam gelenkt; die Heilerin Königin Isolde kann aufgrund einer höfischen Übercodierung nicht mehr nur einem Jenseitsbereich zugeordnet werden, doch verfügt sie über geheime Künste und hat Wahrträume (vgl. Simon 1990, S. 109; Zak 1983, S. 66); Zielort ist Irland, Heimat der keltischen Jenseitsfahrt.

Tristan als *höfscher spilman* Tantris: Tristans bisherige Herkunftslügen gründeten in seiner durch den Tod der Eltern provozierten Identitätslosigkeit. Wenn Tristan bei der Ankunft in Dublin wiederum auf eine fingierte Identität setzt, sich in ärmliche Gewänder hüllt und als *höfscher spilman* (V. 7560) ausgibt, so ist das neuerliche Inkognito nicht mehr auf die Elternvorgeschichte zurückzuführen, sondern auf den Bann Gurmuns. Denn Tristans Identität über seinen cornischen *erbevater* Marke darf nicht offenbar werden, er ist ein weiteres Mal ein »sich verleugnen müssender Held« (Warning 2003, S. 192). Tristan nähert sich über Ersatzidentitäten auf Umwegen der Minne, die ihn schließlich das Leben kosten wird, und ist dabei auf sich allein gestellt. Denn er schickt die Schiffsbegleitung nach Cornwall zurück und sichert seinem Erzieher Kurvenal zu, noch im selben Jahr heimzukommen, ansonsten solle er für tot gehalten werden. Ein weiteres Mal ist die schwierige »Inszenierung einer Diskrepanz zwischen adligem Körper und angenommener nichtadliger Rolle« (Meyer 2015, S. 7) gefordert.

Als die Bewohner Dublins *daz wîselôse schiffelîn* (V. 7508) Tristans auf den Wellen sehen, werden Boten ausgeschickt, die erstaunt zunächst *eine süeze harpfen clingen* (V. 7517) hören und dann Tristans Lügengeschichte, die seine Herkunft aus Cornwall verschleiern und seine Wunde erklären soll: Tristan behauptet, sich als *höfscher spilman* (V. 7560) große Reichtümer erworben zu haben, die noch vermehrt werden sollten; deshalb sei er Kaufmann (*koufrât*, V. 7573) geworden, hätte dann aber als Partner eines reichen Kaufmanns bei einem Überfall durch Piraten (*roupher*, V. 7582) auf ihr Handelsschiff jene schlimme Wunde erhalten und sei dann *mit marter und mit maneger clage* (V. 7597) vierzig Tage und Nächte ziellos, von Winden gesteuert, in einem kleinen Boot umhergetrieben. Hier erscheint die ›immram‹ also als Lügengeschichte; der Zeitraum der 40 Tage findet sich in der Bibel sowie in geistlichen, rechtlichen und magischen Kontexten (vgl. Krohn 2005, S. 136). Wiederum rettet sich Tristan durch die Kunst. Denn *der arme spilman* (V. 7673) musiziert so vortrefflich, dass alle Mitleid empfinden und einen Arzt bitten, ihn aufzunehmen, der jedoch nicht helfen kann – damit erfüllt sich die Vorausdeutung Morolds, dass nur die Königin Isolde Tristan heilen könne.

Strukturell ist diese *spilman*-Episode der Entbästungsszene analog, denn beide Male ist höfische Kunstfertigkeit die Eintrittskarte zum Hof: Die Königin hört durch ihren Hauslehrer von einem todkranken Spielmann, der außerordentlich schön singe und spiele und sie erkennt bei der Begegnung mit Tristan, dass dieser vergiftet ist.

4.2 Die Brautwerbung bei Gottfried

Tristans erlogene Identität erhält jetzt einen konkreten Namen, denn er gibt sich als *spilman* Tantris aus:

Diu wîse [Königin] sprach im aber zuo: *daz ich dich binamen neren sol.*
»spilman, sag an, wie heizestuo?« *wis gemuot, und gehabe dich wol!*
»vrouwe, ich heize Tantris.« *ich wil dîn arzât selbe sîn.«*
»Tantris, nu wis an mir gewis,

(Tristan-Tantris; Gottfried, V. 7785–7791)

Im Folgenden ist wiederum die Kunst das Verbindungsglied zur nächsten Station auf Tristans Schicksalsweg zu Minne und Tod. Denn als die Königin Tristan musizieren hört, wird ein Geschäft vereinbart (vgl. Classen 2004, S. 44). Tantris-Tristan soll der Lehrer der jungen Isolde sein, dafür will ihm die Königin sein Leben und seinen Körper gesund zurückgeben: *dar umbe wil ich dir dîn leben / und dînen lîp ze miete geben / wol gesunt und wol getân. / diu mag ich geben unde lân, / diu beidiu sint in mîner hant* (V. 7855–7859). Tristan reüssiert also »nicht als kampfkräftiger Ritter, sondern als feinsinnig gebildeter Höfling, der ciceronianischen Idealen wie dem ›decorum‹ oder der *urbanitas* verpflichtet ist, dessen innere Vorbildlichkeit sich unmittelbar in eleganter Haltung und körperlicher Schönheit dokumentiert« (Linden 2009, S. 118).

Isoldes gelehrt-künstlerische Ausbildung – die *morâliteit*: Die irische Königin heilt Tristan *inner zweinzec tagen* (V. 7958) und dieser unterweist die Prinzessin in *schuollist* und *hantspil* (V. 7967), im ›Arteswissen‹ also, und »dem Saitenspiel und anderen musikalischen Fertigkeiten« (Linden 2009, S. 118). Lehrer und Schülerin sind einander ebenbürtig. Denn so wie Tristan gelehrt und in allen Künsten beschlagen ist, so dichtet und singt auch Isolde, sie fiedelt Tanzweisen, Lieder und fremdartige Melodien im französischen Stil, sie spielt Leier und Harfe, sie versteht zu schreiben und zu lesen und ihr Benehmen und Auftreten sind vorschriftsmäßig:

Sus haete sich diu schoene Îsôt *si kunde schoeniu hantspil,*
*von **Tristandes lêre*** *schoener behendekeite vil:*
gebezzeret sêre. *brieve und schanzûne tihten,*
sî was suoze gemuot, *ir getihte schône slihten,*
ir site und ir gebaerde guot. *si kunde schrîben unde lesen.*

(Tristans *lêre*: Isoldes höfisch-ästhetische Ausbildung; Gottfried, V. 8132–8141)

Indem Isolde Tristans Schülerin wird,

gleichen beide einander vollständig in Ethos und höfischen Tugenden an. Beide verkörpern den Wertekanon der höfischen Gesellschaft (Musik, Dichtung, Sprachen, Hofkünste, *zuht*), und – oberstes Kriterium höfischer Ordnung (*vuoge*) – sie ›passen‹ damit zueinander: die Schönste und am vollkommensten Gebildete zum vollkommensten Hofmann (Müller 2007, S. 437).

In der Ebenbürtigkeit von Lehrer und Schülerin und in der Umsetzung der Bildung des Mannes in die erzieherische Praxis einer Frau am Dubliner Hof sah Küsters (1986) ein Pendant zu Abaelard und Heloise und wies auf den geistesgeschichtlichen Hintergrund:

Die christlich-philosophische Aufklärung des 12. Jahrhunderts, vor allem Autoren wie Abaelard und Hildebert, sprechen der Frau nämlich in besonderem Maße ›dignitas‹ zu, weil das von Natur aus schwächere Geschlecht durch Bildung und Erziehung sittliche Vollkommenheit erlangen kann. Dieses Motiv der ›heilsamen Schwäche‹ hebt implizit auch den Mentor in ein besonderes Licht, was durchaus mit dem antiken ›Pygmalion‹-Mythos vergleichbar ist (S. 162).

Zentrales Lehrziel ist die *morâliteit* (V. 8004; 8008; 8019). Isolde wird dadurch *wol gesite, / schône und reine gemuot, / ir gebaerde süeze unde guot* (V. 8024–8026). Der Kunst der *morâliteit* wird in wenigen Versen höchstes Lob zuteil: Sie befinde sich in Übereinstimmung *mit der werlde und mit gote* (V. 8011), sie *lêret schoene site* (V. 8005), sie lehre, Gott und der Welt zu gefallen, allen *edelen herzen* sei sie als ›Amme‹ gegeben, damit sie *lîpnar unde ir leben* daraus bezögen (V. 8014 f.); weder *guot* noch *êre* seien ohne sie möglich (V. 8018 f.). *schoene site*, das schickliche, feine Benehmen, wird »zu einem Beschreibungskriterium, das der Erzähler ebenso wie die übrigen Figuren wiederholt auf den jungen Tristan anwendet: In der Begegnung mit den Kaufleuten und den Pilgern, am Markehof und bei der Schwertleite finden sich die *schoenen site* als konstante Fügung und werden zum Signum des Protagonisten« (Linden 2009, S. 118).

Nach Jaeger (2001) ist die Passage über die *morâliteit* »die klarste und ausführlichste Darstellung eines Programms höfischer ethischer Erziehung, die das zwölfte und frühe dreizehnte Jahrhundert hervorgebracht hat« (S. 298). »Insofar as Isolde the Fair commands ›morâliteit‹ (8019), she has achieved the pinnacle of human idealism, and she represents the glorification of courtly values both in appearance and comportment, both in ethical terms and with regard to education« (Classen 2004, S. 47). Isolde wie Tristan gehören dem Konzept der ›*elegantia morum*‹ zu, der bereits Tristans Ausbildung folgte (siehe Kap. 3.2.2).

Der Sirenenvergleich: Andererseits haben das »Bildungs- und insbesondere Musikerlebnis [...] ihren Sinn als Teil der Ars amandi« und deuten damit das »kommende Verhängnis« (Gnädinger 1967, S. 62) an. So wird Isolde eben auch mit Sirenen, die durch ihren Gesang Schiffe vom rechten Kurs abbringen (V. 8110 f.), verglichen, ungewisse Liebessehnsucht und Schiff ohne Anker sind parallelisiert: *sus swebet [...] der ungewisse minnen muot, / rehte als daz schif âne anker tuot / in ebengelîcher wîse* (V. 8102–8105). Das Bild der auf dem Magnetberg sitzenden Sirenen scheint auf Gottfried zurückzugehen (vgl. Kern 1998, S. 13; zu späteren Belegen Kern 2003, S. 582–584). Es markiert eine doppelte Verführungskraft, eine sichtbare und eine verborgene, so wie auch Isolde in die Herzen der Menschen zweifach eindringt: *offenlîchen unde tougen* (V. 8113) – öffentlich durch ihren Gesang und heimlich durch ihre Schönheit, die sich durch die Augen in die Herzen stiehlt und mit Sehnsucht und Liebesschmerz fesselt (V. 8112–8131).

Die Etymologie von ›Sirene‹ weist zurück auf griech. ›*Seirénes*‹ als »dämonische Mischwesen aus Vogel und Mensch« mit »bestrickende[m] Gesang« (Harrauer/Hunger 2006, S. 499). In der griechischen Sage (*Odyssee*) sind Sirenen »junge Frauen (oft halb Vögel), die durch ihren bezaubernden Gesang vorbeifahrende Seeleute anlocken und dann töten« (Kluge/Seebold 2002, S. 850). Das ist als Vorausdeutung der Tristan-Passion zu lesen. Denn Gottfried genügt ganz offensichtlich nicht »ein Vergleich mit den Musen, er wählt eine höchst problematische Vergleichsfigur und evoziert mit der Nennung der Sirenen natürlich auch die Tradition ihrer negativen mythographischen Deutung, er evoziert die Aspekte von Verführung, Verzauberung und todbringender Gefahr« (Kern 1998, S. 15; zur Verbindung mit Venus vgl. Zak 1983, S. 84 f.). Man kann auch einen feeischen Kontext herauslesen, denn die Feen der keltischen Erzählungen Irlands gelten als erotisch lockend und dem Mann Verderben bringend (vgl. Schindele 1971, S. 32). Zwar sind die magischen Zuschreibungen zugunsten einer höfischen Übercodierung teilweise getilgt, doch verfügt zumindest die Königin über *tougenlîche liste* (V. 9301), geheime Künste also, die sie Tristan heilen und den zauberischen Minnetrank herstellen oder über einen Wahrtraum die Lügen des betrügerischen Truchsess (siehe Kap. 4.2.2.2) erkennen lassen.

4.2.2 | Die Brautwerbungsfahrt Tristans für Marke (Irland II)

4.2.2.1 | Werbungsauftrag und Hofintrige

Tristans Rückkehr nach Cornwall: Die beiden Isolden wollen Tristan nicht ziehen lassen. Dieser gibt sich jedoch als verheiratet aus (*ich hân dâ heime ein êlich wîp*, V. 8189), eine weitere Lüge also, und schifft sich nach Cornwall ein. Mit der Rückkehr Tristans nach Cornwall setzt die eigentliche Brautfahrt ein. Die Brautwerbung beginnt mit einem »hyperbolischen Preis der Schönheit Isoldes« (Young 2002, S. 258) durch Tristan vor König Marke und dem Hof. Der ausführliche Schönheitspreis umfasst rund 50 Verse (V. 8250–8300), wobei mythologische Vergleiche und Naturmetaphern verwendet werden: Isolde sei noch schöner als Helena, sie wird mit der Sonne und reinem Gold verglichen (V. 8261–8286). Lichtmetaphorik und Sonnenvergleich repräsentieren »gängige lyrische Rhetorik« (Kern 1998, S. 7); verwendet werden Versatzstücke des Minnesangs. Auch der Vergleich mit Gestalten der Mythologie, vor allem mit Venus und Helena, ist im Rahmen von mittelalterlichen Schönheitskatalogen topisch (vgl. ebd. S. 8; zur Beschreibung von Isoldes Schönheit vgl. Zak 1983, S. 69–76).

Die Ratszenen – Markes Werbungsauftrag: Wenn man das folgende Werbungsprocedere im *Tristan* mit dem narrativen Schema der gefährlichen Brautwerbung vergleicht, zeigen sich signifikante Abweichungen. Denn Anlass für die Brautwerbung Markes sind Hofintrigen gegen Tristan, die im Neid der Vasallen auf die bevorzugte Stellung Tristans gründen, der als Nachfolger Markes gehandelt wird. Die Berater fordern den König auf, zu heiraten, um die Herrschaft bzw. die Erbfolge zu sichern. Dieser Rat der Vasallen zur Heirat ist eine obligatorische Konstituente des literarischen Schemas; in diesem speziellen Fall signalisiert er jedoch, dass die Vasallen des Königs Tristan nicht als Erben Markes anerkennen. Die Ratszene im *Tristan* hat also ihren Ursprung im *nît* (V. 8400) des Hofes.

Hie mite gevielen s'an den rât,
die Markes râtes pflâgen,
daz si Marke an lâgen
beidiu vruo und spâte
mit vlîzeclîchem râte,
daz er ein wîp naeme,
von der er z'erben kaeme
einer tohter oder eines suns.

(Aufforderung zur Brautwerbung: erste Ratszene; Gottfried, V. 8350–8357)

Es kommt zu einer ersten Irritation im Hinblick auf das narrative Muster: Der König will nicht heiraten. Anstatt in den Vorschlag einzuwilligen, eine Braut zu suchen bzw. suchen zu lassen, verweist der Herrscher darauf, dass Tristan bereits sein Erbe sei, und solange dieser lebe, werde er, Marke, nicht heiraten:

Marke sprach: »got der hât uns
einen **guoten erben** *geben.*
got helfe uns, daz er müeze leben!
Tristan die wîle er leben sol,
sô wizzet endelîche wol,
sone sol niemer künigîn
noch vrouwe hie ze hove gesîn.«

(Marke will nicht heiraten; Gottfried, V. 8358–8364)

Tristan ist ein sogenannter Avunkulatserbe (vgl. Kuhn 1980, S. 12): Die Verbindung über die Mutter, nicht über den Vater, regelt, ähnlich wie im *Parzival*, die Erbfolge; der Mutterbruder ist derjenige, der das Erbe übergibt, nicht der Vater. Der Hass des Hofes wächst, Tristan fürchtet seine Ermordung und möchte fort von Tintajol. Tristans »fear represents the response of a courtier, not a knight, to danger and intrigue. It is, after all, only the court that breeds Tristan's fear, only the court where he suffers it« (Jaeger 1984, S. 54). Marke will Tristans Flucht nicht zulassen und fragt seinen Neffen, was er tun solle. Dieser rät zu einer weiteren Beratung der Vasallen, der Kronrat bedrängt Marke daraufhin ein zweites Mal und benennt diesmal auch die gewünschte Braut, nämlich Isolde. Dabei wird das Ebenburtmotiv des narrativen Musters bedient, denn Isolde ist Alleinerbin von Irland und damit Marke ebenbürtig:

[...]	*möhte ez gesîn,* **diu schoene Îsôt**
nu diz wart schiere getân,	**diu gezaeme im wol ze wîbe**
daz s'alle wâren besant.	**an gebürte, an tugende, an lîbe,**
nu die gerieten ouch zehant	*und statten ouch den rât alsô.*
und niwan durch **Tristandes tôt:**	*vür Marken kâmen s'alle dô.*

(Zweite Ratszene: erneute Aufforderung zur Brautwerbung; Gottfried, V. 8450–8457)

Tristandes tôt zeigt, dass es allein darum geht, den Erben Tristan auszuschalten. Marke willigt jetzt endlich in die Brautwerbung ein (die erste missglückte Ratszene wird also korrigiert) – allerdings aus Berechnung, um den Hof zu befrieden, denn er glaubt nicht daran, dass die Werbung bewerkstelligt werden könne (V. 8505–8522). Der Kronrat schlägt Tristan als Werbungshelfer vor, denn die Brautfahrt ist wegen Gurmuns Bann gefährlich und scheint damit gut geeignet, Tristan ums Leben zu bringen. Davon abgesehen, ist Tristan vorderhand der perfekte Werbungshelfer, denn er erfüllt in Personalunion gleich drei Aufgaben: Er ist der Nenner der Braut, er ist der Kundige, der mit den Verhältnissen am Hof von Irland vertraut ist, und er ist zudem der außergewöhnliche Werbungshelfer, der über besondere Fähigkeiten verfügt. Marke lehnt den Vorschlag mit dem Vorwurf ab, dass der Hof nur an Tristans Unglück interessiert sei und ihn umbringen wolle und schlägt stattdessen die Männer des Kronrats vor (V. 8535–8537). Tristan bietet sich dann selbst an und wählt etwa hundert Begleiter für die gefährliche Brautfahrt über Meer nach Irland aus, darunter auch zwanzig Barone aus dem Kronrat. Letzteres wurde als kluge Manipulation Tristans gelesen: »their urge to kill him is transformed in the urge to preserve him« (Jaeger 1984, S. 48).

Das literarische Muster der gefährlichen Brautwerbung ist im *Tristan* folgendermaßen repräsentiert: Es gibt keine obligatorische Herrscherbeschreibung innerhalb der Brautwerbung, stattdessen aber ein weit vorgezogenes Herrscherlob Markes bereits anlässlich der Ankunft Riwalins am Markehof (V. 421–453); es gibt nicht eine, sondern zwei Ratszenen, wobei die zweite die Heiratsunwilligkeit Markes durch seine Zusage zur Werbung korrigiert; Hilfeverpflichtung, Botensuche, Botenbestimmung und Botenausrüstung sind realisiert. Das vordergründig schemagebundene Erzählen verhüllt, dass das eigentliche Movens dieser Brautwerbung im *Tristan* eben nicht die obligatorische Sicherung der Herrschaft bzw. der Erbfolge ist, sondern die Intrige des Hofes gegen Tristan. Der potentielle Thronerbe soll im Zuge der gefährlichen Brautwerbung beseitigt und dadurch der Platz für einen anderen Thronnachfolger frei werden; der Zweck der Brautwerbung ist hier also pervertiert.

4.2.2.2 | Tristans Drachenkampf und der betrügerische Truchsess

Zweite Irlandreise: Es schließt sich die eigentliche Werbungsfahrt über See an, die Tristan als kundigen und außergewöhnlichen Werbungshelfer installiert. Vor *Weisefort* (V. 8679), das meint Wexford, die alte Königsstadt im Südosten Irlands, lässt Tristan ankern. Um der Rache Gurmuns zu entgehen, wird das »Paradigma der Lügengeschichten« (Warning 2003, S. 192) fortgesetzt. Tristan gibt sich und seine *cumpanîe* (V. 8803) als *werbende liute* (V. 8800) aus, als Handelsherren aus der Normandie, die durch widrige Winde vom Kurse abgekommen seien. Die Kaufmannslist hat Erfolg, nach reichem Goldgeschenk wird Tristan von Gurmuns Marschall Schutz gewährt. Wiederum also kündigt eine Schifffahrt eine Identitätsveränderung an: Die erste Seefahrt im Rahmen von Tristans Entführung repräsentiert die unfreiwillige Beendigung seiner Kindheit und die Trennung von Rual; die erste Überfahrt nach Irland zeigt ihn als Heilungsbedürftigen und als kunstreichen *spilman*, die zweite Überfahrt als Werbungshelfer und falschen Kaufmann.

Tristan als Heros – der Drachenkampf: Tristan weiß zu diesem Zeitpunkt bereits, dass ein Drache das Land verwüstet und dass es einen Eid des Königs gibt, demjenigen, der den Drachen (*leide vâlant*, V. 8905) tötet, seine Tochter Isolde zu geben, falls dieser *edel und ritter waere* (V. 8913). Dieser Eid des Königs ist eine »Auslobung«, ein »einseitiger Muntvertrag« und hat damit den »Charakter eines rechtlich verbindlichen einseitigen Schuldversprechens« (Combridge 1964, S. 57 f.). Hinsichtlich der Drachentötung wurde von einem Märchenmotiv gesprochen (zum Beispiel Kuhn 1980, S. 18; Karg 1994, S. 80); das meint genauer ein stoffgeschichtlich altes Substrat, ein mythisches Relikt keltischer Erzählungen, das unlösbare Aufgaben bezeichnet. Bezüglich des narrativen Musters der gefährlichen Brautwerbung ist die Drachentötung das Bindeglied zur Braut und meint hier die Lösung riskanter Aufträge durch den außergewöhnlichen Werbungshelfer (vgl. Hammer 2007, S. 106), denn Tausende haben im Kampf gegen den Drachen bereits ihr Leben verloren (V. 8916).

Die Drachenzunge als Wahrzeichen: Tristan hört diese Geschichten von gefährlichem Drachenkampf und zu erringender Prinzessin: Das motiviert den Helden, die Reise anzutreten (V. 8921 f.). Tristan besiegt den Drachen und schneidet ihm als Beweis die Zunge heraus (zur ausgeschnittenen Zunge als Wahrzeichen vgl. Hertz 1907, S. 529 f.):

daz swert daz stach er [Tristan] zuo dem sper
zem herzen in unz an die hant.
nu lie der veige vâlant
einen dôz und eine stimme
sô griulich und sô grimme
ûz sînem veigen giele,
als himel und erde viele
und daz der selbe mortschal
verre in daz lant erhal
und Tristan harte sêre erschrac.
und alse der **trache dô gelac,**
daz er in **tôten** *gesach,*
den giel er im ûf brach,
mit micheler arbeit.
ûz dem rachen er im sneit
der zungen mit dem swerte

(Tristans Drachenkampf; Gottfried, V. 9046–9061)

Vor Erschöpfung fällt Tristan in einen Tümpel, die giftig-stinkende Drachenzunge, die er bei sich trägt, raubt ihm die Besinnung, so dass er, den Mund über Wasser, Tag und Nacht darin liegt.

Der betrügerische Truchsess – Kampfparodie: Dies nutzt ein betrügerischer Truchsess, der zuvor noch vor dem Drachen floh, um die tote Kreatur für sich einzufordern. Der Scheinkampf mit dem toten Drachen und der ›Sieg‹ des Betrügers nehmen ganze hundert Verse ein (V. 9111–9210). Die Kampfparodie wurde als »Kritik am modischen Frauenrittertum« gelesen, die sich im späteren Gerichtsrede-Duell fortsetze (Krohn 2005, S. 155). Als Beweisstück schneidet *der leide truhsaeze* (V. 9142) dem Drachen den Kopf ab, gibt sich am irischen Hof als Drachentöter aus und fordert Isolde für sich (V. 9254–9257). Die Prinzessin will sich aber lieber ein Messer ins Herz stoßen, als den Truchsess zu heiraten (V. 9217): Die Schönste will nur den Besten, so lautet die mythische Basisregel. Der Truchsess ist jedoch bei weitem nicht der Beste, er ist nur ein Lügner und Betrüger. Tristan dagegen ist nach »dem Sieg über Morold [...] der Isolde würdigste Ritter, und im Gegensatz zum feigen Truchseß hat er auch im Drachenkampf sein Anrecht auf die Braut unter Beweis gestellt« (Oswald 2001, S. 148). Es geht im Folgenden darum, dies an den Tag zu bringen und dem Drachentöter Tristan zu seinem Recht zu verhelfen. Dabei spielen drei Frauen die entscheidende Rolle, denn im folgenden Spiel um Wahrheit und Lüge haben die beiden Isolden und Brangäne das Sagen: Irland ist das Land der mächtigen Feen (siehe unten sowie Kap. 13).

Rettung Tristans durch die Frauen: Es ist *diu wîse Îsôt* (V. 9404), die den Anstoß zur Aufdeckung der Lügen gibt. Denn sie befragt *ir tougenlîche liste* (V. 9301), ihre geheimen Künste, und sieht im Traum *daz ez niht alsô geschach, / als der lantschal sagete* (V. 9304 f.). Zusammen mit Brangäne machen sich die beiden Isolden auf, Tristan zu suchen. Die junge Isolde findet Tristan zuerst, die Mutter entdeckt das Beweismittel der Drachenzunge und heilt Tristan mit Theriak (*trîaken,* V. 9436) von den giftigen Dämpfen der Zunge, ihre Tochter erkennt in ihm den vermeintlichen Spielmann Tantris. Bei der Auffindung erfährt der ohnmächtige Tristan eine ›Fragmentierung‹, die Kellermann (2002) als bedeutungsvoll erkennen will: »Die Königin nimmt den physischen Körper wahr, Brangäne das für die Welt des Hofes und die Brautwerbungsstory wesentliche Erkennungszeichen des Drachentöters und Isolde den Mann und Menschen, dessen ritterliche Rüstung schon auf den ebenbürtigen Partner hindeutet« (S. 147).

Heimlich wird Tristan weggebracht und die Frauen pflegen ihn. Als Tantris-Tristan der Königin erzählt, er habe den Drachen nur erschlagen, um desto besser *vride unde genâde* (V. 9543) bei der Bevölkerung zu finden (das ist eine weitere List-Lüge), verspricht im Gegenzug die Königin Tristan *vride unde genâde* (V. 9545), also Schutz und Wohlwollen, und dass ihm in Irland bei ihrer *triuwe* und *êre* niemals Leid geschehe:

[Königin Isolde:]	*mîne triuwe und mîn êre,*
»*nein zwâre Tantris, ez entuot.*	*sê hie, die nim in dîne hant.*
umbe dîn leben und umbe dîn guot	*daz dir niemer ze Îrlant*
ensorge nû niemêre.	*bî mînem lebene leit geschiht.*«

(Schutzversprechen der Königin Isolde für Tantris-Tristan; Gottfried, V. 9559–9565)

Dieses Schutzversprechen spielt in der späteren Badszene (siehe Kap. 4.2.2.3) eine gewichtige Rolle.

Tristan verdankt sein Leben also den Frauen. Im Zuge der Auffindung Tristans beschreibt der Erzähler die drei Frauen des irischen Hofes »in terms of astronomical phenomena: *Isôt diu liehte sunne / und ouch ir muoter Isôt / daz vrôlîche morgenrôt, / diu stolze Brangaene / daz schoene volmaene* [...], implying both a religious dimension – the women appear as the guiding stars or moon for Tristan and offer him salvation – and political power and influence at the same time« (Classen 2004, S. 43 f.). Die Königin wird immer wieder als *diu wîse* bezeichnet, was auch die magische Heilkunst mit einschließt: »Queen Isolde is an herbalist and physician second to none, a woman whose skills as a healer are augmented by occult powers (clairvoyant dreams, the love potion). These realms of knowledge are conventionally associated in fiction with (magical) female power« (Rasmussen 2000, S. 43). Irland »is constructed as woman's space« (Sterling-Hellenbrand 2001, S. 168). Die Handlungen gehen von den Frauen aus, und auch das kann man als Hinweis darauf lesen, dass die beiden Isolden und Brangäne eigentlich aus der keltischen Anderwelt kommen (vgl. Schindele 1971, S. 32). Denn eigentlich ist in literarischen Texten um 1200 die weibliche Rollenüberschreitung negativ sanktioniert, die Frau verfügt über einen sehr begrenzten Aktionsraum (siehe Kap. 13).

Wenn es auch die Königin ist, der das Leben Tristans bisher zwei Mal in die Hand gegeben wurde (Heilung der Moroldwunde, Heilung vom Gifthauch der Drachenzunge, ein drittes Mal wird in der Badszene erfolgen), so spielt doch ebenso die Prinzessin innerhalb der ersten Irlandreise eine gewichtige Rolle: Denn es ist die junge Isolde, die den im Drachenkampf verwundeten Tristan findet und ihn als den vermeintlichen Tantris erkennt, sie ist es, die in der Badszene Schwertscharte und Splitter zusammendenken und das Anagramm von ›Tantris‹ als ›Tristan‹ lösen wird. All dies scheint die Bestimmung Tristans für Isolde zu markieren. Vorausdeutend auf die todbringende Passion spricht denn auch der Erzähler bei der Auffindung Tristans von Isoldes *leben unde ir tôt* (V. 9372). Allerdings sind diese entscheidenden Entdeckungen der Prinzessin erst durch die Königin ermöglicht. Denn deren Wahrtraum provoziert die Suche nach dem wahren Drachentöter, ihre Medizin heilt Tristan und sie findet und bewahrt den Schwertsplitter auf (vgl. hierzu Wagner 1973, S. 54).

4.2.2.3 | Doppelte Wahrheitsfindung: Splitterepisode und Entlarvung des Truchsess

Entdeckung und Rettung Tristans bilden den Auftakt der öffentlichen Wahrheitsfindung um den wahren Drachentöter, der Identitätsenthüllung von Tantris-Tristan sowie der Brautübergabe. All dies wird in fünf ineinander verschachtelten Erzählsträngen geleistet: Erster Gerichtstag in Wexford, Badszene, Versöhnung Gurmuns mit Tristan und Übermittlung des Werbungsauftrags Markes, zweiter Gerichtstag, Übergabe der Braut an Tristan.

Der betrügerische Truchsess – erster Gerichtstag: Der Gerichtstag, den König Gurmun in Wexford anberaumt, soll die Ansprüche des Truchsess auf die Prinzessin klären. Noch vor Beginn der Verhandlung wird offensichtlich, dass die Umstände ungewöhnlich sein werden. Denn zwar fragt Gurmun vorschriftsmäßig *sîne man und sîne mâge* um Rat (V. 9705), doch wird das nicht weiter verfolgt, weil der König dann seine Ehefrau als Ratgeberin (V. 9728) einsetzt: »In fact, Gurmun trusts his wife more than all his political advisors and admits to her that he is entirely confused and at a loss how to handle the difficult case« (Classen 2004, S. 48). Das ungewöhnliche Procedere wird damit begründet, dass die Königin *schoene unde wîsheit* (V. 9721) besitzt, so dass sie dem König *wol mohte liep sîn* (V. 9723). Königin Isolde entdeckt Gurmun die Wahrheit hinsichtlich des Truchsess und beruhigt den König: *envürhtet iu ze nihte* (V. 9748).

Alles geht nach Plan: Der Truchsess fordert die Prinzessin als Lohn, zeigt als *urkünde* (V. 9816), als Beweis also, den Drachenkopf, die Königin weist auf die unverdiente Forderung (*ungedienet*, V. 9823). Als der Truchsess daraufhin nur mehr mit dem König verhandeln will, bestätigt Gurmun ausdrücklich seine Ehefrau als Repräsentantin der Familie: *vrouwe, sprechet ir / vür iuch, vür Îsôt und vür mich* (V. 9830 f.). Gurmun gibt also der Königin »full credit for her intelligence and political influence« (Classen 2004, S. 48). Als sich dann auch noch die Prinzessin einschaltet und verkündet, dass sie den Truchsess niemals lieben werde (V. 9864), kommt es zu einem 30 Verse umfassenden misogynen Anwurf des Truchsess gegen alle Frauen, die das Böse für gut und das Gute für böse hielten (V. 9866–9896). Die Königin schlägt den Truchsess daraufhin mit seinen eigenen Waffen: Seine Argumente seien so, als ob sie von Frauen erdacht worden seien, er selbst habe *vrouwen site* (V. 9912) angenommen und *der manne art* (V. 9908) verloren. Abschließend wird ein Zweikampf zwischen dem Truchsess und dem noch nicht namentlich genannten wahren Drachentöter vereinbart.

Königin Isolde als ›political leader‹: Dass das Procedere dieses ersten Gerichtstags höchst ungewöhnlich ist, wird vor allem in der Gender-Forschung (siehe Kap. 13) mehrfach angemerkt. Möglicherweise hängt die besondere Rolle der Königin damit zusammen, dass »twelfth-century Irish society provided surprisingly much free space for (noble) women, which in turn finds its expression in contemporary literary sources« (Classen 2004, S. 52). Classen resümmiert hinsichtlich der Gerichtsszene: »the honor of the entire kingdom is at stake, and it is the queen alone who can win the legal battle against the steward« (ebd. S. 50):

> The assembly of Irish lords [...] does not exert any real influence and is actually ridiculed by the narrator [...]. The debate between the queen and the steward immediately demonstrates her absolute superiority and sovereignty over the steward because she does not even have to develop her own rhetorical strategy and can simply reiterate his own arguments [...] by satirically turning them into their opposite (ebd., S. 49).

Nach Rasmussen (2003) ist die Königin »portrayed as a shrewd political leader and diplomat without any detectable skepticism, cynicism, or hostility on the narrator's part« (S. 139). Kellermann-Haaf (1986) konstatierte die »ungewöhnlichen Befugnisse« (S. 71) der Königin.

Der zweite Gerichtstag dann setzt den Identitätsweis Tristans voraus, dieser erfolgt in der Badszene.

Die Badszene – Splitterepisode: Herzstück des narrativen Schemas der gefährlichen Brautwerbung ist die Kemenatenszene, in der sich Braut und Werber (bzw. Werbungshelfer) begegnen und die Frau ihre Zustimmung zur Werbung gibt. In gewisser Hinsicht lässt sich die Szene, in der Isolde auf Tristan im Bad trifft, als Zitat einer solchen Kemenatenszene lesen, wenn auch das ganze Setting pervertiert scheint: Der Ort, das Bad, ist nicht angemessen, und vor allem ist das Ganze eine gefährliche Begegnung anstatt eines einvernehmlichen Konsenses.

Noch außerhalb des Bades sieht Isolde Tristan *dicke tougen* (V. 9995), also heimlich, auf die Hände und in die Augen, auf seine Arme und Beine: »Was Gottfried uns hier mit Isoldes Augen sehen läßt, ist der soziale adlige Körper Tristans, der ausgezeichnet ist durch Körperschönheit, höfisches Gebaren, physische und geistige Qualitäten« (Kellermann 2002, S. 148). Isolde beschaut immer wieder die Rüstung Tristans, und es ist die Rede von ihrer Herzensqual (*herzequâle*, V. 10059). Dies wurde vor allem in der älteren Forschung als ein Indiz für das Vorhandensein von Minne bereits vor dem Minnetrank gelesen (siehe Kap. 5.3.4). Die Prinzessin *bespehete in obene hin zetal* (V. 10000), sie mustert den Verwundeten also von oben bis unten ausgiebig, nämlich *dicke* (V. 9992) und *in ûzer mâze* (V. 9993) – und dann heißt es:

4.2 Die Brautwerbung bei Gottfried

swaz maget an manne spehen sol, / daz geviel ir allez an im wol / und lobete ez in ir muote (V. 10001–10003). Tristan gefällt ihr also und sie bedauert, dass er nur ein Spielmann sei, ein so stattlicher Mann sollte *guot und êre* (V. 10029) haben, also Besitz und Ansehen, er sollte eigentlich Herrscher sein (V. 10020–10022). Die Diskrepanz zwischen adligem Körper und angenommener nichtadliger Rolle wird hier also sogar in der Figurenrede zum Thema.

Isolde zieht *gelustic unde gelengic* (V. 10068), also neugierig und begehrlich, Tristans Schwert aus der Scheide. Dabei fällt ihr die Scharte auf, sie holt den aufbewahrten Splitter und setzt ihn ein (V. 10080). Splitter und Beschädigung passen zusammen und Isolde erkennt, dass der vorgebliche Tantris Tristan sein müsse, der ihren Onkel erschlug. Isolde stellt die Silben der beiden Namen um, vorwärts liest sie Tristan, rückwärts liest sie Tantris:

»*Tantris*« *sprach si* »*und Tristan,*
dâ ist binamen heinlîche an.«
nu sî die namen begunde
zetrîben in dem munde,
nu geviel si an die buochstabe,
dâ man si beide schepfet abe,
und vant in disem al zehant
die selben, die s'in jenem vant.

nu begunde s'an in beiden
die sillaben scheiden
und sazte nâch alse vor
und kam rehte ûf des namen spor.
si vant ir ursuoche dar an.
vür sich sô las si **Tristan,**
her wider sô las si **Tantris.**

(Die Splitterepisode: Isolde erkennt Tantris als Tristan; Gottfried, V. 10107–10121)

Isolde hat mit der Auflösung des Anagramms nun »doppelte Gewißheit über die Identität ihres Todfeindes gewonnen: durch das materielle Komplement, den Splitter, und – anschließend – das verbale Komplement, den Namen Tristan, den sie aus Tantris um- und herstellt« (Kellermann 2002, S. 148). Isolde sucht Tristan auf, der im Bad sitzt, stellt ihn zur Rede und droht ihm den Tod an: *Tantris unde Tristan. / die zwêne sint ein veiger man* (V. 10149 f.), also todgeweiht. Die Königin kommt hinzu, tadelt ihre Tochter wegen des Schwertes, woraufhin die junge Isolde das Geheimnis offenbart und den wehrlosen Tristan mit dessen eigenem Schwert durchbohren will (V. 10180). Die Mutter erinnert jedoch an ihr Schutzversprechen: *er [Tristan] ist in mîner huote / mit lîbe und mit guote* (V. 10213 f.). Die Königin darf ihrem Racheverlangen nicht nachgeben, hatte sie doch Tristan bei ihrer *êre* und ihrer *triuwe* Schutz versprochen. Es ist also nicht so, dass die »bifigurale Isolde-Konzeption Gottfrieds« (Mälzer 1991, S. 115) auch das Rachemotiv doppelt.

zorn unde wîpheit: Anschließend wird ausführlich beteuert, dass die junge Isolde aufgrund ihrer *süezen wîpheit* Tristan ohnehin nicht hätte erschlagen können, obwohl *zorn unde wîpheit* (V. 10260) in ihr kämpften. *wîpheit* gilt neben der *êre* als »höchstes Gut der höfischen Dame« (Mälzer 1991, S. 117). Wenn die *wîpheit* über den *zorn* siegt, dann siegt die »aufgeklärte höfische Norm, die in der Erziehung grundgelegte Verbindung von Vernunft (*sin*) und Etikette (*schoene site*) [...] über die archaischen Obsessionen und Gewaltmechanismen« (Küsters 1986, S. 163):

[Isolde] hôrte ir vînt unde sahen
und mohte sîn doch niht geslahen.
diu **süeze wîpheit** *lag ir an*
unde zucte sî dâ van.
an ir strîten harte
die zwô widerwarte,
die widerwarten conterfeit

zorn unde wîpheit,
diu übele bî ein ander zement,
swâ si sich ze handen nement.
sô **zorn** *an Îsolde*
den vînt slahen wolde,
sô gie diu **süeze wîpheit** *zuo.*
»*nein*« *sprach si suoze* »*niene tuo!*«

(Isolde will Tristan im Bad töten: *zorn unde wîpheit* im Kampf; Gottfried, V. 10253–10266)

Zorn steht einer höfischen Dame aufgrund der geforderten höfischen Affektkontrolle nicht zu (vgl. Gephart 2009, S. 42). Jedoch galt ebenso die Vorstellung, dass »sich insbesondere Leidenschaften wie die Liebe oder der Zorn aus physiologischen Gründen – die mittelalterliche Medizin war eminent psychosomatisch – nicht oder nur mit größter Anstrengung geheimhalten lassen« (von Moos 1997, S. 94). Tristan weist Isolde darauf hin, dass sie im Falle eines Mordes an ihm *iemer an den êren tôt* (V. 10160) sei. Der »hier von Tristan eingesetzte Ehrbegriff markiert eben nicht mehr die soziale Verpflichtung der adligen Person, die aus ihrer Sippen- und Verwandtschaftsbindung erwächst und der Tristan selbst beim Totschlag Morgans noch ohne Zögern gefolgt war, sondern fungiert als Regulativ normierten Verhaltens im Kulturkreis einer höfischen Zivilisation und Repräsentation« (Küsters 1986, S. 163). Zieht man andersherum die sagenmythische Dimension Irlands heran, der die beiden Isolden eigentlich zugehören, so bedeutet Isoldes Racheverzicht eine Fehlleistung, besteht doch im mythischen Register auch für die Frau eine Rachepflicht:

By bringing into opposition ›womanhood‹ and ›anger‹, this passage gives both terms a new meaning in relation to each other. Womanhood now excludes anger, and no longer connotes the women of Irish legend, but a more subdued type of femininity, while anger, formerly associated with the ancient bisexual clanic duty of vengeance, is now reserved for ›manhood‹ (Rabine 2002, S. 65).

Gurmuns Versöhnung mit Tristan: Die Versöhnung mit den Frauen nutzt Tristan, um seinen Werbungsauftrag anzudeuten und darauf zu verweisen, dass der *edele[] künic* (V. 10507) Marke *vil rîcher* (V. 10514) als Gurmun sei. Die Königin ist erfreut, die beiden Isolden sowie Brangäne geben Tristan den Versöhnungskuss, wenn auch die Prinzessin *mit langer widerunge* (V. 10536). Der Friedens- oder Versöhnungskuss (›*osculum reconciliatorium*‹) galt als »Symbol behobener Feindschaft« (Strätz 1991, Sp. 1591). In der mittelalterlichen Gesellschaft »versichert man sich verbal, aber fast mehr noch nonverbal durch Gesten, Zeichen und Rituale der Wertschätzung Hochachtung« (Althoff 1997, S. 228). Die Königin ist Tristans Fürsprecherin bei Gurmun und dieser gibt ihr ein Blankoversprechen: *swaz ir wellet, deist getân* (V. 10635).

Die Königin fordert ihren Ehemann daraufhin auf, Tristan, der ihren *bruoder sluoc* (V. 10640), seine *minne* (V. 10642) und *hulde* (V. 10643) angedeihen zu lassen. Der König registriert den Hinweis auf die Sippe und bestätigt, dass Morold mit der Königin enger verwandt war als er mit ihm – das soll heißen: Die Rache an Tristan ist ihre, nicht seine Angelegenheit. Tristan wird geholt, Gurmun entsagt seinem *zorn*, wenn auch nur *ungerne* (V. 10667), wieder werden Versöhnungsküsse getauscht und Tristan erzählt Gurmun vom Drachensieg und Markes Werbungsauftrag. Gurmun fordert Zeugen – und jetzt kommen plötzlich wieder die auf dem Meer zurückgelassenen Gefährten ins Spiel: Kurvenal wird geholt, Tristan *begunde dô / britûnsch sprechen* (V. 10736 f.) und gibt den Auftrag, seinen *lanthêrren* (V. 10748) *und ouch den rittern darzuo* (V. 10749) zu sagen, dass sie am nächsten Morgen voll ausgerüstet sein sollen *unde gekleit / mit der aller besten wât* (V. 10752 f.); ihm selbst sollen in der Frühe seine Kleinodien und seine Kleider *von dem allerbesten snite* (V. 10762) geschickt werden. All dies weist auf den zweiten Gerichtstag.

Der betrügerische Truchsess – zweiter Gerichtstag: Der Bericht über den zweiten Gerichtstag ist zunächst ein Paradebeispiel hinsichtlich adliger Statusrepräsentation. Wiederum wird in der Beschreibung astronomisches Vokabular verwendet: Die Königin Isolde, *daz vrôlîche morgenrôt* (V. 10886), führt *ir sunnen an ir hant, / daz wunder von Îrlant* (V. 10887 f.), die Prinzessin also, und Brangäne ist *daz schoene vol-*

maene (V. 11082). »Licht oder gar Sonne [zählen] zu den häufigsten Metaphern der Ehre« (Röcke 1990, S. 46). Nicht zufällig wurde die Sonnen- bzw. Mondmetaphorik bereits bei der Auffindung des Drachens durch die Frauen verwendet, denn das Licht des Tages, primär die Sonne, sekundär aber auch das Licht der Nacht, der Mond, dienen der Rechtswahrung und -sicherung (vgl. Wenzel 1988b, S. 350 f.). Über Seiten wird das Äußere der Prinzessin geschildert, ihr herrlicher Körper *suoze gebildet über al* (V. 10893), die kostbare Kleidung; der Papageienvergleich (V. 10995) ist nicht pejorativ, sondern unterstreicht den Prachtaufwand.

Auch Tristans Körper und seine Kleider entsprechen einander in wunderbarer Weise: *sîn geschepfede und sîn wât / die gehullen wunneclîche in ein. / si bildeten under in zwein / einen ritterlîchen man* (V. 11098–11101). Der Prachtaufwand ist exorbitant, kostbare Edelsteine und wunderbare Stoffe schmücken ihn. Der adlige Körper Tristans und seine Kleider bzw. seine Verkleidungen sind nicht mehr diskrepant, sondern passen nunmehr genau zueinander. Dass die mittelalterliche Literatur Präsenzeffekte erzeugt, dass ihr Visualität programmatisch eingeschrieben ist, wird hier exemplarisch deutlich. Denn die herrschaftliche Kleidung Tristans und seine wunderbare Erscheinung zeigen jetzt adäquat seinen Status an: Personale Identität ist an die Oberfläche der körperlichen Gestalt gebunden, die Kleidung ist als »zweite Haut« (von Moos 2004a, S. 135) Statusindikator. Die Ideologie des adligen Körpers, die die »Übereinstimmung zwischen der Person und ihrem sichtbaren Äußeren« (Schulz 2008, S. 8) meint, geht jetzt bei Tristan vollständig auf und wird *ûz maneges mannes munde* (V. 11197) enthusiastisch quittiert: *wâ geschuof ie got figiure baz / ze ritterlîchem rehte?* (V. 11204 f.).

Die sprechende Inszenierung, die den herrlichen Tristan in der Mitte neben dem König auf der einen und die wunderbaren Isolden auf der anderen Seite platziert (V. 11184–11186), bildet die Kontrastfolie zum Truchsess, *der truoc / den ezzich in den ougen* (V. 11218 f.). Die essigsaure Miene des Betrügers deutet das Folgende voraus, der Prozess wird jetzt in aller Eile abgewickelt. Die Drachenzunge gilt als Beweis und *die hêrren sprâchen alle* (V. 11265): *unser iegelîch der weiz daz wol, / ob man ze rehte reden sol, / der aller êrest dar kam / und die zungen dâ nam, / der sluoc ouch den serpant* (11269–11273). Der Zweikampf mit dem betrügerischen Truchsess unterbleibt, weil diesem *sîne mâge und sîne man* (V. 11311) davon abraten: Die ganze Sache sei ohne Ehre, er solle wenigstens das Leben behalten. *der arme truhsaeze was / ir gîge unde ir rotte* (V. 11360 f.), das heißt, der Truchsess ist jetzt am Ende allgemein Ziel von Spott und Hohn – und *sus nam der valsch ein ende / mit offenlîcher schende* (V. 11364 f.).

Übergabe der Braut an Tristan zur Heimführung: Konsequenz des Wahrheitserweises bzw. der Bestätigung Tristans als Drachentöter sind *diu suone* (V. 11383) Gurmuns mit Tristan (dessen Versöhnung also, die von den *lanthêrren*, V. 11382, gut geheißen wird) sowie die Annahme des Werbungsauftrags. Gurmuns Übergabe seiner Tochter an Tristan wird nur kurz berichtet: *Hie mite bevalch Gurmûn zehant / Îsolde hant von hande / ir vînde Tristande* (V. 11398–11400). Dass Isolde Tristans *vînde* ist, erklärt der Erzähler damit, dass Isolde Tristan immer noch hasse (V. 11402). Cornwall soll Isoldes Morgengabe sein und sie Herrin über ganz England (V. 11391–11397). Der »Schwur des Werbers, Isold mit der Morgengabe Cornwall auszustatten, genügt als Eheverpflichtung« (Haug 2011, S. 510). Die Morgengabe dient der Witwenversorgung und war »im englischen Recht der Anlaß zu der öffentlich vor der Kirchentür eingegangenen Ehe und unterschied diese von der zwar gültigen, aber für die Frau ohne vermögensrechtliche Folgen heimlich geschlossenen Ehe« (Combridge

1964, S. 68). Das »ganze ist also eine Zeremonie der Übergabe zur Heimführung, verbunden mit dem Gelöbnis, der Braut eine ›Morgengabe‹ zuzuteilen, durch die sie als Hausherrin und rechtmäßige Gattin ausgewiesen wird« (Schröter 1985, S. 318 f.)

Isolde selbst wird also nicht gefragt, ein eindeutiges ›Ja‹ zu Marke als Voraussetzung einer Konsensehe wird nie formuliert. Im Gegenteil wird bei der Überfahrt nach Cornwall durch Erzählerkommentar festgehalten, dass Isolde Marke nicht zum Ehemann haben will (siehe unten). Im vorliegenden Fall dominiert also das althergebrachte Eherecht der autoritativen Sippenvergabe (= Übergabe der Braut durch Gurmun) die seit 1150 relevante Konsensehe (siehe unten). Es muss auffallen, dass Marke in dieser Passage nicht genannt wird: Es ist lediglich der Werbungshelfer Tristan, nicht der Werber selbst, der die entscheidende Rolle spielt. Das Register der mythischen Drachentötung (die Prinzessin wird an den Drachenbezwinger übergeben) dominiert an dieser Stelle Tristans Rolle als Brautwerbungshelfer.

4.2.2.4 | Hochzeit, Eherechtsproblematik und Brautnachtbetrug

Aus struktureller Sicht (im Hinblick auf das Brautwerbungsschema) befindet man sich jetzt beim Erzählkomplex ›Heimführung der Braut, Hochzeit und Beilager‹. Die Heimführung der Braut ist im *Tristan* jedoch empfindlich gestört. Bei der Überfahrt nach Cornwall kommt es aufgrund des zauberischen Minnetranks zum ›Kurzschluss‹ zwischen Werbungshelfer und Braut, also Tristan und Isolde (siehe Kap. 5). Der Minnetrank bewirkt unauflösliche Liebe zwischen beiden, deshalb wird das Beilager mit dem aus struktureller Sicht ›Falschen‹ noch auf dem Schiff vollzogen. Dennoch kommt es an Land zu einer Vermählung mit dem vermeintlich ›Richtigen‹, also König Marke. Bei der Landung schickt Tristan sofort Boten zu Marke, dort empfängt man dann Landsleute und Fremde in großer Zahl, den Landbaronen wird ausgerichtet, dass in 18 Tagen Hochzeit sei – doch werden dann das Fest selbst und der Akt der Eheschließung merkwürdig kurz erzählt. In der Bestätigungsformel, dass Isolde nunmehr vermählt wurde, ist auffälligerweise von Marke gar nicht die Rede, doch spielt bezeichnenderweise wiederum Tristan eine Rolle, denn dieser wird als Erbe bestimmt, wenn die Ehe kinderlos bleiben sollte: *Nu sî z'ir ê bestatet wart / und an ir rehte bewart, / daz Curnewal und Engelant / sô wart besetzet in ir hant, / ob sî niht erben baere, / daz Tristan erbe waere* (V. 12569–12574).

Eherechtsproblematik: Warum wird die Vermählung Isoldes so auffallend knapp berichtet? Möglicherweise deshalb, weil Isolde nach germanischem und nach kanonischem Recht längst verheiratet ist, freilich mit dem strukturell ›falschen‹ Mann, dem Werbungshelfer Tristan. Denn nach germanischem Recht konstituiert bereits das Beilager die Ehe (vgl. Schott 1986, Sp. 1629; Schulz 2005, S. 173). Hinsichtlich der zeitgenössisch relevanten Eheschließungspraxis der Konsensehe haben Tristan und Isolde längst das erforderliche einvernehmliche ›Ja‹ formuliert. Denn nach Vorgabe des sich seit dem 12. Jahrhundert etablierenden kanonischen Rechts stiftet das beiderseitige ›Ja‹ der prospektiven Ehepartner das Sakrament der Ehe, die zudem durch das Beilager unauflöslich ist und damit eine zweite Eheschließung (die Ehe mit Marke) ungültig macht. Außerdem war zuvor bei der Überfahrt nach Cornwall eindeutig bestätigt worden, dass Isolde Marke nicht zum Ehemann haben will: *daz diu schoene Îsot / dem manne werden solte, / dem sî niht werden wolte* (V. 12400–12402). Deutet man das als implizite Konsensabfrage, so wird hier das klare ›Nein‹ eines prospektiven Ehepartners formuliert, das Zustan-

4.2 Die Brautwerbung bei Gottfried

dekommen einer Konsensehe zwischen Isolde und Marke ist damit ausgeschlossen. Zudem bedeutet die Vereinigung Isoldes mit Tristan »daß Isolde nunmehr in demselben Verwandtschaftsverhältnis zu Marke steht wie Tristan. Folglich steht die Eheschließung Markes und Isoldes vor einem unüberwindlichen kanonischen Ehehindernis und ist nur scheinbar legitim« (Combridge 1964, S. 78). Im Sinne der mythischen Basisregel ›Dem Besten die Schönste‹ ist ohnehin Tristan der ›Richtige‹. Isolde nimmt zwar das Eheleben mit Marke auf, sie verzichtet jedoch auch nicht auf Tristan, beide haben von morgens bis abends vielfältige Vergnügungen (V. 12684–12687).

Der Brautnachtbetrug – Die untergeschobene Zofe: Dass Isolde König Marke nicht jungfräulich übergeben werden kann, wird schon frühzeitig zum Thema, denn bereits während der Überfahrt nach Cornwall bedrückt Tristan und Isolde diese Sorge. Mit der Abreise von Irland (und damit von ihrer Mutter, der Königin) wird die junge Isolde zur »dominierenden Frauengestalt« (Kellermann-Haaf 1986; S. 76) – und so findet sie jetzt *einen list, / den allerbesten zuo der vrist* (V. 12437 f.): Ihre treue Zofe Brangäne soll in der ersten Nacht bei Marke liegen, *wan sî was schoene und was ouch maget* (V. 12446); besser könnte man Marke nicht um sein Recht bringen (V. 12445). Der Erzähler lizensiert den Betrug: Die Liebe lehrt aufrichtige Menschen auf Betrug bedacht zu sein (V. 12447–12452), das wird bei den späteren Listen des Liebespaares (siehe Kap. 6.2) Programm sein.

Brangäne geht, wenn auch widerwillig, auf den Betrug ein. In Markes Kammer sind jetzt vier Personen, *der künic selbe und si driu* (V. 12586). Brangäne und Isolde tauschen die Kleider, Tristan führt Brangäne zu Marke, für die das *marter* und *nôt* (V. 12593) bedeutet, Isolde löscht das Licht, Marke zieht Brangäne an sich. Der Erzähler spricht von Messing anstelle von Gold, von *edel valsch* (V. 12612), das Marke an die Seite gelegt wird, der dies jedoch nicht bemerkt. Als Brangäne an Isoldes Stelle im Bett ihre Aufgabe erfüllt hat, steht sie auf, Isolde ist zur Stelle und setzt sich ans Bett. Marke verlangt nach Wein: *dâ volgete er dem site mite, / wan ez was in den zîten site / daz man des ellîche phlac, / swer sô bî einer megede lac* (V. 12639–12642). Tristan bringt Lichter und Wein: »Nach der Entjungferung der Braut bedarf der Akt [...] des Lichtes der Öffentlichkeit, da er rechtsverbindliche Funktion hat. Nun bringt ausgerechnet Tristan das Licht, um die Intimität von Bräutigam und Braut wieder in die höfische Sichtbarkeit zurückzuführen« (Baier 2005, S. 195). Marke und Isolde trinken den Wein.

Hier und jetzt hätte eigentlich der zauberische Minnetrank (siehe Kap. 5) gereicht werden müssen, um ewige Liebe zwischen Marke und Isolde zu bewirken. Doch davon ist nichts mehr übrig, Brangäne hatte den Rest ins Meer geworfen, nachdem Tristan und Isolde während der Überfahrt nach Cornwall versehentlich davon getrunken hatten. Der Erzähler distanziert sich von anderen Fassungen, in denen davon die Rede ist, dass der Trank noch vorhanden ist und nun auch Marke davon trinkt (V. 12650–12656). *mit tougenlîchem smerzen* (V. 12661) legt sich nun Isolde zu Marke ins Bett. Der Erzählerkommentar macht deutlich, dass Marke nicht der Richtige für Isolde ist, er ist, wie im Morold- und Drachenkampf, der Tristan Unterlegene: Denn Marke kann Gold von Messing nicht unterscheiden, ihm ist eine Frau wie die andere: *in dûhte wîp alse wîp* (V. 12666) – und so findet er jetzt genauso Vergnügen mit Isolde wie zuvor mit Brangäne.

Rechtsansprüche Tristans auf Isolde? Mit der Übergabe Isoldes an Tristan wird einerseits seinem Recht als Drachensieger Genüge getan. Aus dieser Sicht gehört Isolde zu Tristan, doch andererseits muss er seine Rolle als Brautwerbungshelfer erfüllen und Isolde als König Markes Braut nach Cornwall bringen. So erinnert der Erzähler denn auch kurz vor der Ankunft in Cornwall daran, dass, so angenehm auch die Liebe sei, man doch stets *der êren* (V. 12509) gedenken müsse: *swer sich an niht wil kêren / wan an des lîbes gelust, / daz ist der êren verlust* (V. 12510–12512) – und das heißt im vorliegenden konkreten Fall, dass Tristan *Marke sîn wîp braehte* (V. 12518). Es existieren also konkurrierende Ansprüche: Der Anspruch des Drachentöters auf die ›Siegerprämie‹ Isolde sowie die Verpflichtung Tristans als Brautwerber Markes.

Diese konfliktiven Vorgaben werden in der Forschung wie folgt diskutiert. Bezieht man das germanische und das kanonische Eherecht mit ein (siehe oben), so ist Isolde längst mit Tristan verheiratet. Ein ›Ja‹ zu Marke wird nie formuliert, ganz im Gegenteil heißt es dezidiert, dass Isolde Marke nicht zum Ehemann haben will (V. 12400–12402). Eine Konsensehe beider ist damit ausgeschlossen. Stolte (1940) geht von einem »Rechtsanspruch auf den Besitz Isoldes« durch Tristan aus und begründet dies mit dem Sieg Tristans im Drachenkampf und dem anfänglichen Eheverzicht Markes zugunsten Tristans (S. 253 f.). Nach Karg (1994) wird Isolde durch den Drachenkampf Tristans und seine Bestätigung als Drachentöter in der Gerichtsszene »handlungslogisch Tristans Besitz – seiner allein und ausschließlich« (S. 80). Für Oswald (2001, S. 141 f.) besteht zwar ebenso ein Rechtsanspruch Tristans, allerdings erst nach der Gandin-Episode (siehe zu dieser Kap. 6.2.1). Etwas anders sieht das Dicke (1998), für ihn ist Tristan in der Gandin-Episode »Königshelfer«, was »die Legitimationsverhältnisse somit ambivalent, zweiwertig werden« (S. 132) lasse. Combridge (1964) sieht zwei Optionen: Durch den Drachenkampf musste Tristan den »Gefühlen der Leser nach [...] durchaus ein moralisches Anrecht auf Isolde haben«, andererseits sei vom »Standpunkt des kanonischen Rechtes aus die Vergebung Isoldes an Marke formal gültig« (S. 60). Gerok-Reiter (2006) weist darauf hin, dass Marke »Tristan an Rang überlegen [ist]; nach dem sozial-rechtlichen Codex ist somit er, nicht Tristan für Isolde der adäquate Partner« (S. 168).

4.3 | Die Brautwerbung bei Eilhart: ›*immram*‹ und Schwalbenhaar

Die Heilungsfahrt: Die Heilungsfahrt Tristrants, also seine erste Fahrt nach Irland, folgt dem Prinzip der keltischen ›*immram*‹. Der wie bei Gottfried durch Morolds Schwert tödlich Vergiftete lässt sich mit Schwert und Harfe allein auf ein Schiff bringen, allerdings nicht, um Heilung, sondern um den Tod zu finden: Den Hinweis Morolds bei Gottfried, dass der Todgeweihte nur in Irland geheilt werden könne, kennt Eilhart nicht. Doch der Wind treibt das Schiff ohne Steuerung geradewegs auf Irland zu, am Strand erwartet Tristrant den Tod (Eilhart, V. 1205–1211). Bei Gottfried ist an dieser Stelle bekanntlich von einer zielgerichteten Fahrt die Rede, hier hält der Steuermann des Schiffes auf Befehl Tristans geradewegs auf Irland zu, wo man die zauberkundige Heilerin Königin Isolde weiß. Die andere Motivierung der Irlandfahrt bei Eilhart provoziert eine abweichende Heilungserzählung. Denn Tristrant wird hier nicht durch eine zauberkundige Königin geheilt, sondern der namenlose Vater der jungen Isalde veranlasst seine Tochter, ein heilkräftiges Wundpflaster zu übersenden (ebd. V. 1243–1255). Der Vergiftete wird geheilt, ohne dass dieser und Isalde sich überhaupt sehen oder eine Heilerin in Gestalt der Königin auftritt. Bei Eilhart gibt es also keinen Bericht von Isoldes gelehrt-künstlerischer Ausbildung durch Tristan wie bei Gottfried. Das Ästhetisierungsprogramm Gottfrieds, das Tristan und Isolde als ebenbürtige Partner zeigt, fehlt bei Eilhart.

Die Schwalbenhaar-Episode: Bei Gottfried gibt es innerhalb des Brautwerbungsberichts harsche Kritik bezüglich der Schwalbenhaar-Episode bei Eilhart. Die Vorgeschichte verläuft hier bei Eilhart zunächst ähnlich: König Marck entschließt sich Tristrants wegen zur Ehelosigkeit (ebd. V. 1394–1398). Vasallen und Verwandte raten und fordern Marck auf zu heiraten, weil sie Tristrant das Erbe nicht gönnen (ebd. V. 1459–1464). Das alles ist bei Gottfried ebenso motiviert, im Folgenden weicht Eilhart jedoch signifikant ab. Denn nach Tristans Heilungsfahrt gibt es bei Gottfried die große Preisrede Tristans bezüglich Isoldes, und so können die Barone bei Gottfried dann auch Marke auffordern, um die schöne Isolde zu werben. Bei Eilhart gibt es keine solche Lobrede auf Isalde, Marck will jedoch ebenso auf keinen Fall heiraten, er grübelt verzweifelt, wie er den Hof auf gute Art dazu bringen könnte, von der Forderung der Heirat Abstand zu nehmen. Da beginnen zwei Schwalben im Saal, aufeinander einzuhacken und lassen dabei ein langes, wunderschönes Haar fallen, das Haar einer edlen Dame. Listig verkündet Marck, nur die Trägerin dieses Haares zur Frau nehmen zu wollen:

[...]
zuohand begunden **schwalben zwô**
sich bissen *in dem sal nun,*
die zů aim fenster in flugen.
zuo ainem fenster si in zugen.
deß wart der herr gewar.
er sach ernstlich dar.
do empfiel in ain har.
merckt recht, eß ist wâr.

Eß waß schön und langk.
do nam der küng den gedanck,
daß er wolt schöwen.
eß waß von ainer frowen.
do sprach er selber wider sich:
›*hie mit will ich weren mich:*
der will ich zů wib begern.
sie mügend mich ir nit gewern.
mit kaim ding wer ich mich baß.

(Die Schwalbenhaar-Episode; Eilhart, V. 1442–1458)

Die Fürsten fragen, wer diese Frau sei, der König erwidert, dass er das nicht wisse, und die Fürsten vermuten ganz richtig, dass Marck sich damit lediglich ihrer Forderung zur Heirat entziehen will, da man diese unbekannte Frau ja niemals finden könne. Tristrant greift in den Streit ein und bietet sich an, die Trägerin des Haares zu suchen, vielleicht gewähre ihm Gott die Gunst, sie irgendwo zu finden (*ob ez got will gerůchen, / ob ich si niergen vind in ainer schar / deß antwürttend mir daß hâr*, V. 1525–1527). Begleitet von hundert Rittern macht sich Tristrant auf die Reise.

Gottfrieds Quellenkritik: Gottfried beruft sich polemisch auf diese Schwalbenhaar-Geschichte. Der Erzähler mokiert sich darüber, dass eine Schwalbe aus Cornwall nach Irland gekommen sein solle, um dort ein Frauenhaar zu nehmen und es wieder übers Meer zu tragen, obwohl sie doch zuhause ebenso Baumaterial hätte finden können. Die Quellenkritik hierzu ist bei Gottfried deutlich formuliert: An dieser Stelle gerate die Erzählung zum Geschwätz und rede wirres Zeug (*hie spellet sich der leich, / hie lispet daz maere*). Außerdem sei es Unsinn, dass Tristan einfach aufs Geratewohl gefahren sei und nicht gewusst hätte, wen er suchte; in diesem Fall wären König und Kronrat Narren und Toren (*gouche unde soten*) gewesen:

4 Die Brautwerbung in Irland als Auftakt der Dreiecksbeziehung Tristan – Isolde – Marke

Si lesent an Tristande,
daz ein swalwe z'Îrlande
von Curnewâle kaeme,
ein vrouwen hâr dâ naeme
z'ir bûwe und z'ir geniste
(ine weiz, wâ sî'z dâ wiste)
und vuorte daz wider über sê.
genistet ie kein swalwe mê
mit solhem ungemache,
sô vil sô sî bûsache
bî ir in dem lande vant,
daz s'über mer in vremediu lant
nâch ir bûgeraete streich?
weiz got, hie spellet sich der leich,

hie lispet daz maere.
ouch ist ez alwaere,
swer saget daz Tristan ûf daz mer
nâch wâne schiffete mit her
und ensolte des niht nemen war,
wie lange er vüere oder war,
und enwiste ouch niht wen suochen.
waz rach er an den buochen,
der diz hiez schrîben unde lesen?
jâ waeren s'alle samet gewesen,
der künic, der sî ûz sande,
sîn rât von dem lande,
die boten gouche unde soten,
waeren s'alsô gewesen boten.

(Gottfrieds Quellenkritik der Schwalbenhaar-Episode; Gottfried, V. 8601–8628)

Bei Gottfried wird Eilharts Vorgabe, dass ein Schwalbenhaar den Weg zur blonden Isolde nach Irland gewiesen hätte, zu Gunsten einer gezielten Plausibilisierung abgelöst. Denn nicht mehr Schwalben sind die Schicksalsboten, sondern Tristan weiß ganz einfach aufgrund seiner Heilungsfahrt von Isolde, die er dann als Braut für Marke vorschlägt. Bei Gottfried ist Tristan bei dieser Fahrt der kundige Brautwerbungshelfer, der genau weiß, wohin er will, er zieht nicht einfach ins Irgendwo aus. Dagegen ist die Fahrt aufs Geratewohl bei Eilhart nichts anderes als die irische ›immram‹, die ziellose durch eine höhere Macht gelenkte Reise in ein Jenseitsland: Tristrant und die Mannschaft fahren einen Monat ziellos übers Meer, sie wollen auf der Suche nach der Trägerin des Haares *alle land erjagen* (Eilhart, V. 1566), also durchstreifen. Tristrants Suche nach der Trägerin des Schwalbenhaares ist mithin eine Fahrt *nâch wâne*, eine Reise auf gut Glück. Durch einen furchtbaren Sturm wird das Schiff in der Nacht ausgerechnet an die Küste Irlands geschleudert und zwar genau an den Strand vor jener Burg, die Tristrant von seiner Heilungsfahrt kennt (ebd. V. 1577 f.). Die Frage, ob hierbei an eine archaisch-mythische Schicksalslenkung oder an göttliche Providenz zu denken ist, ist nicht so ohne weiteres zu beantworten: Die Fahrt *nâch wâne* spricht für ersteres, doch immerhin hat Tristrant sein abenteuerliches Unterfangen ja explizit Gott anheimgestellt (siehe oben).

Drachenkampf und Splitterepisode: Aufgrund des Wegfalls der Schwalbenhaar-Geschichte ist Gottfried der schwierigen Motivation enthoben, wie denn die unbekannte Frau und das Schwalbenhaar zusammengebracht werden können. Eine erste Begegnung beider, wenn auch ohne Enthüllung der Person, leistet bei Gottfried die Drachenepisode, doch auch diese ist bei Eilhart anders motiviert. Denn bei seiner Ankunft in Irland weiß Tristrant bei Eilhart »noch gar nicht, daß gerade Isolde die Frau ist, die er für den König sucht. Er muß also bis zur Entdeckung [...] noch des Glaubens sein, einen eigenen Anspruch auf die Königstochter mit der Besiegung des Drachen erworben zu haben« (Stolte 1940, S. 255). Die Drachentötung bei Eilhart ist ein heldenepisches Versatzstück: Tristrant *waß ain küner wŷgand* (Eilhart, V. 1689) und will deshalb den Drachen besiegen und als Prämie eine unbekannte schöne Frau erringen. Auch bei Eilhart gibt es den betrügerischen Truchsess, doch hier erfährt keine Königin via Wahrtraum die Wahrheit. Eilharts Isalde, die den Betrüger, den sie für einen Feigling hält, nicht heiraten will, sucht deshalb selbst nach Indizien für den wahren Drachentöter. Auch die Badszene ist anders motiviert: Bei Eilhart badet Isalde den erschöpften Helden, dieser erkennt die gesuchte Braut an ihrem Haar, Isalde ihrerseits erkennt Tristrant an der Scharte des Schwerts. Auch hier will Isalde

Tristrant töten, doch tritt keine Königin wie bei Gottfried dazwischen (die namenlose Königin spielt bei Eilhart nur bei der Mischung des Zaubertranks, der in wenigen Versen abgehandelt wird, eine Rolle), stattdessen will Isalde den Mörder dem König überstellen. Sie wird jedoch dann von Brangäne nicht nur zur Versöhnung überredet, sondern zieht, ebenfalls auf Zuspruch Brangänes, den Drachentöter Tristan als Heiratskandidaten in Betracht und leistet den Versöhnungskuss (ebd. V. 2087–2091). Durch eine List veranlasst Isalde ihren Vater, dem Mörder seines Schwagers zu verzeihen.

Fazit: Die Brautwerbung in Gottfrieds *Tristan* folgt einerseits dem Erzählmuster der gefährlichen Brautwerbung, doch ist andererseits der Zweck der Brautwerbung pervertiert. Denn Anlass der Werbung ist nicht die Herrschaftssicherung von König Marke – dieser hat bereits Tristan als seinen Erben bestimmt –, sondern sie resultiert aus dem Neid der Vasallen Markes, die auf Tristans Tod bei der gefährlichen Werbungsfahrt spekulieren. Es gibt zwei Fahrten Tristans nach Irland, dem Land der Braut Isolde, seine Heilungsfahrt und seine Brautwerbungsfahrt für Marke (letztere ist bei Gottfried plausibilisiert, Eilhart dagegen kennt das Schwalbenhaar-Motiv). Das Bindeglied zu Irland ist der Moroldkampf, bei dem Tristan die Giftwunde erhält, die nur in Irland geheilt werden kann. Mit dem Sieg über Morold, der ihn zum Retter Cornwalls macht, und seinem Drachenkampf in Irland erweist sich Tristan als der superiore Aktant, so dass zumindest nach der mythischen Basisregel ›Dem Besten die Schönste‹ die Königstochter Isolde ihm und nicht König Marke zugehört. Der Anspruch des Drachentöters Tristan auf die ›Siegerprämie‹ Isolde kollidiert mit seiner *triuwe*-Verpflichtung als Brautwerber Markes.

5 Der Minnetrank: ›Kurzschluss‹ zwischen Tristan und Isolde

Der Minnetrank verantwortet den verhängnisvollen »Kurzschluss zwischen Werbungshelfer und Königsbraut« (Kuhn 1980, S. 21), also zwischen Tristan und Isolde. Die Königin braut den dauerhafte Liebe bewirkenden Minnetrank für ihre Tochter Isolde und Marke, die ihn nach der Hochzeitsnacht zu sich nehmen sollen. Dreieckskonstellation bzw. ›Kurzschluss‹ resultieren daraus, dass versehentlich Tristan und Isolde davon trinken. »Erst im Zusammenhang des programmatisch fatalen Zufalls, der die zur Magie des Tranks gehörigen Handlungsanweisungen außer Kraft gesetzt und die falschen Partner zum Einnehmen des Tranks geführt hat, bekommt die bis in den Tod wirkende Kraft des Tranks einen unerwartet verderblichen Sinn« (Hellgardt 2002, S. 190). Gottfried unterscheidet sich hinsichtlich der Konzeption der Trankminne erheblich von seinen Vorläufern Berol und Eilhart.

5.1 | Der Trank als Legitimierung der Ehebruchsminne bei Berol und Eilhart

Der Minnetrank bei Berol: Die Minnetrankszene selbst ist nicht erhalten. Der Minnetrank bzw. dessen Wirkungen werden jedoch retrospektiv zum Thema gemacht im sogenannten ›Waldleben‹ des Paares (siehe Kap. 7; vgl. zum Folgenden auch Keck 1998, S. 61–67). In der Rückschau erfährt man durch den Erzähler, dass der Trank großes Leid verursacht hat. Isolde bezeichnet den Liebestrank als *poison*, ihren Namen als Königin habe sie deshalb verloren, daran sei Brangäne schuld, die auf den Minnetrank hätte achten müssen. Der Trank wirkt nur drei Jahre und ist damit zeitlich begrenzt:

Seignors, du vin de qoi il burent	Herren, von dem Wein, von dem sie tranken,
Avez oï, por qoi il furent	habt Ihr gehört, durch ihn wurden sie
*En si **grant paine** lonctens mis;*	für eine lange Zeit in **ein so großes Leid** gebracht;
Mais ne savez, ce m'est avis,	aber Ihr wisst nicht, so scheint mir,
A conbien fu determinez	wie lange der Liebestrank,
Li lovendrins, li vin herbez:	der Kräuterwein wirken sollte.
La mere Yseut, qui le bolli,	Isoldens Mutter, die ihn brannte [besser: ›kochte‹],
*A **trois anz d'amistié** le fist.*	bestimmte ihn für **drei Liebesjahre.**
[...]	[...]
Je [Isolde] sui roïne, mais le non	Ich bin Königin, aber diesen Namen
En ai perdu par ma poison	habe ich wegen des Giftes [?] verloren,
Que nos beümes en la mer.	das wir auf dem Meer tranken.
Ce fist Brengain, qu'i dut garder.	Daran ist Brangäne schuld, die darauf hätte achten müssen.
[...]	[...]
Amis Tristran, en grant error	Freund Tristan, in große Verwirrung
Nos mist qui le boivre d'amor	versetzte uns der, der uns beiden
Nos aporta ensenble a boivre;	den Liebestrank zu trinken brachte.
Mex ne nos pout il pas deçoivre.	**Ärger konnte er uns nicht betrügen.**

(Negativ bewertete Trankminne; Berol, V. 2133–2140; 2205–2208; 2217–2220)

Als die Trankwirkung aufhört, bereut Tristan die vergangenen Jahre mit Isolde: Tag für Tag habe er seit der Einnahme Qual und Leid empfunden und Ritterschaft, höfisches und ehrbares Leben vergessen, er bedauert, seinem Onkel Marke Unrecht getan zu haben (ebd. V. 2194–2198). Bei der Begegnung mit dem Einsiedler Ogrin wird deutlich, dass Tristan und Isolde die Liebe als unerwünschten Zwang verstehen, denn sie versichern, dass sie sich beide nur *par la poison* (ebd. V. 1384) lieben, wegen des Kräutertranks (ebd. V. 1414). Als der Trank nicht mehr wirkt, ist Isolde froh darüber, dass beide von dem Zwang der körperlichen Vereinigung befreit sind (ebd. V. 2329 f.). Die Liebe durch den Trank wird als *folie* (ebd. V. 2297), als Verrücktheit und Wahn, bezeichnet (vgl. hierzu auch Keck 1998, S. 61–63). Durch die Bezeichnung *poison* und der »Annahme einer toxischen Wirkung des Liebestranks [wird] die Ursache des rätselhaften Liebesgeschehens rationalisiert« (Müller 1984, S. 75). Allerdings ist das Bedeutungsspektrum von *poison* nicht ganz eindeutig, es bezeichnet eben nicht nur den Zauber- bzw. Gifttrank, sondern ebenso den Heil- bzw. Kräutertrank sowie den Trank im allgemeinen Sinn (vgl. Lommatzsch 1966, Sp. 2140–2143).

Bei Berol entschuldigt also der Trank die Liebenden, die als Opfer dargestellt sind. Der Minnetrank ist die Ursache für die Liebe, die Wirkung ist zerstörerisch (vgl. Huot 2005, S. 83 f.).

Der Minnetrank bei Eilhart: Negativ konnotiert ist der Trank auch bei Eilhart von Oberg (vgl. zum Folgenden Keck 1998, S. 93–106). Der Trank bewirkt, dass sich die Betroffenen vier Jahre nicht trennen können, sie müssen sich Tag und Nacht sehen. Trennung länger als eine Woche bewirkt Krankheit und Tod, nach vier Jahren lässt die Wirkung nach. Der Liebeszauber hält jedoch ein Leben lang: *die wyl daß sie lebten*:

*der **tranck** waß so getàn:*
welch wib und man
deß truncken baiden,
sỹ mochten sich nit me schaiden
in vier jauren.
wie gern sie eß enbáren,
sie mùsten sich minnen
mit allen iren sinnen
die wỹl daß sie lebten.
vier jàr sie pflegten
so grósser lieb baid,

ja daß sie sich nit schaiden
möchten och ainen tag.
stätlich ainß deß andern pflag
an ze sehen bỹ nacht und tagen:
also hort ich da von sagen.
daß macht ouch der tranck,
daß ỹeglichß ward siech und kranck,
ob sie waren ain wochen
von ain ander ungesprochen,
sie mùsten baide wesen tod.

(Die Trankwirkung bei Eilhart, V. 2385–2405)

Tristrant und Isalde verlieren nach dem Trinken *baid ir sinne* (Eilhart, V. 2467), beide überkommt heißes Liebesbegehren. Isalde schämt sich, dass sie Tristrant bereits nach kurzer Zeit so stark begehrt: *die fro sich ser schemen begund, / do sú so liebt in kurtzer stund / den schönen Trÿstranden* (ebd. V. 2481–2483). Beide verfallen der Minnekrankheit mit den bekannten Symptomen.

Die Motivierung der Trankgeschichte verläuft zunächst ähnlich wie bei Gottfried (siehe unten), allerdings wird bei Eilhart nicht explizit gesagt, dass die Königin den Trank braut. Es heißt lediglich, dass diese *ain tranck nam* (ebd. V. 2371; zur Frage, wer in den unterschiedlichen Versionen den Trank herstellt vgl. Buschinger 2012, S. 10 f.). Brangäne soll gut auf den Minnetrank aufpassen. Doch Tristrant plagt auf der Überfahrt nach Cornwall heftiger Durst (Eilhart, V. 2452), so dass ein Hoffräulein ihm den vermeintlichen Wein bringt, der ihm gut schmeckt, und er bietet ihn dann Isalde an. Tristrant trinkt also zuerst, dies ist bei Gottfried anders, auch von Durst ist bei Gottfried nicht die Rede.

Die Formel, mit der man die Trankliebe bei Eilhart auf einen Nenner bringen kann, heißt: *âne danck* bzw. *sunder danck*, das heißt unfreiwillig (zu diesem Aspekt vgl. Buschinger/Spiewok 1993, S. XVII). *sunder danck* ist eine Rechtfertigungsformel für Tristrant und Isalde, die aufgrund der unerwünschten Trankliebe immer wieder gegen die gesellschaftlich-religiösen Normen verstoßen, beide sind »schuldlose Schuldige« (Mertens 1995, S. 60). Gerade in den ersten vier Jahren ruft der Erzähler zur Entlastung seiner Protagonisten nicht nur sofort nach der Trankeinnahme (Eilhart, V. 2466; V. 2479), sondern überhaupt an heiklen Stellen den Trank ins Gedächtnis, etwa als Tristrant Brangäne in der Brautnacht zu Markes Bett bringt und er selbst an der Seite von Isalde liegt; (*sunder*) *danck* und (*unselig*) *tranck* sind sinnfällig in einer Reimformel verknüpft:

[...]	*untríw waß dar an nicht schowen,*
daß waß die **maist trúg,**	*wann er tet eß* **sunder danck:**
die **Trystrand** *ÿe getet,*	*der* **gar unselig tranck**
wann er recht an der stet	*hett eß dar zú braucht.*
lag bÿ siner frowen.	

(**sunder danck**: Rechtfertigung des Brautnachtbetrugs durch den **unselig tranck**; Eilhart, V. 2963–2970)

Als die Trankwirkung nach vier Jahren nachlässt, gibt Tristrant Isalde an Marck zurück, er selbst wird verbannt. Tristrants Bekenntnis im Rahmen der Übergabe Isaldes, dass er sie *von gantzem hertzen lieb hât* (ebd. V. 5177), interpretierte Küenzlen (2010) dahingehend, dass seine Liebe doch »mehr zu sein scheint als ein halbwegs erträglich gewordener Zwang« (S. 47 f.). Jedenfalls kommen die beiden Protagonisten trotz verminderter Trankwirkung nicht voneinander los, mehrfach wird ein heimliches Treffen arrangiert (siehe Kap. 10.3).

Bei Berol und Eilhart ist der Minnetrank ein negativ konnotiertes »magisches Aphrodisiakum« (Haug 1999, S. 11), das die Liebenden zu gesellschaftsfeindlichen Handlungen wie Ehebruch, Treuebruch und Lügen zwingt. Der Trank dient der Entlastung und Rechtfertigung der ehebrecherischen Minne des Liebespaares, er ist in beiden Fassungen Legitimation der Dreiecksgeschichte. Der Minnetrank als negativ konnotiertes magisches Zwangsmittel wurde so auch in der zeitgenössischen Literatur rezipiert, etwa in der minnesängerischen Reflexion bei Heinrich von Veldeke (vgl. hierzu Hellgardt 2002, S. 169). Denn hier wird unterschieden zwischen der Kraft der ›wahren‹ Minne und dem Zaubertrank (*poisûn*), der zur Liebe zwingt, ohne dass es der Betreffende will: *Tristrant mûste âne sînen danc / stâde sîn der koninginnen, / want poisûn heme dâr tû dwanc* (Heinrich von Veldeke: MF 58, 35).

5.2 | Der Minnetrank in der *Tristrams Saga*

Die Minnetrank-Szene bei Thomas ist nicht erhalten. Die *Tristrams Saga* des Bruder Robert, die auf Thomas fußt, unterscheidet sich interessanterweise von Gottfried und scheint teilweise sogar in die Richtung von Berol und Eilhart zu gehen. Das Trinken selbst ist durch Tristrams großen Durst motiviert:

[...] sogleich sprang ein Diener Tristrams auf und füllte den Becher aus dem Krug, den die Königin Bringvet in Verwahrung gegeben hatte, und als Tristram den Becher entgegengenommen hatte, da trank er ihn zur Hälfte aus und dann ließ er das Mädchen trinken, was noch im Becher war (*Saga*, Kap. 46, Übersetzung Uecker 2008, S. 65).

Auch in der *Saga* scheint der Trank negativ konnotiert: zumindest ist von ›Betrug‹ die Rede (altnorw. *svikin*; *Saga*, Kap. 46; vgl. Köbler 1986, S. 242), wenn auch nicht von ›Gift‹. Die Leiddimension und die körperliche Begierde nach der Trankeinnahme werden betont:

> [...] und nun sind sie beide von dem Trank betrogen, den sie tranken, weil der Diener sich vergriffen hatte, und er bescherte beiden ein kummervolles Leben und Leiden und lange Gemütsqualen mit fleischlicher Begierde und anhaltender Sehnsucht. Tristrams Verlangen nach Isönd und ihr ganzes Verlangen nach ihm war sofort von so großer Liebe, daß sie kein Heilmittel dagegen aufbringen konnten (*Saga*, Kap. 46, Übersetzung Uecker 2008, S. 65).

Mit Blick auf Berol und Eilhart sowie Gottfried ist also Folgendes festzuhalten: Das Trankverhängnis ist in der *Saga* einem Diener geschuldet, der sich ›vergriffen‹ hat; der Minnetrank ist negativ konnotiert, die körperliche Dimension und die Ausweglosigkeit (»kein Heilmittel«) sind klar herausgestellt, das Beilager wird noch auf dem Schiff vollzogen. Anders als bei Gottfried (siehe unten) ist nicht von einer Akzeptanz Tristans/Tristrams von Trankminne und Minnetod die Rede; das radikale Minnekonzept Gottfrieds spielt also in der *Saga* keine Rolle.

5.3 | Der Minnetrank bei Gottfried: Akzeptanz von Trank und Liebestod

5.3.1 | Brangänes Auftrag

Nach der erfolgreichen Brautwerbung Tristans für Marke übergibt die Königin Isolde an Brangäne ein Gefäß mit einem Liebestrank, den sie selbst bereitete (*betihtet*). Wenn zwei Menschen davon trinken, so muss jeder den anderen lieben *âne sînen danc*, ob er will oder nicht (wieder erscheint die Reimformel mit *tranc*). In programmatischer Vorausschau heißt es: Nur ein Tod und ein Leben, eine Traurigkeit und eine Freude war ihnen gemeinsam gegeben:

> [...]
> die wîle sô **betihtete**
> **Îsôt diu wîse künigîn**
> in ein glasevezzelîn
> **einen tranc von minnen,**
> mit alsô cleinen sinnen
> ûf geleit und vor bedâht,
>
> mit solher crefte vollebrâht:
> mit sweme sîn ieman getranc,
> den muose er **âne sînen danc**
> vor allen dingen meinen
> und er dâ wider in einen.
> **in was ein tôt unde ein leben,**
> ein triure, ein vröude samet gegeben.

(Die Wirkung des Minnetranks; Gottfried, V. 11432–11444)

Brangäne soll diesen Trank Isolde und Marke nach der Hochzeitsnacht zu trinken geben. Die Königin schärft Brangäne mehrfach ein, von diesem *tranc der ist von minnen* niemand anderen trinken zu lassen und auch selbst nicht davon zu kosten:

[Königin Isolde:]	vlîze dich wol starke:
»swaz ich dir sage, daz vernim.	swenne **Îsôt unde Marke**
diz glas mit disem tranke nim,	in ein der minne komen sîn,
daz habe in dîner huote	**sô schenke in disen tranc vür wîn**
hüete es vor allem guote.	**und lâ si'n trinken ûz in ein.**
sich, daz es ûf der erde	bewar daz, daz sîn mit in zwein
ieman innen werde.	ieman enbîze. daz ist sin.
bewar mit allem vlîze	noch selbe entrink es niht mit in.
daz es ieman enbîze.	**der tranc der ist von minnen.«**

(Die Königin übergibt den Minnetrank in Brangänes Obhut; Gottfried, V. 11451–11467)

5.3.2 | Trankeinnahme und Liebeserwachen

Während der Schiffreise kommen sich Tristan und Isolde zwar bereits vor der Trankeinnahme näher, doch Tristan nimmt Isolde nur so in seine Arme, wie es ein Gefolgsmann mit seiner Herrin tun soll (*zwischen sîn arme er si nam / vil suoze unde lîse / und niuwan in der wîse, / als ein man sîne vrouwen sol* (V. 11558–11561). Die verhängnisvolle Wendung setzt ein, als man in einem Hafen anlegt und Tristan darum bittet, man möge ihm etwas zu trinken geben. Von quälendem Durst wie bei Eilhart ist nicht die Rede, die Trankeinnahme bei Gottfried hat so etwas Zufälliges. Es ist niemand da, außer einigen jungen Hofdamen, von denen eine auf ein Gefäß mit Wein verweist. Young (2002) spricht von einem »paradoxe[n] Auffinden des Tranks« (S. 263), denn wenige Verse später ist ganz im Gegenteil die Rede davon, dass Trank und Glas aufbewahrt und verborgen waren: *dâ daz tranc und daz glas/ verborgen unde behalten was* (V. 11679 f.). Die merkwürdigen Begleitumstände der Trankauffindung kommentierte Schweikle (1991) wie folgt: Es »häufen sich bei Gottfried im Umkreis der Trankszene paradoxe, widersprüchliche oder scheinbar ungenaue Wendungen und Handlungsdetails, die einem Autor wie ihm nicht unbeabsichtigt unterlaufen sein können« (S. 141); die gegenläufigen Beschreibungsmodi seien Substrat der magischen Beschaffenheit des Tranks, von der sich Gottfried aufgrund der Rezipientenerwartung nicht vollständig lösen wollte (ebd.).

Sofort nach der Trankauffindung gibt es eine Vorausdeutung auf das kommende Unheil: Der Trank ist *diu endelôse herzenôt* (V. 11675), an der sie beide sterben werden. Die Hofdame übergibt den vermeintlichen Wein Tristan, der ihn zuerst Isolde anbietet. Diese trinkt jedoch *ungerne und über lanc*. Young (2002) liest letzteres dahingehend, dass Isolde »erst nach einiger Zeit oder mit bedeutungsvoll langsamen Zügen trinkt« (S. 267). Eine Eva-Assoziation scheint bewusst vermieden, denn es ist Tristan, der den vermeintlichen Wein zuerst anbietet. Isolde übergibt nach dem Trinken das Gefäß an Tristan, der dann ebenfalls trinkt:

[...]	nu was aber ir daz unrekant.
wan cleiniu **juncvrouwelîn.**	si stuont ûf und gie hin zehant,
der einez sprach: »**seht, hie stât wîn**	dâ daz tranc und daz glas
in disem vezzelîne.«	verborgen unde behalten was.
nein, ezn was niht mit wîne,	**Tristande ir meister bôt si daz.**
doch ez ime gelîch waere.	**er bôt Îsôte vürbaz.**
ez was diu wernde swaere,	**si tranc ungerne und über lanc**
diu endelôse herzenôt,	**und gap dô Tristande unde er tranc**
von der si beide lâgen tôt.	**und wânden beide, ez waere wîn.**

(Tristan und Isolde trinken unwissentlich den Minnetrank; Gottfried, V. 11669–11685)

Abb. 13 Übergabe des Minnetranks auf dem Meer (Historisches Archiv der Stadt Köln Best. 7020 (W*) 88, fol. 142v)

Als Brangäne bemerkt, dass Tristan und Isolde von dem vermeintlichen Wein getrunken haben, erschrickt sie furchtbar, nimmt *daz leide veige vaz* (V. 11693), also das todbringende Gefäß, und wirft es ins Meer, *in den tobenden wilden sê* (V. 11695). Die sprechende Naturmetaphorik – das tobende Meer analog zur aufgewühlten, entsetzten Brangäne – ist dabei nicht zu übersehen, denn kurz zuvor war noch von guter Fahrt und von Windstille die Rede. Huber (2013) fragt sich diesbezüglich: »Bringt das von Brangäne ins Meer geschüttete Gift die Wogen zum Aufwallen?« oder: »Wird in dem entfesselten Meer gegen jeden Detailrealismus nur das alte Bild der entfesselten Leidenschaft zitiert?« (S. 84). Brangäne verflucht sich: Sie habe Treue und Ehre verwirkt, war sie doch für den Trank verantwortlich (V. 11696–11704). Wieder kommt es zu einer warnenden Vorausdeutung: *ouwê Tristan unde Îsôt, / diz tranc ist iuwer beider tôt!* (V. 11705 f.). In der *Tristrams Saga* (Kap. 46) wird der Liebestrank »inflationär« (Hellgardt 2002, S. 185) verwendet, weil Marke ebenfalls davon trinkt. Im *Sir Tristrem* leckt Tristans Hund Hodain den Becher mit dem Liebestrank aus und weicht danach dem Liebespaar nicht mehr von der Seite (vgl. Krohn 2005, S. 229). Gottfried hat solchen Verwicklungen vorgebeugt, wenn er erzählt, dass Brangäne das Gefäß, nachdem Tristan und Isolde getrunken haben, in das tobende Meer schleudert.

Das Liebeserwachen: Die Wirkung des Tranks wird dann breit entfaltet. Die Reaktion Tristans und Isoldes auf den Minnetrank (einschließlich Brautunterschub) beansprucht bei Gottfried mehr als 700 Verse, Thomas (bzw. das Carlisle-Fragment, siehe unten) hat hierzu 154 Verse (vgl. Benskin/Hunt/Short 1995, S. 318; Haug 1996, S. 178). Auffällig ist die Schlagartigkeit, mit der nach dem Trank die Liebe einbricht. Die Liebe stiehlt sich in die Herzen beider und pflanzt darin *ir sigevanen* auf, sie unterwirft Tristan und Isolde ihrer Macht. Beide werden eins, Isoldes Hass auf den Mörder ihres Onkels ist verflogen, sie haben zusammen ein Herz und bilden eine Einheit in Liebe und Leid, doch sie verbergen es zunächst noch voreinander aus *zwîvel unde scham*:

5
Der Minnetrank: ›Kurzschluss‹ zwischen Tristan und Isolde

Minne, *aller herzen lâgaerîn,*
und **sleich z'ir beider herzen în.**
ê sî's ie wurden gewar,
dô stiez s'ir **sigevanen** *dar*
und zôch si beide in ir gewalt.
si wurden ein und einvalt,
die zwei und zwîvalt wâren ê.
si zwei enwâren dô niemê
widerwertic under in.
Îsôte haz der was dô hin.
diu süenaerinne Minne
diu haete ir beider sinne
von hazze gereinet,
mit liebe alsô vereinet,
daz ietweder dem anderm was
durchlûter alse ein spiegelglas.
si haeten beide ein herze.
ir swaere was sîn smerze,
sîn smerze was ir swaere.
si wâren beide einbaere
an liebe unde an leide
und hâlen sich doch beide,
und tete daz **zwîvel unde scham.**

(Die Macht der Minne nach der Trankeinnahme; Gottfried, V. 11711–11733)

Der *stric* (V. 11784) der Minne fesselt beide, die Leimrutenmetaphorik der Elternvorgeschichte wird wieder aufgegriffen (*ir gelîmeten sinne / die enkunden niender hin gewegen*, V. 11810 f.) und beide *sterben von minnen* (V. 12111).

Als Tristan *der minne enpfant* erinnert er sich sofort *der triuwen unde der êren* (V. 11743), das heißt, er besinnt sich unmittelbar nach der Trankeinnahme seiner Treueverpflichtung gegenüber Marke. Obgleich »Tristan selbst kein Vasall des Königs ist, läßt sich sein Verhalten gegenüber Marke bis zu dem fatalen Minnetrank hinreichend mit dem Rechtsbegriff der vasallitischen Treue beschreiben« (Tomasek 1985, S. 56). Das fokussiert den Grundkonflikt, den bereits die irische Stofftradition kennt, doch dominiert dort die *triuwe* des Vasallen das Liebesbegehren (siehe Kap. 1.2). Bei Gottfried jedoch erzeugt die Minne, Tristans *erbevogetîn* (V. 11765), mehr Schmerzen als Treue und Ehre zusammen (*erbevogetîn* bezieht sich darauf, dass auch Tristans Eltern der passionierten Liebe verfallen waren, die Wortbildung kennt nur Gottfried; vgl. Krohn 2005, S. 176). Zwar ringt Tristan mit sich, er ist *der getriuwe* (V. 11756), doch die Liebe, als *stric* und ›Leim‹ verstanden, ist stärker. Tristan *der gevangene man* (V. 11752) wird so entschuldigt, er kann nicht anders:

Tristan dô er der minne enpfant,
er gedâhte sâ zehant
der triuwen unde der êren
und wolte dannen kêren.
»nein« dâhte er allez wider sich
»lâ stân, Tristan, versinne dich,
niemer genim es keine war.«
sô wolte et ie daz herze dar.
wider sînem willen criegete er,
er gerte wider sîner ger.
er wolte dar und wolte dan.
der gevangene man
versuohte ez in dem **stricke**
ofte unde dicke
und was des lange staete.
der getriuwe *der haete*
zwei nâhe gêndiu ungemach:
swenne er ir under ougen sach,
und ime diu süeze Minne
sîn herze und sîne sinne
mit ir begunde sêren,
sô gedâhte er ie der Êren,
diu nam in danne dar van.
hie mite sô kêrte in aber an
Minne, sîn erbevogetîn.
der muose er aber gevolgec sîn.
in muoten harte sêre
sîn triuwe und sîn êre.
sô muote in aber diu Minne mê,
diu tete im wirs danne wê.
si tete im mê ze leide
dan Triuwe und Êre beide.

(Tristans Ringen um Êre, Triuwe und Minne; Gottfried, V. 11741–11772)

5.3.3 | Tristans Akzeptanz von Trankminne und Liebestod – Die *edelen herzen*

Die unterschiedliche Minnekonzeption Gottfrieds im Vergleich zu Berol und Eilhart wird vor allem in einem Monolog Tristans deutlich, der dezidiert seine Akzeptanz von Trank und Liebestod artikuliert. Als Tristan und Isolde die Zofe Brangäne überreden wollen, sich in der Hochzeitsnacht in König Markes Bett zu legen, um die Entjungferung Isoldes durch Tristan zu vertuschen, erzählt Brangäne von der Bestimmung des Minnetranks, um dann zu klagen: *owî! [...] daz selbe glas / und der tranc, / der dar inne was, / der ist iuwer beider tôt* (V. 12487–12489). Doch Tristan nimmt um Isolde willen selbst einen ›ewigen‹ Minnetod in Kauf!

»nu walte es got!« sprach Tristan
»ez waere tôt oder leben:
ez hât mir sanfte vergeben.
ine weiz, wie jener werden sol;
ditre tôt der tuot mir wol.

solte diu **wunnecliche Îsôt**
iemer alsus sîn mîn tôt,
sô wolte ich gerne werben
umbe ein êwecliches sterben.«

(Tristans freiwillige Annahme der todbringenden Trankminne; Gottfried, V. 12494–12502)

Der sich anschließende Erzählerkommentar verweist darauf, dass derjenige, der Liebe sucht, auch Leid ertragen muss (V. 12504–12506) – das führt zurück auf das Prologprogramm der *edelen herzen*. Tristans Trankannahme wurde mit seiner »Empfänglichkeit für Leid«, die in seinem Namen abgebildet sei, begründet (Schmitz 2009, S. 260 f.). Tristan bekenne sich mit der Akzeptanz von Trankminne und Liebestod lediglich zu seinem in seiner *natiure* angelegten Schicksal (Ganz 1970, S. 70 f.). Zu Recht nicht durchgesetzt hat sich die Ansicht, dass von einer freiwilligen Trankannahme nicht gesprochen werden könne, weil Tristan zu diesem Zeitpunkt bereits von dem Trank infiziert sei, der den freien Willen raube (so Ehrismann 1989, S. 290).

Nach der Trankeinnahme ist von beiden Protagonisten als *edele herzen* die Rede (V. 11910). Dieser Begriff taucht danach nicht mehr auf (vgl. Young 2002, S. 278). Isolde und Tristan haben ihren Glücks- und Leidensweg angetreten, die Prologmaxime ist umgesetzt. Young spricht hinsichtlich des Minnetranks bei Gottfried von einer »kühn artikulierte[n] Literarisierung des altbekannten Motivs« und betont den Konnex mit dem Prolog: »Zu dem den Prolog abschließenden Eucharistie-Brot kommt im Szenenkomplex um den Minnetrank der Wein hinzu« (ebd. S. 278). Tatsächlich ist der Trank bei Gottfried durch den Erzählerkommentar als lediglich weinähnlich ausgewiesen: *nein, ezn was niht mit wîne, / doch ez ime gelîch waere* (V. 11672 f.). Gottfried ersetzt also nicht einfach den Minnetrank durch Wein (vgl. Mikasch-Köthner 1991, S. 57). Huber (1986) spricht ähnlich davon, dass die Flüssigkeit nur der äußeren Gestalt nach Wein, doch in Wahrheit von anderer Substanz sei; die Einnahme des Tranks sei »eine unwissend genossene Eucharistie des Leidens und des Todes« (S. 69). Young (2002) fragt sich sogar, ob die Brotmetapher des Prologs »nicht letztendlich von dem weinähnlichen Minnetrank bestimmt war« (S. 279).

Tristans Akzeptanz von Trankminne und Liebestod ist sozusagen das Aushängeschild der Minnekonzeption Gottfrieds. Dieser hat »die blinde Verfallenheit an eine Droge durch Tristans Bekenntnis zum Trank samt allen seinen Folgen in einen Akt bewußter Zustimmung verwandelt« (Müller 2007, S. 434). Die »mechanistische Liebesentstehung« (Schnell 1985, S. 327) scheint überwunden (ähnlich auch Fromm 1989, S. 188). Hinsichtlich der freien Zustimmung Tristans wurde ein Bezug zu Abaelard hergestellt (vgl. ebd., S. 188 f.). Wird der Minnetrank im Nachhinein freiwillig angenommen, so rückt seine Exkulpierungsfunktion – im Unterschied zu Berol und Eilhart – in den Hintergrund (anders z. B. Stolte 1940, S. 256 f., der auch dem Trank bei Gottfried eine Legitimierungsfunktion hinsichtlich der Listen und gesellschaftlichen Verstöße der Protagonisten zuschreibt). Tristans Bekenntnis zu Trank und Ehebruchsminne hat fatale Konsequenzen: »Bedingungslos angenommen führt die Liebe als Passion, wie sie hier begriffen wird, notwendig zum katastrophalen Höhe- und Tiefpunkt des Zusammenbruchs aller konventionellen, ethisch-rationalen Handlungsnormen« (Hellgardt 2002, S. 167).

liebe und *êre*: Kurz vor der Ankunft in Cornwall wird nochmals der Grundkonflikt fokussiert, wenn auch freilich mit umgekehrten Vorzeichen als unmittelbar nach der Trankszene selbst (siehe oben). Der Erzähler erinnert, dass, so angenehm auch die Liebe sei, man doch an die *êre* denken müsse: *Swie sanfte uns mit der liebe sî, / sô müeze wir doch ie dâ bî / gedenken der êren. / swer sich an niht wil kêren / wan an des lîbes gelust, / daz ist der êren verlust* (V. 12507–12512). Konkret heißt das, dass Tristan seinem Onkel *Marke sîn wîp braehte* (V. 12518). Tatsächlich siegen jetzt die zuvor *sigelôsen zwô*, nämlich *triuwe und êre* (V. 12525 f.), über das Liebesbegehren, denn Tristan schickt *zehant* (V. 12527), also sofort, Boten an Land zu Marke, um von seiner und Isoldes Ankunft zu berichten.

5.3.4 | Forschungspositionen zur Trankminne bei Gottfried

Allgemeiner Abriss: Der Minnetrank wurde unterschiedlich bewertet. Des Öfteren wird der Liebestrank als Symbol verstanden, einige sehen jedoch eine ausschließlich substantielle Qualität, hinzu treten andere Positionen. Für Young (2002, S. 259) ist der Trank auf der Ebene der Konzeption Symbol der Liebesauffassung Gottfrieds; Wenzel (2014) liest den Trank als »Signum einer lebenslangen emotional-erotischen Treue« (S. 21); nach Todtenhaupt (1992) ist der Minnetrank Symbol »für die ›magische‹ Entstehung der Liebe« (S. 101). Haug (2000, S. 31) sieht in der Zufälligkeit und Plötzlichkeit des Tranks ein Symbol des Eros; nach Müller (1984) wiegt im *Tristan* der »symbolische, übernatürliche Charakter des Liebestranks mehr als seine stoffliche Qualität, die nur als Vehikel, aber nicht als Auslöser der echten Liebe fungieren kann« (S. 82). Schultz (2012, S. 80) liest den Liebestrank als Symbol eines eigenständigen Liebes- und Sexualitätsdiskurses, losgelöst vom zeitgenössischen medizinischen und theologischen Diskurs; Mieth (1976) sieht den Trank als »Symbol des unbedingten Zwanges und der Entpersonalisierung der Minneperson«, jedoch dezidiert nicht als »Symbol eines partnerschaftlichen Füreinanderbestimmtseins« (S. 172).

Gegen eine Symboldeutung spricht sich zum Beispiel Hatto (1957) aus, denn »ein Liebestrank, der reines Symbol wäre, ohne die Liebe hervorzurufen«, würde einen massiven Eingriff in den Stoff bedeuten, »dessen sich Gottfried prinzipiell wohl nie schuldig gemacht hätte« (S. 307). Johnson (2003) weist darauf hin, dass im Mittelalter Liebestränke als sehr real angesehen wurden: »I [...] would emphasize the potion's substantiality« (S. 108), ähnlich weisen auch Müller (1984) sowie Mertens (1995, S. 53–55) auf die verbreitete magische Praxis der Verwendung von Liebestränken hin. Ehrismann (1989) spricht davon, dass »der Trank [...] kein banales Aphrodisiakum mit Kurzzeitwirkung, sondern ein Liebeserzeugungstrank mit Ewigkeitseffekt« (S. 283) sei. Mertens (1995) betont, dass die Trankwirkung »nicht primär sexuell, sondern existenziell« (S. 56) sei, die mythische Vorbestimmung der Protagonisten werde im Minnetrank »restituiert« (S. 59). Nach Schweikle (1991) ist der Minnetrank nur eine »Nebensache«, denn auf dem Schiff seien Tristan und Isolde »zum ersten Mal im Erzählablauf auf gleicher sozialer Ebene und losgelöst von äußeren Widerständen und Rücksichten allein« (S. 142 f.) und hätten so ihre Bestimmung füreinander auch ohne Trank entdecken können.

Mehrfach wird in der Forschung auf den durch den Minnetrank gewirkten Konnex von Liebe und Leid rekurriert (so etwa Haug 2000, S. 31; Johnson 2003, S. 97; Wenzel 2014, S. 9; 12). Einige sehen den Minnetrank als Parallele bzw. als Gegenentwurf zum Sündenfall (Haug 1989; Mertens 1995, S. 56 f.; Steinmetz 2000). Konkurrierende Einschätzungen liegen vor allem hinsichtlich der Frage vor, ob die Minne mit dem Trank oder bereits vorher beginnt und Tristans freiwillige Trankannahme deshalb nur konsequent sei; der mehrheitliche Konsens liegt mit guten Grund bei ersterem.

Beginn der Minne vor dem Minnetrank? Zu Recht wurden schon früh Bedenken geäußert, ob man überhaupt nach einem psychologisch bedingten Wachsen der Liebe fragen könne: »Die Enttäuschung des Lesers über die fehlende psychologische Entwicklung der Tristan-Minne ist [...] die eines modernen Lesers des 20. Jahrhunderts« (Todtenhaupt 1992, S. 85). Ähnlich formulierte Haug (1972), »daß eine Psychologisierung dieses Ansatzes im Sinne einer schon lange unbewußt gewachsenen Zuneigung das Prinzip der Gottfriedschen Darstellungsform verkennt« (S. 117). Müller (2007) warnt ebenfalls davor, die Frage »psychologisch-biographisch« zu stellen, sieht aber andererseits Erkenntnisgewinn in der Feststellung, dass »Tristan und Isolde ›füreinander bestimmt‹ sind nach den Kriterien, die in der höfischen Welt gewöhnlich zur *minne* führen« (S. 435). Vor allem die jüngere Forschung differenzierte zwischen einem ›Füreinander-Bestimmtsein‹ und einer im modernen Sinn ›gewachsenen Liebe‹ (so zum Beispiel Müller 2007, S. 435; Küenzlen 2010, S. 54 f.; Schweikle 1991, S. 138). Kern (1988) sieht »keinerlei stichhaltige Indizien für eine den Romanpersonen bewußte oder auch nur unbewußte Liebe vor dem Minnetrank«, dass eine solche angenommen wird, liege »wohl an der eigenartigen Verquickung von Handlungs- und Erzählerebene« (S. 211). Tomasek (2006) spricht davon, »dass die Liebenden noch unmittelbar vor der Minnetrankszene nichts von ihrem Füreinanderbestimmtsein ahnen, während die Rezipienten längst über die ›Legitimität‹ der Verbindung Tristans und Isoldes unter dem Gesichtspunkt der Minne informiert sind« (S. 470). Todtenhaupt (1992) weist ähnlich darauf hin, dass zwar »die Leser um die zukünftige Bestimmung Tristans und Isoldes schon vor dem Minnetrank wissen«, dass aber »der Ausbruch der Liebe für sie selber *nicht* der Endpunkt der Entwicklung ihrer gegenseitigen Zuneigung ist, sondern ein völlig überraschendes Eingangserlebnis« (S. 95). Nach Tomasek (2007) kann die Annahme einer unbewussten Liebe vor dem Minnetrank »allenfalls eine kurzfristige Lesart einer einzelnen Szene bilden, nicht aber als Eckpfeiler der Werkinterpretation herhalten« (S. 201 f.).

Im Folgenden wird dennoch in einer knappen Auswahl die Forschungsdiskussion referiert, die von einem Vorhandensein der Liebe vor dem Minnetrank ausgeht (vgl. hierzu auch Young 2002, S. 264–268). Es wurde zum Beispiel die Frage gestellt, ob nicht der Schönheitspreis Isoldes durch Tristan am Markehof im Rahmen der Brautwerbung bereits auf eine aufkeimende Liebe Tristans zu Isolde weise. So sieht etwa Schweikle (1991, S. 138) den Isoldepreis als Beweis dafür, dass Tristan schon hier in Isoldes Bann geraten sei. Furstner (1957, S. 27) hingegen wendet ein, dass der Lobpreis Isoldes an Marke gerichtet ist, und sieht Parallelen zum Minnesang (den Minnesangbezug sieht ähnlich Kern 1988, S. 208 f.). Das zweite Argument hinsichtlich einer ›Vorminne‹ bezieht sich auf die Splitterepisode im Bad (siehe Kap. 4.2.2.3). Nickel (1927) sprach davon, dass es sich hier um eine »scheu und uneingestanden aufkeimende [...], in Haß umschlagende Jungmädchenliebe« (S. 48), handle. Eine solche Einschätzung wurde jedoch zu Recht kritisiert, denn tatsächlich fällt Isolde hier lediglich »die Inkongruenz zwischen dem *spilman* und seiner ritterlichen Gestalt« auf (Furstner 1957, S. 31; ganz ähnlich Kern 1988, S. 208; Schröder 1967, S. 26). Young (2002) argumentiert, dass die heimliche Musterung Isoldes vor der Badeszene schließlich »im Hinblick auf die weitere Entwicklung der Handlung eine narrative Notwendigkeit« (S. 267) ist. Schultz (1996) bemerkt: »What Isold sees in Tristan is not sex but class« (S. 113). Wessel (1984) sieht bei der Auffindung Tristans durch Isolde nach der Drachentötung »für einen Liebesbeginn typische Vorstellungen: die der Hitze des Kampfes und des Feuers« (S. 576); der Trank symbolisiere »den Durchbruch, die Bewußtwerdung des längst sublim Angebahnten« (S. 582), wobei der Liebesfunke bereits nach dem Drachenkampf von Tristan auf Isolde überspringe. Herzmann (1976) will dagegen nur bei Isolde eine »verborgene unterschwellige Leidenschaft« (S. 92 f.) schon vor dem Trank erkennen, bei Tristan springe der Funke erst mit dem Minnetrank über.

Beginn der Minne mit der Trankeinnahme? Die Argumente hierfür sind zusammengefasst bei Young (2002, S. 260 f.) Beachtung verdient vor allem der Kommentar unmittelbar nach der Trankeinnahme, in dem es heißt, dass sich die *Minne, aller herzen lâgaerîn / [...] sleich z'ir beider herzen in* (V. 11711 f.) und dass sie darin *ir sigevanen* (V. 11714) aufpflanzt. *lâgaerîn* bezieht sich auf ›lâge‹ = ‹Hinterhalt, Falle›; Haug (2012, S. 522) schlägt kontextbezogen ›Belagerin‹ vor. Erst nach der Trankeinnahme ist auch die Rede von *stric* und Leimrute, dagegen scheinen die Fronten vor der Trankeinnahme auf dem Schiff noch verhärtet. Denn bei der Abreise von Irland beschreibt der Erzähler Tristan als Feind Isoldes: *ich bin iu gehaz* (V. 11575) – freilich ist hier auch die Intention eines größtmöglichen Spannungsbogens (Hass wird zu Liebe) mitzudenken. Als Tristan Isolde in der Kajüte bei der Überfahrt zu Marke tröstet, wird dies lediglich als eine Umarmung beschrieben, die einem Gefolgsmann mit seiner Herrin geziemt (V. 11560 f.), Isolde empfindet diese Umarmung als *harte müelîch* (V. 11572), also als sehr lästig. Diese Umarmung wurde des Öfteren als Indiz dafür gesehen, dass zu diesem Zeitpunkt noch keine Liebe vorhanden sei (vgl. Koch 2006, S. 269; Kern 1988, S. 211; Furstner 1957, S. 37). Die Braut bekennt zudem bei dieser Überfahrt, sie würde lieber den betrügerischen Truchsess heiraten, als jetzt mit Tristan zu Marke zu fahren (V. 11621–11629), das zielt darauf ab, dass Tristan ihren Onkel Morold getötet hat. Dass Isolde sich im Rahmen der *lameir*-Episode (siehe Kap. 5.4.2) an ihre Absicht erinnert, Tristan im Bad zu töten, um dann zu beteuern, dass, wenn sie damals gewusst hätte, was sie heute wisse, er gewiss tot wäre (V. 11958–11963), wurde als »rückblickende[r] Blutdurst« gedeutet, als »plötzliche Erkenntnis der gesellschaftlichen Unmöglichkeit ihrer Gefühle« (Young 2002, S. 268). Für Ganz (1970, S. 65–68) ist der Minnetrank das Medium, das die ›transzendentale Macht‹ Minne in die Handlung einbringt. Hatto (1957) sieht Isolde vor dem Minnetrank nicht in Tristan verliebt, denn vor dem Minnetrank werde sie mit einem freien Falken verglichen, danach ist »Isolde im Leim der Minne gefangen« (S. 303; ähnlich argumentiert Todtenhaupt 1992, S. 87–91).

Es ist Young (2002) zuzustimmen, der dafür plädiert, dass eine Minne vor dem Trank nicht eindeutig zu belegen ist, erst der Trank markiert das Einsetzen der Passion: »Bis zum letzten, entscheidenden Moment, in dem Isolde den Trank zu sich nimmt, läßt der Text keine eindeutige Auslegung zu [...]. Erst bei der Entfaltung der Trankwirkung wird Klarheit geschaffen« (S. 267). Das Bekenntnis Tristans zur Ehebruchsminne nach der Trankeinnahme scheint die alte Legitimierungsfunktion des Tranks weitgehend überflüssig zu machen. Warum also der Minnetrank bei Gottfried? Mit Blick auf Rezipientenerwartung und Stofftradition war ein Tristanroman ohne Minnetrank kaum vermittelbar. In jedem Fall aber ist die Liebeskonzeption Gottfrieds in ihrer Radikalität Zeugnis einer deutlich emanzipierten Aneignung des Stoffes.

5.4 | Das Liebesbekenntnis im *lameir*-Wortspiel

5.4.1 | Das Fragment von Carlisle (Thomas)

Das Minnegeständnis der Protagonisten wird bei Thomas und Gottfried durch das *lameir*-Wortspiel verhüllt, beruhend auf der Homonymie dreier französischer Wörter. Berol und Eilhart kennen das raffinierte Wortspiel nicht. Gottfrieds Erzähler beruft sich bekanntlich auf Thomas als einzig richtige Version; das Folgende zeigt jedoch, dass Gottfried bezüglich des Wortspiels von Thomas abweicht.

Die Minnegeständnisszene bei Thomas ist mit einer Sensation der Tristan-Philologie verbunden. 1994 stößt der Anglist Michael Benskin in Carlisle (vgl. Benskin/Hunt/Short 1995, S. 318) im Einband eines lateinischen Urkundenregisters auf einige altfranzösische Verse. Das Fragment im Umfang von 154 Versen ist beschädigt, es fehlt bei einigen Versen der Anfang, bei anderen das Ende. Die Identifizierung erbrachte, dass die Verse aus dem anglonormannischen Tristanroman von Thomas stammen und die Situation nach der Trankeinnahme der Protagonisten übermitteln. Die Entdeckung der Minnegeständnisszene kann in ihrer Bedeutung »schwerlich überschätzt werden« (Haug 1996, S. 177). Denn der Text von Thomas ist ja insgesamt nur in wenigen Bruchstücken erhalten (siehe Kap. 1.1) und setzt (ohne das Carlisle-Fragment) dort ein, wo Gottfried wenig später bereits abbricht, nämlich mit der zweiten Baumgartenszene. Der Inhalt des Carlisle-Fragments ist folgender: Thematisierung der Moroldtötung / *lameir*-Wortspiel und Liebesgeständnis / Einweihen Brangänes / Beischlaf / Ankunft in Cornwall / Hochzeit / Brautnachtbetrug.

Das Fragment von Carlisle bietet also eine Grundlage für den Vergleich von Thomas und Gottfried, was die Reaktion Tristans und Isoldes nach der Trankszene betrifft. Allerdings fehlen bei den ersten 37 Versen je drei bis fünf Silben (vgl. Eifler 2001, S. 134), so dass man »die Gefahr der Zirkularität im Auge behalten [sollte], denn Gottfrieds Roman ist an einigen Stellen für die Rekonstruktion des Thomasschen Textes herangezogen worden« (Zotz 2000, S. 2, Anm. 3). Im Zentrum steht ein raffiniertes Wortspiel: Altfranzösisch *lamer* kann heißen: ›die Liebe‹ bzw. ›das Lieben‹, ›das Meer‹, aber auch ›die Galle‹ bzw. ›bitter‹. Das Wortspiel »is missing in the precourtly version; it is in all probability Thomas's invention« (Haug 1997b, S. 47). Haug (2011, S 530) weist auf das lateinische Muster für das Wortspiel: ›amare‹ (›lieben‹), ›amarus‹ (›bitter‹), ›mare‹ (›Meer‹).

Das Liebesgeständnis: Die Enthüllung des Liebesgeständnisses von Tristan und Isolde hat mehrere Schritte (Darstellung im Folgenden teilweise nach Zotz 2000, S. 8–11; Haug 1996, S. 182 f.; der altfranzösische Text wird zitiert nach Benskin/Hunt/Short 1995, S. 300–306; die Übersetzung folgt Zotz 2000, S. 3–7; vgl. auch

Short/Schmidt-Brummer 1995, S. 1–7; Text und Übersetzung mit kritischem Kommentar bei Haug 2011, S. 190–199 bzw. S. 814–819; die Übersetzung von Zotz versucht das Wortspiel zu vereindeutigen).

1. Isolde ist es, die mit dem Wortspiel beginnt. Sie betont, dass sie ohne Tristan nichts von *lamer* wüsste (Carlisle, V. 39–45), ohne Tristan gebe es kein *lamer*. Dieses Geständnis kann sich auf das Meer, das Bittere, aber auch auf die Liebe beziehen. Haug (1999, S. 12) sprach diesbezüglich von einem »psychologisch feinsinnige[n] Verhüllungs-Enthüllungsspiel«, das dann bei Gottfried sehr verknappt sei. Isolde agiert nach Jantzen/Kröner (1997, S. 297 f.) souverän und gelehrt.

[Isolde:]	
»Si vus ne f[u]ss[e]z, ja ne fusse	»Wenn Ihr nicht gewesen wärt, wäre ich nicht hier,
Ne de *l'amer* rien [ne] sëusse.	Und ich wüsste nichts **vom Lieben** (**vom Bitteren**).
Merveille est k'om **la mer** ne het	Es ist ein Wunder, dass man **das Meer** nicht hasst,
Qui si **amer** mal en mer set,	Wenn man in so **bitteres Übel auf dem Meer** erfährt.
E qui l'anguisse est si amere!	Und wenn man in so bitterer Bedrängnis ist.
Si je une foiz fors en ere,	Wenn ich einmal davon wegkäme,
Ja n['i] enteroie, ce quit.«	Kehrte ich nie wieder dahin zurück, glaube ich.«

(Beginn des Wortspiels *l'amer – la mer*; Carlisle, V. 39–45)

2. Tristan ist verwirrt, fragt dann aber bei Isolde nach, denn er will das Leiden weiter eingrenzen. Er will wissen, ob sie an der Liebe oder an der Seekrankheit leide. Immer schwingt dabei die Konnotation ›bitter‹ mit (*puïr* meint den »Erbrechensgeruch durch die Seekrankheit«, Haug 2011, S. 816).

Tristran ad noté [ch]escun dit,	Tristran hat alles, was sie gesagt hat, wohl gehört,
Mes el l'ad issi forsvëé	**Aber sie hat ihn sehr verwirrt**
Par »**l'amer**« que ele ad tant changé	Durch das »**lamer**«, mit dem sie so viel gespielt hat,
Que ne set si cele dolur	Dass er nicht weiß, ob sie ihren Schmerz
Ad de **la mer** ou de *l'amur*,	Durch **das Meer oder durch die Liebe** erfahren hat
Ou s'el dit »**amer**« de »**la mer**«	Oder ob sie **das Meer** als **bitter** bezeichnet
Ou pur »*l'amur*« dïet »**amer**«.	Oder sagt, **die Liebe** sei **bitter**.
Pur la dotance qüe il sent,	Weil er darüber im Zweifel ist,
Demande si *l'a[mur* li] pr[en]t	Fragt er, ob sie **von Liebe** ergriffen sei,
Ou si ja grante ou s'el s'[a]st[ient].	Ob sie ihr schon nachgibt oder ihr entsagt.
...	...
»Par tant q[u'e]l voir le ... te,	Demgemäß, dass im wahren...
Car deus mals i put l'en se[n]tir,	Denn zwei Übel konnte man hier empfinden,
L'un *d'amer*, l'autre de *puïr*.«	Eins aus **Liebe (Bitterkeit)**, das andere aus **Ekel**.«

(Verwirrung Tristans, Leid durch Liebe oder Seekrankheit?; Carlisle, V. 46–58)

3. Isoldes Antwort ist doppeldeutig: Ihr Übel des Herzens sei bitter (*amer*), aber nicht eklig (*put*) und es komme vom Meer.

Ysolt dit: »[C]el mal que je sent	Ysolt sagte: »Das Übel, das ich empfinde,
Est **amer, mes ne put nïent**:	ist bitter (Liebe), aber nicht ekelerregend:
Mon quer angoisse e pres le tient.	Es bedrängt mein Herz und lässt mir keine Ruhe.
E tel **amer de la mer** vient:	**Diese Bitterkeit/Liebe kommt vom Meer/vom Lieben/von der Bitterkeit:**
Prist puis que [je çäen]z entray.«	Sie ergriff mich, als ich hierher kam.«

(Mehrdeutige Antwort Isoldes; Carlisle, V. 59–63)

4. Tristan bestätigt, dass er an demselben Übel leide. Dies wird im Folgenden zum direkten Liebesbekenntnis vereindeutigt. »It is for Tristan to make an open declaration, after which the two consummate their love, and happiness [...] succeeds pain« (Finlay 2004, S. 212). Tristan trägt nach dem Liebesgeständnis den Beinamen *Tristran li amerous* (V. 96), also Tristan der Verliebte.

Tristran respont: »Autretel ay:	Tristran antwortet: »Ich empfinde das gleiche Übel:
Ly miens mals est del vostre estrait.	Meins ist Eurem ganz nah verwandt.
L'anguisse mon quer amer fait,	Die Bedrängnis macht mein Herz bitter/lieben,
Si ne sent pas le mal amer;	Aber es empfindet das Übel nicht als bitter;
N'il ne revient pas de la mer	kommt auch nicht vom Meer,
Mes d'amer ay ceste dolur,	Sondern mein Herz empfindet diesen Schmerz durch das Lieben/ das Bittere,
E en la mer m'est pris l'amur.	Auf dem Meer hat mich die Liebe ergriffen.
Assez en ay or dit a sage.«	Nun habe ich genug darüber gesagt für jemanden, der mich versteht.«

(Eindeutiges Liebesbekenntnis Tristans; Carlisle, V. 64–71)

Nach Zotz (2000) hat Isolde das »Rätselwort nicht nur zur Verwirrung Tristans benutzt«, sondern sie bündelt »in dem einen Wort *lamer* gleichzeitig ihre ganze Situation« (S. 10). Das Carlisle-Fragment schließt mit dem Brautnachtbetrug an König Marke. Wie bei Gottfried ist die Rede davon, dass Marke »überhaupt nicht merkte, / Daß es eine andere als vorher war« (V. 150 f.), doch immerhin scheint hier Markes ›Blindheit‹ durch den vorhergehenden Weingenuss legitimiert (V. 149 f.).

5.4.2 | Das Liebesgeständnis bei Gottfried

Was macht Gottfried daraus? Das Homonymen-Wortspiel (das offenbar Schule gemacht hat, denn Chrétien hat es in seinem *Cligès* aufgegriffen, vgl. Krohn 2005, S. 178; Zotz 2000; S. 11 f.; Haug 2011, S. 816), kann nicht ins Deutsche übersetzt werden; es wird als *lameir* (nicht *lamer*) als Fremdwort beibehalten. Der Grundunterschied ist der, dass Tristan nicht verwirrt ist wie bei Thomas, sondern souverän reagiert. Gottfried rückt zudem das Leiden in den Vordergrund, weil *lameir* bereits zu Beginn durch die Isoldenrede eingeführt als leidbringend konnotiert ist (vgl. Jantzen/Kröner 1997, S. 298–300). Die Leidthematik weist wiederum auf das Prolog-Programm der *edelen herzen*. Es gibt bei Gottfried sechs Enthüllungsschritte (Darstellung folgt teilweise Zotz 2000, S. 12–18).
1. Das Wortspiel geht auch hier von Isolde aus:

Der **Minnen** vederspil Îsôt,	*lameir* daz swaeret mir den muot,
»*lameir*« sprach sî »daz ist mîn nôt,	*lameir* ist, daz mir **leide** tuot.«

(Beginn des Wortspiels durch Isolde; Gottfried, V. 11985–11988)

vederspil wurde unterschiedlich gedeutet, als ›Lockvogel‹ oder als ›Falke‹ (zur Forschungsdiskussion hierzu vgl. Krohn 2005, S. 178); *vederspil* allgemein ist ein »zur jagd abgerichteter vogel« (BMZ IIB, S. 503). *Der Minnen vederspil Îsôt* bezeichnet Isolde, die sozusagen im Dienst der ›Falknerin‹ Minne Tristan ›nachstellt‹, und mithin den aktiven Part – im Gegensatz zum passiven ›Lockvogel‹ – innehat.

2. Tristan macht sich die drei Bedeutungen des Wortes klar: *lameir* bedeutet ›Liebe‹, aber auch ›bitter‹ und das ›Meer‹:

*dô sî **lameir** sô dicke sprach,*	*sus begunde er sich versinnen,*
er [Tristan] bedâhte unde besach	*l'ameir daz waere minnen,*
anclîchen unde cleine	*l'ameir bitter, la meir mer.*
des selben wortes meine.	*der meine der dûhte in ein her.*

(Tristans Überlegungen zu *lameir*; Gottfried, V. 11989–11996)

3. Tristan schließt dann geschickt eine Bedeutung aus, indem er nur das Meer sowie die Bitternis nennt und die Liebe ausklammert. Er reagiert also in einem souveränen Ausschlussverfahren, um Isolde aus der Reserve zu locken:

er [Tristan] übersach der drîer ein	*mer unde sûr beredete er.*
unde vrâgete von den zwein.	*»ich waene« sprach er »schoene Îsôt,*
er versweic die minne,	*mer unde sûr sint iuwer nôt.*
ir beider vogetinne,	*iu smecket mer unde wint.*
ir beider trôst, ir beider ger.	*ich waene, iu diu zwei bitter sint?«*

(Tristans listiges Nachfragen; Gottfried, V. 11997–12006)

4. Isolde reagiert wie erwartet. Sie wehrt die zwei Bedeutungen ab, die Tristan ihr vorgeschlagen hat, und weist so auf das einzig Übrigbleibende, die Liebe:

[Isolde:]	*mirn smecket weder luft noch sê.*
***»nein hêrre, nein!** waz saget ir?*	***lameir al eine tuot mir wê.«***
der dewederez wirret mir,	

(Isolde verweist indirekt auf die Liebe; Gottfried, V. 12007–12010)

5. Tristan gibt zu, dass es ihm genauso gehe: Isolde und *lameir* würden ihn bedrängen. Nichts auf der Welt würde er so innig lieben wie Isolde. Abermals wird die Leidperspektive der Liebe (*nôt*) betont:

[Tristan:]	*sô starke und alsô sêre:*
»entriuwen, schoene, als ist ouch mir,	*in erhol mich niemer mêre.*
lameir und ir, ir sît mîn nôt.	*mich müejet und mich swaeret,*
herzevrouwe, liebe Îsôt,	*mir swachet unde unmaeret*
ir eine und iuwer minne	*allez, daz mîn ouge siht.*
ir habet mir mîne sinne	***in al der werlde enist mir niht***
gâr verkêret unde benomen,	***in mînem herzen liep wan ir.«***
ich bin ûzer wege komen	

(Tristan gesteht seine Liebe; Gottfried, V. 12014–12027)

6. Isolde formuliert dezidiert, dass es ihr genauso wie Tristan gehe: *Îsôt sprach: »hêrre, als sît ir mir«* (V. 12028).

Gottfrieds Tristan setzt also das von Isolde initiierte Wortspiel so geschickt ein, dass er damit ein Liebesgeständnis Isoldes provoziert, vom verwirrten Tristan im Carlisle-Fragment ist hier nichts zu merken. Bei Gottfried steht »eine verunsicherte Isolt einem überlegen abwägenden Tristan gegenüber. Dieser erreicht, daß sie die Verrätselung zugunsten einer Vereindeutigung preisgibt, denn das ist das Ziel, auf das der Dialog zusteuert« (Zotz 2000, S. 16). Der Liebeserklärung »kommt im Prozeß des Durchbruchs der Liebe also eine eigenständigere Bedeutung gegenüber dem Trank zu als es zunächst scheinen mochte« (Wessel 1984, S. 581 f.)

Die konfliktiven Antriebe *minne unde scham* (V. 11825) werden nach dem Liebesgeständnis zusammengeführt. Das Minnegeständnis markiert die zweite Stufe der ›gradus amoris‹, den fünf Minnestufen (Sehen, Sprechen, Umarmung, Kuss, Beischlaf) und führt zum Beilager von Tristan und Isolde, das noch auf dem Schiff während der Überfahrt nach Cornwall vollzogen wird. Tristan und Isolde bitten Brangäne um Hilfe, beide *sterben von minnen* (V. 12111). Brangäne verspricht, für eine günstige Gelegenheit zu sorgen, so dass sich Tristan zu Isolde schleichen kann. Die Minne ist die heilende Ärztin (die Vorstellung, dass die Liebe bzw. der Beischlaf von Minneleid erlöst und somit die Minne eine Ärztin sei, geht auf Ovids *Ars amatoria* zurück; Ovid, ed. Albrecht 2005, S. 88–91):

Des nahtes, dô diu schoene [Isolde] lac,
ir triure unde ir trahte pflac
nâch ir trûtamîse,
nu kam geslichen lîse
zuo der kemenâten în
ir amîs unde ir arzâtîn,
Tristan und diu Minne.
Minne diu arzâtinne
si vuorte ze handen
ir siechen Tristanden.

ouch vant s'Îsôte ir siechen dâ.
die siechen beide nam si sâ
und **gab in ir, im sie**
ein ander z'arzâtîe.
wer haete ouch dise beide
von dem gemeinem leide
vereinet unde bescheiden
wan einunge an in beiden,
der stric ir beider sinne?

(Die Minne als Ärztin: Beilager von Tristan und Isolde; Gottfried, V. 12157–12175)

5.4.3 | Minnekonzeptionen: Thomas und Gottfried

Anhand des Fragments von Carlisle und der übrigen Thomas-Fragmente versuchte die Forschung trotz der desolaten Überlieferungslage die Liebeskonzeption von Thomas im Vergleich zu Gottfried zu erschließen. Während bei Gottfried eindeutig der *liebe-leit*-Konnex im Vordergrund steht, sieht etwa Schmitz (2009) bei Thomas die Betonung auf *confort* (in Carlisle wie den Fragmenten von Cambridge, Sneyd und Douce). Diese Akzentuierung einer ›Trostperspektive‹ schließe auch die Reflexionen des Paares in den Sterbeszenen mit ein (ebd. S. 262). Das lasse »auf eine Liebeskonzeption des Thomas schließen, die das Leid, das die Liebe zwischen Tristran und Ysolt mit sich bringt, nicht oder zumindest nur in Ansätzen als integralen Bestandteil dieser Liebe reflektiert« (ebd. S. 262 f.). Ähnlich sieht das Haug (2011), für den *confort* das »zentrale Leitwort« bei Thomas ist und »die Wende vom Leid zur Erfüllung«, auch noch am Ende, bezeichnet (S. 534; ähnlich Haug 1997b, S. 52–55; vgl. auch Seggewiss 2012, S. 77; anders sieht das Eifler 2001, S. 116, für den Gottfried »keine gravierenden Änderungen vorgenommen hat«). Jedenfalls ist das gegenseitige Kommunizieren der Liebe bei Thomas und Gottfried im Vergleich mit Eilhart neu: Den »Figuren [ist] durch den Minnetrank zwar eine objektive ›Minneidentität‹ bereits gegeben«, sie müssen »ihre Relation zueinander aber erst durch nonverbale und verbale Kommunikation neu konstituieren« (Koch 2006, S. 268).

Fazit: Der Minnetrank provoziert den ›Kurzschluss‹ zwischen Werbungshelfer und Braut, Tristan und Isolde, als beide unwissentlich auf der Überfahrt nach Cornwall davon trinken. Bei Berol und Eilhart ist der Trank als zauberisches ›Gift‹ negativ konnotiert und die Protagonisten lehnen die Trankminne dezidiert ab. In der *Tristrams Saga* (bei Thomas ist die Szene nicht erhalten) ist der Minnetrank als ›Betrug‹ diskreditiert. Tristans freiwillige Annahme von Trankminne und Liebestod bei Gottfried dagegen affirmiert dessen radikales Minnekonzept und sein elitäres Programm der *edelen herzen*. Die Minnegeständnis-Szene wird bei Thomas und Gottfried in einem raffinierten Wortspiel (*lameir*) übermittelt.

Berol/Eilhart:	**Gottfried:**
• Minnetrank negativ konnotiertes ›Gift‹; Ablehnung der Trankminne durch die Protagonisten • Trank als Legitimation des Ehebruchs • Zeitliche Beschränkung der (absoluten) Trankwirkung	• im Nachhinein freiwilliges Bekenntnis Tristans zu Trankminne und Liebestod • Ringen Tristans um *Triuwe*, *Êre* und *Minne* nach der Trankeinnahme • Trankwirkung zeitlich nicht beschränkt

Abb. 14   Die unterschiedlichen Trankkonzeptionen

6 Öffentlichkeit und Heimlichkeit – List und Gegenlist

6.1 | Die Öffentlichkeit als ›Rechtsinstitution‹

In der Bewertung der beiden Sphären Öffentlichkeit und Heimlichkeit (zur Semiologie des lateinischen Begriffspaares ›publicus‹/›privatus‹ vgl. von Moos 2004b, S. 10–35) ist Gottfrieds Text nicht eindeutig (vgl. Wenzel 1988b, S. 350). Das ist der besonderen Situation des Ehebruchpaars Tristan und Isolde geschuldet, das mit List und Täuschung agiert, um sein Liebestreiben zu verheimlichen. Dies ist bei Gottfried durchaus positiv bewertet. Denn die Liebenden werden hinsichtlich ihres Listhandelns nicht verurteilt, im Gegenteil: Gott steht auf ihrer Seite und sorgt für einen glücklichen Ausgang der Listenduelle mit dem Markehof. Die Gegenspieler, die Vertreter der Institution der *huote*, die den Protagonisten listig nachstellen, um den Ehebruch rechtsgültig nachzuweisen, sind kontrastiv hierzu dem diabolischen Bereich zugeordnet. Eine befördernde Rolle hinsichtlich der positiven Bewertung des Listhandelns – wenn es sich auf der textlogisch ›richtigen‹ Seite abspielt – hatte vermutlich der zeitgenössische *prudentia*-Diskurs. Denn in der hochhöfischen Epik wird

das Ideal der ›schoenen‹ List propagiert, als Bestandteil einer spezifisch höfischen Form der Konfliktlösung, welche Diplomatie als hohen Wert ansieht, aber seit Hartmann von Aue fließen Theoreme der Sündenlehre bei der Beurteilung von Täuschungsmanövern mit ein. Darin ist ein Reflex der Bemühungen zu sehen, die Kardinaltugend *prudentia*, bis etwa zur Mitte des 12. Jahrhunderts für staatliches Handeln reserviert, im theologischen Sinne als Tugend hoffähig zu machen und damit grundsätzlich zur Handlungsmaxime für jede Situation zu erklären. Als Höhepunkt dieser Entwicklung kann der ›Tristan‹-Roman Gottfrieds von Straßburg gelten (Semmler 1991, S. 233 f.).

Exkurs: Öffentlichkeit und Herrschaft – Hell-/Dunkel-Metaphorik: Herrschaft im Mittelalter muss öffentlich dargestellt werden, weil es noch keine Institutionen gibt, die die Herrschaft durchsetzen. Es gibt keinen »Staatsapparat mit Behörden, der sich Sonderrechten gegenüber durchsetzen konnte« (Morsch 1984, S. 26). Im Schauraum öffentlichen Handelns werden politische und religiöse Ordnungsvorstellungen sichtbar und begreifbar gemacht. Die Öffentlichkeit übernimmt die Funktion einer »›Rechtsinstitution‹ mit den Aufgaben der Kontrolle, Lenkung und Disziplinierung« (ebd.). Zur Öffentlichkeit zählten alle Personen oder Personengruppen, »die, ganz allgemein gesagt, Teilhabe an der Herrschaft besaßen (ebd. S. 26 f.). Idealiter vermittelt all das, was in der Öffentlichkeit geschieht, Rechtmäßigkeit; was in der Heimlichkeit geschieht, kann oft der Unrechtssphäre zugeschrieben werden (vgl. Wenzel 1988b, S. 339 f.; Brandt 1993, S. 165).

Die Legitimation von Herrschaft muss immer wieder neu bestätigt werden, etwa als sichtbare Aura der Herrschaft, durch Insignien wie Abzeichen oder Waffen, durch Habitus, also durch Kleidung und Haartracht, durch Gestus wie etwa Grußform und Gebärde (vgl. Wenzel 1988b, S. 337). Der Fokus liegt auf der Erscheinung des Herrn, man spricht hier von *caput*-Repräsentation. »Repräsentative Öffentlichkeit ist auf Sichtbarkeit hin angelegt, und wer auf seine Prachtentfaltung aufmerksam machen will, der muß auch gesehen werden können«; »Licht oder gar Sonne [zählen] zu den häufigsten Metaphern der Ehre« (Röcke 1990, S. 46). Diese Lichtmetaphorik (das

»Prinzip des Diaphanen«) gehört zu den frühen Abstraktionen, die als Strahlen und Leuchten erscheinen (Czerwinski 1989, S. 43). Legitime Herrschaft ist immer angelegt auf öffentliche Zustimmung; es gibt keine Repräsentation von Herrschaft im Mittelalter, die sich im Geheimen und unter vier Augen abspielt. *êre* verlangt die sinnliche Erfahrbarkeit von Rang: *offenbæren* (öffentlich machen für die Augen und Ohren aller) ist ein Akt der Statusmanifestation und der Sicherung von politischen Ansprüchen (vgl. Wenzel 1988b, S. 340; 345). ›Heimlich‹ (mhd. *heinlich*) meint zunächst ganz allgemein ›vertraut‹ (BMZ I, S. 653); *heinlich*, auch *tougen* oder *verholne*, umfasst jedoch auch den Bereich all dessen, was aus dem öffentlichen Raum ausgeblendet wird, vor der Öffentlichkeit verborgen bleibt und verborgen bleiben muss (vgl. Brandt 1993, S. 225–230).

Dem Raum der Öffentlichkeit zugeordnet ist die rechtsgarantierende kontrollierende Zeugenschaft des Hofes (vgl. Wenzel 1988b, S. 339). Dem Raum der Heimlichkeit fehlt dagegen diese Zeugenschaft, häufig ist die Heimlichkeit gekennzeichnet durch die Ausblendung des Lichts, durch die bergende Nacht, den verhüllenden Schatten. Die Zuordnung von Licht und Schatten, Öffentlichkeit und Heimlichkeit enthält nicht selten bereits eine Aussage über die Rechtlichkeit oder zumindest die moralische Bewertung der Situation. »Charakteristisch für die religiöse Deutung des Lichts ist seine Gegenbildlichkeit oder antithetische Bindung an sein Gegenteil. Licht und Finsternis, Tag und Nacht, Hell und Dunkel, Himmel und Hölle, Gut und Böse werden prinzipiell aufeinander bezogen und bedingen einander« (Röcke 1990, S. 38). Ein bekanntes literarisches Beispiel liefert das *Nibelungenlied*. Denn als Siegfried im Brautnachtbetrug Brünhild im Schlafgemach gewaltsam niederringt, ist der Entzug von Sichtbarkeit gleich mehrfach markiert: Die Lichter sind gelöscht, die Kämmerer werden hinausgeschickt, die Tür wird mit zwei Riegeln verschlossen. Der nichtöffentlichen Handlungssphäre sind die Kategorien der Sünde und der Illegalität zugeordnet, in der Helligkeit des Lichts dagegen geschieht der Vollzug des öffentlichen Handelns, das Licht dient als Medium der Gerechtigkeit (vgl. Wenzel 1988b, S. 346).

Die Verwendung moralisch getönter Hell-Dunkel-Metaphorik ist fester Bestandteil der antiken und der christlichen Ikonographie. Das Dunkel der Nacht gilt hier als adäquater Handlungsraum des Bösen, dagegen hat das Licht (primär die Sonne, sekundär aber auch das Licht der Nacht, der Mond) die Funktion der Rechtswahrung und -sicherung. Es ist mittelalterliche und germanische Rechtspraxis, das Gericht öffentlich abzuhalten; im Licht der Öffentlichkeit sichtbar und überprüfbar vollzieht sich das Gericht über das Böse (ebd. S. 350 f.). »Die Öffentlichkeit sanktioniert, legitimiert und legalisiert rechtliche und politische Vorgänge« (Morsch 1984, S. 41).

Öffentlichkeit/Heimlichkeit im *Tristan* – Ehebruch und *êre*: Dieser grundlegende Bezug von Hell und Dunkel als Rechtmäßigkeit und Unrecht ist in Gottfrieds *Tristan* nicht eindeutig. Der stereotype Gegensatz von Licht und Dunkel wird hier »neu gedeutet, verarbeitet oder verschoben« (Röcke 1990, S. 40). »Nicht alles, was offenbar ist, muß wahr sein (Gottesurteil), nicht alles, was voller Heimlichkeit ist, muß verwerflich sein [...]. Öffentliches Verhalten kann hinterhältig, heimliches kann aufrichtig sein« (Morsch 1984, S. 28). Dieser Sachverhalt gründet im Stoff, denn es gibt mindestens seit dem ›Kurzschluss‹ zwischen Braut und Werbungshelfer (siehe Kap. 5) konfliktive Ordnungen. Bei Berol und Eilhart sind Tristan und Isolde immerhin durch den Minnetrank exkulpiert, bei Gottfried ist der Sachverhalt aufgrund der freiwilligen Trankannahme Tristans komplexer. Doch auch hier werden Tristan und Isolde »für ihre illegitime Liebe nicht [...] bestraft, sondern im Gegenteil zum Vorbild einer Gefühlskultur« (Röcke 1990, S. 48).

Andererseits fordern die Öffentlichkeit bzw. die anerkannten gesellschaftlichen Konventionen ihren Tribut. So ist die »höfische Öffentlichkeit [...] gewissermaßen personifizierter Kontrahent Tristans und Isolts in der Konfrontation zwischen der Idealität der Minne und den Normen und Konventionen der Welt« (Morsch 1984, S. 22). Um seinem Begehren nachzukommen, muss das ehebrecherische Minnepaar Dunkelheit und Heimlichkeit nutzen. Die Heimlichkeit dient in diesem besonderen Fall der Befriedung der Gefährdung sowohl der Protagonisten wie der öffentlichen Ordnung (vgl. Wenzel 1988b, S. 357). Insofern »wird die Dunkelheit im Tristanroman keineswegs mehr nur negativ gedeutet, sondern erfährt auch eine Positivierung« (Röcke 1990, S. 50). Die êre Tristans und Isoldes ist also an die Verheimlichung des ehebrecherischen Liebestreibens gebunden, die öffentliche Ordnung kann nur aufrechterhalten werden, wenn die Ehebruchsbeziehung heimlich erfolgt. Dies vermittelt die zweite Baumgartenszene (siehe Kap. 8.3.2), als Tristan und Isolde beim Stelldichein am helllichten Tag geradezu mutwillig ihre êre aufs Spiel setzen – und prompt von Marke entdeckt werden.

Die Liebe lehrt aufrichtige Menschen, die doch eigentlich nichts von trüge (V. 12451) und valscheit (V. 12452) wissen dürften, an Betrug zu denken: sô lêret minne / durnehteclîche sinne / ze valsche sîn vervlizzen (V. 12447–12449). Dieser Kommentar befindet sich unmittelbar nach dem Bericht des geplanten Brautnachtbetrugs. Tristan und Isolde sind aufrichtig (durnehtec), obwohl beide zuvor den Beischlaf vollzogen und damit Marke doppelt betrogen haben: Tristan als Brautwerber und Isolde als Braut Markes. Eine nichtöffentliche Schande ist offenbar keine volle Schande (vgl. Brandt 1993, S. 248). Dass Gott den ehebrecherischen Liebenden hilft, wenn diese auf ihre êre sehen, wird vor allem in der Szene des belauschten Stelldicheins sowie im Gottesurteil deutlich (siehe Kap. 6.2.2.2 f.).

6.2 | Die Listepisoden bei Gottfried

Übersicht über die Liststationen: Das Listhandeln weist den Markehof als Verlierer aus, das protagonistische Paar triumphiert. Dies betrifft sowohl die Handlungslisten, die über die Episoden Brautnachtbetrug, ›Gandin‹, Mehlstreulist und Schwertlist übermittelt werden, als auch die Sprachlisten. Dickerson (1972) unterscheidet zwei Kategorien von Sprachlisten: zum ersten die Lügen »which simply and unequivocally falsify the facts«, zum zweiten die doppeldeutige Rede, »which is both true and false at the same time« (S. 128; zur Unterscheidung von Täuschung, Betrug und List vgl. Geier 1999, S. 13–48). Tristans simple Herkunftslügen im Rahmen von Jugendgeschichte und Brautwerbung sind also von der sprachlich artifiziellen doppeldeuti-

Brautnachtbetrug – Handlungslist	V. 12435–12696
Gandin-Episode (›Rotte und Harfe‹) – Handlungslist	V. 13097–13450
Bettgespräche – Sprachlist	V. 13673–14234
Baumgarten I (Spänelist; belauschtes Stelldichein) – Handlungs- und Sprachlist	V. 14583–15046
Mehlstreuepisode – Handlungslist	V. 15117–15266
Gottesurteil – Sprachlist	V. 15267–15764
Schwertlist – Handlungslist	V. 17403–17416

Abb. 15 Die Listepisoden in Gottfrieds *Tristan* in handlungschronologischer Folge

gen Rede zu trennen, die gleichermaßen wahr und falsch ist und in den Bettgesprächen, im belauschten Stelldichein sowie im Gottesurteil eine Rolle spielt.

In den Bettgesprächen, im belauschten Stelldichein und in der Mehlstreuepisode antworten die Listen Isoldes bzw. des protagonistischen Paars auf das Listhandeln Markes, es geht darum, *list / wider list* (V. 13867 f.) zu setzen im Sinne eines »Wettstreit[s] der *kündekeit*« (Czerwinski 1989, S. 305). Mittelhochdeutsch *list* bedeutet in erster Linie ›Weisheit, Klugheit‹ (BMZ I, S. 1010); die Bedeutung als ›Kunst‹, wie sie der Prolog nahelegt (siehe Kap. 2.1), ist hier nebensächlich. Der »Schläue-Wettstreit« (Krohn 2005, S. 201) ist über zwei Dreiergruppen vermittelt. Auf der einen Seite stehen Tristan, Isolde und die *confidente* Brangäne, auf der anderen Marke, Marjodo und Melot, deren Zusammengehörigkeit bereits durch das anlautende ›M‹ als Merkformel deutlich wird: Tristans »Widersacher sind (wie schon Morgan und Morold und offenbar traditionell, nicht erst bei Gottfried) durch den gemeinsamen Anlaut kenntlich gemacht« (Haug 2011, S. 588). Marjodo und Melot sind die beiden negativen »Pufferfiguren«, die die eigentliche Opposition Tristan/Isolde vs. Marke entmarkieren (Warning 2003, S. 200).

Marjodos Ebertraum: Marjodo ist der oberste Truchsess des Königs (V. 13464). Seine Freundschaft zu Tristan ist zum einen durch seine Verehrung für Isolde (V. 13468) motiviert, zum anderen wird die Freundschaft auch unabhängig davon beschrieben. Doch als Marjodo die Liebesbeziehung von Tristan und Isolde bemerkt, ist die »ausgesprochen innige, reziproke Zweisamkeit der beiden Männer« gestört (Fritsch-Rößler 2006, S. 84). Das Ganze beginnt mit Marjodos entlarvendem Ebertraum. Der Truchsess träumt, dass ein *eber, der ûz dem walde lief, / vreislîch unde vreissam* (V. 13514 f.) an den Hof kommt, mit wetzenden Hauern alle angreifend, um dann in Markes Kammer dessen Bett mit seinem Geifer zu besudeln (V. 13516– 13534). Dieser Traum

> ist in Verbindung zu sehen mit Tristans Wappentier: Seinen Schild ziert ein (schwarzer) Eber als Sinnbild für seinen Mut [...]. Hier jedoch folgt der Dichter einer anderen mittelalterlichen Eber-Tradition, in der das Tier als zerstörerische, ja diabolische (durch die Farbe noch unterstrichene) Macht verstanden wird und zum Träger einer deutlichen Sexual-Symbolik gerät (Krohn 2005, S. 199, dort auch weiterführende Literatur).

Marjodos Traum vom Eber, »der das Bett des Königs verwüstet, [ist] nicht nur die Projektion eines eifersüchtigen Rivalen, denn Tristan ›ist‹ tatsächlich dieser Eber [...], indem er die Ehe des Königs besudelt« (Müller 2003, S. 227). Marjodo findet Tristan nicht, dem er den Traum erzählen will; er folgt im Mondlicht dessen Spur im Schnee, die zur Kammer Isoldes führt, doch er kann nichts sehen, weil Brangäne *ein schâhzabel* (V. 13506), ein Schachbrett also, schützend vor das Licht gestellt hatte (zur erotischen Konnotation des Schachspiels bzw. der Schach-Terminologie etwa in der Minnelyrik vgl. Krohn 2005, S. 64). Der Späher wird aber immerhin zum Ohrenzeugen, Tristans Geheimnis ist damit entdeckt (*sîn tougen was vermaeret, / sîn haelinc g'offenbaeret*, V. 13635 f.). Für »eine Beglaubigung der Entdeckung reicht jedoch keine akustische Wahrnehmung, dafür ist der öffentliche Augenschein erforderlich. Rechtsrelevant und derart zwingende Voraussetzung für eine negative Sanktion gegen die Liebenden ist das kollektive Sehen derer, die teilhaben an der öffentlichen Gewalt« (Wenzel 1988b, S. 347).

Marjodo steht damit vor der Frage, wie er dem *einvalte Marke* (V. 13653) seine Entdeckung übermitteln soll (*einvalte* = ›einfältig, einfach; schlicht, arglos‹; BMZ III, S. 231). »Zwischen öffentlichem Herausposaunen und paralysierter Verschwiegenheit bildet Marjodo in der folgenden Zeit einen fatalen Kompromiss. Heimlich (*verholne*) nimmt er den König beiseite und informiert ihn über ein im Umlauf befindliches *maere*« (Fritsch-Rößler 2006, S. 85), dieses Gerücht ist jedoch seine eigene Erfindung. *Der nîdege Marjodô* (V. 13637) erteilt schließlich einem Vertrauten Markes, der Zugang zu den Frauengemächern hat, dem *getwerc* (V. 14238) Melot aus Aquitanien (zum Namen bzw. zur Namenlosigkeit des Zwergs in anderen Texten vgl. Hertz, S. 538 f.), nach den Bettgesprächen den Auftrag, Beweise für den Ehebruch zu sammeln, *daz man die wâren künde / der minne an in bevünde* (V. 14257 f.).

Die *huote*-Problematik, der Gottfried einen eigenen Exkurs widmet (siehe Kap. 8.3), ist auf Handlungsebene mit einer heilsgeschichtlichen Perspektive aufgeladen. Denn das Bewacherduo Marjodo und Melot ist durch Erzählerkommentar und Figurenrede dem diabolischen Bereich zugeordnet. Als Melot Tristan in den Baumgarten nachschleicht, wird er vom Erzähler als *daz vertâne getwerc, / des vâlandes antwerc* (V. 14511 f.) geschmäht, also als verfluchter Zwerg und Werkzeug des Teufels. Innerhalb der Mehlstreuepisode gibt es mit Blick auf die Bewacher einen kleinen Exkurs zu *valschell* (V. 15053) bzw. falschen Hausgenossen (V. 15052), und der Erzähler rügt, dass Marjodo und Melot Tristan *mit valsche und mit âswîche* (V. 15078), also mit Betrug und Heimtücke, begegnen. Tristan warnt Isolde vor den *zwêne eiterslangen* (V. 15088), sie solle sich hüten *vor dem slangen Melôte / und vor dem hunde Marjodô* (V. 15100 f.). Diese pejorativen Tiermetaphern weisen in der geistlichen Tradition auf den diabolischen Bereich (vgl. Ernst 1976, S. 60, Anm. 348; dort auch Weiterführendes).

6.2.1 | Handlungslisten: Brautnacht, Gandin- und Mehlstreuepisode, Schwertlist

Die Handlungslisten betreffen die vier Episoden Brautnachtbetrug, ›Gandin‹ (= ›Rotte und Harfe‹), Mehlstreuszene und Schwertlist. Dabei wechseln die Adressaten: Im Brautnachtbetrug wird Marke betrogen, die Ausführenden sind Tristan und Isolde sowie Brangäne; in der Gandin-Episode überlistet Gandin zunächst Marke, Tristan kann dann jedoch Gandin überlisten; in der Mehlstreuepisode versucht Melot vergeblich, Tristan zu überführen.

Der Brautnachtbetrug: Dieser Handlungsbetrug legt die jungfräuliche Brangäne anstelle Isoldes in Markes Hochzeitsbett. Die Episode zeigt, dass Marke nicht der Richtige für Isolde ist, denn eine Frau ist ihm wie die andere (siehe Kap. 4.2.2.4).

Die Gandin-Episode – ›Rotte und Harfe‹: Dass eigentlich Tristan Isolde ›verdient‹, zeigt kurz nach dem Brautnachtbetrug – und damit unmittelbar nach der Aufnahme des Ehelebens des Königspaars – auch die Episode ›Rotte und Harfe‹ (unter einer Rotte versteht man ein harfenartiges Saiteninstrument; BMZ IIA, S. 773). Das Ganze spielt sich wie folgt ab. An Markes Hof kommt der irische Baron Gandin, *ritter unde der amîs* (V. 13127) Isoldes, der *durch ir willen* (V. 13131), also ihretwegen, an den Hof kommt; Isolde erkennt ihn sofort. Gandin trägt eine Rotte auf dem Rücken und weigert sich, diese abzulegen. Die Rotte »galt im Mittelalter der Harfe weit unterlegen und irritiert folglich auch die Hofgesellschaft« (Warning 2003, S. 193; vgl. auch Okken 1996, S. 1029). Nach Dicke (1998) verträgt sich Gandins »als *höfsch, schœne unde rîch* (V. 13109) eingeführte Erscheinung schlecht mit der *unhöfscheit unde unvuoge*, die er als Gast an den Tag legt« (S. 140). Marke bittet Gandin, die Rotte zu spielen, Gandin weigert sich, er wisse nicht, was er dafür bekomme. Daraufhin verspricht Marke Gandin, ihm jeden Lohn zu gewähren, den dieser fordert: *welt ir iht, des ich hân, / daz ist allez getân* (V. 13193 f.).

Es geht also um das Erzählmuster der voreilig bzw. vorbehaltslos versprochenen Gabe, auch ›rash boon‹ genannt. Diese folgt dem ›do ut des‹-Prinzip und »lohnt eine bereits erbrachte oder mit verpflichtendem Vertrauensvorschuss eine noch zu erbringende Gegenleistung. Dabei verpfänden die Beteiligten ihre Ehre auf Gegenseitigkeit: Wer eine Gabe blanko zusagt, steht mit seiner Ehre für ihre Gewährung ein und baut vorbehaltlos auf die Vertrauenswürdigkeit und höfische Gesinnung seines Gegenüber« (Dicke 1998, S. 125; zu keltischen Zeugnissen bzw. dem keltischen Erzählmuster hierzu vgl. ebd. S. 126–129; zum Vergleich mit Orpheus und Eurydike ebd. S. 145 f.). Die vorbehaltlos versprochene Gabe setzt also auf einen gemeinsamen Wertehorizont der Kommunikationspartner, auf höfische Spielregeln hinsichtlich der *êre*. Wenn deren Einhaltung nicht gewährleistet ist, kommt es zu einer Katastrophe wie in Hartmanns *Iwein*, wo kurzerhand die Gattin Artus' von einem Fremden eingefordert wird.

Ähnlich verläuft die Sache im *Tristan*. In jedem Fall »läßt die reiche Bearbeitungsgeschichte der Entführungsepisode stoffliche Vorkenntnisse des Publikums vermuten, die der Sinnbildung einer Neu- und Umgestaltung nutzbar gemacht werden konnten« (ebd. S. 129 f.). Denn nachdem *der trügenaere* (V. 13202) ein Stück gespielt hat, fordert er von Marke dessen Ehefrau Isolde. Marke will ihm das verweigern, doch Gandin wirft ihm daraufhin vor, wortbrüchig zu sein – und das bedeutet, dass Marke nach dem Königsrecht nicht mehr König sein darf (V. 13224–13227). »Brach der König sein Wort, verstieß er damit gegen *küneges reht*: Er hob das *triuwe*-Verhältnis auf, das ihn mit seinen Untergebenen verband« (Krohn 2005, S. 195). Gandin will sein Recht auf Isolde im Zweikampf erstreiten, doch keiner, weder Marke noch einer seiner Ritter, will den Kampf gegen ihn wagen, *wan Gandîn was von solher craft /, sô menlîch und sô herzehaft: / ir keiner kêrte sich dar an* (V. 13251–13253). Kampflos überlässt Marke seine Frau Isolde dem *trügenaere*. Diese »Zurückhaltung des Königs ist wohl nicht durch den Rechtssatz *rex non pugnat* zu erklären, da diese Regelung nur dort gilt, wo der König mit seinen eigenen Untertanen in Konflikt gerät; Gandin aber war Ausländer« (Krohn 2005, S. 196).

Damit ist Raum geschaffen für den superioren Aktanten Tristan. Dieser hört unterwegs auf der Jagd von der unglücklichen Geschichte, kehrt unverzüglich heim, lässt sich mehr erzählen, setzt sich *zehant* (V. 13278) mit seiner Harfe auf sein Pferd und reitet in die Nähe des Hafens, wo Gandin mit Isolde am Strand auf die Flut zur Überfahrt wartet; *zehant* markiert den sofortigen Aufbruch Tristans kontrastiv zu Markes Handlungsvakuum. Gandin begrüßt den unbekannten Harfenspieler, der vorgibt, ebenfalls aus Irland zu stammen. Tristans Harfenspiel setzt Isoldes Weinen ein Ende, weil diese aufgrund des wunderbaren *leich* (= gespielte Melodie bzw. Gesang) ihre Gedanken auf den geliebten Tristan richtet. Listig bietet Tristan an, Isolde auf seinem Pferd zur Brücke zu bringen, weil inzwischen die Flut eingesetzt hat. Isolde drängt trotz Weigerung Gandins darauf, nur von dem vermeintlichen *spilman* an Bord des Schiffes gebracht zu werden, es sei doch Unsinn, dass dieser sie *niht rüeren sol* (V. 13399); den dreimaligen Gebrauch dieser Vokabel (auch in V. 13384 und V. 13395) innerhalb dieser Szene liest Tax (1971, S. 80, Anm. 60) als »erotisches Bedeutungsspiel«. Ob Isolde Tristan erkennt, wird nicht explizit gesagt, doch ist offensichtlich, dass Tristans List nur funktioniert, wenn Isolde mitspielt (so auch Warning 2003, S. 195). Die List gelingt. Tristan sprengt mit Isolde auf seinem Pferd davon und verhöhnt Gandin mit den Worten, dass er selbst (also Tristan) das mit seiner Harfe entführe, was der *gouch* (V. 13412) mit seinem Rottenspiel Marke abgelistet habe: *ir truget, nu sît ouch ir betrogen* (V. 13417).

Das höfische Instrument Harfe besiegt die Rotte, das ›*instrumentum multum volgare*‹ (vgl. Dicke 1998, S. 140). In ironischer Distanz deutet der Erzähler eine Liebesvereinigung von Tristan und Isolde *in den bluomen* (V. 13434) an, der »Ort für ungestörtes Liebesglück ist die Natur« (Seggewiss 2012, S. 138). Tristan bringt Isolde schließlich zu Marke zurück. Tristan will also »die Herrschaft öffentlich gar nicht in Frage stellen« (Wenzel 1988b, S. 357), und er tadelt Marke mit den Worten: *ez mac diu werlt wol spotten* (V. 13446), denn welche Königin hätte man je für ein Rottenspiel bekommen können. Die Episode schließt mit Tristans Aufforderung an Marke: *hüetet mîner vrouwen baz* (V. 13450).

Dicke (1998) sieht die Gandin-Episode im Hinblick auf das Schema der gefährlichen Brautwerbung als »Rückentführung der Braut durch einen Gegenspieler des Bräutigams« (S. 133). Während in anderen Texten die Rückentführung als Nachweis der Eignung und Legitimation des Werbers zu verstehen ist, scheitert Marke »an dieser Aufgabe und disqualifiziert sich damit als König und Gatte gleichermaßen« (ebd. S. 135). Ähnlich formuliert Hauenstein (2006): »Die Provokation des Herausforderers Gandin wurde für Marke zum Testfall: mit dem Ergebnis, daß Tristan ein überlegenes Anrecht auf Isold zugesprochen wird« (S. 74). Warning (2003) liest die Handlungsstation ›Gandin‹ einerseits als einen zweiten Durchlauf der anfänglichen Herkunftslügen Tristans, die jedes Mal eine Statusminderung in Szene setzen, andererseits als Beginn einer zweiten Lügengeschichtenreihe, die mit den *bettemaeren* (siehe Kap. 6.2.2.1) fortfährt. In jedem Fall gehe es um die Destabilisierung der höfischen Norm, denn es sei

offenkundig, daß sie [die Gandin-Episode] jenen zweiten Durchlauf der Lügengeschichten, den sie eröffnet, zugleich auch schon programmiert. Zunächst, und darin setzt sie den ersten Durchlauf fort, labilisiert sie neuerlich die höfische Norm. Aber sie tut es nicht mehr über kritische Abstriche an höfischen Qualitäten, sondern über die Leichtfertigkeit, mit der Marke sich einläßt auf den betrügerischen Handel mit Gandin, und derjenige, der den König ob dieser Leichtfertigkeit am Ende tadelt und sich selbst explizit zum Anwalt der höfischen Norm macht, ist Tristan (S. 194).

Nach Warning wird Isolde »gleich mit Beginn des zweiten Durchlaufs [also in der Gandin-Episode] zu einer listigen Isolde, womit die späteren Listen vorweggenommen sind, wenn auch noch nicht in der Weise, wie Isolde dort als Listenreiche Tristan gegenüber die Stärkere, die Überlegene sein wird« (ebd. S. 196).

Die Mehlstreulist: Diese List ist Auslöser für das folgende Gottesurteil (siehe Kap. 6.2.2.3). Marjodo und Melot raten Marke in listiger Absicht, einen Aderlass vornehmen zu lassen, wobei sich auch Tristan und Isolde dieser Prozedur unterziehen; alle liegen in einem Raum. Als Marke misstrauisch und gewarnt am nächsten Morgen das Bett verlässt, nimmt Melot Mehl und bestreut den Fußboden. Das Mehl soll zeigen, *ob jeman bî getraete / dem bette dar oder dan, / daz man in spurte* (V. 15148–15150). Marke und Melot gehen in die Frühmesse, Brangäne aber bemerkt die Falle mit dem Mehl und warnt Tristan. Der *minnen blinde* (V. 15186) überlegt und wagt dann einen gewaltigen Sprung zu Isoldes Bett hinüber, der jedoch über seine Kräfte geht: Seine Aderlasswunde platzt auf, Bett und Betttuch sind mit Blut befleckt (V. 15194–15201). Das Spiel scheint verloren und Tristan springt wieder in sein eigenes Bett zurück. Das besudelte königliche Bett weist auf Marjodos Ebertraum zurück: »The visions of Marjodo's dream thus achieve their fulfillment in this scene – one can no longer doubt the symbolic reference to Tristan as the boar, which messes up the royal bed sheets« (Clason 2004, S. 289). Als Marke zurückkommt und das Blut bemerkt, redet sich Isolde dahingehend hinaus, dass ihre Ader aufgeplatzt sei; doch als Marke das Bett Tristans untersucht, ist dort ebenfalls Blut. Marke ist verwirrt, denn er findet keine Fußspuren im Mehl: *hie mite was ime diu wârheit / beidiu geheizen und verseit* (V. 15257 f.). Das Blut weist auf die Schuld, das Mehl auf die Unschuld.

Die Schwertlist: Diese List spielt innerhalb der Minnegrottenszene, als Tristan im Bett ein Schwert zwischen sich und Isolde legt, um einem potentiellen Beobachter Keuschheit vorzutäuschen (siehe Kap. 7.2.2).

6.2.2 | Sprachlisten

6.2.2.1 | ›Lernstationen‹: Die Bettgespräche

Deutlich kann man ›Lernstationen‹ hinsichtlich der Anwendung von Sprachlist ausmachen. Isolde lernt von Brangäne im Rahmen der *bettemaeren* (V. 14028), wie man sich listig aus der Affäre zieht. Denn zu Beginn der Bettgespräche verfügt Isolde noch nicht über das nötige Know how, um Markes List parieren zu können und erweckt so Markes *arcwân*. »Frauen, insbesondere Zofen, verfügen von vornherein über Schlauheit, passen sich aber, was die Wahl ihrer Mittel betrifft, diesem ›höfischen‹ Rahmen an. Bemerkenswert erscheint es, daß nicht einmal die hochgebildete Isot [...] zunächst selbständig Listen inszenieren kann, sie muß von Brangäne erst unterwiesen werden« (Semmler 1991, S. 177). Die Sequenz der Bettgespräche zählt »zusammen mit der fingierten Unterhaltung zwischen Tristan und Isot im Baumgarten [...] zu den hintergründigsten und ausgefeiltesten Inszenierungen von Listdialogen, die wir in der mittelhochdeutschen Literatur haben« (ebd. S. 129).

Die ›gerettete Zunge‹ der Brangäne: In bestimmter Hinsicht weist bereits die ›gerettete Zunge‹ der Brangäne bzw. das Sprachhandeln der Zofe auf die folgenden Listen des Liebespaares. Während diese jedoch sprachlistig agieren, um den Ehebruch zu verhüllen, und so Marke hinters Licht führen, beweist Brangänes Rede ihre unbedingte *triuwe* zu ihrer Herrin Isolde. Die Szene befindet sich unmittelbar nach dem Brautnachtbetrug. Isolde will Brangäne von zwei Knappen töten lassen, weil sie Angst hat, dass sich Brangäne in Marke verliebt und den Brautnachtbetrug ausplaudert. Als Beweismittel fordert sie von den Knappen Brangänes *zungen* (V. 12735). Der negative Erzählerkommentar hierzu ist eindeutig: *diu mortraete* Isolde (V. 12723) fürchtet *laster unde spot / mêre [...] danne got* (12711 f.). Die *zwêne knehte* (V. 12713) haben Mitleid mit Brangäne, sie führen sie zwar *in die wüeste und in die wilde* (V. 12769), schneiden dann aber nicht ihr, sondern einem Jagdhund die Zunge heraus.

Die Episode ist symbolisch besetzt. Lateinisch *lingua* bedeutet sowohl Sprache als auch Zunge; »die entsprechende Homonymie findet sich auch im Deutschen« (Wenzel 2005, S. 85), denn mittelhochdeutsch *zunge* bedeutet auch ›Sprache‹ (BMZ III, S. 950). Dementsprechend »bedeutet *elinguare*, ›die Zunge herausschneiden‹, im Lateinischen auch ›der Sprache berauben‹. Diese Bedeutung ist nach Wenzel (2005) »auch bei Gottfried vorauszusetzen«; die Zunge der Brangäne »suggeriert Isolde die Zerstörung der Person« (S. 91 f.). Isoldes Anweisung an die zwei Knappen, sie sollen die letzten Worte Brangänes berichten, gibt Raum für eine Doppelcodierung. Denn Brangäne lässt an Isolde die Geschichte von ursprünglich zwei weißen Hemden, von denen eines benutzt wurde und damit *sîne wîze gar betrüebete* (V. 12822), übermitteln. Die *zwêne knehte* können die verhüllte Anspielung auf den Brautnachtbetrug nicht verstehen, sehr wohl aber Isolde.

Die *bettemaeren*: Die Bettgespräche werden in vier »Runden« (Krohn 2005, S. 201) übermittelt. Die Grundstruktur ist die, dass Marke, durch Marjodo angestiftet, Isolde in nächtlichen Gesprächen durch eine List überführen will; Isolde kann diese jedoch nach entsprechender Instruktion durch Brangäne jeweils in einem zweiten Anlauf parieren. Kennzeichnend ist der Wechsel von Bestätigung und Beschwichtigung hinsichtlich Markes *arcwân*. Dem »Listenduell« (Jupé 1976, S. 110) der Bettgespräche geht Marjodos Aufforderung an Marke voraus, er solle dem *maere* (V. 13639), dem Gerücht über Tristan und Isolde am Hof, nachgehen.

Bezüglich der Bettgespräche wies Christ (1977) auf »die strenge, symmetrische Systematik der vierfachen ›wortlage‹« (S. 74; *wortlâge* = ›nachstellung durch worte‹; BMZ I, S. 995). Denn »das erste und das dritte Gespräch [verlaufen] völlig gleichförmig [...]. Das zweite und vierte Gespräch entsprechen sich dagegen reziprok« (Christ 1977, S. 75). In der ersten Runde der *bettemaeren* gibt Marke vor, eine Wallfahrt unternehmen zu wollen und er fragt Isolde *in wes huote und in wes pflege* (V. 13688) sie in dieser Zeit sein wolle. Marke legt damit *einen stric der küneginne / und vienc si ouch dar inne* (V. 13681 f.) – denn die noch ›ungelernte‹ Isolde nennt Tristan, in seiner Obhut sei das Reich am besten aufgehoben. Die Nennung Tristans erweckt Markes *zwîvel* und *arcwân* (V. 13717); dies leitet zu einem allgemein gehaltenen *arcwân*-Exkurs über (siehe unten). Isoldes Antwort entspricht jedoch der »objektiven Wahrheit« (Tax 1971, S. 87), denn Tristan ist der »natürliche[] Statthalter« Markes, aber Marke macht »keinen Unterschied zwischen dem selbstverständlichen Bekenntnis der Königin zum Neffen ihres Mannes und einem möglicherweise darin verborgenen geheimen subjektiven Bekenntnis der liebenden Isolde« (Christ 1977, S. 75).

Runde zwei zeigt die inzwischen durch Brangäne instruierte Isolde, die von jener als *tumbe* (V. 13735) gescholten worden war und nun darauf setzt, *list / wider list* (V. 13867 f.) zu setzen. *diu gelêrte küniginne / si stiez sin wider sin* (V. 13878 f.), pariert also jetzt Markes Schlauheit – der listig sein Misstrauen in einer innigen Umarmung verbirgt (V. 13868–13872) –, indem sie vorgibt, lieber tot sein zu wollen als von Tristan behütet (V. 13948–13951). Damit nicht genug, bezeichnet sie diesen als *lôsaere* (V. 13952), also als Heuchler, sie verweist auf die Moroldtötung und darauf, dass Tristan sie voller Falschheit umschmeichle, um so ihre Zuneigung zu erringen (V. 13965–13967). Isolde *begunde / mit ougen und mit munde / leitlîche clage erscheinen* (V. 13887–13889) und raubt so *dem einvalten man* (V. 13891) Zweifel und Argwohn. In dieser Szene greift eine »artifiziell verdeutlichte Wortlist« (Semmler 1991, S. 132), Baustein des den Text flankierenden Diskurses über das rechte Erkennen (siehe Kap. 6.3).

Im dritten *bettemaere* legt Marke, nun seinerseits von Marjodo instruiert, wiederum *mit vrâge / sîne stricke und sîne lâge* (V. 14029 f.), also seine Schlingen und Fallen, indem er vorgibt, Tristan heim nach Parmenien schicken zu wollen. Ein zweites Mal fällt Isolde herein, indem sie Marke davon abrät mit der Begründung, dass alle ihr das als Rache wegen der Moroldtötung auslegen würden und dass dann niemand da sei, der das Reich beschütze. Auch hier handelt es sich um eine »wohlbegründete, schlüssige Argumentation, voll Staatsräson und persönlichem Verzicht«, Marke dagegen wertet »das objektiv begründete Eintreten Isoldes für Tristan als den besten, unentbehrlichsten Mann im Land als subjektives Bekenntnis zum Geliebten« (Christ 1977, S. 73). Wieder ist der *zwîvel* Markes geweckt, Brangäne rät erneut, und Isolde ergreift daraufhin im vierten *bettemaere* die Initiative, indem sie Marke mit Wort und Tat umgarnt und ihn schließlich listig auffordert: *loeset mich, sô tuot ir wol, / von mî-*

nem hêrn Tristande (V. 14202 f.). Isolde will nun gerade andersherum Tristan in Parmenien wissen und sich in der Obhut Marjodos (V. 14204–14207). Das überzeugt Marke, er gibt seinen Verdacht auf, sieht Isolde *unschuldic* (V. 14227) und hält im Gegenteil nun Marjodo für einen *lügenaere* (V. 14231). Warning (2003) sieht vor allem in den *bettemaeren* die »moralische Perspektive immer wieder überlagert [...] durch die ästhetische Möglichkeit, die Listengeschichten als Selbstmanifestationen einer überlegenen Intelligenz zu genießen« (S. 199).

Der *zwîvel/arcwân*-Exkurs: Dieser Exkurs (V. 13777–13852) folgt dem ersten *bettemaere*, als Markes *arcwân* zum ersten Mal aufkeimt. Die teilweise konträren Aussagen des Exkurses lassen sich wie folgt zusammenfassen: Nichts könne eine Liebe mehr beeinträchtigen als *zwîvel und arcwân* (V. 13778); es sei *ein michel tumpheit* (V. 13793), an der Liebe zu zweifeln. Wenn sich der Verdacht als *wârheit* (V. 13803) bestätigt, sei das schlimmer als *zwîvel und arcwân*. Doch der Zweifel gehöre zur Liebe: *zwîvel sol an liebe wesen* (V. 13823); fehlt der Zweifel, habe die Liebe kein Interesse mehr an Beständigkeit. Die Argumentation bewegt sich also um die Begriffe *zwîvel* und *wârheit*, die hier möglicherweise mit den »juristischen Termini ›dringender Tatverdacht‹ und ›Überführung‹« übersetzt werden können (Christ 1977, S. 59). Doch ist die Wahrheitsfindung in diesem Fall, so die Textlogik, eigentlich gar nicht gewünscht, bedeute sie doch das Ende der Liebe. Das »Ganze bietet nicht etwa ein sauberes Schlußverfahren nach den Regeln logischer Beweisgänge; vielmehr ist es ein pseudologisches Konstrukt geworden, das sich in künstlich hergestellten Koordinaten bewegt« (ebd. S. 58 f.).

Mit dem vierten *bettemaere* ist zwar das »intrigante vierstufige Dialogspiel zwischen Zweifler und Heuchlerin« (ebd. S. 77) an sein Ende gekommen, jedoch nicht der Diskurs um Wahrheit und Lüge. Denn Marjodo gibt nicht auf, er gibt Melot den Auftrag, Beweise für den Ehebruch zu sammeln. Beide entdecken, dass Tristan und Isolde sich lieben (V. 14273), Melot berichtet das Marke, und zu dritt beschließt man, Tristan von den Frauengemächern fernzuhalten, um so Symptome der Minnekrankheit bei dem Ehebruchspaar zu provozieren. Marke bittet Tristan *durch sîn selbes êre* (V. 14285) nicht mehr dorthin zu gehen: Die öffentliche Meinung wird hier also als Druckmittel eingesetzt. Das Vorhaben gelingt; an Tristan und Isolde wird offenbar, wie sehr beide unter der Trennung leiden, es ist für jeden sichtbar, dass sie *ein herze unde ein muot* sind (V. 14329). Es geht im Folgenden um die »Präparierung eines Hinterhalts [...], aus dem Marke das Paar ›in flagranti‹ ertappen soll« (Christ 1977, S. 74), und zwar im Baumgarten. Hier allerdings beweist Isolde, was sie im Rahmen der *bettemaeren* von Brangäne gelernt hat.

6.2.2.2 | ›Anwendung‹ I: Die erste Baumgartenszene – Das belauschte Stelldichein

Die Szene des belauschten Stelldicheins, die sogenannte erste Baumgartenszene, ist so oft wie keine andere Tristanszene bildlich dargestellt worden. In der Hälfte der Bildzeugnisse des *Tristan* ist das heimliche Treffen der Liebenden zu sehen (vgl. Dicke 2002, S. 202). »Darstellungen der Baumgartenszene finden sich in allen Gebieten des mittelalterlichen Kunstgewerbes: auf sogenannten Minnekästchen (aus Holz oder Elfenbein), als Schnitzerei an Rathaus- bzw. Kirchengestühl, auf Spiegelkapseln, Lederetuis, Teppichen, Decken usw.« (Fouquet 1973, S. 362; vgl. auch Frühmorgen-Voss 1975, S. 125–129).

Die Funktion des Baumgartens: ›Raumgesättigte Wörter‹ regen das Gedächtnis der Hörer an und rufen gespeicherte Bilder, Modelle des Bezeichneten ab. Im Unterschied zur heutigen Gebrauchsweise von Nomina unterliegen sie in mittelalterlichen Narrationen einer ausgreifenden Ikonizität, d. h. einer semantisch-imaginativen Präsenz, welche gleichzeitig mit dem benannten Wort ein ganzes Bild- und Stimmungsspektrum des Bezeichneten aufruft. So gehören zum *boumgertelîn* Elemente des topischen Lustortes oder Paradieses, die nicht diskursiviert werden, die aber im Gedächtnis der Hörer mit dem Baumgarten verbunden sind (Velten 2014, S. 34).

In Gottfrieds *Tristan* stellt der Baumgarten eine Verbindung zwischen einem realen Garten und einem *locus amoenus* her (vgl. Baier 2005, S. 196). Der Baumgarten an sich ist ein »Teil einer Übergangssphäre vom höfischen Kulturbereich in den Wald« (ebd. S. 197). Das heißt, er gehört noch zum Hof und ist somit ein Stück domestizierte Natur, weist aber gleichermaßen in den ›wilden Wald‹ (vgl. zu letzterem Schmid-Cadalbert 1989). Er liegt also auf einer idealtypischen Achse zwischen den Polen ›Natur‹ und ›Kultur‹. Die intimen Begegnungen zwischen Tristan und Isolde sind somit aus dem Zentrum des Hofes in einen Randbereich verlagert, in einen liminalen Sonderraum. Hinzu kommt, dass Gottfrieds Baumgarten nicht einsehbar ist, denn es gibt einen *ôleboum* (V. 14444), also einen Olivenbaum, der bei Tag einen Schatten wirft, niedrig und trotzdem weit ausladend ist. Der literarische Ölbaum ist »ein überdeterminierte[r] mythische[r] Symbolbaum«, der über biblische oder antike Verortungen eine Mehrfachcodierung besitzt (Velten 2014, S. 38 f.).

Die heimlichen Treffen der beiden Liebenden finden zudem im Schutz der Dunkelheit statt, alle wesentlichen Signifikanten der Heimlichkeit sind erfüllt: Der Bereich des Baumgartens ist vom Zentrum des Hofes entfernt, er ist durch den Olivenbaum zusätzlich geschützt und die Treffen finden in der Dunkelheit statt. Baier (2005) spricht daher von einer »virtuelle[n] Kemenate, die das Paar vor den Blicken des Hofes verbirgt« (S. 197). Licht ist für die Angelegenheit eines heimlichen Stelldicheins an sich schädlich, das Mondlicht stellt potentiell eine Gefahr für die Liebenden dar (vgl. Wenzel 1988b, S. 352), doch wird dies im belauschten Stelldichein zum Teil konterkariert.

Die Spänelist: Nach der Verbannung Tristans von den Frauengemächern und dem visuellen Erweis der Sehnsuchtsqual an den Liebenden gibt Marke vor, zwanzig Tage lang jagen zu wollen und befiehlt Melot, Tristan und Isolde nachzuspionieren. Die *confidente* (Brangäne) rät zur Spänelist, die in allen Tristanfassungen erscheint, doch nur bei Gottfried ist Brangäne die Erfinderin dieser List (vgl. Krohn 2005, S. 207; Schindler (2013) stellt allgemein fest, dass Brangänes Rolle bei Gottfried gegenüber Eilhart deutlich erweitert wird, »in einer Art Gegenbewegung zu Kurvenal«, den Gottfried aus dem Minnegeschehen heraushält, S. 300). Tristan soll einen Ölbaumzweig nehmen, daraus längliche Späne schneiden und diese auf der einen Seite mit ›T‹ und auf der anderen mit ›I‹ kennzeichnen. Wenn er einen Span in *daz bechelîn* (V. 14432) des Baumgartens wirft, so treibt der Span mit der Strömung des Wassers bis zur Tür der Frauenkammer, wo Brangäne und Isolde stehen, um ihre *herzenôt* (V. 14440) zu beweinen und die Spänebotschaft zu empfangen. Küsters (1996, S. 84; 86) sieht in der Spänelist eine Wiederaufnahme des Initialenspiels aus dem Prolog; Namensabkürzungen sind im Mittelalter in Adressen üblich, sie dienen auch als Beglaubigungszeichen und kommen auf Siegeln vor, vor allem auf Sekretsiegeln für vertrauliche Korrespondenzen. Krohn (2005, S. 207) weist auf den verbreiteten magischen Liebeszauber hin, wonach Namen etc. auf Blätter oder Ähnliches geschrieben wurden, um die geliebte Person ›herbeizuzwingen‹. Gottfried hat gegenüber Eilhart symbolträchtig ein Detail geändert, denn während sich bei Eilhart die Namensinitialen kreuzartig verschränken, befinden sich diese bei Gottfried auf je einer Seite des Spans und weisen so auf die Trennung der Liebenden (vgl. Tax 1971, S. 92 f.)

Die folgende Szene ist von der Problematik des richtigen Erkennens bestimmt. Die Vokabeln sind dementsprechend aus dem Wortfeld der Wahrnehmung ›sehen, erkennen, merken, wahrnehmen, gewahr werden, beachten‹ (V. 14613–14715). Isolde und Tristan zeichnen sich durch eine exorbitante Wahrnehmungskunst aus (vgl. Ries 1980, S. 324). Im Schatten des Olivenbaums wartet Tristan auf seine Geliebte, in acht Tagen treffen sich die Liebenden achtmal (V. 14505). Melot schleicht Tristan nach, sieht die Umarmung, kann aber die Dame, also Isolde, nicht erkennen (V. 14517–14520). Melot berichtet Marke davon, König und Zwerg steigen auf den Baum, um das Paar zu beobachten.

Das belauschte Stelldichein: In dieser Episode führt das Liebespaar kongeniales Teamwork vor: »Nicht nur geheuchelte Liebe, sondern das Vorgeben von Distanz gehört zum Repertoire von Tristan und Isot. [...] Gottfried läßt den Leser an jedem Reflexionsschritt, den Tristan und Isot vollziehen, teilhaben. [...] Mit minutiöser Genauigkeit registriert der Dichter jeden Reflexionsschritt, das Verhalten wird zur zwingenden Folge aus den vorhergehenden Überlegungen« (Semmler 1991, S. 86 f.). Tristan kommt des Nachts zur Quelle, er sieht jedoch im Wasser *den schate [...] / von dem öleboume* (V. 14623 f.) und das Spiegelbild von König und Melot. Wenn es wirklich die neunte Nacht ist, was aus dem Text nicht explizit hervorgeht, ließe sich über eine supponierte Zahlensymbolik – 9 als das Dreifache der heiligen Zahl der Trinität – auf eine göttliche Präsenz in dieser Nacht schließen, wie sie auch tatsächlich zu beobachten ist. Tristan begreift, dass es sich um einen Hinterhalt handelt. Das Mondlicht, das das Heimliche öffentlich macht und Licht in die in mehrfacher Hinsicht dunkle Angelegenheit bringt, ist hier ambivalent: Zwar ermöglicht der Mond den beiden Versteckten auf dem Baum, dass sie die Liebenden überhaupt wahrnehmen, doch ebenso kann Tristan gerade wegen des hellen Mondlichts, das durch den Baum scheint, Schatten bzw. Spiegelbild der Verborgenen erkennen (V. 14628–14631). Tristan bittet Gott um Hilfe: *got hêrre, habe uns beide / durch dîne güete in dîner pflege* (V. 14644 f.), *unser êre und unser leben / daz sî dir hînaht ergeben!* (V. 14655 f.). Der Ehebrecher Tristan macht also Gott für seine *êre* zuständig: Die Liebesbeziehung darf nicht aufgedeckt werden, der König selbst ist Augen- und Ohrenzeuge (zu Tristans Gebet sowie überhaupt zu den Anrufen Gottes in dieser Szene gibt es konkurrierende Forschungspositionen; Überblick bei Haug, 2011, S. 592 f.).

Gott ist offensichtlich mit den Liebenden. Isolde kommt, Tristan steht ganz still, was er zuvor noch nie getan hat, und Isolde wundert sich, warum er nicht auf sie zukommt. Isolde bemerkt dann den Schatten bzw. das Spiegelbild der Männer – auch ihr dient also das Mondlicht – und erkennt sofort den Hinterhalt. Sie bittet ebenfalls Gott, sie beide zu schützen: *hilf uns, daz wir mit êren / von hinnen müezen kêren* (V. 14707 f.). Isolde und Tristan verstehen sich also hier »ohne Worte oder besondere Zeichen. Man vergleiche die Schilderung derselben Szene bei Eilhart: dort winkt Tristan seiner Geliebten möglichst unauffällig zu, und Isot versteht erst aus diesem sichtbaren Hinweis, daß Gefahr in Verzug ist« (Semmler 1991, S. 87).

Es ist kein Zufall, dass die *êre* im Folgenden zum Thema wird. Tristan und Isolde dürfen im nächtlichen Baumgarten nicht auf ›handhafter Tat‹ ertappt werden (das bedeutet, dass man »einen Mann bei der Tat oder auf der Flucht nach der Tat ergreift«; Schild 2012, Sp. 741). Die Königin liefert im Folgenden »ihrem Partner alle wichtigen Informationen darüber, welche Rolle er selbst spielen soll« (Semmler 1991,

S. 153), die Lauscher werden »bewußt zum Publikum gemacht« (Jupé 1976, S. 110). Die Konstellation »verlangt, daß ihre Rede zwar scheinbar die Situation unkontrollierter Intimität unterstellt (die Beobachter dürfen nicht wissen, daß sie gesehen wurden), daß aber, was tatsächlich gesagt wird, alle hören dürfen« (Müller 2007, S. 308). Isolde lügt zunächst, wenn sie zu Tristan sagt: Es *stüende iuwern triuwen baz / und mînen êren* (V. 14725 f.) keine so späte Unterredung zu verlangen; es sei *vil sêre missetân* (V. 14738), hierher zu kommen, doch Brangäne habe sie darum gebeten, denn man habe *michel maere* (V. 14746), so viele Gerüchte, über Tristan und sie verbreitet, so dass alle davon überzeugt sein müssten, dass sie beide in ein verbotenen Liebesverhältnis verstrickt seien. Damit »simuliert sie die Entrüstung einer untadeligen, Tristan distanziert gegenüberstehenden Königin, die Marke, der seinen Hinterhalt ja nicht durchschaut weiß, nicht anders denn als unmittelbare Wahrheit auffassen kann« (Christ 1977, S. 88).

Im Folgenden benutzt Isolde die doppeldeutige Rede, die »die Wahrheit spricht, sie dem Getäuschten aber nicht zu erkennen gibt« (ebd. S. 89 f.) auf geniale Weise. Denn Isoldes Treueversicherung ihrem Ehemann Marke gegenüber ist in Wirklichkeit das Bekenntnis ihres Treuebruchs mit Tristan:

[...]	vor mînem herzen sint verspart
und gihe's ze gote, daz ich [Isolde] **nie**	**niwan der eine,** dem dâ wart
ze keinem manne muot gewan	der êrste rôsebluome
und hiute und iemer alle man	von mînem **magetuome.**

(Isoldes listiges Bekenntnis im Baumgarten; Gottfried, V. 14760–14766)

Isolde bekennt also vor Gott, dass sie sich nie zu einem Mann hingezogen fühlte außer dem einen, dem sie ihre Jungfräulichkeit schenkte. »Marke, mit seiner auf den Kontext der Worte verkürzten Perspektive, kann in der unter die Apostrophe Gottes gestellten Aussage nur ein Bekenntnis ihrer Unschuld erkennen, während sie zu Tristan und dem Publikum von jener in Gottes Schutz befohlenen Minne spricht« (Christ 1977, S. 90). Die Perfidität der doppeldeutigen Rede wird fortgetrieben, wenn Isolde versichert, dass es ihr *êre* einbringe, wenn sie jedem, der ihrem *hêrren Marke / liep oder sippe waere* (V. 14784 f.) Achtung zolle – das schließt einen Ehrerweis Tristan gegenüber ein. Dieser gibt nun vor, das Land verlassen zu wollen, denn sonst würden aufgrund der Gerüchte Marke, er selbst und Isolde ihre *êre* verlieren. Die letzten Worte Tristans in dieser Szene gelten Gott und dem *reine[n] wîp* (V. 14903) Isolde: *vrouwe, iuwer sêle und iuwer lîp, / iuwer êre und iuwer leben / diu sîn iemer gote ergeben!* (V. 14904–14906).

Die List im Baumgarten glückt. Vergleicht man das Listhandeln hier mit jenem in den *bettemaeren*, so »wird dieselbe Argumentationsstruktur [erkennbar] wie im 2. und 4. Bettgespräch [...]. Hier nun wirken solche Aussagen noch glaubwürdiger, weil Marke, der sich unentdeckt wähnt, gar nicht weiß, daß die Worte an ihn gerichtet sind« (Semmler 1991, S. 154). Marke bedauert, seinen Neffen und Isolde grundlos so schwer verdächtigt zu haben (V. 15008–15012) – und beschimpft andersherum jetzt Melot, der ihn dazu verleitet habe.

Die Angelegenheit nimmt damit für die Liebenden eine unerhört glückliche Wendung. Denn als Isolde später Marke berichtet, dass Tristan den Hof und das Land wegen der unfreundlichen Gerüchte verlassen wolle und ihm dies genauso wiederholt, wie Marke es auf dem Baum gehört hatte, ist der König von der Wahrheit überzeugt. Er wehrt das vorgebliche Gesuch Tristans ab, den Hof verlassen zu dürfen, und bittet die beiden um Verzeihung für seinen ungerechtfertigten *arcwân* (V. 15030). Isolde wird durch den König selbst *bevolhen wider in sîne [= Tristans] pflege* (V. 15035). Damit ist das Ziel der Liebenden erreicht. Tristan und Isolde leben erneut in Liebe und Freude, ihr Glück ist vollkommen: *Tristan und sîn vrouwe Îsôt / diu lebeten aber liebe unde wol. / ir beider wunne diu was vol* (V. 15040–15042).

Liest man »die Szene semiotisch, so hat sich der Baumgarten hier von einem ursprünglichen Ort der Lust, der Vertrautheit, der Erotik zu einem Ort des Verrats [...], des Betrugs gewandelt. Aber es findet auch eine Hierarchisierung statt: [...] Marke als König [sitzt] zwar oben, ist aber zur Unbeweglichkeit verdammt, Tristan steht unten, er kann jedoch handeln« (Velten 2014, S. 41). Das Stelldichein im *Tristan* weist einen doppelten Betrug auf, nämlich den Betrug am Ehemann und den Augenzeugen (vgl. Beyerle 1979, S. 63). Die Baumgartenszene liefert trotz aller burlesken Züge ein Exempel dafür, wie die *êre* in brisanten Situationen bewahrt werden kann. Gott ist in dieser Szene eindeutig für die Liebenden. Damit steht diese erste Baumgartenszene kontrastiv zur zweiten Baumgartenszene (siehe Kap. 8.3.2), in der die Liebenden geradezu mutwillig ihre *êre* aufs Spiel setzen und dann von Marke erwischt werden.

Das Erzählmuster vom betrogenen Ehemann: Das belauschte Stelldichein bedient sich des verbreiteten Erzählmusters vom betrogenen Ehemann, das in die Ehebruchs- bzw. Weiberlist-Geschichten gehört. Es gibt nach Dicke (2002, S. 204 f.) drei Erzähltypen: ›Der Lauscher unter dem Bett‹, ›Der verzauberte Birnbaum‹, ›Die Buhlschaft auf dem Baum‹. Die unterschiedlichen Typen generieren hybride Versionen, es existiert ein »cross-over« von Motiven (ebd. S. 215), wobei der *Tristan* Gottfrieds eine komplett neue Perspektivierung des Erzählstoffes vom betrogenen Ehemann liefert (ebd. S. 216 f.).

6.2.2.3 | ›Anwendung‹ II: Das Gottesurteil – Isoldes doppeldeutiger Eid und *gotes höfscheit*

Für kontroverse Forschungsdiskussionen sorgte die List Isoldes im Gottesurteil, die wichtigste und am schwierigsten zu deutende Listepisode des Texts. Vor allem die ältere Forschung registrierte den Erzählerkommentar vom *wintschaffenen Crist* (V. 15735 f.) mit Empörung und sprach von Blasphemie.

Anlass für das Gottesurteil ist vordergründig die Mehlstreuepisode. Marke hat zwar in seinem Bett *diu schuldegen minnen spor* (V. 15255), also die Spur schuldhafter Minne, gefunden, doch wegen Tristans Bettsprung keine im Mehl davor. Der König wird zum *zwîvelaere* (V. 15265), er ist *verirret* (V. 15267). Auf den ersten Blick wird so der Eindruck erweckt, als ob Marke im Folgenden nur daran interessiert sei, in der leidigen Angelegenheit von *zwîvel und arcwân* endlich letzte Sicherheit zu erlangen, doch vor allem und in erster Linie steht die *êre* im Vordergrund. Es geht Marke darum, *wie er den hof braehte / von der missedaehte* (V. 15275 f.), denn er *vorhte harte sêre / sîner ê und sîner êre* (V. 15285 f.). Seinen einberufenen Fürsten berichtet er, *daz ir beider inziht / sô waere g'offenbaeret / und in daz lant vermaeret* (V. 15288–15290), dass also der Vorwurf gegen Tristan und Isolde öffentlich im ganzen Reich bekannt sei, und dass er mit der Königin keinen vertrauten Umgang mehr haben wolle bis Isolde *behabete offenlîchen ê / wider in ir unschuld unde ir ê* (V. 15293 f.). Die Unschuld beider soll also bewiesen werden, nicht etwa die Schuld! Auch im Prozess selbst gilt nach Kucaba (1997) »nicht die Entdeckung der Wahrheit, sondern die Zerstörung des Gerüchts als das erstrebenswerte Ziel« (S. 77). Auslöser für den Prozess ist »höfischer Ordnungsverlust durch die wuchernde, abträgliche Repräsentation der Königin und des Königsneffen, die letztlich auch das königliche Prestige tangiert« (ebd. S. 76).

Das Konzil in London: Um diesen Ordnungsverlust aus der Welt zu schaffen, raten Markes *vriunde und sîne man* (V. 15300), er solle in London ein Konzil einberufen und dort der Geistlichkeit, *die gotes reht wol wisten* (V. 15306), seine Sorge vortragen. Das Konzil wird sofort einberufen, Geistliche und Laien kommen in großer Anzahl *durch des küneges boteschaft* (V. 15314). Isolde befürchtet, *lîp und êre* (V. 15319), also Leben und Ehre, zu verlieren und Marke hat Angst, dass *sîne vröude und sîne werdekeit* (V. 15322) verringert würden. Marke klagt im Konzil das *lastermaere* (V. 15328) um Tristan und Isolde. Im Folgenden hat *der bischof von Thamîse* (V. 15348) als ›primus inter pares‹ der *vürsten hie von Engelant* (V. 15352) das Sagen, der sich dabei auf seinen Krummstab stützt. Dieser ist »Zeichen übergeordneter weltl[icher] oder religiöser Macht«, ein »mag[isch]-sakrales Symbol« (Cavanna 1995, Sp. 2161 f.). Der Bischof von Themse vertritt also *daz concîlje* (V. 15308), das geistliche Gericht. »gotes reht (= kanonisches Recht) war für Ehesachen zuständig«, weil jedoch in »Isoldes Fall nicht nur einfacher Ehebruch zur Verhandlung steht, sondern zugleich ein Treubruch gegen den König, unterliegt dieser Kasus auch der Reichsgerichtsbarkeit« (Krohn 2005, S. 212).

In der Rede des Bischofs ist mehrfach von *liument* (V. 15406) bzw. *inziht* (V. 15287), also von Gerücht und Beschuldigung, die Rede und immer wieder wird betont, dass es keine Beweise des Ehebruchs gibt: *mîn vrouwe und mîn hêr Tristan, / die waenet man z'undingen an / und sint an keiner wârheit / noch überkomen noch überseit* (V. 15367–15370); ähnlich: *sît man si niht ervunden hât / an keiner slahte missetât* (V. 15377 f.; vgl. auch V. 15232–15236). Irgendjemand klage Tristan an, beweise es aber nicht *als er ze rehte solde* (V. 15383). Aufgrund des schädlichen Gerüchts fordert der Bischof die Trennung von Tisch und Bett, so lange bis Isolde *ir unschulde erzeigen mac* (V. 15392) gegenüber König und Volk.

An keiner Stelle wird in der Rede des Bischofs also von der Möglichkeit einer Schuld Isoldes gesprochen, ganz im Gegenteil ist explizit von *lüge* (V. 15463) hinsichtlich des Gerüchts die Rede und davon, dass der König *disen liument unde dise lüge / mit unser aller râte* (V. 15463 f.) zerstören solle. Von »einem Wahrheitsstreben ist in den beiden Bischofsreden weder explizit noch implizit die Rede: Vielmehr wird die Richtung verfolgt, die von Marke vorgegeben wurde; die Konzentration aller Anwesenden (einschließlich Isold) wird auf das öffentliche und schädigende Gerücht als den eigentlichen ›Bösewicht‹ gelenkt, den es folglich zu tilgen gilt« (Kucaba 1997, S. 77). Andererseits sind Tristan und Isolde nicht auf ›handhafter Tat‹ erwischt worden, folglich »ist die Gefahr einer anderen Strafe als Trennung und kirchliche Buße für Isolde sehr verringert« (Combridge 1964, S. 87).

Isolde wird gehört und verteidigt sich damit, dass sie landfremd sei und nicht *nâch vriunden noch nâch mâgen* (V. 15496) rufen könne; eine Beschuldigung hinsichtlich *unvuoge und missewende* (V. 15493) sei deshalb unausweichlich, alle hier würden ihr diese *dörperheite* (V. 15502), dieses schmähliche Vergehen, zutrauen. Isolde erklärt sich bereit, sich jedem Gerichtsverfahren zu beugen, das man ihr auferlegt, um den Verdacht auszuräumen und *ze behabene die êre / mînes hêrren unde mîn* (V. 15516 f.). Der *künec* schlägt daraufhin der *künigîn* – jegliche Privatheit ist jetzt ausgespart, es geht um das Herrscherpaar – das Gottesurteil *zem glüejenden îsen* (V. 15525) vor. Isolde unterwirft sich dem Urteil, Termin soll in sechs Wochen in Carlion sein (das meint Caerleon-on-Usk in Wales, eine Stadt, in der in der altfrz.

und mhd. Literatur König Artus Hof hält). Dem Ankläger obliegt es nach englischer Rechtstradition, den Typ des Ordals zu bestimmen (vgl. Ziegler 1994, S. 75). Das anberaumte Gottesurteil soll weniger der Wahrheitsfindung dienen, sondern »vielmehr Isolds Fähigkeit bezeugen, *dörperheit* und *unvuoge* zu vermeiden und ihr Angebot zu realisieren, den Ruf der höchsten Persönlichkeiten am Hof zu säubern« (Kucaba 1997, S. 83).

gotes höfscheit: Die Ehebrecherin Isolde empfiehlt ihre drückenden Sorgen dem *genaedigen Crist, / der gehülfic in den noeten ist*, dem barmherzigen Christus also, der in der Not hilft. Die Gepflogenheit, kurz vor Vollzug des Ordals Gott zum Eingreifen beim Gottesurteil zu bewegen, hat ihre Begründung vermutlich in neutestamentlichen Bibelstellen (Mk 11,24; Mt 7,7; Mt 21,21: ›Bittet, dann wird euch gegeben‹):

si [Isolde] begunde ir swaere beide lân
an den **genaedigen Crist,**
der gehülfic in den noeten ist.
dem bevalch si harte vaste
mit gebete und mit vaste

alle ir angest unde ir nôt.
in disen dingen haete Îsôt
einen **list** *ir herzen vür geleit*
vil verre ûf gotes höfscheit.

(Der *genaedige Crist* und *gotes höfscheit* als Helfer Isoldes; Gottfried, V. 15544–15552)

Isolde fastet und betet und ersinnt gleichzeitig eine List in Vertrauen *ûf gotes höfscheit*, auf Gottes höfisches Wesen also, und so schickt sie einen Brief an Tristan, dass er nach Carlion kommen soll. *höfscheit* ist allgemein eine »Anfang des 13. Jahrhunderts in der Literatur [...] schon fest ›institutionalisierte‹ Redens- und Verhaltensweise«; die »höfische Regel der selektiven Wahrnehmung« kann die »Inkompatibilität zwischen wahren, anstößigen Fakten und den Konventionen der *höfscheit*« glätten (Kucaba 1997, S. 79 f.). Der ›höfische Gott‹ befördert nach Kucaba die Wahrung des höfischen Scheins und bewertet deshalb Sachverhalte selektiv, er will so »nur das Gute an Isold anerkennen« (S. 89). Huber (2013) fragt sich, ob »die Gerichtsszene einen untheologischen, höfisch-säkularen Gott, der zum Komplizen der Liebenden gemacht wird« (S. 104), beschreibt.

Tristan kommt in der Verkleidung eines Pilgers, zudem hat er sein Gesicht *misseverwet unde geswellet, / lîp unde wât verstellet* (V. 15563 f.). Die Königin befiehlt, dass der vermeintliche Pilger sie von der Schiffsbrücke in den Hafen trägt. Die Umstehenden fordern den *saeli[gen] man* (V. 15580) dazu auf, und Isolde flüstert Tristan zu, dass er, wenn er an Land kommt, mit ihr niederstürzen soll. Das geschieht, wobei Tristan in ihren Armen zu liegen kommt: er *gelac / an ir arme und an ir sîten* (V. 15596 f.) – genau dieser Wortlaut wird später beim Schwur Isoldes im Rahmen der Eisenprobe (siehe unten) dann nochmals aufgegriffen. Als man den vermeintlichen Pilger wegen des Sturzes zur Rechenschaft ziehen will, verteidigt ihn Isolde, denn dieser sei *âmehtic unde cranc / und viel âne sînen danc* (V. 15605 f.), also krank und schwach und ohne eigenes Verschulden zu Boden gestürzt. Diese vermeintliche Anteilnahme für den (falschen) Pilger bringt Isolde auch noch Dank und Ehre ein: *ir êren wart dâ vil geseit / unde ir lobes von manegem man* (V. 15618 f.).

Niemand erkennt in dem vermeintlich hinfälligen Pilger den verkleideten Tristan, der seine Geliebte bei dem vorgegebenen Sturz in den Armen hielt. Dies wurde als »counter-trap« zur Mehlstreuepisode (Poag 1987, S. 228) gelesen. Eine andere Deutung sieht in der Pilgerepisode mit Abholen, Tragen über Wasser und Fall eine verkürzte Wiedergabe der Brautwerbungsfahrt von Irland nach Cornwall mit Abholen in Irland, Fahrt über das Wasser und sexuellem ›Fall‹: »Allerdings präsentiert sie [= Isolde] dies nicht wörtlich, sondern ihre Strategie gleicht der ihrer ›Lehrerin‹ Brangaene [in der *hemede*-Geschichte]. Isold drückt die unsittliche, gefährliche Wahrheit ebenfalls periphrastisch aus« (Kucaba 1997, S. 86). Wenn diese Einschätzung stimmt, so wäre raffinierterweise die ›richtige‹ Wahrheit bereits vor dem manipulierten Gottesurteil visuell übermittelt. Das Gottesurteil der Eisenprobe schließt sich an.

Exkurs. Das Gottesurteil im mittelalterlichen Recht: Das Gottesurteil (lat. *iudicium Dei* oder *ordalium*) ist ein Mittel sakraler Rechtsfindung (vgl. Becker 1989, Sp. 1594). Es »ist keine Besonderheit des europ. ma. Rechts, sondern findet sich in vielen archaischen Kulturen, etwa in Asien oder Afrika« (ebd.; zu Beispielen aus dem Orient vgl. Hexter 1975, S. 4–6). Das Ordal beruht auf der Vorstellung, dass Gott als ›Hüter des Rechts‹ vor allem in schwierigen Rechtslagen Hinweise auf Schuld oder Unschuld des Betroffenen gibt. In erster Linie dient also ein Gottesurteil als Beweismittel, vor allem dann, wenn »the case in question could be settled no other way and when rational proofs had failed. It provided a means of settling controversial cases that cause divisions in the community, since God's judgment was considered final« (Ziegler 1994, S. 74). »Theologisch kann das Gottesurteil als ritualisiertes bzw. institutionalisiertes Wunder betrachtet werden«; es beruht »auf der Vorstellung, dass Gott den Guten rette und den Bösen bestrafe, weshalb man [...] den inkriminierten Menschen einer Gefahr aussetzte und daraufhin von Gott entweder Rettung oder Verderben erwartete« (Hartmann 2012, S. 17; 32). Allerdings ist anzunehmen, dass

Gottesurteile nicht nur aus einem naiven Vertrauen in das übernatürliche Eingreifen Gottes eingesetzt wurden. Mittelalterliche Quellen bezeugen, daß sowohl staats- als auch kirchenpolitische Interessen durch den gezielten Einsatz von Gottesurteilen befördert worden sind. Ausschweifendes oder regelwidriges Benehmen konnte dadurch den einheimischen Konventionen angepaßt und domestiziert werden, solange nur der jeweilige Herrscher imstande war, das Urteil trotz möglicher Skepsis aufrechtzuerhalten. Ordale boten sich Herrschern also nicht nur als Instrumentarium der Wahrheitsfindung an, sondern sie dienten auch der Friedensstiftung und nicht zuletzt der Machtpolitik (Kucaba 1997, S. 73 f.).

Es gibt unterschiedliche Formen des Gottesurteils (Grundsätzliches sowie Überblick über die Ordalformen bei Strätz 1985, S. 102–105). Bei der Kaltwasserprobe wird die beschuldigte Person, an Händen und Füßen gefesselt, an einem Seil gehalten ins Wasser geworfen; geht sie unter, so gilt sie als unschuldig und wird mit Hilfe der Leine wieder an Land gezogen. Das ist »nicht paradox: Weil die Rituale dieses Wasser mit dem Taufwasser vergleichen, liegt die Vorstellung auf der Hand, daß nur der Schuldlose darin eintauchen kann« (ebd. S. 102). Beim Zweikampf kämpfen Stellvertreter der jeweiligen Rechtsparteien miteinander, beim Sieg eines der Kämpfer ist dessen Partei sozusagen automatisch im Recht (Kellermann, die, wie auch andere Forscher, den Morold-Kampf als Gottesurteil fasst, will hier eine ähnliche Situation erkennen; Kellermann 2002, S. 140). Beim Feuerordal trägt der oder die Beschuldigte ein heißes Eisen, geht über glühende Pflugscharen oder holt einen Gegenstand aus kochendem Wasser oder Öl; letzteres meint die Kesselprobe. Wenn die dabei entstehende Brandwunde problemlos heilt, gilt der Unschuldsbeweis als erbracht.

Das Feuerordal bzw. die Eisenprobe ist sowohl in der Literatur als auch in der zeitgenössischen Realität die am häufigsten belegte Form des Gottesurteils bei Ehebruch (vgl. Ziegler 1994, S. 74). In der Eisenprobe (*iudicium ferri igniti*) musste der Beschuldigte ein glühendes Eisen über eine Strecke von neun Fuß tragen, die von einem Pfahl aus abgemessen wird (vgl. von Schwerin 1932/33, S. 25–36). Die Hand wird anschließend versiegelt, so dass nach drei Tagen am Heilungszustand der göttliche Bescheid unverfälscht abzulesen ist (vgl. Combridge 1964, S. 99). Man erwartete also nicht, dass Gott den/die Betroffene »vollkommen schadlos halte; vielmehr wurde nach einigen Tagen überprüft, ob die Wunden ordnungsgemäß verheilt seien: War dies der Fall, so galt der oder die Inkriminierte als unschuldig; eiterte die Wunde jedoch, war er oder sie schuldig« (Hartmann 2012, S. 32). »In reality, those who underwent the ordeal of the hot iron were always burned« (Ziegler 1994, S. 74).

Die Eisenprobe Isoldes: Die Öffentlichkeit ist maximal, anwesend sind *vil barûne, / pfaffen unde ritterschaft, / gemeines volkes michel craft* (V. 15634–15636). Bischöfe und Prälaten lesen die Messe und segnen das Gericht, das Eisen für das Gottesurteil wird ins Feuer gelegt (*daz îsen daz was în geleit*, V. 15642), um es glühend zu machen. Die Königin versucht, *gotes hulde* (V. 15647), seine Gunst also, zu gewinnen, indem sie *ir silber unde ir golt* (V. 15644) sowie alles an Pferden und Kleidung verschenkt, *daz got ir wâren schulde* (V. 15648) übersehe *und sî z'ir êren braehte* (V. 15650). Diese Gaben sieht Hartmann (2012) im Zusammenhang mit Isoldes Büßerhemd und ihrer Bitte um Gottes Beistand: »Dass Isolde vom glühenden Eisen unversehrt bleibt, ist kein ›erschlichenes‹ Wunder, wie es auf den ersten Blick scheinen mag, sondern ein erbetenes, ein ›erbüßtes‹ gewissermaßen« (S. 36).

Isoldes Inszenierung ist perfekt: *diu wise, diu guote* (V. 15654) trägt in *gotelîch[er]* (V. 15655) Andacht ein härenes Hemd, darüber ein kurzes wollenes Gewand, das gut oberhalb ihrer Knöchel endet, Arme und Füße sind bloß; sie wird mitleidig taxiert. Die spärliche Kleidung folgt der mittelalterlichen Rechtspraxis und sollte zum einen jeden Betrug verhindern (vgl. Ziegler 1994, S. 76), zum anderen die Demut ausdrücken (vgl. Krohn 2005, S. 216). Die Reliquie, auf die sie schwören soll, wird gebracht, und wiederum heißt es, dass Isolde Ehre und Leben Gott unterstellt: *nu haete Îsôt êre unde leben / vil verre an gotes güete ergeben* (V. 15673 f.). *hant unde herze beide / ergab si gotes segene* (V. 15678 f.).

Der doppeldeutige Eid: Indem Isolde den Wortlaut ihres Schwurs selbst festlegt, manipuliert sie das folgende Geschehen entscheidend. Sie schwört nämlich, dass niemand in ihren Armen gelegen habe außer Marke und der Pilger. Gott möge ihr bei diesem Gottesurteil helfen:

[Isolde:]
»*vernemet, wie ich iu* **sweren** *wil:*
daz mînes libes nie kein man
dekeine künde nie gewan
noch mir ze keinen zîten
weder ze arme noch ze siten
âne iuch nie lebende man gelac
wan der, vür den ich niene mac
gebieten eit noch lougen,
den ir mit iuwern ougen
mir sâhet an dem arme,
der wallaere *der arme.*
so gehelfe mir mîn trehtîn
und al die heilegen, die der sîn,
ze saelden und ze heile
an disem urteile!«

(Isoldes doppeldeutiger Schwur bei der Eisenprobe; Gottfried, V. 15706–15720)

Der Eid ist »wichtigstes rechtsschöpfendes Instrument«, wobei es zwei »Tatbestände der Eidesfälschung« gibt, nämlich »die listige Fassung einer doppelsinnigen Eidesformel und das listige Abändern des Eidesrituals« (Hattenhauer 1988, S. 661 f.) – ersteres ist bei Gottfried der Fall. Als literarisches Motiv ist der listige Eid verbreitet, gehört aber eigentlich in die Schwankliteratur (vgl. Schild 1996, S. 56). Den doppeldeutigen Schwur der Eisenprobe sieht Schild (ebd. S. 68) als strukturelle Parallele der doppelsinnigen Liebesversicherung im Baumgarten. In beiden Fällen bedient sich die Protagonistin des »Verfahrensinstrument[s] Sprache«: Isolde »ist in der Lage, in einem Satz zwei einander ausschließende Wahrheiten zu formulieren« (Grubmüller 1987, S. 159).

Marke nimmt den Wortlaut des Schwurs an: ›*Vrouwe*‹ *sprach der künec dô, / ›es dunket mich genuoc hier an, / alse ich mich's versinnen kan. / nu nemet daz îsen ûf die hant*‹ (V. 15724–15727). Tristans Name kommt also in der Eidformel überhaupt nicht vor, doch nur dadurch könnte eindeutig Klarheit geschaffen werden! Mit der Akzeptanz des unspezifischen Schwurs assistiert Marke »seiner Königin – und zwar bewußt – indem er ihr Raum zum Manövrieren zuspielt. Marke ist hier kein Gegner von Isold, sondern ihr Verbündeter. Im Gottesurteil machen Marke und Isold – gegen Marjodo – gemeinsame Sache« (Kucaba 1997, S. 84; kritisch sieht diese ›Strategiethese‹ Barandun 2009, S. 128, die Markes Liebesleid dabei zu wenig berücksichtigt glaubt). Ähnlich urteilt auch Schild (1996): »Fast scheint es, als wolle er [Marke] die Wahrheit als solche gar nicht wissen, als würde es ihm genügen, den Verdacht der anderen (also des Hofes) zu beseitigen und so das Gerücht abzustellen« (S. 71; dagegen Hauenstein 2006, S. 98, die davon ausgeht, dass Marke an das Gottesurteil als Wahrheitserweis glaubt). Tatsächlich wird die Möglichkeit eines anderen Schwurs explizit genannt, aber dann vom Erzähler als *unvuoge* diffamiert: *Nu wâren dâ genuoge / sô grôzer unvuoge, / daz sî der küniginne ir eit / vil gerne haeten ûf geleit / ze schaden und ze valle* (V. 15681–15685). Es ist »nicht Marke, sondern letzten Endes der Hof [...], der Isolde den Prozeß macht«, der Hof ist der »Gegenspieler der Liebenden« (Kolb 1977, S. 241 f.).

Der *wintschaffen Crist*: Die schöne Isolde fasst das glühende Eisen *in gotes namen* an und trägt es, ohne sich zu verbrennen. Unmittelbar darauf gibt es einen Erzählerkommentar, den nur Gottfried kennt und der die Forschung irritierte: Christus sei *wintschaffen alse ein ermel*, wenn man ihn richtig zu bitten verstehe, so passe er sich der Bitte an; er sei jedem behilflich, *ze durnehte und ze trügeheit*, also gleichermaßen bei einer gerechten Sache und bei Betrug, er sei immer so wie man ihn sich wünsche:

›*âmen!*‹ sprach **diu schoene Îsôt.**
in gotes namen greif si'z an
und truoc ez, daz si niht verbran.
dâ wart wol g'offenbaeret
und al der werlt bewaeret,
daz der vil tugenthafte Crist
wintschaffen alse ein ermel ist.
er vüeget unde suochet an,
dâ man'z an in gesuochen kan,
alse gevuoge und alse wol,
als er von allem rehte sol.
erst allen herzen bereit,
ze durnehte und ze trügeheit.
ist ez ernest, ist ez spil,
er ist ie, swie sô man wil.
daz wart wol offenbâre schîn
an der gevüegen künigîn.
die generte ir trügeheit
und ir gelüppeter eit,
der hin ze gote gelâzen was,
daz s'an ir êren genas.

(Isoldes *gelüppeter eit* und der *vil tugenthafte Crist wintschaffen alse ein ermel*; Gottfried, V. 15730–15750)

gelüppe als Nomen heißt eigentlich ›Gift‹ und ›Zaubersalbe‹ (BMZ I, S. 1054). Der *gelüppete eit* ist also ein listig ›vergifteter‹ Eid, dennoch ist dieser »im Sinne des herkömmlichen Eidesverständnisses wahr geschworen. Eidesformel und beschworener Sachverhalt stimmen überein« (Hattenhauer 1988, S. 670). *wintschaffen* hat die Bedeutung von ›so beschaffen, dass es sich drehen und wenden lässt‹ (BMZ IIB, S. 69). Die Forschung sah früh (vgl. von Groote 1821, S. 428) einen Zusammenhang mit der sprichwörtlichen Wendung, die Brangäne in der Bad-/Splitterepisode (siehe Kap. 4.2.2.3) benutzt, als sie von der Rache an Tristan abrät: *man sol den mantel kêren, / als ie die winde sint gewant* (V. 10426 f.). An dieser Stelle ist die Windmetapher affirmativ verwendet (weil sich die Haltung Brangänes im Nachhinein als kluge Voraussicht erweist). Der Wind-Bezug der ›Ärmel-Stelle‹ im Sinne eines ›wetterwendischen‹ Christus scheint ›*communis opinio*‹ (kritisch dazu jedoch Haug, 2011, S. 612, der die postulierte Verbindung für »unwahrscheinlich« hält und *wintschaffen* »von jedem negativen Akzent« befreit wissen will; Forschungsüberblick ebd. S. 612–618).

Dass Isolde in der Eisenprobe vollkommen unversehrt bleibt, weicht vom Feuerordal der mittelalterlichen Rechtspraxis signifikant ab, wozu eben die verbrannte Haut gehört (vgl. Strätz 1985, S. 102). Es handelt sich deshalb nach Tomasek (2007) um die »Anwendung eines Legendenmusters«, bei dem »Legendenfiguren das Ordal des glühenden Eisens unversehrt bestehen« (S. 181). Ähnlich sieht Hartmann (2012) ein »genuines Mirakel [...], das deutlich über die Erwartungen, die historisch an einen tatsächlichen wunderhaften Ordalausgang gestellt wurden, hinausgeht« (S. 17).

Das öffentliche Gottesurteil gilt als Beweis. Isolde wird wiederum von Marke, Volk und Reich *geminnet unde g'êret*. Der König überschüttet Isolde mit *êre unde guot*, sein Herz und sein Denken sind ohne jeden Vorbehalt auf Isolde gerichtet, *sîn zwîvel und sîn arcwân* sind abermals ausgeräumt:

[Isolde] wart aber dô starke
von ir hêrren Marke
geminnet unde g'êret,
gepriset unde gehêret
von liute und von lande.
swaz sô der künec erkande,
dar an ir herze was gewant,

daz was sîn wille zehant.
er bôt ir êre unde guot.
al sîn herze und al sîn muot
diu wâren niwan an sî [Isolde] geleit
âne aller slahte valscheit.
sîn zwîvel und sîn arcwân
die wâren aber dô hin getân.

(Folgen des *gelüppeten eit*: Wiederherstellung der Ordnung; Gottfried, V. 15751–15764)

Exkurs. Zeitgenössische Kritik der Gottesurteile: Die in der Forschung verbreitete Einschätzung, dass sich der Erzählerkommentar vom *wintschaffen Crist* gegen die Institution des Gottesurteils richte (siehe unten), bezieht ihre Argumentationsbasis aus der zeitgenössischen theologischen Ordalkritik. So sieht zum Beispiel Betz (1969, S. 168) das Gottesurteil bei Gottfried vor der Folie der Katharerprozesse. Gegner des Gottesurteils sind etwa Thomas von Aquin in seiner *Summa theologica*: »tum etiam quia huiusmodi iudicium non est auctoritate divina sancitum« (Thomas von Aquin, ed. Browe 1933, S. 87, Nr. 110), oder Petrus Cantor, der folgendermaßen argumentiert: Man solle von Gott kein Wunder im Gottesurteil fordern, wenn man über eine Sache mittels der Vernunft Aufschluss erhalten könne: »Non tentabis Dominum Deum tuum, dum habes quid agas secundum humanam rationem« (Petrus Cantor, ed. Browe 1933, S. 81, Nr. 105). Ivo von Chartres äußert sich ambivalent; einerseits spricht er sich meist gegen das Ordal aus: »Praeterea cum talis examinatio sit in Deum tentatio, non est mirum si divino auxilio deseritur, cum incaute et sine iudiciali sententia ab aliquo suscipitur« (Ivo von Chartres, ed. Browe 1933, S. 73, Nr. 91) und weist darauf hin, dass in Gottesurteilen Schuldige freigesprochen, Unschuldige aber belastet würden, deshalb sei Gottes Urteil den Menschen verborgen (Ivo von Chartres, ed. Browe 1933, S. 73, Nr. 92; vgl. hierzu auch Schnell 1992, S. 73). Andererseits jedoch sieht er das Ordal ebenso als letzte Möglichkeit der Wahrheitsfindung: »Vel si id facere non poterit, candentis ferri examinatione innocentiam suam comprobet« (Ivo von Chartres, ed. Browe 1933, S. 74, Nr. 92; vgl. hierzu auch Dinzelbacher 2006, S. 82). Agobard von Lyon argumentiert bereits im 9. Jahrhundert: Die Urteile Gottes seien unbegreiflich und unerforschbar: »dicens incomprehensibilia esse iudicia Dei et investigabiles vias eius [...]. Haec sententia demonstrat occulta esse iudicia Dei et inpenetrabilia« (Agobard von Lyon, ed. van Acker 1981, S. 34; 43). Aus diesem Grund sei es töricht und vermessen, durch Gottesurteile in die Geheimnisse Gottes eindringen zu wollen: »Unde constat stultam et superbam esse praesumptionem eorum, qui putant inpenetrabilia iudicia Dei bellis et caedibus luquido publicari« (Agobard von Lyon, ed. van Acker 1981, S. 43; vgl. hierzu Schnell 1992, S. 72). Wer dennoch das Gottesurteil als Rechtsmittel einsetzt, erwecke den Eindruck, dass Gott den Erfindungen und Einrichtungen der Menschen zu dienen hätte: »Quasi omnipotens Dominus animositatibus vel adinventionibus hominum servire debeat« (Agobard von Lyon, ed. van Acker 1981, S. 32; vgl. auch Dinzelbacher 2006, S. 82). Nach Papst Stephan V. kenne Gott allein die Herzen der Menschen, er lasse sich nicht in seine Geheimnisse schauen, wozu bedürfe es des Jüngsten Gerichts, wenn schon im diesseitigen Leben alle Schuld erkannt und bestraft werde (Stephan V., ed. Browe 1932, S. 14, Nr. 14; vgl. hierzu auch Schnell 1992, S. 72).

Das Hauptargument der zeitgenössischen Ordalkritik zielt also auf die ›tentatio Dei‹, die Versuchung Gottes. Denn es konnte »die Absicht, Gott zu einem außerordentlichen Kundgeben seiner selbst herauszufordern, ausdrücklich gehegt werden, *tentatio Dei formalis*, oder in der Handlungsweise verborgen mitgegeben sein, *tentatio Dei virtualis*. Zu dieser letzteren Art der Versuchung zählten auch die Gottesurteile« (Hörmann 1976, Sp. 312).

Im IV. Laterankonzil 1215, also in unmittelbar zeitlicher Nähe zu Gottfrieds *Tristan*, wurde die Beteiligung von Geistlichen an Gottesurteilen untersagt, das heißt, den Gottesurteilen wurde so die kirchliche Sanktion entzogen (vgl. Wenzel 1988b, S. 355). Es gibt einen entsprechenden Brief von Innozenz III. an den Straßburger Bischof von 1212: »Licet apud saeculares vulgaria exerceantur iudicia, ut aquae frigidae vel candentis sive duelli, huiusmodi tamen iudicia ecclesia non admisit, cum scriptum sit in lege divina: Non tentabis Dominum Deum tuum« (Innozenz III., ed. Browe 1932, S. 24f, Nr. 36.; vgl. auch Dinzelbacher 2006, S. 84 f.). Historische Gottesurteile, von denen Gottfried theoretisch Kenntnis gehabt haben konnte, waren die Gottesurteile der Theutberga, der Richardis und der Kaiserin Kunigunde (vgl. Combridge 1964, S. 83).

Forschungsansätze zum Gottesurteil im *Tristan*: Die Forschung versuchte das Gottesurteil in unterschiedlichen Zugängen zu fassen, im Folgenden ein knapper kursorischer Überblick, der einige wenige Aspekte beleuchtet. Dicke (2002) erinnert an die lange Erzähltradition, sich »über die Insuffizienz fremder Gottheiten zu belustigen, die als Urteilsinstanz von der Ehebrecherin düpiert werden – über altvedische bei den Hindus, über islamische bei den Juden, über heidnische in der christlichen Geschichte von der ›Bocca della Verità‹. Setzt man jedoch, wie im ›Tristan‹, den christlichen omnipotenten Gott an diese Stelle, so kann man Interpreten düpiert sehen« (S. 201).

Vor allem die ältere Forschung fragte nach der historischen Rechtswirklichkeit. Auffallend ist, dass das kirchliche Ritual in Gottfrieds *Tristan* sehr knapp erzählt wird, die Liturgie des Gottesurteils wird nur in zwei Versen (V. 15638; 15652) abgehandelt. Es wird lediglich erzählt, dass die Bischöfe und Prälaten die Messe lesen und das Gericht segnen, danach wird schon das Eisen ins Feuer gelegt. Während also der Bericht über die rituellen kirchlichen Handlungen nur den allernotwendigsten Platz einnimmt, liegt der Fokus auf Isolde. So wird ausführlich berichtet, wie sie gekleidet ist, »ihr Aussehen und Benehmen, ihre Angst und ihre List« werden breit geschildert (Combridge 1964, S. 97; vgl. hierzu auch Ziegler 1994, S. 76). Der Vergleich mit der historischen Praxis ergibt folgendes Bild. Von den insgesamt elf Schritten (nachzulesen bei von Schwerin 1932/33, S. 29 f.): Lesen der Messe; Zug zum Ordalort; ›benedicito ignis‹; Einlegen des Eisens in das Feuer; ›benedicito ferri in igne‹; ›designatio spacii und aspersio‹ als Bezeichnung des Platzes und Besprengen; Herausnehmen des Eisens aus dem Feuer; ›oratio super ferrum‹ bzw. ›benedicio ferri‹; ›adiu-

ratio hominis‹; Eid des Probanden; Vollzug des Ordals – wird im *Tristan* Gottfrieds nur das unbedingt Notwendige übernommen, um Ordal und Ergebnis zu übermitteln. Die Darstellung enthält bei Gottfried jedoch »nichts, was mit anderen Darstellungen oder mit den uns überlieferten Formeln in Widerspruch stünde, und insofern kann man sagen, sie ist der Wirklichkeit getreu« (Combridge 1964, S. 112).

Isoldes Eid, der für die Liebenden positive Ausgang des Gottesurteils und der Erzählerkommentar vom *wintschaffen Crist* erfuhren konkurrierende Deutungen (knapper Forschungsüberblick bei Hartmann 2012; vgl. auch Haug 2011, S. 601–618). Es gibt eine positive Auslegung, verstanden als Hinweis auf die unendliche Güte und Barmherzigkeit Gottes. So fragt sich Haug (1990), ob das Gottesurteil von einer Gnade zeugt, »die alle Logik übersteigt« (S. 608); nach Schnell (1992) hat weder »der gerechte noch der barmherzige Gott [...] Isolds Gottesurteil gelingen lassen, sondern ein Gott, der beides zugleich ist und somit die Vorstellungskraft des Menschen übersteigt« (S. 69); von einer Unerforschlichkeit Gottes in dieser Sache geht auch Dembeck (2000, S. 494) aus; nach Meyer (1914, S. 73 f.) befürworte Gottfried das Ergebnis des Gottesurteils, weil die Liebenden unschuldig seien. Die negative Auslegung des Gottesurteils sieht eine ketzerische, blasphemische »Christusabsage«, einen Angriff auf »die Christologie der Kirche schlechthin« (Weber 1953, S. 270 f.), einen tatsächlichen Angriff auf Gott (Schröder 1979, S. 54). Von diesen radikalen Einschätzungen distanziert sich die neuere Forschung (vgl. Tomasek 2007, S. 179).

Mehrfach wird von einer Stellungnahme gegen die Institution der Gottesurteile ausgegangen. Nach Kolb (1988, S. 335) übt Gottfried »offene Kritik« an der Institution Gottesurteil, auch nach Schild (1996) steht der »Verfasser im Lager der kritischen Stimmen zum Gottesurteil« (S. 67). Nach Dickerson (1972) ist Gott »revealed as a neutral agent, an impersonal force in a divine machine« (S. 136), doch sei es letztlich nicht Gott, der ›wintschaffen‹ sei, sondern die Sprache (S. 140). Hattenhauer (1988) spricht von der »Unterworfenheit des allmächtigen Christusgottes unter die Manipulationen der Menschen« (S. 671) in den Gottesurteilen. Auch Combridge (1964) sieht »eine Kritik des naiven höfischen Gottesglaubens, der für alle und seien es noch so fragliche Vorhaben himmlische Unterstützung erwartet« (S. 112); *trügeheit* und *gelüppeter eit* seien negativ zu lesen, denn letzteres sei ein mit Zaubermitteln vergifteter Eid (S. 106; 108 f.). Haug (2011) sieht eine »formalistische Gerechtigkeit, die nicht auf das Schuldproblem eingeht, sondern nur der Sprachlogik genügt. Und damit hat Gott gezeigt, daß die Sache des Gottesurteils nicht seine Sache ist« (S. 610). Huber (2013, S. 104) fragt sich, ob Kritik am Gottesbild der höfischen Gesellschaft geübt wird, das sich manipulierbar wie ein Gewand den Intentionen der Menschen anlege. Nach Hartmann (2012) wird in Gottfrieds Kommentar »Theologie gepredigt – wenn auch in ironischer, ja beinahe sarkastischer Form. Tatsächlich stellt Gottfried [...] das Gottesbild des Menschen an den Pranger« (S. 36).

Doch die unterschiedlichen Interpretationsansätze, die teilweise spitzfindig sind – wie etwa in Bezug auf den *wintschaffen Crist* der Verweis Eckhardts (1997, S. 579) auf byzantinische Kleidermoden, den ›Hängeärmel‹ – können die Befremdlichkeit der Episode nicht tilgen. Denn keine These geht »in einem Gottesbild auf, das einem christlichen problemlos integrierbar wäre; eine jede hinterlässt einen ungeklärten Rest der irritierenden Widersprüche und Anstößigkeiten, die der Gottesurteil-Episode eingeschrieben sind« (Dicke 1997, S. 173). Ähnlich formuliert Warning (2003, S. 201): »[...] alle Suche nach Konsistenz blieb ergebnislos«.

6.2.3 | Doppeldeutiger Eid und ›Kapellensprung‹ (*Tristams Saga*, Berol, Eilhart)

Isoldes Eid in der *Saga*: Die Thomas-Fragmente setzen, mit Ausnahme des erst 1994 gefundenen Carlisle-Fragments, erst mit der zweiten Baumgartenszene ein, eine Rechtfertigung Isoldes ist also nicht erhalten. Jedoch kennt die altnordische *Tristrams Saga* des Bruders Robert, eine Prosafassung von Thomas' Version, die Eisenprobe und auch Isoldes doppeldeutigen Eid. Auch hier schwört Isolde, dass ihr außer Marke und dem Pilger (Tristan) kein Mann nahe gekommen sei (*Saga*, Kap. 59). Marke wird zu Beginn als unerbittlicher Rächer bzw. Wahrer des Rechts präsentiert (das ist bei Gottfried bekanntlich anders): »Der König war nun schroff und grimmig, ungestüm und heftig, sich zu rächen und Isönd in der Eisenprobe zu prüfen« (*Saga*, Kap. 59, Übersetzung Uecker 2008, S. 83). Wie bei Gottfried wird die Möglichkeit eines ›strengeren‹ Eids (der die Wahrheit eindeutig offenlegen könnte, weil er Tristan einbeziehen) thematisiert, doch in der *Saga* beginnt Isolde sofort mit dem vor ihr listig geplanten Schwur, als sie hört, dass sich die Vasallen über den Wortlaut der Eidesformel streiten. Einige wollen sie nämlich in die Enge treiben, andere »wollten ihr bei der Eidesformel helfen, aber die meisten wollten sich dem König darin anschließen, die Eidesformel so streng wie möglich zu fassen« (ebd.). Wie bei Gottfried akzeptiert Marke den doppeldeutigen Eid, er nimmt Rücksicht auf die allgemeine Stimmung: Als Marke Isoldes Weinen sieht und auch das vieler anderer »wegen ihres Kummers«, da »betrübte sich auch sein Herz, und er sprach zu Isönd: ›Ich habe den Eid gehört‹ [...] ›und es scheint mir, daß ihm nichts hinzugefügt werden muß‹« (ebd.). Das Bestehen der Eisenprobe ist in der *Saga* an Isoldes Furchtlosigkeit und Gottes Barmherzigkeit gebunden: Isolde »ergriff wacker das Eisen mit ihrer Hand und trug es, so daß keiner Mutlosigkeit noch Feigheit an ihr feststellte, und Gott schenkte ihr in seiner schönen Gnade schöne Reinigung, Versöhnung und Einverständnis mit dem König, ihrem Herrn und Ehegatten in voller Liebe, Ehre und großer Würde« (ebd.).

Ähnlich wie bei Gottfried läuft das Ganze also auf eine Wiederherstellung der öffentlichen Ordnung hinaus. Eine weiter gehende Problematisierung (wie der Erzählerkommentar vom *wintschaffen Crist* und der Hinweis auf *gotes höfscheit*) fehlt; hier ist stattdessen lediglich von Gottes Barmherzigkeit bzw. Gnade die Rede. Bei Berol und Eilhart verläuft die Sache jeweils anders.

Isoldes Eid bei Berol: Isoldes Eid bei Berol ist folgendermaßen kontextualisiert: Nach dem belauschten Stelldichein folgt die Mehlstreuepisode, danach müssen die Liebenden in den Wald fliehen (siehe Kap. 7). Isolde kehrt schließlich an den Hof zurück. Drei Barone klagen Marke an, dass sich Isolde nach dem belauschten Stelldichein, der Flucht mit Tristan in den Wald und der Wiederaufnahme am Hof, von der Vorwürfen der Untreue noch nicht gerechtfertigt habe (Berol, V. 3044–3048). Marke ist erbost, die Barone seien nur auf seine Schande (altfrz. *honte*) bedacht, die Sache solle um seines Friedens willen totgeschwiegen werden. Obwohl die Barone die Wahrheit kennen und sagen, werden sie vom Erzähler als *felon* (ebd. V. 3137) abgewertet, als Verräter ihres Herrn. Der Name eines der Barone, *Guenelon* (ebd. V. 3138), ist bezeichnend, denn so heißt die große Verrätergestalt im *Rolandslied*. Durch diese Schurken-Kennzeichnung der Barone »wird eine fast arthurische Außenorientierung, eine wir/sie-Opposition suggeriert [...], von der die List der Liebenden wiederum ästhetisch profitiert (Warning 2003, S. 200). Marke kann wegen des veröffentlichten Gerüchts nicht umhin, einen öffentlichen Reinigungseid von Isolde zu fordern. Isolde besteht auf einem von ihr gewählten Wortlaut des Eids und auf Artus als Eidhelfer; sie begründet das damit, dass sie keine Sippe habe, die sie vertreten könne. Artus ist im Folgenden höfische Richterinstanz und Vertreter von Isoldes Partei, er ist ihr ergebener Streiter, wird dabei aber von ihr instrumentalisiert (siehe Kap. 12).

Zum Verteidigungstermin Isoldes erscheint eine große Schar, Tristan nähert sich der Menge als aussätziger Bettler mit Aussätzigenklapper und Krücke, so will es die List Isoldes. Er spielt seine Rolle perfekt, positioniert sich auf dem Hügel am Rand des Sumpfes, an der ›Schlimmen Furt‹, an der alle vorbei müssen, und erbettelt sich von den Vorübergehenden, die zum Gerichtsplatz wollen, durch Jammern ihr Mitleid. Von nahezu allen erhält er Almosen, viele weinen über sein Unglück. Diejenigen aber, die nichts geben, schlägt Tristan mit der Krücke blutig. Es wird eine Hierarchie des Gebens inszeniert, die hier allerdings als eine burleske Verzerrung der adligen Verpflichtung der *milte* vermittelt ist: König Artus, mit schönem grauen Tuch aus Regensburg (Berol, V. 3722) bekleidet, gibt Tristan seine Gamaschen, vom Gefolge erhält er feine Tücher, König Marke schenkt ihm seine Pelzkapuze. Es gilt eine Furt durch einen Sumpf zu überqueren. Isolde bittet den vermeintlichen Aussätzigen, sie über den Steg zu tragen, und alle können nun sehen, wie sie auf dem vorgeblich Kranken reitet, *janbe deça, janbe dela* (ebd. V. 3940), ein Bein hier, ein Bein da, – und so kann Isolde folgenden doppeldeutigen Eid auf die Reliquien schwören:

›Seignor‹, fait el, ›por Deu merci,	»Herren«, sagt sie, »bei der Gnade Gottes,
Saintes reliques voi ici.	**heilige Reliquien sehe ich hier.**
Or escoutez que je ci jure,	Vernehmt nun, was ich hier schwöre,
De quoi le roi ci aseüre:	womit ich den König hier beruhige:
Si m'aït Dex et saint Ylaire,	So wahr mir Gott helfe und der heilige Hilarius,
Ces reliques, cest saintuaire,	diese Reliquien, dieses Heiligtum,
Totes celes, qui si ne sont	alle die, die nicht hier sind,
Et tuit icil de par le mont,	und alle, die es auf der Welt gibt,
Q'entre mes cuises n'entra home,	**(ich schwöre,) dass ich zwischen meine Schenkel niemanden**
Fors le ladre qui fist soi some,	**ließ außer dem Aussätzigen,**
Qui me porta outre les guez,	der sich zum Lasttier machte und mich die Furt hindurchtrug
Et li rois Marc mes esposez;	**und König Mark, meinen Gatten,**
Ces deus ost de mon soirement.	diese beiden nehme ich aus meinem Eid aus,
Ge n'en ost plus de tote gent;	sonst nehme ich niemanden aus;
De deus ne me pus escondire:	bei zweien kann ich keine Ausflüchte machen,
Du ladre, du roi Marc, mon sire.	bei dem Aussätzigen, bei dem König Mark, meinem Herrn.
Li ladres fu entre mes janbes. […]‹	Der Aussätzige war zwischen meinen Beinen. […]«

(Zweideutiger Reinigungseid Isoldes; Berol, V. 4197–4213)

Eine Eisenprobe fehlt; der Eid Isoldes ist jedoch ähnlich zweideutig wie bei Gottfried und in der *Saga*.

Gerichtsversammlung und ›Kapellensprung‹ bei Eilhart: Bei Eilhart gibt es keinen Reinigungseid Isaldes, wohl aber eine Gerichtsversammlung. Diese ist bei Eilhart Konsequenz der Mehlstreuepisode, die anders als bei Gottfried eine Spur im Mehl und einen Augenzeugen kennt. Bei Eilhart lauert nämlich der Zwerg, *der ungehúr* (Eilhart, V. 3955), unter Isaldes Bett, Tristrant rutscht beim Sprung aus Isaldes Bett aus und hinterlässt einen Abdruck im Mehl. Marck tobt vor Zorn und stellt den Liebenden den schmählichsten Tod in Aussicht. Antret, ein Verwandter Marcks, rät, Tristrant durch das Rädern – eine Hinrichtungspraxis – zu Tode zu bringen und Isalde auf dem Scheiterhaufen zu verbrennen (ebd. V. 4117–4120). Auf eine öffentliche Gerichtsversammlung zuvor wird jedoch nicht verzichtet, alle Vasallen *die hieß man zů dem gericht komen* (ebd. V. 4130). Auf dem Weg dorthin gelingt Tristrant durch einen Sprung aus einem Kapellenfenster die Flucht (ebd. V. 4286–4293) – er hatte nämlich listig vorgegeben, vor seinem Tode beten zu wollen. Marck gibt Befehl, Isalde zu verbrennen, als ein Aussätziger sie für sich und seine Gefährten fordert. Tristrant und Kurneval zu Pferd lauern in einem Hinterhalt und können Isalde den Aussätzigen entreißen. Es folgen die gemeinsame Flucht und ein entbehrungsreiches Waldleben (siehe Kap. 7.1). Bei Eilhart gibt es also kein Gottesurteil, die diffizile Problematik eines *wintschaffen Crist* stellt sich mithin nicht.

6.3 | Diskurs des rechten Sehens – Auge, Herz und *samblanze*

Der Rekurs auf die (unzuverlässigen) Sinnesorgane ist in Gottfrieds Listepisoden nicht zu übersehen:

- Nach seinem Ebertraum ist Marjodo Ohrenzeuge des nächtlichen Liebestreibens von Tristan und Isolde, er kann aber nichts sehen und damit nichts beweisen.
- In den *bettemaeren* ist die listige Rede im Vordergrund, die Marke hört, aber nicht decodieren kann.
- Marke sieht im Rahmen der Mehlstreu-Episode zwar das Blut in den Betten, doch ist das kein Beweis, weil es keine sichtbaren Fußspuren im Mehl gibt.
- Als Melot Tristan im Baumgarten nachschleicht, sieht er zwar die Umarmung, kann aber die Dame nicht erkennen.
- Im belauschten Stelldichein sehen und hören Marke und Melot im Baum die Begegnung von Tristan und Isolde und erkennen dennoch nicht die Wahrheit; andersherum können sich Tristan und Isolde im Baumgarten nicht über Mund und Ohr verständigen, die Kommunikation funktioniert aber dennoch.
- Im Gottesurteil sehen alle die unversehrte Hand Isoldes, doch offenbaren der Augenschein und der listige Eid nicht die Wahrheit.
- Im Brautnachtbetrug ist das Licht gelöscht, das Auge ist ›ausgeschaltet‹, doch Markes *herze* müsste eigentlich zwischen den beiden Frauen unterscheiden können.

Richtiges Erkennen, so die Textlogik, erfolgt nicht über die Sinnesorgane, sondern über das Herz; Augustinus zum Beispiel hält die Sinnesorgane für unzuverlässig (vgl. von Moos 1997, S. 92 f.; Ries 1980, S. 324 f.). Mittelhochdeutsch *herze* bezeichnet die affektiven und kognitiven Eigenschaften eines Menschen und meint den eigentlichen Personenkern.

Auge und Herz: Die Signatur von Auge und Herz zieht sich durch den gesamten Text. Beim Maienfest Markes, als sich Riwalin und Blanscheflur verlieben, werden die Augen als Fenster des Herzens verstanden (zu diesem Topos allgemein und elaboriert Schleusener-Eichholz 1985, Bd. II, S. 759–797). Der Liebenden Augen und Herzen befinden sich »in einer Art symbiotischer Abhängigkeit« (Gewehr 1972, S. 637) – und das ist ein eindeutiges Signal, denn die »Harmonie von Auge und Herz trifft nur auf die wahre Liebe zu« (Schleusener-Eichholz 1985, Bd. II, S. 785). Beim Anblick Riwalins wird Blanscheflurs Herz *versêret* (V. 984–993), bei seiner Verwundung weint sie *mit ougen und mit herzen* (V. 1169). Die Hofdamen als Vertreter von *ir aller werlde* sehen nur den schönen Körper Riwalins, doch die beiden Liebenden Blanscheflur und Riwalin schauen einander ins Herz bzw. nehmen Wohnung darin (V. 1038). Als Tristan und Isolde den Minnetrank trinken, heißt es unmittelbar danach, dass Tristans Herz Isolde anlacht: *sîn herze sach si lachende an, / und nam sîn* *ouge der van* (V. 11773 f.). Das Auge ist bei Tristan und Isolde *des herzen vriunt* (V. 16490), die Augen sind *des herzen leitesterne* (V. 16477). Auch nach dem Gottesurteil kann das Paar seine Liebe vor Marke nicht verbergen, weil beide mit Augen und Herz ineinander verstrickt sind: *si begunden dicke under in zwein / ir ougen unde ir herze in ein / mit blicken sô verstricken [...];* (V. 16493–16495). Die Kommunikation der Liebenden erfolgt über eine Herz-Auge-Wahrnehmung:

> Was im Falle des Aufeinandertreffens zweier *edeler herzen* geschehen kann, zeigt die Liebe zwischen Tristan und Isolde. Hier etabliert sich ein Verhältnis idealer Herzenskommunikation (absolute Transparenz) mittels gegenseitiger Herz-Auge-Wahrnehmung. Grundlage der Tristanliebe ist diese Herzenskommunikation, die das wechselseitige Wahrnehmen des anderen zum idealen kommunikativen Ereignis erhebt, bei dem Wahrgenommener und Wahrnehmender ineinander fließen (Dembeck 2000; S. 502 f.).

Eine völlig andere Wahrnehmungssituation ist hinsichtlich Tristan und Isolde II zu beobachten. Deren gestörte Auge-Herz-Beziehung offenbart, dass Tristan Isolde Weißhand nicht wirklich liebt. Denn Tristan täuscht Isolde II mit den *zwein handelungen / der ougen unde der zungen* (V. 19399 f.), doch die Weißhand glaubt sich *sînes herzen unde sîn* (V. 19401) sicher. Die Disharmonie von Augen und Herz ist in mittelalterlichen Texten oft Anzeichen dafür, dass ein Mensch etwas verbergen will (vgl. Schleusener-Eichholz 1985, Bd. II, S. 786). Ein Beispiel hierfür liefern die *bettemaeren*: Denn als Marke vorgibt, eine Wallfahrt zu planen und Isolde die trauernde Ehefrau spielt, ist die Rede davon, dass sie *mit ougen und mit munde* (V. 13888) tiefen Schmerz zeigt und zu weinen anfängt; ebenso beteuert sie, dass sie Tristan nur *mit herzelôsen ougen, / mit lügelîchem munde* (V. 13982 f.) begegnet sei, *mit manegem lüggem blicke* (V. 13990), vielen verlogenen Blicken also, *mit herzelôsem munde* (V. 13991). In listiger Verkehrung beschreibt Isolde hier gerade ihr Verhältnis zu Marke, nicht das zu Tristan! Isolde weint demnach falsche Tränen, aber der *einvalte[] man* (V. 13891) Marke hätte mit voller Überzeugung geschworen, *daz sî'z von herzen taete* (V. 13894) – doch »bei ungeheuchelten Tränen weinen Augen und Herz gemeinsam« (Schleusener-Eichholz 1985, Bd. II, S. 784). Ein längerer ›blintheit-Exkurs‹ (V. 17723–17816) rügt, dass Marke nicht anerkennen will, was er sieht, die Liebe nämlich zwischen Tristan und Isolde. Er ist aufgrund seiner körperlichen Begierde nach Isolde ›blind‹: *diu herzelôse blintheit* (V. 17739) *diu blendet ougen unde sin* (V. 17743).

êre âne êre – die *samblanze*: Das *herze* ist bei Gottfried mit der *êre* vergemeinschaftet. Von den beiden Hofspionen Marjodo und Melot ist negativ von *êre ûzerthalp des herzen* die Rede, der Ehrbegriff scheint so pervertiert. Als Tristan nach seinem Aufenthalt in der Fremde wieder an den Markehof zurückkommt, wird er ehrenvoll empfangen: König und Hof, Volk und Land *buten im aber êre als ê* (V. 16313). Auch die Feinde Marjodo und Melot erweisen ihm *êre*, doch kommt dies nicht von Herzen; es ist nur *êre* dem äußeren Schein nach, lediglich *samblanze*:

[...] *daz im [Tristan] Marjodô*
êre ûzerthalp des herzen bôt
und sîn gewete petit Melôt.
die sîne vînde ê wâren,
swaz êren ime die bâren,
dâ was vil lützel êren bî.
hie sprechet alle, wie dem sî:
dâ diu samblanze geschiht,
weder ist ez êre oder niht?

ich spriche nein unde jâ.
nein unde jâ sint beidiu dâ.
nein an jenem, der si birt,
jâ an disem, dem si wirt.
diu zwei sint beide an disen zwein,
man vindet dâ jâ unde nein.
waz ist der rede nu mêre?
ez ist êre âne êre.

(*samblanze* als nur äußerer Schein, *êre âne êre*, Gottfried, V. 16316–16332) *êre âne êre*, das bedeutet hier: *êre* für den, dem sie erwiesen wird, keine *êre* für den, der sie *ûzerthalp des herzen bôt*. Also *êre* für den Ehebrecher Tristan und Nicht-*êre* für diejenigen, die den Ehebrecher überführen wollen und in diesem speziellen Fall damit die geltende Ordnung gefährden. Der *êre*-Begriff oszilliert: Im Minneraum sind die Ehebrecher positiv bewertet; die beiden Spione dagegen, wiewohl sie die Wahrheit aufdecken wollen, haben *êre âne êre* und der betrogene Ehemann führt ein *êrlôses leben* (V. 17754), weil er nach der Rückkehr der Liebenden an den Hof deren Liebe zwar sieht, aber aufgrund seiner Begierde nicht von Isolde lassen kann. Die einfache Polarisierung von Gut und Böse, die eindeutige Typenzeichnung ist in Gottfrieds *Tristan* aufgehoben. In der volkssprachlichen Epik des späten 12. und des frühen 13. Jahrhunderts ist

> eine zunehmende Komplexität der Personengestaltung [zu konstatieren]. Figuren wie Tristan oder Siegfried verkörpern nicht mehr die Eindeutigkeit eines in sich stimmigen Typus wie Keie oder Gawan und auch nicht mehr primär die Abfolge in sich kohärenter Zustandsformen wie Erec oder Iwein, sondern eine neue, umfassendere Komplexität: die Doppelstruktur von heimlichem und öffentlichem Handeln, die sich manifestiert in der doppeldeutigen Rede und in der Zweideutigkeit der Symbole. Die dargestellte Kommunikation wird komplexer und ist offensichtlich einzuschätzen als Indikator für die zunehmende Komplexität von Kommunikationsvorgängen in der höfischen Gesellschaft selbst – für die Verfeinerung der Rede und der Reflexion darüber, die in einer schmalen Oberschicht als Integrationsfaktor fungiert (Wenzel 1986, S. 298 f.).

Fazit: Das Listhandeln (Handlungs- und Sprachlisten) beansprucht bei Gottfried über 2300 Verse, das füllt beinahe die Hälfte der Erzählung des Liebeslebens der Protagonisten. Das Listenduell zwischen dem ehebrecherischen Paar und dem Markehof, wobei erstere in allen Fällen triumphieren, setzt nach dem Eber-Wahrtraum Marjodos ein, der die Mechanik von *zwîvel und arcwân* bei Marke anstößt. Die *bettemaeren* zeigen Isolde im sieghaften Wettstreit mit dem König. Der Listenwettstreit setzt sich fort mit der kongenialen sprachlistigen Übertölpelung Markes durch beide Liebende im belauschten Stelldichein und ›beweist‹ schließlich mit Hilfe des zweideutigen Eids der *gevüegen küniginn* Isolde im Gottesurteil die Unschuld der Ehebrecher. All dies ist bei Gottfried nicht negativ bewertet, im Gegenteil hilft Gott bzw. der *wintschaffen Crist* den Liebenden. Die Vertreter der *huote* dagegen, Marjodo und Melot, die den Ehebruch aufdecken wollen, sind dem diabolischen Bereich zugeordnet. Es gibt öffentlich-repräsentatives Handeln in Gottfrieds *Tristan*, das alle ihm zugeschriebenen Kriterien erfüllt, denn es erfolgt – wie beim Gottesurteil – bei maximaler Öffentlichkeit in der Helligkeit des Lichts, ermöglicht den Augenschein und die optische und/oder akustische Wahrnehmung des Geschehens, doch ist die Wahrheit durch das Listhandeln verstellt. Die Sichtbarkeit innerhalb der Markewelt ist getrübt. Rechtes Erkennen, das wird in einem den gesamten Text flankierenden Diskurs übermittelt, kann nicht über die unzuverlässigen Sinnesorgane, sondern allein über das *herze* erfolgen.

7 Paradiesische Minnegrotte vs. entbehrungsreiches Waldleben: Gottfried und die Vorläufer

Gottfrieds Minnegrotte ist für die Liebenden ein Lustort, der durch die Grottenallegorese zum ›Tugendgebäude‹ (Ranke 1925, S. 27) stilisiert wird. Die Vorläufer Berol und Eilhart dagegen kennen statt der Wundergrotte nur ein entbehrungsreiches Waldleben der Protagonisten. Während die Minneabgeschiedenheit in ihrer Absolutheit etwa im *Erec* Hartmanns von Aue als »Muster der falschen Minne« gilt und deshalb überwunden werden muss, wird bei Gottfried die »Absonderung des Paares positiv gesehen« (Gruenter 1993, S. 100; ähnlich Goller 2005, S. 216).

7.1 | Die Vorläufer

Bereits die Ausgangssituation ist in der ›*version courtoise*‹ eine andere als in der ›*version commune*‹: Während bei Berol und Eilhart das Paar nach der Aufdeckung des Ehebruchs in der Mehlstreu-Episode in den wilden Wald von Morois flüchtet, gibt es bei Thomas (bzw. in der *Tristrams Saga*, denn nur dort ist die Episode erhalten) und Gottfried lediglich eine Verbannung des Liebespaares vom Hof (weil Tristan und Isolde hier zuvor nicht überführt wurden). Das Leben der Protagonisten fern vom Hof ist in der ›*version courtoise*‹ als *wunschleben* codiert, jedoch geht Thomas (bzw. die *Saga*) dabei nicht so weit wie Gottfried.

7.1.1 | Das Waldleben bei Berol und Eilhart: Tristan und Isolde als Jäger und Sammler

Bei Berol leben Tristan und Isolde in einer Blätterlaube, ihnen fehlt es an Essen, Tristan muss auf die Jagd gehen; das Liebespaar führt ein erbärmliches Wanderleben:

Molt sont el bois del pain destroit,	Sehr arm an Brot sind sie im Walde,
De char vivent, el ne mengüent.	von Fleisch leben sie, anderes essen sie nicht.
Que püent il, se color müent?	Was können sie dafür, dass sie bleich werden?
Lor dras ronpent, rains les decirent;	Ihre Gewänder zerschleißen, Zweige zerreißen sie;
Longuement par Morrois fuïrent.	lange flohen sie durch Morrois.
Chascun d'eus soffre paine elgal,	Jeder von ihnen erleidet unter der gleichen Entbehrungen,
Qar l'un por l'autre ne sent mal [.]	wobei der eine wegen des anderen keinen Schmerz empfindet.

(Das Waldleben bei Berol, V. 1644–1650)

Der Wald wird allgemein in der Literatur »als symbolischer Raum für Flucht-, Weltflucht-, und Selbstfindungsräume verfügbar« gemacht (Schmid-Cadalbert 1989, S. 29), er ist ein »Gegenort zum christlich-höfischen ›ordo‹« (Plasa 2008, S. 589). Die Menschen, »die in der Wildnis leben, sind *outlaws* aller Art: Vertriebene, Verstossene, Ausgesetzte, Sieche« (Schmid-Cadalbert 1989, S. 34). Tristan ersetzt sein Schwert durch den Bogen, die ritterliche Waffe Schwert wird für das Holzhacken zweckentfremdet, um eine kümmerliche Unterkunft, eine Laube, zu bauen. Die existentielle Nahrungsbeschaffung und Notdurft des Waldlebens dominieren die ritterliche Existenz: »The bow is a non-chivalric weapon and its acquisition marks a transition away from the chivalric state« (Pensom 1995, S. 43 f.). Das Liebespaar will den Wald verlassen, als die drei Jahre des Minnezwangs vorüber sind. Tristan bedauert die Einnahme des Minnetranks, er und Isolde haben Sehnsucht nach dem höfischen Leben:

»Ha! Dex«, fait il, »tant ai traval!	»Ach Gott«, sagt er [Tristan], »so große Qual erleide ich!
Trois anz a hui, que riens n'i fal,	Drei Jahre sind es heute, wenn ich mich nicht irre,
Onques ne me falli pus paine	niemals ist das Leid von mir gewichen,
Ne a foirié n'en sorsemaine.	weder an einem Feiertag noch an einem anderen Wochentag.
Oublië ai chevalerie,	Vergessen habe ich die Ritterschaft,
A seure cort et baronie;	ein höfisches und ehrenhaftes Leben zu führen.
Ge sui essilié du païs,	Ich bin außer Landes verbannt,
Tot m'est falli et vair et gris,	alles ist von mir gegangen, bunter und grauer Pelz,
Ne sui a cort a chevaliers. [...]«	und ich weile nicht an einem Hofe unter Rittern. [...]«

(Die Sehnsucht Tristans nach dem Hof; Berol, V. 2161–2169)

Noch existenzbedrohender verläuft das Waldleben bei Eilhart. Tristrant und Isalde hungern, sie ernähren sich von Kräutern, ihre Gewänder zerschleißen vollständig, sie sind also nackt und erfrieren beinahe:

Tristrand und die küngin	*nit me wenn moß*
und Kurnewal der diener sin	*und lób und graß.*
litten grössen hunger.	*daß ir ainß genaß,*
wer in sölichem kummer	*daß mag úch größ wunder hon,*
sölt ain jår liden	*wann sie wurden claider on,*
– ich will der zwaÿer geschwigen –,	*von kaut und von regen:*
er müst sin deß todß,	*daß dú frow und die tegen* [Tristrant und Kurnewal]
wann sie enbissen kaineß brotß,	*nit ze tod erfroren*
metteß noch wineß,	*daß sÿ die claider verloren,*
noch kainer hand fineß	*daß ist ain wunder größ.*
tranckeß, óch åssen ire roß	

(Das Waldleben bei Eilhart, V. 4750–4770)

Auch bei Eilhart befinden sich die Protagonisten »auf den sozusagen naturnächsten Kulturstufen der Sammler und Jäger, und die Nahrung, die sie zu sich nehmen, ist ganz offensichtlich roh« (Schulz 2015, S. 312). Doch Tristrant wird bei Eilhart »kurzfristig zum Kulturheros hochstilisert [...], zu demjenigen, der sowohl das Angeln als auch die Jagd mit Spürhunden erfunden hat« (ebd. S. 312). Dies meint folgende Stelle:

für wår mir man sagt	*daß er der erst wer,*
und main, er [Tristrant] wer der erst man,	*der daß erdächte,*
der ie anglen began.	*daß bracken brächte*
ouch hort ich sagen mer,	*zú recht wildeß gefert.*

(Tristrant als ›Kulturheros‹; Eilhart, V. 4729–4736)

Umso »befremdlicher wirkt dieser Erzählerkommentar, da der ›Tristrant‹ ansonsten in einer höfischen Welt spielt, die mit dieser adeligen Art des Jagens durchaus vertraut ist. Der Held selbst hat sie lange zuvor gemeinsam mit Marck betrieben« (Schulz 2015, S. 312 f.). Tristrants Erfindung ist auch »nicht der Ausgangspunkt eines dann immer höfischeren und komfortableren Lebens im Walde, denn alles wird nicht besser, sondern schlimmer« (ebd. S. 313) – zuletzt fallen beiden in Kälte und Regen die Kleider vom Leib. Im Unterschied zu Gottfried wird die »entbehrungsreiche Zeit im Naturraum [...] punktuell zu einer Zeit jenseits und vor der ›Erfindung‹ der adligen Kultur stilisiert, obwohl das Waldleben nur räumlich außerhalb dieser Kultur situiert ist. Zeitliches Außerhalb und räumliches Außerhalb werden unvermittelt in eins gesetzt« (ebd. 313 f.; Schulz verweist in diesem Zusammenhang auf den Bachtinschen ›Chronotopos‹; vgl. Bachtin 1989). Tristrant und Isalde werden die Entbehrungen unerträglich, als nach vier Jahren die Wirkung des Zaubertranks nachlässt; sie wollen keinen einzigen Tag länger bleiben:

[...]
vier jàr, daß sie in trancken.
do begund sie beid duncken,
sie mochten sich wol schaiden.

do begund inen laiden
daß ungemach in dem wald.
sie en mochten ainen tag so bald
der arbait nicht mer liden.

(Unerträglichkeit des Waldlebens; Eilhart, V. 4936–4942)

7.1.2 | Die Minnehöhle in der *Tristrams Saga*: amoener Lustort in der Wildnis

Thomas liefert im Kontrast zu Berol und Eilhart einen Entwurf, der in Richtung Gottfriedscher Minnegrotte geht. Die Grottenepisode, die nur in der altnordischen *Tristrams Saga* erhalten ist, beschreibt das Leben des Paares in der Wildnis wie folgt:

Und als Tristram mit Freude und Fröhlichkeit an den Hof von König Markis gekommen war, war er dort nicht lange, bevor der König erneut ihre Liebe zueinander bemerkte, Tristrams und der Königin, genauso wie früher; darüber wurde der König sehr verdrossen und betrübt und wollte ihnen das nicht länger durchgehen lassen und schickt nun die beiden in die Verbannung, und das schien ihnen ein gutes Los, und sie zogen dann in eine große Wildnis hinaus und machten sich nur wenig Gedanken, wer ihnen Wein und Speise verschaffen sollte, denn Gott würde ihnen schon Nahrung zukommen lassen, wo sie auch waren, und es gefiel ihnen gut, zu zweit allein zu sein, und sie begehrten nicht mehr, als sie jetzt besäßen von allem, was es auf der Welt gab, denn nun haben sie, was ihrem Herzen behagt, wie auf diese Weise immer ohne Vorwürfe zusammen sein und ihre Liebe mit Wonne genießen könnten. Und wie ihnen nun dieses freie Leben im Wald gefiel, so fanden sie einen verborgenen Platz an einem Wasser und in einem Felsen, den Heiden einst mit großer Geschicklichkeit und schöner Kunst hatten aushauen und zurichten lassen, und es war dieser ganz gewölbt und der Eingang tief in der Erde ausgehauen, und ein geheimer Pfad war weit unterhalb; viel Erde lag auf dieser Behausung, und darauf stand ein sehr schöner Baum auf dem Felsen, und der Schatten des Baumes erstreckte sich weithin und schützte vor der Hitze und Glut der Sonne. Dort bei dem Haus war eine Quelle mit heilsamem Wasser, aber um die Quelle herum wuchsen die süßesten Kräuter mit schöner Blüte, die man sich nur wünschen könnte, und der Fluß strömte von der Quelle nach Osten. Wenn die Sonne auf die Kräuter schien, dann duftete es mit dem süßesten Duft, und dann war das ganze Wasser wie mit Honig gemischt von der Süßigkeit der Kräuter. Wenn es aber regnete und sehr kalt war, dann blieben sie in der Behausung unter dem Felsen; aber wenn draußen gutes Wetter war, gingen sie zur Quelle, sich dort zu vergnügen, und dorthin in den Wald, wo es am ebensten und schönsten war, zu spazieren und Wild zu ihrer Speise zu jagen, denn Tristram hatte dort seinen Hund bei sich, der ihm so außerordentlich lieb war. Ihn gewöhnte er zuerst daran, Rotwild zu fassen, und dann erjagte er, soviel er wollte, und da war immer große Kurzweil und Freude, denn sie hatten Nacht und Tag Vergnügen und Trost.

(Die Minnehöhle in der *Saga*, Kap. 64; Übersetzung Uecker 2008, S. 89)

In der *Saga* ist die Umgebung der Quelle also ein amoener Ort mit Baum, Quelle und duftenden Kräutern, die Jagd dient gleichermaßen dem Vergnügen wie der Nahrungsbeschaffung. Harris (1977, S. 475) sieht in der Liebeshöhle ein literarisches Motiv, das bereits aus Homers Beschreibung der Höhle der verführerischen Calypso in der *Odyssee* bekannt sei.

7.2 | Die Minnegrotte bei Gottfried: Vollendung höfischer Kultiviertheit

Gottfried erdichtet anstelle der Felsenhöhle der *Saga* eine paradiesische Minnegrotte. Das Waldleben bei Berol und Eilhart wird zu einem Schauplatz der ›*amour passion*‹ umgebildet. Der »Gegensatz zwischen Natur und Kultur, der die älteren Tristanfassungen prägt, scheint hier verabschiedet zugunsten eines Programms, das die gesellschaftsferne Zweisamkeit des Paares geradewegs zur Vollendung höfischer Kultiviertheit stilisieren will« (Schulz 2003, S. 535). Gottfrieds Konzeption geht dabei weit über die *Saga* hinaus. Das betrifft vor allem die akribisch ausgearbeitete Grottenallegorese (die die *Saga* nicht kennt), doch auch die ›autobiographischen‹ Erzählerexkurse hat nur Gottfried. Die Episode ist also gegenüber den Vorläufern erheblich erweitert. Sie umfasst bei Gottfried bis zum Verlassen der Grotte über tausend Verse, wobei Erzähl- und Exkursebene ineinander verschachtelt sind. Im Folgenden ein handlungschronologischer Überblick, beginnend mit der Verbannung der Liebenden bis hin zu ihrer Rückkehr an den Hof. Die Tabelle belegt die Strukturiertheit der Episode, zentriert um die Grottenallegorese:

Verbannung des Liebespaares vom Markehof	V. 16535–16678
Ankunft in der Grotte	V. 16679–16682
Beschreibung der Grotte und ihrer Umgebung	V. 16683–16772
Speise- und Gesellschaftswunder	V. 16807–16908
›Autobiographischer‹ Erzählerexkurs I	V. 16909–16922
Grottenallegorese	V. 16923–17099
›Autobiographischer‹ Erzählerexkurs II	V. 17100–17139
wunschleben des Liebespaares	V. 17140–17274
Jagd des Markehofs auf den Wunderhirsch	V. 17275–17346
Schwertlist Tristans – Entdeckung des Liebespaares in der Grotte	V. 17403–17658
Freiwillige Rückkehr des Liebespaares an den Markehof	V. 17659–17709

Abb. 16 Handlungschronologie der Grottenepisode bei Gottfried

7.2.1 | *wunschleben* und Grottenallegorese

Die Verbannung des Paares: Nach dem Gottesurteil (siehe Kap. 6.2.2.3) wird Isolde von Marke, Volk und Reich wiederum *geminnet unde g'êret* (V. 15753). Tristan und Isolde versuchen ihre Liebe vor Hof und König zu verbergen (V. 16449–16454), doch verstricken sich beide mit ihren Blicken. Marke sieht *die wârheit in ir ougen*:

si [Tristan und Isolde] begunden dicke under in zwein
ir ougen unde ir herze in ein
mit blicken sô verstricken,
daz sî sich ûz ir blicken
oft und ze manegen stunden
nie sô verrihten kunden,
Marke envünde ie dar inne

den balsemen der minne.
durch daz er nam ir allez war.
sîn ouge daz stuont allez dar.
er sach vil dicke tougen
die wârheit in ir ougen
und anders aber an nihte
niwan an ir gesihte.

(Tristan und Isolde können ihre Liebe vor Marke nicht verbergen; Gottfried, V. 16493-16506)

In seinem *blinden leide* (V. 16535) wirft Marke Isolde öffentlich vor, dass er an ihrem Verhalten merke, dass sie Tristan mehr liebe als ihn (V. 16560). Jedoch liebe er sie und Tristan zu sehr, um ihnen das Leben zu nehmen oder *iht herzeleides* (V. 16589) zuzufügen. Anders als in der *Saga*, wo es nur darum geht, dass Marke sich das Liebestreiben unter seinen Augen nicht mehr länger mit ansehen will, wird bei Gottfried zusätzlich auf die Herrscherpflichten abgestellt: Die *cumpanîe* zwischen ihnen Dreien müsse ein Ende nehmen, so Marke, denn dulde ein König wissentlich einen Nebenbuhler in der Liebe, so sei das schmachvoll. Doch weil er den Liebenden anmerke, dass sich beide gegen seinen ausdrücklichen Willen mehr lieben als ihn selbst (V. 16592–16596), sollen sie beieinander sein, wie sie es wünschen:

[Marke:] »*nemet ein ander an die hant*
und rûmet mir hof unde lant.
sol mir leit von iu geschehen,
daz enwil ich hoeren noch sehen.
diu gemeinde under uns drîn
diu enmac niht langer gesîn.
ich wil iuch zwei derbî lân,
ich eine wil dervon gân,
swie ich mich dervon geloese.

disiu gemeinde ist boese.
ich wil ir gerne haben rât.
der künec der wizzentlîche hât
an minnen cumpanîe,
deist michel dorperîe.
vart ir beidiu gote ergeben,
leitet liebe unde leben,
als iu ze muote gestê.
dirre cumpanîe wirt niemê!«

(Marke verbannt Tristan und Isolde; Gottfried, V. 16603–16620)

Die Forschung liest die Verbannung unterschiedlich. Für Haug (2011) gibt sich die Motivation für den Auszug der Liebenden »anscheinend bewußt ohne Überzeugungskraft« (S. 635). Thomas (1988) versteht die Verbannungs-Passage wortwörtlich, denn er sieht Marke als »courtly figure, who lets the lovers go to their pleasure because he finds the triangle psychologically intolerable« (S. 97). Zettl (2007, S. 255) interpretiert dagegen die Verbannung als Ausschluss aus der christlichen Gemeinschaft; auch Kolerus (2006) sieht die Verbannung als Bestrafung:

> Was man auf den ersten Blick als Milde, vielleicht sogar Einsicht und Wohlwollen des Herrschers auslegen könnte, der die Liebenden nicht auf den Scheiterhaufen schickt, sondern ihnen die störungsfreie Entfaltung ihres Liebesglücks fern von seinem Hof ermöglicht, erweist sich bei näherem Hinsehen als umso subtilere und radikalere Form der Bestrafung (S. 90 f.).

Tristan und Isolde verneigen sich *mit maezlîcher nôt, / mit küelem herzeleide* (V. 16624 f.), also nur mit mäßigem Kummer vor Marke. Tristan nimmt seine Harfe und sein Schwert, seine Armbrust und sein Horn mit, Dingsymbole seiner höfischen Kunstfertigkeit in Jagd und Musik, sowie seinen Jagdhund Hiudan. Dieses Detail, das Mitnehmen des Lieblingshundes, zählt »zum ältesten Bestand der Sage« (Krohn 2005, S. 229; zu Einzelheiten des Hundemotivs in den unterschiedlichen Fassungen vgl. Hertz 1904, S. 546). Kurvenal begleitet beide.

7.2.1.1 | Herkunft und Topographie der Minnehöhle

Tristan und Isolde wandern geradewegs der Wildnis zu, wo Tristan seit langem *in einem wilden berge ein hol* (V. 16684) kennt, eine Höhle, die er einst *von âventiure* (V. 16686), im Rahmen einer Jagd, gefunden hatte. Von dieser heißt es, dass sie im heidnischen Zeitalter vor den Jahren des Corineus, als noch Riesen dort herrschten, in den wilden Berg geschlagen worden war:

7.2 Die Minnegrotte bei Gottfried: Vollendung höfischer Kultiviertheit

[...]
daz selbe hol was wilent ê
under der heidenischen ê
vor Corinêis jâren,
dô risen dâ hêrren wâren,
gehouwen in den wilden berc.
dar inne haeten s'ir geberc,

so s'ir heinlîche wolten hân
und mit minnen umbe gân.
und swâ der einez vunden wart,
daz was mit êre bespart
und was der Minnen benant:
la fossiure a la gent amant,
daz kiut: der minnenden hol.

(Heidnische Vorzeitlichkeit der Minnegrotte; Gottfried, V. 16689–16701)

Wer ist Corineus? Corineus ist ein trojanischer Held in der *Äneis* Vergils und erscheint bei Geoffrey von Monmouth als Heros von Cornwall (vgl. Hertz 1904, S. 546 f.). *la fossiure a la gent amant* (das Folgende nach Müller 2002, S. 386) entstand also noch vor Ankunft der Trojaner in Britannien, mithin vor Artussage und höfischem Roman, und liegt damit jenseits der ritterlich-höfischen Welt. *der minnenden hol* erscheint so als Geschichtsträger, der bis in vorantike, mythische Urzeiten zurückreicht. Hinzu treten ›Riesen-Phantasmen‹: Bereits die Riesen bauten die Höhle zu Liebeszwecken. Dass gerade hier, genau im »ideellen Zentrum des Romans, an einer Stelle, an der die *edelen herzen* die höchstmögliche Verklärung und Sanktionierung ihrer Liebe erwarten [...], Riesen, heidnische Götter und eine mythische Realitätsauffassung« erscheinen, verweist auf die »unlösbaren überzeitlichen Widersprüche zwischen passionierter Liebe und zivilisierter Gesellschaftsrealität« (Kolerus 2006, S. 201). Die mythischen Referenzen wurden auch als Rekurs auf die keltische Anderwelt gesehen (vgl. Hammer 2007, S. 158–164).

Kunstreicher Liebestempel in der Wildnis: Aus der Perspektive des Hofes gehört die Grotte in die Wildnis, Tristan und Isolde sind *zwô tageweide* (V. 16682) dorthin unterwegs. Die Grotte selbst stellt die »erlesenste Steigerung von bedeutungsvoller Kunstfertigkeit« (Müller 2002, S. 386) dar, gefasst als Architektur. Am Ort öder Wildnis – immer wieder ist von der *wilde* (V. 17078) die Rede, genannt sind *berge* (V. 17081) und *velsen* (V. 17086) – erhebt sich »das vollkommenste Gebäude kultureller Sublimierung« (Müller 2002, S. 390 f.). Die Grottenwelt gehört Natur und Kultur gleichermaßen zu. Denn die ideale amoene Topographie mit Quelle und Linde ist eben durch eine vegetationslose Einöde von der Markewelt abgetrennt. Eine Tagesreise entfernt gibt es um diesen Berg und diese Grotte nur *velse âne gevilde / und wüeste unde wilde* (V. 16763 f.). Es ist kein Zugang mit Weg und Steg angelegt, aber trotzdem können Tristan und Isolde die Unwegsamkeit überwinden (V. 16765–16770).

Die unwirtliche Umgebung wird damit begründet, dass die Minne nicht einfach auf der Straße zu finden sei oder auf dem freien Feld: *minne und ir gelegenheit / niht ûf die strâze sint geleit / noch an dekein gevilde* (V. 17075–17077). Der Weg zur Liebeshöhle (= *clûse*) ist mühselig, die Wege dorthin sind mit Felsen versperrt, wer jedoch sein Ziel erreicht hat, der will nirgend wo anders sein (V. 17091–17099). Die Wildnis ist hier also »eher Metapher für eine Eigenschaft der *minne* und weniger real erfahrbarer Raum oder Signum des Unhöfischen« (Seggewiss 2012, S. 134). Schmid-Cadalbert (1989) weist darauf hin, dass »der Fluchtort des Verstossenen in der Regel nicht der wilde Wald selbst [ist], sondern es sind jenseits des wilden Waldes liegende Gebiete oder vom wilden Wald umschlossene Oasen. Der jenseitige Ort kann ein *locus amoenus* oder ein *hortus conclusus* sein mit Blumenanger, Linde, Fels mit Höhle oder Klause und Wasserlauf« (S. 33).

Der bei den Vorläufern genannte Wald wird bei Gottfried in unterschiedliche ›Zonen‹ übersetzt, denn ein Ring von Schwellenräumen liegt um die Grotte: Von der diesseitigen *wüesten wilde* (V. 17073) als ›*locus terribilis*‹ führt der Weg über einen topischen ›*locus amoenus*‹ zu dem zeit- und ortlosen allegorischen Wunderraum der Grotte. *daz wunneclîche tal* (V. 17353) rund um die Grotte besitzt eine amoene Topographie: Als Tristan und Isolde sich ihrem höfischen Zeitvertreib des Geschichtenerzählens und Jagens widmen, ergehen sie sich auf einer vom Tau gekühlten Wiese, es gibt lieblichen Vogelgesang, eine kühle rauschende Quelle, und es fehlen auch nicht drei schattenspendende Linden (V. 16733–16753). Lichtmetaphorik (etwa *liehte bluomen*, V. 16745, die die Ebene ›erstrahlen‹ lassen, etc.) und sublime lautliche Gestaltung durch zahlreiche Alliterationen, Binnenreim, parallelen Versbau »lassen hier ›Natur‹ eng an die ›Kultur‹ treten« (Seggewiss 2012, S. 136; dort auch nähere Ausführungen).

Dieser ›*locus amoenus*‹ wird kontrastiert mit der öden Wildnis rings umher. Zettl (2007) weist auf die mehrfache Verwendung von *clûse* hin: »Während die Bezeichnung *clûse* auf ein Einsiedlerdasein hindeutet, zeigt ihre Inneneinrichtung [gemeint ist die Minnegrotte] provokant das Gegenteil. Die ›Hülle‹ des Legendenschemas bleibt erhalten, der Inhalt wird neu gefüllt« (S. 246). Während der Ritt des Aventiureritters im Allgemeinen »die Reintegration in die Gesellschaft und die Welt zum Ziel hat, ist Tristans und Isoldes Waldleben eine Flucht vor der Welt, die ihre Minne nicht erlaubt [...]. Welt und Wildnis [tauschen] ihren Platz. Feindlich ist die Welt, freundlich die Wildnis« (Schmid-Cadalbert 1989, S. 39).

7.2.1.2 | ›Autobiographische‹ Erzähler-Exkurse

›Autobiographisch‹ bedeutet nicht, dass Gottfried spricht, es ist der Ich-Erzähler. Der erste Exkurs bezieht sich auf das Speisewunder (siehe unten) und wendet sich an die Skeptiker, die nicht glauben, dass Tristan und Isolde in der Grotte keinerlei leiblicher Nahrung bedurften. Der Erzähler führt das eigene Beispiel zum Beweis an. Denn auch er habe irgendwann einmal so gelebt, dass er nur von der Liebe lebte und das erschien ihm ausreichend: *ich treib ouch eteswenne / alsus getâne lebesite. / dô dûhte es mich genuoc dermite* (V. 16920–16922).

Im zweiten ›autobiographischen‹ Exkurs berichtet der Erzähler sogar von einer eigenen Erfahrung hinsichtlich der Grotte, die er seit seinem elften Lebensjahr kenne. Er habe dort das Wild glücklos verfolgt und war auch bei dem Kristallbett in der Grotte, ohne aber darauf zu ruhen. Jedoch habe er den grünen Marmorboden so zertreten, dass, wenn dieser nicht immer nachwüchse, man *diu wâren spor der minne* hätte sehen können (zum nachwachsenden Marmor siehe unten); *diu sunnebernde vensterlîn* der Grotte hätten ihren Glanz in sein Herz gesandt, er sei jedoch nie in Cornwall gewesen:

Diz weiz ich wol, wan ich was dâ.
ich hân ouch in der wilde
dem vogele unde dem wilde,
dem hirze unde dem tiere
über manege waltriviere
gevolget unde nâch gezogen,
und aber die stunde alsô betrogen,
daz ich den bast noch nie gesach.
mîn arbeit und mîn ungemach
daz was âne âventiure.

ich vant an der fossiure
den haft und sach die vallen.
ich bin ze der cristallen
ouch under stunden geweten.
ich hân den reien getreten
dicke dar und ofte dan.
ine geruowet aber nie dar an.
und aber den esterîch dâ bî,
swie herte **marmelîn** *er sî,*
den hân ich sô mit triten zebert:

7.2 Die Minnegrotte bei Gottfried: Vollendung höfischer Kultiviertheit

haete in **diu grüene** niht ernert,	diu **sunnebernde vensterlîn,**
an der sîn meistiu tugent lît,	diu habent mir in daz **herze** mîn
von der er **wahset alle zît,**	ir **gleste** dicke gesant.
man spurte wol dar inne	ich hân die fossiure erkant
diu wâren spor der minne.	sît mînen eilif jâren ie
[...]	und enkam ze Curnewâle nie.

(›Autobiographischer‹ Exkurs des Erzählers; Gottfried, V. 17100–17124; 17133–17138)

Der Widerspruch, dass der Erzähler nie in Cornwall gewesen sei, aber dennoch die Grotte gesehen haben will, macht deutlich, dass es sich um einen allegorischen Ort handelt, der zeit- und ortlos ist, nicht um einen real-lokalen Erfahrungsraum (vgl. Müller 2002, S. 390; Tomasek 1985, S. 152). »[The] excursus appears to consign the grotto to the realm of fantasy rather than to that of cartographic reality« (Thomas 1988, S. 98). Der literarische Status der Minnegrotte ist offensichtlich. Die glücklose Jagd des Erzählers bezieht sich auf die Liebe, auf den Zusammenhang zwischen der ›ars venandi‹ und der ›ars amandi‹, der Minnende ist der Jäger, die Frau das Wild.

»Der Sinngehalt der Jagd- und Bastmetaphorik des zweiten Exkurses erschließt sich nur im Rückgriff auf die Schilderung der ausschließlich von Tristan beherrschten bast-Kunst (Wort und Sache begegnen sonst nicht mehr), und [so] wird das wunschleben der Liebenden als Maßgrund jeder imitatio in die gleiche Metaphorik einbezogen. Innerhalb dieser Metaphorik ist Tristan der Jäger (jegermeister), ist Isolde der Hirsch, ist die Tristan-Isolde-Minne im Grottenbereich das erreichte Ziel: der bast« (Rathofer 1966, S. 387).

Die oben genannte Altersangabe ist nicht beliebig: Mit elf Jahren wurde allgemein der Beginn der Liebesfähigkeit angesetzt (vgl. Mertens 1999, S. 9), und in der mittelalterlichen Zahlenallegorese ist diese Zahl auch das »Zeichen der Sünde und Unvollkommenheit« (Meyer/Suntrup 1987, Sp. 616).

7.2.1.3 | Speise- und Gesellschaftswunder: autonomes *wunschleben* der Liebenden

Bei Berol und Eilhart wird von einem Wald- und Wanderleben gesprochen, bei Gottfried tritt an diese Stelle ein gewissermaßen ›fester Wohnsitz‹. Das Grottenleben hier hat eine besondere Eigengesetzlichkeit. Die Schilderung beginnt mit dem sogenannten ›Speisewunder‹. Die Frage, wie sich Tristan und Isolde in der Wildnis ernähren, wird folgendermaßen beantwortet:

si [Tristan und Isolde] sâhen beide ein ander an,	daz was ir zweier lîpnar.
dâ generten sî sich van.	si enâzen niht dar inne
der wuocher, den daz ouge bar,	wan muot unde minne.

(Das Speisewunder als Zeichen der Liebesautarkie; Gottfried, V. 16815–16820)

Ihrer beider Nahrung ist also das gegenseitige Anschauen im Zeichen ihrer Liebe und ihres Verlangens. Gottfried ist hier weit weg vom entbehrungsreichen Waldleben Berols und Eilharts. Zwar reiten auch bei Gottfried Tristan und Isolde auf die Jagd in die Wildnis oder sie gehen auf Rotwildjagd mit ihrem Hund Hiudan (den Tristan so abrichtet, dass er die Fährte verfolgt, ohne Laut zu geben, das heißt, sie durch Bellen verrät), doch betreiben sie die Jagd mit Hund und Armbrust mehr *durch ir herzen gelust* (V. 17268) als wegen der Nahrungsbeschaffung. Ihre Speise ist immateriell:

7 Paradiesische Minnegrotte vs. entbehrungsreiches Waldleben: Gottfried und die Vorläufer

> *[...] diu reine triuwe;*
> *diu gebalsemete minne,*
> *[...]*
> *diu was ir bestiu lipnar.*
> *deiswâr si nâmen selten war*
> *dekeiner spîse niuwan der,*
> *von der daz herze sîne ger,*
>
> *daz ouge sîne wunne nam*
> *und ouch dem lîbe rehte kam.*
> *hie mite sô haeten sî genuoc.*
> *in streich diu liebe, ir erbepfluoc,*
> *niwan an iegelîchem trite*
> *und z'iegelîchen stunden mite.*

(Das Speisewunder: *triuwe* und *minne* als Nahrung; Gottfried, V. 16830 f.; 16835–16844)

Unbedingte *triuwe* und balsamische Minne sind Tristans und Isoldes *bestiu lîpnar; diu liebe, ir erbepfluoc*, ihr ererbtes Gewerbe, ist allezeit bei ihnen.

Das Speisewunder betont die Liebesautarkie und wird in der Forschung wie folgt bewertet. Krohn (2005) weist darauf hin, dass Gottfried das Speisewunder »seiner Vorlage entnommen (auch die *Saga* hat eine entsprechende Passage) und durch bestimmte Motive der Paradies-Topik, die ihrerseits auf eine spätantike und mittellateinische Tradition zurückgeht, erweitert« hat (S. 238; vgl. hierzu auch Gruenter 1993, S. 126). Zettl (2007) sieht einen Rückgriff auf Eremitenlegenden: »Die Entmaterialisierung [der Nahrungsaufnahme] wird vollkommen in der Speisung durch die Engelbegegnung. Das Speisewunder bei Tristan und Isolde erreicht diese höchste Stufe, auf der die Nahrung rein immateriell ist« (S. 251). Die »wunderbare Speisung gründet sich nicht auf eine existentielle Notwendigkeit, sondern ist Ausdruck und Bestätigung der Auserwähltheit der Liebenden« (ebd. S. 251). Die Nahrung der Liebenden besteht »nicht in einer materiellen Substanz, sondern in einem Spiritualen« (Kolb 1962, S. 240). Nach Schiewer (2008) muss das Speisewunder bei Gottfried »jeden Rezipienten zeitgenössischer Predigten an ein anderes sättigendes und höchst spirituelles Wunder erinnert haben, nämlich an die seligmachende Schau Gottes, die *visio beatifica*« (S. 255). Nach Thomas (1988, S. 98) ist das Speisewunder bei Gottfried jedoch nicht wörtlich zu nehmen, dies hätte klerikalen Protest provoziert. Vorgeschlagen wurde auch ein Eucharistiebezug, etwa als Analogie (de Boor 1940, S. 293) oder als ›antithetische Analogie‹ zur Eucharistie (Weber 1953, S. 77–79); dies wurde jedoch kritisch gesehen (vgl. Tax 1971, S. 122).

Das Autonomiethema wird im Gesellschaftswunder fortgeführt. Bei Gottfried sind nur Isolde und Tristan in der Grotte. Denn Kurvenal wurde zurückgeschickt, als sich die Liebenden in der Grotte niederlassen, damit er bei Hofe die Lüge erzähle, dass beide *mit jâmer und maneger nôt / hin wider z'Îrlande waeren, / ir unschulde offenbaeren / wider liut und wider lant* (V. 16778–16781). Außerdem solle er Markes Pläne in Erfahrung bringen, um beide im Fall einer *arclîchen tât* (V. 16792) sofort zu warnen. Bei Berol muss Kurvenal erzähllogisch beim Waldleben mit dabei sein, weil er nach der Flucht Tristans vor dem drohenden Scheiterhaufen ansonsten selbst gefährdet wäre; auch bei Eilhart ist Kurvenal dabei. In der *Saga* und bei Gottfried fehlt Kurvenal: Das Liebeshöhlenidyll verträgt offenbar keine Zeugen. Denn das Alleinsein bedrückt bereits in der *Saga* die Liebenden keineswegs, auch bei Gottfried empfinden sie es nicht als negativ, ganz im Gegenteil (V. 16847–16849). Für Ersatz der höfischen Gesellschaft sorgen das *ingesinde* der umgebenden Natur sowie das *gesinde* der Vögel, ihr virtueller Hofstaat. Dies zeigt, »daß dem Menschen ›Kultur‹ ein unverzichtbares Bedürfnis ist – die Grottennatur erfüllt die Funktion, den Liebenden ›hof‹, ›rât‹ und ›ingesinde‹ [...] zu ersetzen« (Seggewiss 2012, S. 136 f.):

7.2 Die Minnegrotte bei Gottfried: Vollendung höfischer Kultiviertheit

Ir [Tristans und Isoldes] staetez ingesinde
daz was diu grüene linde,
der schate und diu sunne,
diu riviere unde der brunne,
bluomen, gras, loup unde bluot,
daz in den ougen sanfte tuot.
ir dienest was der vogele schal,
diu cleine reine nahtegal,
diu troschel unde daz merlîn
und ander waltvogelîn.
diu zîse und der galander
die dienden wider ein ander
inwette unde inwiderstrît.
diz gesinde diende z'aller zît
ir ôren unde ir sinne.
ir hôhzît was diu minne,
ir vröuden übergulde.

(Das Gesellschaftswunder: Der virtuelle Hofstaat der Vögel; Gottfried, V. 16881–16897)

Wäre noch jemand da gewesen, so hätte das die gerade Zahl von eins und eins gestört:

nu wes bedorften s'ouch dar in
oder waz solt ieman zuo z'in dar?
si [Tristan und Isolde] haeten eine gerade schar:
dane was niuwan ein und ein.
haeten s'ieman zuo z'in zwein
an die geraden schar gelesen,
sô waere ir ungerade gewesen
und waeren mit dem ungeraden
sêre überlestet und überladen.
ir zweier geselleschaft
diu was in zwein sô herehaft,
*daz **der saelige Artûs***
nie in dekeinem sînem hûs
sô grôze hôhgezît gewan,
dâ mêre ir lîbe lustes van
und wunne waere enstanden.

(Das Gesellschaftswunder: größeres Glück als bei König Artus; Gottfried, V. 16850–16865)

Die *gerade schar* dieses »isolierten Doppelindividuums« (Tomasek 1985, S. 155) Tristan und Isolde übertrifft sogar die Glücksmöglichkeiten eines König Artus (bzw. seiner Hoffeste), den »Inbegriff höfisch-ritterlicher Festlichkeit« (Glauch 2005, S. 44). Die Zweisamkeit des Minnepaares wird über die höfisch-ritterliche arthurische Festgesellschaft gestellt (vgl. ebd. S. 43). Zettl (2007) sieht einen Bezug zu den Eremitenviten. Denn dort wird ebenfalls »die Einsamkeit nie als Mangel bezeichnet, die Jahre des Alleinseins werden als besondere Auszeichnung genannt« (S. 252); der Rückzug ubertrette dabei das Glück des jeweiligen Wertezentrums, in der Spätantike die Genüsse Roms, im Mittelalter die Festlichkeiten des Artushofs. Müller (2002) spricht von einem Paradoxon, dass diese Grotte einerseits in der Wildnis liegt und andererseits »höchste Vollendung höfischer Kunst« (S. 386) darstellt und damit Raum gibt für ein Leben, das mit dem Speise- und dem Gesellschaftswunder eindeutig die Möglichkeiten höfischer Kultur überbietet.

Das *wunschleben* in der Grotte: Tristan und Isolde leben ein glückseliges *wunschleben* mit höfischem Zeitvertreib; beide »führen ein höfisches Leben ohne Hof« (Müller 2003, S. 228). Sie tun nur das, *dâ sî daz herze zuo getruoc* (V. 17241). Die vielfältigen Vergnügungen sind »ausschließlich höfische Vergnügungen: Ausruhen, Spazieren, *banekîe*, Gesang, Musizieren, Erzählen, Konversation, Jagd« (Müller 2003, S. 228). Selbst die Natur wird in Kunst überführt: Der »kunstlose Klang der Natur und das kunstvolle Musizieren der Liebenden sind ununterscheidbar, denn auch der Gesang der wilden *waltvogelîn* klingt wie das Spielen von Instrumenten (*organieren*) und wie gelehrtes Latein (V. 17360; 17363; 17365): wie Kunstmusik« (ebd.). »Höfisch-zuchtvolles Verhalten vollendet sich dort, wo es keine Gesellschaft gibt. Der Hofstaat aus Vögeln, Bäumen, Blumen, Quelle zeigt an, daß Tristan und Isolde den Hof Markes nur mit seiner besseren Variante vertauscht haben« (ebd. S. 229). Wandhoff (2012) sieht die Kunst als überlebensnotwendig für die Liebenden, die den Hof zum Feind haben: »The romance shows in several episodes that love can and must be covered by art, in order to survive in a hostile world« (S. 43).

Tristan und Isolde erzählen sich (unglückliche) Liebesgeschichten – das nimmt einen Gedanken des Prologs wieder auf. Denn bereits da war die Rede davon, dass kein *edelez herz* auf *senediu maere* verzichten will. So klagen Tristan und Isolde in der Grotte über berühmte unglücklich Liebende wie die arme Dido, die sich aus Liebe tötete. Doch wie Meyer (1996, S. 392) herausstellt, stehen die »Konzeption der Minnegrotte und die Gottfriedsche Liebeskonzeption mit ihrer Liebe/Leid-Dialektik [...] in einem unauflöslichen Widerspruch«; zwar wird »innerfiktional so die Relevanz des Gottfriedschen Romans als *senemaere* selbst betont, der Surrogatcharakter dieses Leidens bleibt aber offensichtlich«.

7.2.1.4 | Die Grottenallegorese als ›Gesamtmodell rechter Minne‹

Der signifikante Unterschied Gottfrieds zu den Vorläufern wird vor allem in der Grottenallegorese deutlich. Architektur und Allegorese fehlen bei den Vorläufern vollständig. In der Grottenallegorese sind für Tomasek (1985) »alle für das Minneideal wesentlichen Themen zu einem konstruktiven Modell zusammengefaßt« (S. 159), es wird ein »Gesamtmodell rechter Minne« präsentiert (S. 168). Die kunstreiche Grottenarchitektur veranschaulicht eine allgemeine Minneethik, die vollkommene Minne ist in der Architektur der Grotte abgebildet. Die tropologische Dimension der Grottenarchitektur enthüllt einen ›*sensus moralis*‹, eine ethisch fundierte Handlungsanweisung für Liebende (zum ›vierfachen Schriftsinn‹ allgemein vgl. Weddige 2014, S. 105–110). In der Grottenallegorese

begegnet zum ersten Mal in deutscher Sprache die weltliche Allegorie. Die Darstellung der Minnegrotte in der Waldleben-Episode wird durch die anschließende Allegorese mit ihrem *entsliezen* der *meine* als Allegorie enthüllt. [...] Die Allegorese in ihrer punktuellen Identifizierung der Grottenarchitektur mit ethisch-sittlichen Qualitäten überhöht die *fossiur' a la gent amant* zu einem ›Lehrgebäude‹ der idealen Minne. Die exegetische Methode als solche ist dem theologischen Vorbild entlehnt, aber sie wird jetzt angewandt auf einen nicht-geistlichen Inhalt. Die Minnegrotte als *res significans* ist ebenso profan wie die Minne als *significatum* (ebd. S. 112).

In der literarischen Beschreibung sind seit der Antike Liebesgrotten und allegorische Bauwerke gut bekannt (vgl. Ernst 1976, S. 18 f.). Seit Rankes Untersuchung (1925) wird die Gottfriedsche Allegorese allerdings überwiegend auf die Ausdeutung eines Kirchengebäudes rückgeführt. Mertens (1999) etwa sieht in der Ähnlichkeit der Auslegungsdimension von Klosterkirche und Minnegrotte nicht eine ›Gegenreligion‹, keinen »Ersatz Gottes durch die Geschlechterliebe, sondern [...] das Aufzeigen einer Idealität, der gegenüber selbst der höfisch vollkommenste Mensch versagen muß« (S. 15 f.). Eine Art Gegenmodell präsentierte Kolb (1962), der im Blick auf romanische Minneallegorien postulierte, dass »sich die Minnegrotte, verstanden als *maison d'amor*, die konstruiert ist auf dem Grundriß der Unterweltshöhle (*fosse*), organischer ein[füge] als das kirchenanaloge Architekturgebilde« (S. 239; ähnlich Gillam/Kooznetzoff 1974, S. 93). Müller (2003) sieht die Streitfrage ›Sakralbau oder Liebestempel‹ jedoch als durchaus lösbar: »Die Grotte ist beides: eine unterirdische Höhle im Berg, von urzeitlicher Herkunft, und eine sinnreiche kathedralähnliche Architektur – ein ›Lehrgebäude‹« (S. 229 f.).

Vor der Grottenallegorese, der geistlichen Auslegung der Grotte, gibt es eine unkommentierte Beschreibung des Grotteninneren. Im Sinne der geistlichen Allegorese existiert also ein doppelter Durchgang: Zunächst geht es nur um die Baueigenschaf-

7.2 Die Minnegrotte bei Gottfried: Vollendung höfischer Kultiviertheit

ten der Grotte, danach erfolgt in einem zweiten Anlauf die Ausdeutung. Die Unterscheidung von ›res‹ und ›significatio‹, von Objekt und Bedeutung, bleibt also stets deutlich (vgl. Tomasek 1985, S. 158). Die Grotte wird in einem Verfahren geistlicher Hermeneutik mit einer *meine* (V. 16925), einer Bedeutung also, versehen.

Die Beschreibung der Grotte setzt relativ unvermittelt mit der Beschreibung des Grotteninneren ein:

la fossiure a la gent amant,
daz kiut: **der minnenden hol.**
der name gehal dem dinge ouch wol.
ouch saget uns diz maere,
diu fossiure waere
sinewel, wît, hôch und ûfreht,
snêwîz, alumbe eben unde sleht.
daz gewelbe daz was obene
geslozzen wol ze lobene.
oben ûf dem slôze ein crône,
diu was vil harte schône
mit gesmîde gezieret,

mit grimmen wol gewieret
und unden was der esterîch
glat unde lûter unde rîch,
von grüenem marmel alse gras.
ein bette in mitten inne was
gesniten schône und reine
ûz cristallînem steine.
hôch unde wît, wol ûf erhaben,
alumbe ergraben mit buochstaben,
und seiten ouch die maere,
daz ez bemeinet waere
der gottinne Minne.

(Beschreibung des Grotteninneren; Gottfried, V. 16700–16723)

Die Grotte ist rund, weit, hoch, schneeweiß und überall eben und glatt; sie hat einen edelsteinbesetzten, kronengeschmückten Schlussstein, und es gibt einen grünen Marmorfußboden und ein Kristallbett. Zweihundert Verse weiter erfolgt in einem zweiten Durchgang die Ausdeutung.

Die Grottenallegorese – das Gebäudeinnere: Im zweiten Durchgang werden die Gebäudeteile einer tropologischen Ausdeutung unterzogen, die sich zunächst auf das Gebäudeinnere bezieht. Die Rundheit der Grotte deutet auf die Einheit der Liebenden ohne Betrug und Täuschung. Sie entspricht der *simplicitas cordis*, eine Vorstellung, die auf Gregor den Großen zurückgeht (vgl. Ernst 1976, S. 20 f.) und bezeichnet die völlige gegenseitige Offenheit der Liebenden:

[...] diu sinewelle binnen
daz ist einvalte an minnen.
einvalte zimet der minne wol,

diu âne winkel wesen sol.
der winkel, der an minnen ist,
daz ist âkust unde list.

(Rundheit der Grotte; Gottfried, V. 16931–16936)

Danach wird die Weite und Höhe der Grotte beschrieben:

[...]
diu wîte deist der minnen craft,
wan ir craft ist unendehaft.
diu hoehe deist der hôhe muot,
der sich ûf in diu **wolken** *tuot.*
dem ist ouch nihtes ze vil,
die wîle er sich gehaben wil
hin ûf, dâ sich der tugende gôz
ze samene welbet an ein slôz.
so gevaelet ouch daz niemer,
die tugende dien sîn iemer
gesteinet unde gewieret,
mit lobe alsô gezieret,
daz **wir, die nidere sîn gemuot,**

der muot sich allez nider tuot
und an dem esterîche swebet,
der weder swebet noch enclebet,
wir kapfen allez wider berc
und schouwen oben an daz werc,
daz an ir tugende dâ stât,
daz von ir lobe her nider gât,
die ob uns **in den wolken** *swebent*
und uns ir schîn her nider gebent:
die kapfe wir ze wunder an.
hie wahsent uns die vedern van,
von den der muot in vlücke wirt,
vliegende lob nâch tugenden birt.

(Weite und Höhe der Grotte; Gottfried, V. 16937–16962)

Die Weite deutet auf die nicht endende Kraft der Minne, »wobei offen bleibt, ob die Unbegrenztheit der Minne in räumlichem oder zeitlichem Sinne aufzufassen ist« (Tomasek 1985, S. 159). Die Höhe bezieht sich auf den *hôhen muot* (ein Schlüsselbegriff des höfischen Wertekanons); dieser hat sein Endziel im Schlussstein, dem *slôz* (allgemein der höchste Punkt in einem Gewölbe), der in der Grotte mit einer *crône* (16709) und Edelsteinen verziert ist. Krone und Schlussstein wurden als Hinweis auf die christliche ›*corona vitae*‹ (vgl. beispielsweise 1. Kor 9,25) und die ›*vita aeterna*‹ gelesen (vgl. Tomasek 1985, S. 160). Der Schlussstein, auf den alle *tugende* gerichtet sind, ist Symbol »höchster Vollendung und vollständiger Erfüllung der Minne« (ebd.). Dem *hôhen muot* ist der *nidere muot* kontrastiert, der überwunden werden muss. Dies ist hoffnungsvoll markiert im Bild des aufwärts gerichteten Blickes, der Wir-Gemeinschaft der Niedergedrückten wachsen schließlich Flügel (vgl. dazu Haug 2011, der für das Bild der Flügel, die der *nidere muot* ausbreitet, Platons *Phaidros* als ältestes Vorbild sieht: Der »das Schöne und Gute schauenden Seele wächst ein Gefieder, und sie erhebt sich zum Ziel ihrer Schau«; S. 655). Der nach oben gerichtete Blick ist in der bildenden Kunst des Mittelalters ein typisches Zeichen der Kardinaltugend ›*spes*‹, also Hoffnung (vgl. Tomasek 1985, S. 162 f.). Das Wolkenbild ermöglicht ebenfalls einen geistlichen Bezug (vgl. Ernst 1976, S. 22): In der mittelalterlichen Exegese versinnbildlichen Wolken zum Beispiel den Gedanken an die Himmelfahrt Christi.

Die Grottenwand ist wunderbar weiß und glatt. Dies bezeichnet *der durnehte reht*, das Wesen der Lauterkeit; der *arcwân* muss überwunden werden, Täuschung und Betrug sollen keinen Platz finden:

Diu want was wîz, eben unde sleht.   *dern sol niht missemâlet sîn.*
daz ist der durnehte reht: *an ir sol ouch kein arcwân*
der wîze und ir einbaere schîn   *weder bühel noch gruobe hân.*

(Makellosigkeit der Grottenwand; Gottfried, V. 16963–16968)

Der grüne Marmorfußboden bezieht sich auf die *staete* in der Liebe:

der marmelîne esterîch   *von varwe und von slehte.*
der ist der staete gelîch   *diu staete sol ze rehte*
an der grüene und an der veste.   *ingrüene sîn reht alse gras,*
diu meine ist ime diu beste   *glat unde lûter alse glas.*

(Der grüne Marmorboden als Symbol der *staete*; Gottfried, V. 16969–16976)

Die Beschreibung des Marmorbodens ist im Rekurs auf den zweiten ›autobiographischen‹ Exkurs (siehe oben) zu lesen, in dem der Erzähler berichtet, dass er bei seinem Besuch der Grotte den harten grünen Marmor zertreten habe. Dies weist auf des Erzählers *staete*, seinen beständigen Minnedienst, doch ist der Boden durch seine grüne Farbe geschützt, die ihn immer wieder nachwachsen lässt: *und aber den esterîch dâ bî, / swie herte marmelîn er sî, / den hân ich sô mit triten zebert: / haete in diu grüene niht ernert, / an der sîn meistiu tugent lît* (V. 17117–17121). Müller (2002) macht hinsichtlich der Koppelung von Architektur- und Pflanzenmetaphorik auf die auffallende Verschränkung von Natur und Kultur aufmerksam. Denn der grüne Marmorboden

› wächst nach‹, als handle es sich um eine Wiese. Die Überführung von Zeit in Raum, die Versteinerung der vollkommenen Liebe zum kostbar-sinnreichen Tempel steht in Spannung zu einem wuchernden Prozeß der Veräußerung und Erneuerung. Die Allegorie ist damit auf einem Grund errichtet, der sich der Petrifizierung der Passion zum statischen Idealbild entzieht (S. 389).

7.2 Die Minnegrotte bei Gottfried: Vollendung höfischer Kultiviertheit

Diese Steinwerdung der Passion steht in Spannung zur unzerstörbaren ›Vitalkraft‹, die sich im ewigen grünen Nachwachsen erneuert; die Minnegrotte ist so »Inbegriff künstlicher Vollendung« (ebd.). Das ›Grün‹ »ist also mehrdeutig, ist (materiell) Farbe, Qualität des Marmors, (*allegorice*) Attribut einer ethischen Norm und verweist (*metaphorice*) auf Erfahrung von Liebe« (Müller 2003, S. 221).

Auf Aufrichtigkeit und Transparenz in der Minne zielt ebenso das Kristallbett:

Daz bette inmitten inne	*der ir die cristallen sneit*
der cristallinen minne,	*z'ir legere und z'ir gelegenheit.*
daz was vil rehte ir namen benant.	*diu minne sol ouch cristallin,*
er haete ir reht vil rehte erkant,	*durchsihtic und durchlûter sin.*

(Das Kristallbett inmitten der Grotte; Gottfried, V. 16977–16984)

Indem die Liebenden »auf dem Bett von Kristall, *in der kristallen*, ruhen (V. 17505) ›verkörpern‹ die Liebenden ›kristalline‹ Liebe« (Müller 2003, S. 222). Das Kristallbett wurde bereits in der älteren Forschung als Rekurs auf das Bett im ›Hohenlied‹ des Alten Testaments gelesen, als ›*lectulus Salomonis*‹ (Schwietering 1943, S. 22; vgl. auch Tomasek 2007, S. 156). Teilweise wird das Liebeslager sogar als Altar verstanden: Die Minnegrotte »symbolizes the highest values of medieval love, and the lovers participate in the sacrament of their love on the bed, their sacrosanct altar« (Clason 2004, S. 294). De Boor (1940, S. 642) sieht eine Analogie zwischen dem Altar als Mittelpunkt der Kirche und dem Kristallbett als Zentrum der Grotte. Das Kristallbett ist *der gottinne Minne* (V. 16723) geweiht: »Die Residenz der Göttin ist kein Haus, kein weithin sichtbares Schloß [...], sondern ein unter der Erde, im Berginneren kunstvoll ausgehauener Prunkraum [...]. Das sanctissimum dieser zaubrischen Architektur ist das kristallene Bett, das erotische Symbol der *gotinne Minne*« (Gruenter 1993, S. 70 f.). In der Nennung dieser Minnegöttin sah Weber (1953, S. 80 f.) eine Antithese zum Christentum. Mit der Auslegung des Kristallbetts

hat die Allegorese einen erkennbaren Einschnitt erreicht, denn die bisher gedeuteten architektonischen Details gehören ausnahmslos dem Gebäudeinneren an, während die nun folgenden Bauelemente (Tür, Fenster) die Übergangszone zwischen außen und innen betreffen. Diese Tatsache legt den Schluß nahe, daß die bisher behandelten Tugenden ausschließlich das Innere der idealen Minnebeziehung betreffen, während sich die nachfolgenden Ausführungen (16858 ff.) auf das Verhältnis der Minne zur Außenwelt beziehen (Tomasek 1985, S. 164).

Die Grottenallegorese – der Übergangsbereich: Die Übergangszone der Grotte zur Außenwelt bilden die Grottentür bzw. dessen Verschlussmechanismus sowie die Grottenfenster. Die eherne Grottentüre hat zwei Funktionen, eine Schutz- und eine Einlassfunktion (vgl. Tomasek 1985, S. 164). Der Verschlussmechanismus lässt sich nicht von außen öffnen, er tut sich dem Befugten nur von innen auf. Es gibt also eine Zugangsbeschränkung, nur die wahrhaft Liebenden finden Einlass; Gewalt, List, Falschheit und Lüge können den Eintritt nicht erzwingen (V. 17009–17014): »Nicht die verborgene Lage macht diese [die Grotte] unzugänglich, sondern falsches Minnen läßt den Zugang nicht finden (– so läßt Gotfrid Marke die Grotte nicht betreten). Der schwierig auffindbare Grottenpfad des Thomas ist bei Gotfrid der allegorische Pfad zur rechten Minne« (Gruenter 1993, S. 96):

7 Paradiesische Minnegrotte vs. entbehrungsreiches Waldleben: Gottfried und die Vorläufer

Innen an der **êrînen tür**	*swaz man gerüstes vür die tür*
dâ giengen **zwêne rigele** *vür.*	*(ich meine ûzerhalp dervür)*
ein valle *was ouch innen*	*ze rûme oder ze slôze leit,*
mit kündeclîchen sinnen	*daz tiutet allez valscheit.*
hin ûz geleitet durch die want,	*wan swer zer* **Minnen tür** *în gât,*
aldâ s'ouch Tristan dâ vant.	*den man von innen niht în lât,*
die meisterte **ein heftelîn**,	*daz enist der minnen niht gezalt,*
daz gie von ûzen dar în	*wan daz ist valsch oder gewalt.*
und leite si dar unde dan.	**durch daz ist dâ der Minnen tor,**
noch slôz noch slüzzel was dar an	**diu êrîne tür vor,**
und wil iu sagen umbe waz.	**die nieman kan gewinnen,**
dane was niht slôzes umbe daz:	**ern gewinne sî mit minnen.**

(Tür und Türverschluss der Grotte; Gottfried, V. 16985–17008)

Der komplexe Verschlussmechanismus, der das *Minnen hûs* vor gewaltsamem Eindringen schützt, besteht aus zwei *rigelen* bzw. *insigelen* sowie *valle* (Schnappschloss) und *heftelîn* (Klinke):

[...]	
und innen ietweder **rigel**,	*sô ist der* **Minnen hûs bewart**,
ietweder **minnen insigel**	*valsch unde gewalte vor bespart.*
daz was zem andern gewant	*Daz* **tougenliche heftelîn**,
ietwederhalben an der want.	*daz von ûzen hin in*
und was der einez **cêderîn**,	*zer vallen was geleitet hin,*
daz ander **helfenbeinîn**.	*daz was ein* **spinele** *von zin.*
nu vernemet die tiute ir bêder:	*diu* **valle** *was von* **golde**,
daz eine insigel der cêder	*als sî ze rehte solde:*
daz meinet an der minne	**valle unde haft**, *diz unde daz,*
die **wîsheit** *und die* **sinne**;	*diu enmohten beidiu niemer baz*
daz von dem helfenbeine	*an ir eigenschaft sîn brâht.*
diu **kiusche** *und die* **reine**.	*daz zin daz ist diu guote andâht*
mit disen zwein insigelen,	*ze tougenlîchem dinge.*
mit diesen reinen rigelen	*daz golt daz ist diu linge.*

(Der komplexe Türmechanismus; Gottfried, V. 17015–17042)

Die beiden Riegel sind nicht zufällig aus Elfenbein und aus Zedernholz:

> Mit seiner Deutung der zedernen und elfenbeinernen Türsicherungen, die er als Riegel und Siegel bezeichnet, greift der Autor erneut auf die geistliche Allegorese zurück, denn die Deutung des Elfenbeines als *kiusche* und *reine* (17026) entspricht völlig der traditionellen Exegese, ebenso wie die im Zedernbalken zum Ausdruck gebrachte Widerstandskraft gegenüber dem Bösen (*valsch unde gewalt* 17030) (Tomasek 1985, S. 164 f.).

Zedernspäne waren im Alten Testament »in Heilungs- u. Reinigungsriten wichtig«; sie stehen für Königtum, Gesundheit, Kraft und Vitalität (Riede 2009, Sp. 1391 f.). *valle* und *heftelîn* als Bestandteile des Türverschlusses sind aus Gold bzw. Zinn, mit beiden wird wiederum der richtige Zugang zur Grotte zum Thema gemacht. Denn das Zinn steht für das aufmerksame Streben (*guote andâht*) nach dem Geheimnis der Minne (*ze tougenlîchem dinge*), das Gold für die Erfüllung; Voraussetzung für das Gelingen ist die *rechte güete* (V. 17052). Die Beschreibung des Türschlusses (*valle* und *heftelîn*) bedient sich möglicherweise sexueller Metaphorik (das sieht vor allem Betz 1969 so, der darin verschlüsselt *vagina* und *membrum virile* erkennen will und *spinele* als ›Penis‹ versteht; Kritik hierzu formulierten Jaeger 1978; Nellmann 1999, S. 305–310; zur Deutung der Tür als Symbol für das Weibliche vgl. Gillam/Kooznetzoff 1974, S. 97 f.).

Die Minnegrotte bei Gottfried: Vollendung höfischer Kultiviertheit

Drei Grottenfenster stellen ebenfalls die Verbindung zur Außenwelt her. Die Fenster bezeichnen die *güete*, die *diemüete* und die *zuht*. Bereits bei Alanus ab Insulis, einem französischen Scholastiker des 12. Jahrhunderts, »haben die Fenster allegorische Bedeutung: fenestra dicuntur virtutes« (Krohn 2005, S. 244):

Obene in die fossiure	daz dritte zuht. ze disen drîn
dâ wâren niwan **driu vensterlîn**	dâ lachet în der süeze schîn,
schône unde tougenlîchen în	diu saelige gleste,
gehouwen durch den ganzen stein,	**êre, aller liehte beste**
dâ diu sunne hin în schein.	und **erliuhtet die fossiure**
der einez ist diu güete,	werltlîcher âventiure.
daz ander diemüete,	

(Grottenfenster-Allegorie; Gottfried, V. 17058–17070)

Diese Fenster lassen die Tageshelligkeit in den Grottenbereich. Baier (2005) weist darauf hin, dass bei Gottfried in der Inszenierung intimer Räume »eine Zunahme der Sichtbarkeit« zu beobachten ist, die »über die zunehmende Einwirkung von Licht exponiert wird« (S. 199). Die Fenster bilden die Berührungszone zur Außenwelt, denn die drei ›Fenstertugenden‹ sind überglänzt von der Sonne, die als *êre* definiert ist. Diese ›Sonnen-*êre*‹ ist der Bezugspunkt außerhalb des Grottengebäudes, sie *erliuhtet die fossiure*. Für Müller (2007) reicht mit der *êre* »ein höfisches Lebensideal in die Grotte hinein« (S. 663). Ähnlich formuliert Baier (2005): Die »höfische Ehre, die sich aus seinen [Markes] Ansprüchen herleitet und die eben den Liebenden nicht zuteil werden kann, [reicht] in die Grotte hinein, wenn die Sonne durch die Fenster scheint« (S. 199). Die spezifische Funktion der Grottenfenster ist »darin zu sehen, daß sie den Liebenden die *ere* bei gleichzeitiger Wahrung des Liebesgeheimnisses eröffnen« (Tomasek 1985, S. 173).

Die Grottenepisode hat insgesamt eine erzählerische Sonderstellung:

Der stupende Formenprunk der Episode, das wohldurchdachte Neben- und Ineinander von Beschreibung und Erklärung, Einschub und Wiederanknüpfung, ›persönlichem‹ Kommentar und Handlungsfortführung, der kompositorische Aufwand und die rhetorische Virtuosität – das alles ist Gottfrieds Eigentum, und es unterstreicht das Gewicht, das der Autor diesem Abschnitt zu geben wünschte (Krohn 2005, S. 231).

7.2.2 | Die Entdeckung der Liebenden und die Schwertlist – Markes *geluste unde gelange*

Der Wunderhirsch: Die Grottenhandlung schließt mit dem freiwilligen Verlassen der Grotte; zuvor jedoch bedarf es eines Kontakts mit der Außenwelt. Dies wird erzähllogisch so umgesetzt, dass Markes Jägermeister die Liebenden entdeckt. Die Jagdgesellschaft verfolgt einen wunderbaren Hirsch, der sich nur dorthin flüchten kann, wo er herkam: zur Grotte. Doch wird dann die Fährte verloren. Das Aussehen des Tieres ist ins Wunderbare gesteigert: Der Hirsch *was reht alse ein ors gemane, / stark unde michel unde blanc* (V. 17294 f.), er ist also weiß und hat eine Pferdemähne. Die positive Konnotation des weißen Hirsches allgemein steht außer Zweifel (Tax 1971, S. 132). Er ist eigentlich Führer in die keltische Anderwelt (vgl. Hammer 2007, S. 162), bei Gottfried führt er die Jäger in die mythische Grottenwelt. Dass der mächtige Hirsch nur ein *gehürne kleine unde unlanc* (V. 17296) hat, las Rathofer (1966, S. 390) als Hinweis auf ein »Mischwesen aus Hirsch und Einhorn […], das auf allegorische Auslegung hin angelegt ist, um das wunderbare Einssein von Tristan und Isolde zu bedeuten«. Auch Schulz (2003) weist auf die ›hybride Mischgestaltigkeit‹ hin, die genauso wie das Minnepaar auf »Einheit in der Zweiheit angelegt« (S. 542) sei. Der wunderbare Hirsch gehört also in einen Jenseitsbereich, der die Zusammenführung von sozusagen normaler Außenwelt und Grottenwelt bewerkstelligt (vgl. Ernst 1976, S. 52–60; Wessel 1984, S. 378–398).

Als der Jägermeister am nächsten Morgen den Hirsch aufstöbern will, liest er die Spur, die soeben Tristan und Isolde im kühlen Tau hinterlassen haben, als die Fährte des Hirsches und gelangt so zur Grotte. Es »ist bezeichnend, daß der Jäger [...] die Fußspuren von Tristan und Isolde nurmehr als eine einzige Spur ansieht – als die überdies des ›wunderbaren Hirschen‹, der symbolische Verweisfunktion für die Liebenden hat« (Krohn 2005, S. 250). Der Jäger sieht durch ein verborgenes Grottenfenster zwei Liebende voneinander abgewandt liegen, dazwischen ein Schwert. Denn Tristan und Isolde schlafen, durch Hörnerklang und Hundegebell gewarnt, getrennt voneinander *reht alse man unde man* (V. 17408) – und haben zudem als Keuschheitszeichen Tristans Schwert zwischen sich gelegt. Das trennende Schwert im Bett »ist ein altes Rechtssymbol, wenn ein Mann die Frau, mit der er das Lager teilt, nicht berühren will. In sämtlichen Bearbeitungen des Tristanstoffes erscheint dieses Schwert-Motiv wieder« (Krohn 2005, S. 249; Krohn weist auch darauf hin, dass in der *Saga* und im *Sir Tristrem* der Hinweis auf listiges Handeln der Protagonisten fehlt, das Motiv, das der ältesten Stofftradition zugehört, »ist also blind geworden«; ebd.).

Zwar werden also die Liebenden entdeckt, doch der Hirsch entgeht Marke und den Jägern. Tax (1971) sprach davon, dass Marke »als höfischer Mensch die wunderbare, alles spezifisch Höfische betont hinter sich lassende Liebe, wie sie Tristan und Isolde in der Minnegrotte bis jetzt erleben dürfen, einfach nicht erfassen kann und sie auch künftig nicht erfassen wird« (S. 130). Der Jäger berichtet Marke von seiner Entdeckung, und als dieser in das Höhlenfenster der Grotte blickt, sieht er ebenso die einander abgewandten Liebenden und das Schwert dazwischen. Er beginnt erneut an der Schuld von Tristan und Isolde zu zweifeln und hegt wiederum Hoffnung:

[Marke:] »wie ligent diese gelieben sô?« *hie mite was aber der **zwîvel** dâ.*
wider sich sô sprach er aber dô: *»schulde?« sprach er »triuwen ja.«*
»ist noch an disen dingen iht? *»schulde?« sprach er »triuwen nein.«*
weder ist hie schulde oder niht?«

(**Die Schwertlist – Zweifel und Hoffnung Markes; Gottfried, V. 17525–17531**)

Für Mertens (1999) ist durch die Schwertlist das wunderbare Kristallbett bzw. die Minnegrotte ›entweiht‹, weil die Liebenden damit »in die Betrugsmechanismen des Hofes [zurückfallen], denn sie entfremden, ja entweihen das kristallene Bett der Liebe zu einem Täuschungsmanöver, indem sie sich für einen potentiellen Entdecker als Fremde, von einander abgekehrt, arrangieren« (S. 15). Nach Clason (2004) weist das Schwert auf den Grundkonflikt: »the sword separating the lovers on the bed of love reveals the thematic conflict ripping apart the kingdom and, eventually, the medieval world: feudal duty in conflict with courtly love, social obligation with individual self-determination« (S. 295).

Markes *geluste unde gelange*: Als Marke die Liebenden entdeckt, verstopft er ein lichtspendendes Fenster mit Gras, Blumen und Blättern aus Furcht, der Sonnenstrahl könnte Isoldes Schönheit abträglich sein. Dabei wird mehrfach die Sinnenlust Markes betont:

7.2 Die Minnegrotte bei Gottfried: Vollendung höfischer Kultiviertheit

Minne envlammete den man [Marke]
mit der schoene ir lîbes.
diu schoene des wîbes
diu spuon im sîne sinne
z'ir lîbe und z'ir minne.
[...]
nu er der sunnen war genam,

diu von obene durch den stein
ûf ir antlütze schein,
er vorhte, ez waere ir an ir lîch
schade unde schedelich.
er nam gras, bluomen unde loup,
daz venster er dermite verschoup

(Marke: Ausschluss der ›Sonnen-*êre*‹; Gottfried, V. 17594–17598; 17608–17614)

Nach Tomasek (1985) zeigt das Verdunkeln, dass Marke »der gesellschaftlichen Anerkennung der Liebenden im Wege steht« (S. 178). Denn die durch die Fenster scheinende Sonne ist in der Grottenallegorese als *êre* definiert, diese ›Sonnen-*êre*‹ ist der Bezugspunkt außerhalb des Grottengebäudes. Müller (2007) sieht im Verschließen des Fensters durch Marke den »Versuch gescheitert, *heinlîche* und *êre* zusammenzuschließen. Nur solange die Grotte nicht entdeckt wurde, war sie strahlend erleuchtet. Auf dieses Licht können Tristan und Isolde nicht verzichten. Einmal verdunkelt, kann das Leben in der Grotte nicht fortgesetzt werden« (S. 304). Bei Berol, Eilhart und in der *Saga* deckt Marke das Gesicht Isoldes mit einem Handschuh zu; ein Verstopfen eines Fensters entfällt dort ohnehin, denn eine ausgefeiltere Architektur gibt es nur bei Gottfried. Mit dem Handschuh Markes wird der »Anspruch auf Isolde ›durch Handauflegen‹ versinnbildlicht« (Krohn 2005, S. 251; zum Handschuh als Amts- und Herrschaftszeichen vgl. Hüpper 2012, Sp. 749).

Das Zudecken des Fensters und die Betonung der Sinnenverhaftetheit Markes fallen bei Gottfried in eins: »Hier kritisiert Gottfried Markes Verhältnis zu Isolde, das nicht von den Geboten der Minne-*êre*, sondern von undifferenzierter Sinnlichkeit bestimmt sei« (Krohn 2005, S. 251). Isoldes Schönheit entflammt Marke, *diu spuon im sîne sinne* (V. 17597), sein Verhältnis zu Isolde ist durch *lîbes gelust* bestimmt. Dieses Thema wird fortgeführt, als das Paar schließlich an den Hof Markes zurückkehrt. Wiederum können Tristan und Isolde ihre Liebe nicht verbergen; Marke weiß jetzt ›todsicher‹ (V. 17747), dass seine Ehefrau Tristan liebt, *und enwolte es doch niht wizzen* (V. 17752). Er führt so ein *êrlôse[s] leben* (V. 17754), getrieben von *geluste unde gelange* (V. 17800); Marke ist »dem Begehren nach Isolde hilflos verfallen« (Müller 2007, S. 433).

In einem längeren ›*blintheit*-Exkurs‹ (V. 17723–17816) wird gerügt, dass Marke Isolde *ze vröuden haete* (V. 17724), *niht z'êren, wan ze lîbe* (V. 17727), dass er also an Isolde ein nur körperliches und deshalb ehrloses Vergnügen finde. Marke will nicht anerkennen, was er sieht, er ist ›blind‹: *diu herzelôse blintheit* (V. 17739), *diu blendet ougen unde sin* (V. 17743). Zu *lîbes gelust* gibt es bereits während der Überfahrt nach Cornwall einen eindeutigen Erzählerkommentar: Wenn sich jemand nur um seine Sinnenlust kümmere, so bringe ihn das um sein Ansehen (*swer sich an niht wil kêren / wan an des lîbes gelust, / daz ist der êren verlust*; V. 12510–12512). Hurst (1986) sieht in Markes *blintheit* im Rekurs auf neuplatonisches Gedankengut sogar »das Königsamt in Frage gestellt« (S. 330).

Markes Liebesauffassung ist also in der Logik dieser Passage defizitär. Das zeigt sich schon darin, dass Marke nicht einmal versucht, die Grottentür zu öffnen; auch ist ihm zuvor von seinem Jäger berichtet worden, dass dieser *niht vürbaz komen [mohte]. / nu ime der wec dâ was benomen* (V. 17429 f.). Schulz (2003, S. 540) weist darauf hin, dass beim Auffinden des Paares durch den Jäger mythisch-feeische Konfigurationen greifen. Denn als der Jäger die überirdisch schöne Isolde erblickt und das Schwert, denkt er *daz ez waere / etswaz von wilden dingen* (V. 17450 f.), dass er es also mit unheimlichen Dingen zu tun habe. Als er Marke von dem Paar berichtet, spricht er von einer *gotinne* (V. 17470), von einer Frau *schoener danne ein feine* (V. 17477). *feine* (= Fee) deutet auf den anderweltlich-keltischen Raum; dieser spielt zum Beispiel auch beim Zauberhündchen Petitcreiu, das Tristan später Isolde schenken wird (siehe Kap. 10.1), eine Rolle, denn dieses Hündchen stammt ebenso aus *der feinen lant* (V. 15808), genauer: *ûz Avalûn* (ebd.). In der *Saga* wird in der Liebeshöhlen-Episode behauptet, dass Isolde vom Elfengeschlecht (altnorw. *álfakyns*, *Saga*, Kap. 65) abstammt.

Mit Blick auf das mythische Deutungsschema des Jägers bei Gottfried und überlegend, dass Marke ohne die Pirschkünste des Jägers die Grotte »niemals erreicht« hätte, sieht Schulz (2003) den Zweck dieses ›stellvertretenden Erzählens‹ darin, »Markes Ansprüche auf Isolde implizit zu desavouieren. Die mythisch begründete Liebe ist nicht für ihn bestimmt« (S. 541).

7.2.3 | Warum kehrt das Liebespaar an den Hof zurück?

Als Marke heimkehrt, ruft er *sînen rât und sîne mâge* (V. 17661) zusammen, wobei er versichert, dass er *untaete* (V. 17666) von dem Liebenden niemals mehr glauben wolle. Man erkennt, dass der König Isolde wieder bei sich haben will und rät dazu, die Verbannten wieder an den Hof zu holen. Kurvenal wird als Bote geschickt, der König lässt den beiden *sîne hulde und sîne minne* (V. 17688) übermitteln. Daraufhin kehren Tristan und Isolde zurück. Die Forschung stellt sich die Frage, warum Tristan und Isolde freiwillig ihr *wunschleben* in der Grotte verlassen. Mehrheitlich wird so argumentiert, dass Tristan und Isolde die *êre* entbehren, die der »Inbegriff aller Werte der höfischen Gesellschaft und der sie tragenden edlen Lebensform« (Müller 2002, S. 392) ist. Insofern bedeutet die »A-sozialität in der Wildnis« (ebd.) für die Liebenden den Entzug dieser höchsten Prämie der höfischen Gesellschaft. Die fehlende *êre* ist das unübersehbare Defizit des *wunschlebens* (vgl. ebd.). Die Liebenden hätten, so der Kommentar, um ein noch besseres Leben nicht auch nur eine Bohne gegeben, außer allein für ihre *êre:*

[...]
swaz ieman kunde ertrahten,
*ze **wunschlebene** g'ahten*
in allen landen anderswâ,

daz haeten s'allez bî in dâ.
sine haeten umbe ein bezzer leben
niht eine bône gegeben,
wan eine umbe ir êre.

(Die *êre* als Movens für die Rückkehr?; Gottfried, V. 16871–16877)

»Diese Rückkehr in die höfische Gesellschaft, obwohl das Leben in der Minnegrotte für Tristan und Isolde ein Maximum an *vröude* bietet, zeigt, dass sie als gesellschaftslose Wesen nicht existieren können« (Goller 2005, S. 217). Als beide an den Hof zurückkehren, sind sie *in ir herzen vrô* (V. 17695), wobei sie die Freude mehr um Gottes und ihrer *êre* willen als wegen irgendetwas anderem empfinden (*die vröude haeten s'aber dô / vil harter unde mêre / durch got und durch ir êre / dan durch iht anders, daz ie wart*; V. 17696–17699). Hof und Intimität der Liebenden scheinen jedoch unvereinbar, denn nach der Rückkehr heißt es, dass Tristan und Isolde niemals mehr einander so heimlich-vertraut (*heinlîch*, V. 17704) waren wie zuvor. Erst im sogenannten *huote*-Exkurs (siehe Kap. 8.3) wird der Konflikt von *minne* und *êre* in einer Utopie eingeebnet.

Die fehlende *êre* in der gesellschaftsfernen Grotte gründet gerade nicht in einem

7.2 Die Minnegrotte bei Gottfried: Vollendung höfischer Kultiviertheit

defizitären höfischen Leben, denn am Liebesort wird dieses nicht negiert, sondern sogar überboten und vollendet (vgl. Müller 2002, S. 392 f.). So haben Tristan und Isolde die köstlichsten Speisen und die wunderbarste musikalische Unterhaltung. Nicht Mangel ist also das Problem, sondern gerade der Überschuss an leidfreier Existenz, der den *edelen herzen* nicht wohl ansteht. Das Defizit der Minnegrotte »besteht in der schattenlosen Freude, die das *leit*, notwendiges Ingredienz der minne der *edelen herzen*, ausblendet« (ebd. S. 396). »Perfektion bedarf [...] des Widerlagers, und so muß das traurige Schicksal der Liebe mindestens mittels Literatur hereingeholt werden: in den *senemaeren*, die sich die Liebenden erzählen. Sie enthalten genau die unglücklich ausgehenden Geschichten, die aus der Höhle ausgeschlossen sind« (ebd. S. 393). Das freilich genügt nicht auf Dauer: »Tristan und Isolde leben am Ort der reinen *fröude* nicht ihre *sene*-Liebe« (Röll 2000, S. 207) – und das entspricht nicht dem Konzept der *edelen herzen*. Nach Meyer (1996) zerfällt die »Liebe der archetypischen Liebenden [...] in nichts, wenn der Widerstand der Gesellschaft fehlt« (S. 392). Das *wunschleben* in der Gotte scheitert nach Müller (2002, S. 397) letztlich an seiner aporetischen Struktur, deshalb müssen die Liebenden in die widerständige höfische Gesellschaft zurückkehren. Die Gesellschaftsferne der Wundergrotte kann für die Liebenden offenbar nicht auf Dauer positiv gestellt sein.

Es ist evident, dass die *êre*-Dimension bei Gottfried perspektivisch gebunden ist und oszilliert (siehe auch Kap. 6.3). Im Minneraum sind die Ehebrecher positiv bewertet, sie besitzen durchaus *êre*: Denn in Baumgarten I geht es für die Liebenden gerade darum, die *êre* zu bewahren und selbst in die Liebesgrotte scheint die Sonnen-*êre* hinein – obwohl diese ihren Inwohnern dann wiederum fehlt –, doch der betrogene Ehemann führt ein *êrlôse[s] leben* (V. 17754). Der *Tristan* Gottfrieds entbehrt also eines strikten Dualismus von Gut und Böse, wie ihn andere Textgattungen kennen:

Während Legendenheilige jeweils nur eine ethische Eigenschaft besitzen und personifizieren, nämlich die absolute Sünde (in ihrem Vorleben) oder die Vollkommenheit, sind Tristan, Isolde und Marke ehrlos und ehrenhaft zugleich. Sie leben in einem paradoxen Zustand, in dem sie je nach ständig wechselnder Perspektive anders bewertet werden können: Ehrlos nach dem Maßstab höfischer Ehre, aber ehrenvoll aus dem Blickwinkel der Minne sind Tristan und Isolde, bei Marke ist das Verhältnis umgekehrt. [...] Der Gut-Böse-Ethik der Legenden steht eine schwer fassbare, verunsichernde Vieldeutigkeit gegenüber, statt eines Sieges des Guten erscheint ein ständiges Oszillieren. Weder die Wertmaßstäbe an sich noch das Verhältnis des Individuums zur Gesellschaft oder das Verhältnis von Gott zu menschlichen Wertmaßstäben sind eindeutig geklärt (Zettl 2007, S. 254 f.).

Fazit: Gottfrieds Minnegrotten-Konzeption steht im maximalen Kontrast zur Waldleben-Episode der Vorläufer Berol und Eilhart und überbietet bei weitem den Entwurf von Thomas, wie ihn die *Saga* überliefert. Während bei Berol und Eilhart die Protagonisten ein erbärmliches und leidvolles Leben im Wald fristen, führen die Liebenden bei Gottfried in der Minnegrotte ein paradiesähnliches *wunschleben*. Die zugehörige Minnegrottenallegorese vermittelt über das Verfahren der geistlichen Hermeneutik eine allgemeine Minneethik, die ein ›Gesamtmodell rechter Minne‹ liefert. Bei Berol und Eilhart verlassen die Protagonisten den Wald, als der durch den Minnetrank gewirkte Zwang nachlässt. Die Liebenden bei Gottfried kehren an den Markehof zurück, weil sie die höfische *êre* entbehren. Zudem ist die leidfreie Existenz in der Grotte nicht mit Gottfrieds Programm der *edelen herzen* kompatibel.

Berol/Eilhart:	**Gottfried:**
• Wald: *locus terriblis* • Flucht des Liebespaares nach seiner Entdeckung • Entbehrungsreiches Wald- und Wanderleben • Keine Minnegrotte, keine Grottenallegorese • Verlassen des Waldes bei Nachlassen der Minnetrankwirkung	• Minnegrotte: *locus amoenus* • Verbannung des Liebespaares durch Marke • *wunschleben* mit Speise- und Gesellschaftswunder • Grottenallegorese als ›Gesamtmodell rechter Minne‹ • Verlassen der Grotte wegen der fehlenden *êre*

Abb. 17 Die Minnegrotte: Gottfried im maximalen Kontrast zu Berol und Eilhart

8 Die Minneexkurse

Es gibt bei Gottfried neben mehreren Minne-Reflexionen, die im Text verstreut sind, drei große Minneexkurse (zur folgenden Einteilung vgl. Haug 2002, S. 281):

Minnebußpredigt: *rede von guoten minnen*	V. 12183–12357
Minnelehrpredigt: Minnegrottenallegorese	V. 16923–17138
Minnelobpredigt: *huote*-Exkurs	V. 17858–18114

Abb. 18 Die Minneexkurse bei Gottfried

Diese drei Exkurse begleiten Anfang, Höhepunkt und Ende des Liebeslebens von Tristan und Isolde. Die *rede von guoten minnen* schließt an die erste Liebesnacht an; der zweite Exkurs betrifft den idealen Höhepunkt des Liebeslebens in der Minnegrotte, und der dritte befindet sich unmittelbar vor der Entdeckung der Liebenden durch Marke. »Ohne die Exkurse würde Gottfrieds Auffassung über das rechte Miteinander von ›Liebe‹ und ›Gesellschaft‹ für uns im Dunkeln bleiben« (Schnell 1992, S. 55). Die drei Minneexkurse bilden, als Gesamtprogramm verstanden, eine Einheit (vgl. Urbanek 1979, S. 344). Doch ist ebenso auf die jeweilige Kontextualisierung der einzelnen Exkurse zu achten.

8.1 | Die Minnebußpredigt (*rede von guoten minnen*)

Dieser erste Minneexkurs nimmt möglicherweise die Mitte des geplanten Textganzen ein, er hat die gleiche Versanzahl wie der Prolog (vgl. Huber 2013, S. 86). Dessen »zeitkritische Tendenz wird fortgeführt, nun aber pointiert auf die *minne* und ihren gesellschaftlichen Status bezogen« (Seggewiss 2012, S. 178). Thomas kennt diesen Exkurs vermutlich nicht, dies legt das Fragment von Carlisle nahe (vgl. Tomasek 2007, S. 152). Bei Berol und Eilhart sind Minneexkurse in dieser Komplexität ohnehin nicht vorstellbar. Die Hauptthemen der *rede von guoten minnen* (V. 12185) sind eine Zeitklage über den Niedergang der Minne in der Gegenwart und die Mahnung zur Herzenstreue und Beständigkeit in der Liebe.

Gottfrieds Minnebußpredigt befindet sich an einem bedeutsamen Erzählort: Gerade haben sich die Protagonisten gegenseitig ihre Liebe gestanden (Stichwort *lameir*) und *Minne diu arzatinne* (V. 12164) hat die beiden Liebeskranken einander zugeführt (*einunge*, V. 12174). Es muss auffallen, dass die Minnebußpredigt zwischen diesem illegitimen Beischlaf der Protagonisten und der legitimen Hochzeit von Isolde und Marke eingebettet ist. Dies verweist implizit auf Gottfrieds exzeptionelles Minnekonzept, das die der Passionsliebe verfallenen Protagonisten Isolde und Tristan positiv und kontrastiv dazu den Markehof als defizitär bewertet; um eine den Ehebruch geißelnde ›*moralisatio*‹ geht es bei Gottfried gerade nicht.

Dazu passt dann auch, dass die *rede von guoten minnen* zunächst die Überwindung der *huote* feiert: Tristan und Isolde sind froh, dass sie *die leiden huote, / die wâren suht der minne, / der Minnen vîendinne* aus dem Weg räumen konnten (V. 12196–12198) – und dass am Ende des Exkurses die sich fortsetzenden Liebesfreuden Tristans und Isolde während der Schiffsreise nach Cornwall erzählt werden. Beide handelten darin mit *wîsheit unde sin* (V. 12379), so der Kommentar, denn wenn Liebende Wert auf Scham legten und sich damit der Liebe entfremdeten, dann würden sie sich selbst berauben (V. 12380-12384). Dass Gottfried insgesamt die Sinnenfreude bejaht, ist also offensichtlich. Die Sexualität wird bei Gottfried weder ausgeklammert noch dämonisiert (vgl. Seggewiss 2012, S. 142). Doch sind Tristan und Isolde dabei an *guote state* (V. 12135), an die passende Gelegenheit, gebunden, andernfalls ist ihre *êre* gefährdet (das zeigt Baumgarten II, siehe Kap. 8.3.2). Diese Befürwortung der sexuellen Lust – allerdings nur dann, wenn die ›wahre Liebe‹ im Sinne der *edelen herzen* im Spiel ist, denn Markes *geluste und gelange* werden verurteilt (siehe Kap. 7.2.2) – steht im klaren Gegensatz zum Sexualpessimismus der Zeit: »Vom Standpunkt der frühmittelalterlichen, für die Adelswelt bestimmten christlichen Ethik ist die sexuelle Passion nur als Todsünde denkbar; was in ihr brennt, ist das Höllenfeuer« (Müller 2003, S. 233, mit Verweis auf Wenzel 1974, S. 32-54). Symptomatisch hierfür ist etwa Hieronymus' verbreitetes Diktum, dass der Ehemann, wenn er seine Frau ungestüm liebt, ein Ehebrecher ist, denn der Beischlaf hatte ausschließlich der Zeugung von Nachkommen zu dienen (vgl. Ziegler 1956, S. 210, 218 f.).

Die Ackerbaumetaphorik: Die Anklage der Minnebußpredigt installiert eine Wir-Gemeinschaft, um das gemeinsame Fehlverhalten, das gleichermaßen Erzähler und Rezipienten zugeschrieben wird, anzuprangern. Der Rekurs auf das ›wir‹ der elenden Zeitgenossen schließt alle mit ein (vgl. Peiffer 1971, S. 195). Die Menschen (›wir‹) würden Bilsensamen säen und dann aber erwarten, dass Lilien und Rosen wachsen (zum giftigen Bilsenkraut vgl. Krohn 2005, S. 181). Aber: Man könne nur das ernten, was man gesät hat. Im übertragenen Sinn bedeutet dies, dass man eine »Liebe mit Falschheit und Hinterlist [pflegt] und dabei auf Lust [hofft], aber das führt nur zum Bösen und Fruchtlosen, zu *unart* (V. 12243), und dann gebe man der Liebe die Schuld« (Haug 2002, S. 288):

wir nemen der dinge unrehte war.	*mit valsche und mit âkust*
wir saejen bilsensâmen dar	*und suochen danne an ir die lust*
und wellen danne, daz uns der	*des lîbes unde des herzen.*
liljen unde rôsen ber.	*sone birt si niuwan smerzen,*
entriuwen des mac niht gewesen.	*unguot und unvruht unde unart,*
wir müezen daz her wider lesen,	*als ez an ir gebûwen wart.*
daz dâ vor gewerket wirt,	*als ez uns danne riuwe birt*
und nemen, daz uns der sâme birt.	*und innerthalp des herzen swirt*
wir müezen snîden unde maen	*und toetet uns dar inne,*
daz selbe, daz wir dar gesaen.	*sô zîhen wir's die minne*
wir bûwen die minne	*und schuldegen sî dar an,*
mit gegelletem sinne,	*diu schulde nie dar an gewan.*

(Ackerbaumetaphorik: Man erntet in der Liebe, was man sät; Gottfried, V. 12227-12250)

Rosen und Lilien sind »topische Versatzstücke der Liebesmetaphorik« (Seggewiss 2012, S. 180). Die sprichwörtliche Sentenz, dass man Giftiges sät und Gutes erwartet, ist im Alten wie im Neuen Testament belegt; hier wird mehrfach betont, dass aus bösen Taten nichts Gutes entstehen könne (Gal 6,8; Prov 22,8; Iob 4,8; 2.Cor 9,6). Mit dem eschatologischen Bild der fruchtbringenden guten Saat und des schlechten Samens klingt nach Tomasek (1985) »erneut der ›heilsgeschichtliche‹ Rahmen an, der der Tristanminne seit dem Prolog zukommt; denn für das christliche Denken steht das Bild der fruchtbringenden guten Saat im eschatologischem Zusammenhang, ebenso wie das Verhältnis von gutem und schlechtem Samen (Unkraut) den heilsgeschichtlichen Antagonismus zwischen den Kindern Gottes und denen des Teufels bezeichnet« (S. 141). Die »*minne* selbst ist von Natur aus gut, und was auch immer Negatives an ihr erfahren wird, ist das Resultat einer falschen Einstellung ihr gegenüber« (Seggewiss 2012, S. 180).

Der *staete vriundes muot*: Im Gegenzug zur Zeitklage wird eine Forderung erhoben: Man müsse mit den Rosen auch die Dornen annehmen, das Glück mit dem Leid, die Freude mit der Sorge. Das entspricht der Prologforderung der *edelen herzen*. Im Zentrum steht *der staete vriundes muot* (V. 12269): Es geht um die Dauerhaftigkeit einer Verbindung, die *wunne* und *sorgen* gleichermaßen akzeptiert.

[...]	*der die rôsen bî dem dorne treit,*
des guoten vinde wir dâ niht,	*die senfte bî der arbeit;*
des unser iegelîcher gert	*an dem ie lît verborgen*
und des wir alle sîn entwert:	*diu wunne bî den sorgen;*
daz ist der staete vriundes muot,	*der an dem ende ie vröude birt,*
der staetecliche sanfte tuot,	*als ofte als er beswaeret wirt.*

(Der *staete vriundes muot* nimmt Rosen und Dornen an; Gottfried, V. 12266-12276)

Die Utopie vom *lebenden paradîs* im *huote*-Exkurs (siehe Kap. 8.3.1) entwirft dann allerdings im mariologischen Bild von den dornenlosen Rosen eine leidfreie Existenz.

Das *vingerlîn* als *boese conterfeit*: Im Fortgang der Zeitklage wird das Bild der heruntergekommenen, vagabundierenden Minne eingeführt (vgl. Urbanek 1979, S. 359). Die Minne ziehe von Haus zu Haus und biete sich an, sie sei käuflich zu haben:

Ez ist vil wâr, daz man dâ saget:	*si slîchet under hûsen biten*
›Minne ist getriben unde gejaget	*und treit von lasterlîchen siten*
in den endelesten ort‹.	*gemanicvaltet einen sac,*
wirn haben an ir niwan daz wort.	*in dem s'ir diube und ir bejac*
uns ist niwan der name beliben	*ir selbes munde verseit*
[...]	*und ez ze strâze veile treit.*
diu êrelôse unwerde,	*ôwê! den market schaffen wir.*

(Zeitklage: Niedergang und Käuflichkeit der Minne; Gottfried, V. 12279-12283; 12290-12297)

Die folgende Ring-Metaphorik präzisiert die Zeitklage. Heutzutage sei die Minne, Königin aller Herzen, verstoßen; wir kennten nur noch das Wort dafür, das aber sei leer geworden. Wir haben *ein boese conterfeit*, also eine schlechte Nachahmung, in den Fingerring gesetzt und würden uns damit betrügen und unser Leben vertun:

Minne, aller herzen künigîn,	*ez ist ein armer trügesite,*
diu vrîe, diu eine	*der vriunden alsô liuget,*
diu ist umbe kouf gemeine!	*daz er sich selben triuget.*
wie habe wir unser hêrschaft	***wir valschen minnaere,***
an ir gemachet ***zinshaft!***	*der Minnen trügenaere,*
wir haben ein boese conterfeit	*wie vergânt uns unser tage,*
in daz ***vingerlîn*** *geleit*	*daz wir unserre clage*
und triegen uns dâ selbe mite.	*sô selten liebez ende geben!*

(Das *vingerlîn* als *boese conterfeit* – die schlechte Nachahmung der wahren Minne; Gottfried, V. 12300-12315)

Bereits Chrétiens *Yvain* (V. 1377 f.) und Hartmanns *Iwein* (V. 1557-1559) beklagen, dass die Minne bloß noch leeren Geschwätz sei; Konrads von Würzburg *Herzmaere* kennt das Bild der käuflichen, sich demütigenden Minne (zu diesem Bezug vgl. Tomasek 1985, S. 150; den lateinischen Hintergrund einer sich prostituierenden Minne untersucht Huber 1988). Das Sichfeilbieten der Minne auf der Straße ist nach Urbanek (1979) eine allegorische Verschlüsselung; nicht die käufliche Liebe der Prostitution sei hier gemeint, sondern eine Schein-Liebe, die von der Gesellschaft gutgeheißen werde (S. 359 f.). Er geht von einer Gegenüberstellung von *vriundes minne* und Standes- und Besitzehe aus, letztere sei im *vingerlîn* (= Fingerring) als Verlobungs- und Ehering symbolisiert (S. 360 f.). Urbanek sieht also einen kritischen Bezug zur Ehe im Sinne »eines rein sozial-kommerziellen Zweckverbandes zwischen Mann und Frau« (ebd. S. 365). So verstanden, bezeichnet *boese conterfeit* die Pervertierung des eigentlich im Ring angelegten Liebeszeichens durch die Standesehe. Dazu scheint der Kommentar innerhalb der Minnegrottenidylle zu passen, in dem beteuert wird, dass es auf der ganzen Welt kein Glück geben würde, das Tristan und Isolde für ein gläsernes Ringlein hätten kaufen wollen (V. 16866–16870). Den Ring, den Isolde an Tristan zum Abschied nach der Entdeckung in der zweiten Baumgartenszene (siehe Kap. 8.3.2) übergibt (V. 18308), versteht Urbanek (1979, S. 362) dagegen als ›Liebesring‹.

Die Minnebußpredigt formuliert also nach Urbanek einen Angriff auf die Standes- und Besitzehe als schlechter Nachahmung der *vriundes minne* (kritisch sieht diese These Schnell 1982, S. 354–362; auch Tomasek 1985, S. 144, sieht im Symbol des Rings eher ein Symbol der *triuwe*). Der Sachverhalt, dass die Minnebußpredigt ausgerechnet nach dem illegitimen Beischlaf der Protagonisten situiert ist, könnte Urbaneks These stützen: Denn die außereheliche Liebe Tristans und Isoldes genügt der *vriundes minne*, während die kurz darauf geschlossene Standesehe zwischen Isolde und Marke der Forderung nach einem *staeten vriundes muot* keineswegs entspricht. Tristan selbst ist ein unehelich geborenes Kind, ein Kind der ›wahren‹ Liebe Riwalins und Blanscheflurs, die zu den *edelen herzen* gehören. Tomasek (1985) geht allgemein davon aus, dass durch Zeitklage bzw. Ring-Metaphorik die »Verkehrung, in der die gegenwärtige Welt sich befindet, das falsche Paradigma, an dem sie leidet« (S. 144), zum Ausdruck gebracht wird.

triuwe, diu von herzen gât: In dieser misslichen Situation der Perspektivlosigkeit sei es gut, so die Argumentation der Minnebußpredigt, dass wir Geschichten *von vriuntlîchen dingen* (V. 12321) haben. An diesen könne man sehen, was *triuwe* ist, die aus dem Herzen kommt. Doch diese ›Herzenstreue‹ biete sich uns heute vergebens an, denn wir würden die Augen abwenden und sie mit Füßen treten: *deist triuwe, diu von herzen gât. / diu treit sich uns vergebene an. / sô kêre wir daz ouge dan / und trîben die süezen / unruochlîch under vüezen* (V. 12336–12340). Die *triuwe under vriunden* (V. 12346), die hunderttausend Schmerzen des Leibes und des Herzens heilen könne, werde von uns nicht geschätzt (V. 12347–12352). Diese ›Freundestreue‹ ist nach Tomasek (1985) »mit wahrer Minne geradezu identisch« (S. 148).

Das Bild der jämmerlich unter den Füßen zertretenen *triuwe* rekurriert möglicherweise auf die biblische Samen-Metaphorik im Gleichnis vom Sämann in Lk 8,4–8,8 (vgl. Tomasek 1985, S. 146). Wenn man die in der Minnebußpredigt formulierte Kritik auf Augustinus' ›bonum-malum‹-Lehre bezieht (vgl. ebd. S. 147 f.), wäre das Fehlverhalten als ›corruptio boni‹ zu deuten, deren Resultat *unguot und unvruht unde unart* (V. 12243) ist: So verstanden erscheint die Gegenwart als sündhafte Ignoranz und Pervertierung des eigentlich geforderten Verhaltens. Ziel ist die Integrität des Herzens (*triuwe, diu von herzen gât* bzw. *triuwe under vriunden*), die offenbar nicht an gesellschaftliche Vorbedingungen (›Dienst‹) geknüpft ist und eine vollkommene Liebesgemeinschaft allein im Herzen begründet (vgl. Tomasek 1985, S. 148 f.; Urbanek 1979, S. 368).

Der Predigtcharakter der *rede von guoten minnen*: Warum wird der erste Minneexkurs als ›Minnebußpredigt‹ bezeichnet? Er enthält alle wichtigen Merkmale einer Predigt (das Folgende nach Urbanek 1979, S. 355–357): Die Anklage, die Zeitkritik, die Mahnung zur Umkehr, die enge Fühlungnahme des Redners mit seinen Zuhörern durch die Wir-Perspektive, die Apostrophe an das Publikum (das meint die Anrede bzw. überraschende Hinwendung des Redners zum Publikum), die starke Verwendung der Antithese Gut und Böse und schließlich der Trost und die Hoffnung am Ende. Zur Predigt gehören auch eine entsprechende Tonlage und Redehaltung; der predigthafte Ton soll der Aufrüttelung dienen.

Minnebußpredigt und Prolog: Die Rosen-/Dornenmetaphorik der *rede von guoten minnen* verweist augenfällig auf den *liebe-leit*-Konnex des Prologs. Dieser Bezug ist jedoch nicht bruchlos. Denn in der Minnebußpredigt sind die *edelen herzen* des Prologs unter die Gegenwartskritik, die sich auf alle (›wir‹) bezieht, subsumiert. Young (2002) formuliert den irritierenden Sachverhalt wie folgt:

> Hat uns der Dichter in eine hermeneutische Sackgasse geführt? Im Prolog ging es ihm doch darum, die Identität einer idealen Leserschaft auszuarbeiten. Diese *edelen herzen*, für die das Werk konzipiert sein soll, scheinen aber in der ›Kurzen Minnerede‹ nicht mehr existieren zu können. Diese Kehrtwende scheint darüber hinaus dadurch unterstützt zu sein, daß der Begriff (der *edelen herzen*) im ganzen weiteren Werk kein einziges Mal mehr vorkommt. Das Leitwort droht zu einer Leerstelle zu werden (S. 277).

Das Verschwinden des ›Leitworts‹ nach der Trankepisode ist jedoch möglicherweise damit zu begründen, dass mit der Annahme von Minneleid und Minnetod die Protagonisten selbst zu *edelen herzen* geworden sind (ähnlich Ruh 1980, S. 229). Die Einschätzung, dass Gottfried wegen der »moralischen Degeneration« der Protagonisten seit dem Minnetrank Bedenken gegen den Begriff gekommen seien (so Bertau 1983, S. 139), verkennt Gottfrieds Minnekonzeption völlig.

8.2 | Die Minnelehrpredigt (Grottenallegorese)

Die Minnelehrpredigt meint den ethischen Minneexkurs der Minnegrottenepisode (siehe Kap. 7.2.1.4).

8.3 | Die Minnelobpredigt (*huote*-Exkurs)

Dieser dritte Minneexkurs ist situiert nach der Rückkehr des Liebespaars an den Markehof. Hauptthema ist die Absage an die Institution der *huote* sowie die diskursiv entwickelte Utopie eines Ausgleichs von *lîp* und *êre*, von Minne und Gesellschaft. Unmittelbar vor dem *huote*-Exkurs gibt es nicht zufällig Ausführungen zur *blintheit*, die Markes sinnentrunkene *hêrzelôse* Verfallenheit an Isolde rügen (siehe Kap. 7.2.2).

8.3.1 | Die Absage an die *huote* und die Utopie des *saeligen wîbes*

Die Institution der *huote*: Diese ist ein »Zentralbegriff der mittelalterlichen Minne-Ideologie« und

> bezeichnet ein dramaturgisches Moment, nämlich die Aufsicht und Überwachung, mit der ein Ehemann seine Gattin vor Versuchung und Untreue bewahren wollte. Tatsächlich und vor allem diente die *huote* den Männern als Einrichtung zur Kontrolle ihrer Frauen. Als gesellschaftliche Instanz spielte die *huote* insbesondere im Regelsystem des höfischen Minnesangs eine wichtige Rolle (Krohn 2005, S. 180).

8 Die Minneexkurse

Die Fragestellung, ob man Frauen bewachen soll, stammt aus der Antike (vgl. Seibold 1967, S. 17). Die Institution der *huote* wird in der mittelalterlichen höfischen Literatur (zum Beispiel im Minnesang) aus unterschiedlichen Gründen angeprangert (Übersicht bei Schnell 1984, S. 3–5). Die *huote*-Thematik ist ein »›Gemeinplatz‹ innerhalb der höfischen Literatur« (Goller 2005, S. 229). In Gottfrieds *Tristan* wird die *huote* unmissverständlich abgelehnt, und zwar mit folgenden Argumenten: Die Bewachung trage nur Stacheln und Dornen (V. 17858–17861); der Bewacher verderbe die Frau *an lîbe und an den êren* (V. 17880); jede Bewachung sei sinnlos, weil kein Mann eine böse Frau bewachen könne, die gute aber brauche keine Bewachung, diese passe selbst auf sich auf (V. 17871–17876). Diese Akzentuierung einer Sinnlosigkeit der *huote* ist nicht neu, es handelt sich hierbei um die »bloße Übernahme einer traditionellen Anschauung« (Schnell 1984, S. 6 f., der diesbezüglich auf Ovid, Hieronymus, Vinzenz von Beauvais und Abaelard verweist).

Die *huote*-Problematik ist bei Gottfried zudem mit einer heilsgeschichtlichen Perspektive aufgeladen, die über die Figuren Marjodo und Melot, das Bewacherduo am Markehof, vermittelt wird. Melot wird als *daz vertâne getwerc / des vâlandes antwerc* (V. 14511 f.) bezeichnet, also als verfluchter Zwerg und Werkzeug des Teufels, als er Tristan nachspioniert. Analog wird die *huote* als *daz vertâne antwerc* (V. 17848) diskreditiert sowie als *vîndin der minne* (V. 17849) und *übel minnen site* (V. 17922). Tristan warnt Isolde vor den *zwêne eiterslangen* (V. 15088), sie solle sich hüten *vor dem slangen Melôte / und vor dem hunde Marjodô* (V. 15100 f.). Diese pejorativen Tiermetaphern weisen in der geistlichen Tradition ebenso auf den diabolischen Bereich (vgl. Ernst 1976, S. 60, Anm. 348, dort auch Belegstellen).

Eva-Modell und *huote*: Der *huote*-Exkurs entwickelt in seinem Verlauf die Utopie einer idealen Frau. Diese wird in mehreren Schritten entfaltet. Ausgangspunkt ist das traditionelle Eva-Modell – und hier folgt Gottfried durchaus den konventionellen Vorgaben, wonach dem Mann der Verstand zugeschrieben wird, der Frau die sinnlich-emotionale Sphäre. Nach patristischer und mittelalterlicher Auffassung bedeutet der biblische Sündenfall »die Kapitulation der Vernunft (*ratio*, Adam) vor der Sinnlichkeit (*caro, sensualitas*, Eva)« (Schnell 1984, S. 11). Es geht also um festgeschriebene kulturell codierte Geschlechterrollen: Gottfrieds »attitude here reflects the general view of his age, which saw sensuality as being more deeply rooted in the nature of women than of men« (Wharton 1990, S. 145).

Die biblische Eva bzw. der Sündenfall im Paradies und die *huote* werden bei Gottfried zusammengedacht. Der Erzähler ist überzeugt davon, dass Eva nicht von der Frucht gegessen hätte, wenn es ihr nicht verboten gewesen wäre (V. 17947–17949) und verallgemeinert dann: *man tuot der manegez durch verbot, / daz man ez gâr verbaere, / ob ez unverboten waere* (V. 17928–17930; Hahn 1963, S. 186, sieht in dieser Stelle einen »Vorwurf gegen das göttliche Verbot«). Die Konsequenzen seien Evas Selbst- und Gottesverlust (V. 17945 f.) sowie die Vernichtung ihrer ganzen *êre* (*alle ir êre*, V. 17960): Das »gesellschaftliche Moment ist hier also von Anfang an mitbedacht« (Seggewiss 2012, S. 182). Die ›Natur der Frau‹ im Allgemeinen wird bei Gottfried von der biblischen Eva und dem Sündenfall hergeleitet, aus dem Sachverhalt, dass es zuerst die Frau war, die Gottes Gebot übertrat. Alle Frauen, die dazu neigen, Verbote zu übertreten, seien *g'êvet* (zu diesem Neologismus vgl. Krohn 2005, S. 255), sie seien Evas Töchter:

8.3 Die Minnelobpredigt (*huote*-Exkurs)

[...]
sus sint ez allez Êven kint,
die nâch der Êven g'êvet sint.
hî, der verbieten künde,

waz er der Êven vünde
noch hiutes tages, die durch verbot
sich selben liezen unde got!

(Eva-Modell: Die Frauen als Evas Töchter; Gottfried, V. 17961–17966)

Sündenfall und *huote* werden bei Gottfried in eine kontrastive Naturmetaphorik übersetzt: Eva hatte im Paradies *obez, bluomen unde gras* (V. 17937), woraus nach dem Sündenfall *distel* und *dorn* (V. 17931) werden – analog bringt die *huote* nichts weiter als *den hagen unde den dorn* (V. 17861) hervor. Diese »Metaphern aus dem Bereich gestörter Natur« dienen der »Kenntlichmachung sündhaften Verhaltens« (Seggewiss 2012, S. 102), das in Bezug auf die ›Frauennatur‹, so die Argumentation bei Gottfried, gewissermaßen vererbbar sei: *der selbe distel unde der dorn / weiz got der ist in an geborn. / die vrouwen, die der arte sint, / die sint ir muoter Êven kint* (V. 17931–17934). Der Erzähler weist insbesondere auf die Art der verbotenen Frucht im Paradies hin: *die pfaffen sagent uns maere, / daz ez diu vîge waere* (17943 f.). Die Feige war »schon zu Gottfrieds Zeit als *imago vulvae*« bekannt (Seggewiss 2012, S. 104; zur Feige und ihrer negativen Ausdeutung vgl. genauer Hahn 1963, S. 187–189).

Der Text oszilliert zwischen der Aussage, dass es ohne das Verbot (ohne *huote*) keinen Sündenfall gegeben hätte, und der Annahme einer grundsätzlich problematischen, weil sinnenhaften ›Natur der Frau‹. Denn die biblische Eva wird nicht völlig von Schuld freigesprochen: Sie sei schließlich nicht auf diese eine Frucht angewiesen gewesen, sie hätte auch andere zur Verfügung gehabt (V. 17953–17960). Letztlich ist also nicht völlig klar, ob bei Gottfried das Verbot unmittelbare Ursache für den Sündenfall ist – dies wäre nicht kompatibel mit der christlichen Lehre (der postulierte Zusammenhang von Verbot und Übertretung ist für die patristische ma. Exegese nicht akzeptabel) – oder ob das »göttliche Gebot als Gelegenheit für eine latente Begierde aufgefaßt wird, an der sie entzündet und erweckt wird« (Tomasek 1985, S. 188).

reines wîp **und *saeliges wîp***: Auf der Basis des Eva-Modells werden Möglichkeiten einer Ehr- und Selbstfindung der Frau erörtert. Der *huote*-Exkurs bietet Perspektiven einer Überwindung der gedachten ›Eva-Natur‹. Im Folgenden wird von drei ›Restitutionsstufen‹ ausgegangen. In der Forschung ist jedoch auch die Ansicht vertreten, dass es nur zwei Stufen gibt: So ist zwar die Grenzziehung zwischen der Frau, die ihrer Gesinnung nach ein Mann ist, und dem nachfolgend präsentierten *wîbe* unbestritten, doch eine weitere Differenzierung zwischen dem *reinen* und dem *saeligen wîp* wird auch kritisch gesehen (so etwa Haug 2011, S. 693; 695, der hierbei eben nicht zwei Idealtypen einer Frau repräsentiert sieht, sondern von einem einzigen Idealtypus ausgeht und dabei mit der durchgehenden *mâze*-Vorstellung argumentiert).

1. Die Frau stellt sich völlig außerhalb der Sinnensphäre. Dadurch gewinnt sie zwar Lob und Ehre, doch eine solche Frau sei nur dem Namen nach eine Frau, der Gesinnung nach aber ein Mann:

[...]
und sît in daz von arte kumet
und ez diu nature an in vrumet,
diu sich es danne enthaben kan,
dâ lît vil lobes und êren an.

wan swelh wîp tugendet wider ir art,
diu gerne wider ir art bewart
ir lop, ir êre unde ir lîp,
diu ist niwan mit namen ein wîp,
und ist ein man mit muote.

(Überwindung der ›Evahaftigkeit‹: Die Frau gibt ihre Weiblichkeit auf; Gottfried, V. 17967–17975)

Dieser Entwurf einer ›*femina virilis*‹ stammt aus dem geistlichen Bereich (vgl. Linden 2008, S. 106), er ist »Ideal des klösterlichen, zumindest des kirchlichen Lebens« (Schnell 1984, S. 20). Das Moment der Verkehrung wird über eine Pflanzenmetaphorik vermittelt: Die Tanne würde in so einem Fall Honig geben, der Schierling Balsam und die Brennnesselwurzeln Rosen erblühen lassen (V. 17982–17985). So positiv das klingen mag, ist es doch ›widernatürlich‹ und der Erzählerkommentar urteilt deshalb: *ezn ist niht ein biderbe wîp, / diu ir êre durch ir lîp, / ir lîp durch ir êre lât* (V. 17997–17999). Die Forschung hat den ›*femina virilis*‹-Entwurf in diesem Sinn gedeutet: Die Unterdrückung der Weiblichkeit bedeute keine echte Überwindung Evas (Mazzadi 2000, S. 207); nach Wharton (1990) sei Gottfried hier zwar »full of praise« (S. 145 f.), aber eine Frau sollte nicht zum Mann werden; ähnlich auch Seggewiss (2012): »Wenn die *sensualitas* zur Natur der Frau gehört, dann darf sie nicht vollends unterdrückt, sondern muß als Faktum anerkannt werden« (S. 183).

2. Der Erzähler weist darauf hin, dass es einen Ausweg gebe, der, wenn die Situation es erlaube (*guote state*, V. 18000), *êre* und *lîp* gleichermaßen integriere. Hierfür muss sich die Frau einem inneren Kampf um *lîp* und *êre* stellen, sie wird damit zum *reinen wîp*:

Waz mac ouch iemer werden   *nâch ietweders rehte*
*sô **reines an dem wibe,***   *des libes unde der êren!*
*sô daz si **wider ir libe***   *si sol den **kampf** sô kêren,*
mit ir êren vehte   *daz sî **den beiden rehte tuo***

(Überwindung der ›Evahaftigkeit‹: Das *reine wîp* im Kampf um *lîp* und *êre*; Gottfried, V. 17986–17993)

Das folgt einerseits der christlichen Vorstellung, dass Geist und Fleisch miteinander streiten. Andererseits ist das Ziel hier nicht wie bei Augustinus die Unterwerfung des Leibes unter das Seelenheil, sondern es geht um die Forderung, *lîp* und *êre* der Frau, leibliche und gesellschaftliche Bedürfnisse, in Einklang zu bringen (vgl. Tomasek 1985, S. 191 f.; Schirok 1994, S. 37). Die »übliche Hierarchisierung von *lîp* und *êre*, die eine Analogie zur Opposition von ›Natur‹ und ›Kultur‹ darstellt, weicht bei Gottfried einer Gleichrangigkeit, bei der keines auf Kosten des anderen vernachlässigt werden darf« (Seggewiss 2012, S. 184). Es soll keine Exzesse in eine Richtung geben, das rechte Maß ist gefordert: *mâze diu hêre / diu hêret lîp und êre* (V. 18013 f.; vgl. hierzu Haug 2002, S. 290).

3. Wenn diese *mâze* einer Frau sozusagen als ›Dauerbesitz‹ eingeschrieben ist, ist die dritte Stufe der Überwindungsmatrix erreicht, die das *saelige wîp* bezeichnet: *[...] sô rehte saelic sô daz wîp, / diu ir leben unde ir lîp / an die mâze verlât* (V. 18017–18019). Denn bleibt der Ausgleich von *lîp* und *êre* nicht im bloßen Kampf stecken – das wäre das *reine wîp* –, sondern gelingt einer Frau die paradiesähnliche Integration von Sinnenlust und *êre* auf Dauer, dann ist sie nach Gottfried ein *saeliges wîp*. Die Frau, die danach strebt, von allen geliebt zu werden (= *êre*-Aspekt), soll sich zunächst selbst achten (*sich selben rehte liebe hât*, V. 18020) und allen die Spuren ihrer Liebe zeigen (V. 18043–18050). Das *reine wîp* befindet sich also noch im Ringen, die *êre* ist ein gefährdeter Besitz; das *saelige wîp* hat den Kampf bereits gewonnen und kann nun dauerhaft über gesellschaftliche Anerkennung, also *êre*, verfügen (vgl. Tomasek 1985, S. 193; Mazzadi 2000, S. 210). Das *saelige wîp* ist als Antitypus Evas (vgl. Tomasek 1985, S. 197) konzipiert: Denn die biblische Eva provoziert die Paradiesvertreibung, das *saelige wîp* dagegen ist für

den Mann, dem es sich in Liebe zuwendet, gerade *daz lebende paradîs*, in dem er das Glück seines Herzens finden kann:

[...]	der wart saelic ie geborn,
an swen ouch diu genendet,	*der ist geborn unde erkorn*
an den si gar gewendet	*ze lebenden saelden alle wîs,*
ir lip unde ir sinne,	*der hât daz lebende paradîs*
ir meine unde ir minne,	*in sînem herzen begraben.*

(Überwindung der ›Evahaftigkeit‹: Das *saelige wîp* ist für den Mann *daz lebende paradîs*; Gottfried, V. 18059–18067)

Mit einem solchen Bezug gestaltet Gottfried nach Tomasek (1985, S. 197) die »Heilsfunktion« des *saeligen wîbes* analog zur typologischen Beziehung zwischen der biblischen Eva und der Gottesmutter Maria. Kritisch sieht das Schnell (1984), wonach eine solche Typologie »mit der Intention des Frauenexkurses nicht in Zusammenhang zu bringen ist« (S. 25). Für die Typologie spricht jedoch die mariologische Pflanzenmetaphorik der dornenlosen Rosen (V. 18071–18075), die in diesem ›lebenden Paradies‹ gedeihen würden – denn dort wachse nur das, was dem Auge angenehm ist (V. 18079–18082). Dieser ›innerirdische Heilszustand‹, geschaffen durch das *saelige wîp*, hat also leidlosen Charakter (vgl. Tomasek 1985, S. 197; Mazzadi 2000, S. 217) – und scheint damit das Konzept der *edelen herzen* zu überbieten. Denn in diesem paradiesischen Garten ist scheinbar Unvereinbares vereint, neben »*triuwe unde minne* auch *ere unde werltlicher pris*« (Tomasek 1985, S. 199). Der Entwurf des ›lebenden Paradieses‹ ist vermutlich an geistlichen Motiven orientiert (vgl. Müller 2007, S. 440, Anm. 67, dort auch knappe Forschungsdiskussion).

Forschungspositionen: Der *huote*-Exkurs wird unterschiedlich gelesen. Nach Hahn (1963) »handelt der Dichter von nichts Geringerem als von Sündenfall und Erlösung innerhalb des Minnegeschehens« (S. 185). Seggewiss (2012) spricht bezüglich des *huote/wîpheit*-Exkurses von »einer grundlegenden ethischen Neuorientierung der höfischen Gesellschaft« (S. 179); dagegen sieht Schnell (1984) in den Aussagen dieses Exkurses nichts Neues, sondern lediglich »eine Reihung konventioneller Gedankenmodelle [...], nichts Revolutionäres, nichts Zukunftsweisendes« (S. 72). Nach Mazzadi (2000) gipfelt der *huote*-Exkurs in »einer Utopie, in der die Minne gesellschaftlich integriert und anerkannt ist« (S. 214). Goller (2005) sieht eine »Aufwertung der Position des Individuums gegenüber der Gesellschaft« (S. 235 f.). Tomasek (1985) verweist ähnlich auf einen »individuumsorientierten Gesamtausgleich« (S. 199) von Liebe und Gesellschaft. Auch die Formel vom ›lebenden Paradies‹ wird in der Forschung kontrovers diskutiert (vgl. Hahn 1963; Schnell 1984, S. 21–26; Wharton 1990).

8.3.2 | Baumgarten II: Isolde ist kein *saeliges wîp*

In der Utopie des *saeligen wîbes* ist also eine explizit leidlose Liebe entworfen. Müller (2003) betont den »postulatorischen Gestus des Exkurses«; der »Erzähler beschreibt nicht, was ist, sondern plädiert auf das, was sein sollte« (S. 238). Bezieht man also die diskursiv entwickelte Utopie auf die Handlungsebene, so dürfte diese »nicht auf einen Liebestod zulaufen, sondern eben auf das *lebende paradîs*« (Warning 2003, S. 204). Doch dass der Soll-Zustand auf Handlungsebene nicht umgesetzt ist, zeigt deutlich die zweite Baumgartenszene, die nicht zufällig unmittelbar dem *huote*-Exkurs folgt. Handlungs- und Kommentarebene weisen Isolde im Baumgarten als Tochter Evas aus, sie befleißigt sich eben nicht der *mâze*, kann ihre Sinnenlust nicht zügeln und verspielt deshalb auch ihre *êre* – sie ist also kein *saeliges wîp*. Exkurs- und Handlungsebene gehen an dieser Stelle nicht nur abrupt ineinander über, zweitere bestätigt unmissverständlich die Aussage des Exkurses, dass die *huote* verbotene Handlungen provoziere.

Denn unmittelbar nach dem *huote*-Exkurs wird berichtet, dass die intensive Bewachung durch Marke für Tristan und Isolde so quälend ist, dass beide nie zuvor so eifrig auf eine Gelegenheit gesonnen hatten, sich zu treffen. Das Stelldichein findet an einem Mittag statt. Diese für eine heimliche Liebesbegegnung ungewöhnliche Tageszeit wird teilweise mit der Idee des ›Mittagsteufels‹ (›*daemon meridianus*‹) in Zusammenhang gebracht (vgl. Haug 2011, S. 702). Die Sonne scheint heiß – und unglücklicherweise auf die *êre* (V. 18128) der Liebenden. Sonne und Minne, das heißt in diesem Zusammenhang *êre* und Minne, plagen Isolde um die Wette. Die Königin ist hier das *reine wîp* des *huote*-Exkurses, denn sie liegt mit dem sie bedrängenden *seneden muot* in innerem *strîte* (V. 18135) und ficht so einen Kampf zwischen *lîp* und *êre* aus:

[...]
verbot daz tete in [Tristan und Isolde] *alse wê,*
daz s'alsô vlîzeclîchen ê
z'ir state nie gedâhten,
biz si'z ouch vollebrâhten
nâch allem ir leide.
si gewunnen es beide
leit unde tôtlîche clage.
ez was **an einem mitten tage**
und schein diu sunne sêre,
leider ûf ir êre.
zweier hande sunnen schîn
der gleste der künigîn
in ir herze und in ir sinne:
diu sunne und diu minne.
der senede muot, diu heize zît
diu muoten sî inwiderstrît.

(Die *huote* als Katalysator des Stelldicheins; Isolde im Widerstreit von *lîp* und *êre*; Gottfried, V. 18119–18134)

Doch Isolde verliert diesen Kampf, sie gibt dem *seneden muot* nach und ist damit kein *saeliges wîp*. Die Utopie des *saeligen wîbes* und des *lebenden paradîses* übersteigt »das Niveau des den Protagonisten auf der Handlungsebene Möglichen« (Tomasek 1985, S. 199). Denn Isolde sucht jetzt im Garten nach einem Schatten, der *schirm unde helfe baere* (V. 18143), also Schutz und Hilfe bietet, und lässt ein Bett herrichten mit *küniclîcher bettewât* (V. 18150). Der von Isolde gesuchte Schatten sperrt die Sonnen-*êre* aus: Damit wird implizit ein signifikanter Kontrast hergestellt zur Minnegrotte, in die diese Sonnen-*êre* ungehindert in das paradiesische Innere dringt und nur von Marke gestört wird.

Im Baumgarten legt sich Isolde lediglich mit einem Hemd bekleidet auf das Bett, entlässt ihre Hofdamen und schickt Brangäne zu Tristan, der unbedingt kommen solle (*daz er'z durch niht solte lân*). Der unmittelbar anschließende Erzählerkommentar ist eindeutig: Tristan handelt genauso wie Adam, die Frucht, die seine Eva ihm anbot, nahm er und aß mit ihr den Tod. Isolde ist hier das *Êven kint* des *huote*-Exkurses:

Die Minnelobpredigt (*huote*-Exkurs)

[...]
si [Isolde] begunde in ir boumgarten
ir gelegenheite warten.
si suohte zuo z'ir state schate,
schate, der ir zuo z'ir state
dâ küele und eine waere.
und al zehant daz sî den vant,
si hiez ein bette dar zehant
rîlîche und schône machen.
kulter und lîlachen,
purper unde plîât,
küniclîcher bettewât
wart über daz bette vil geleit.

nu daz daz bette was bereit,
sô'z iemer beste kunde,
dô leite sich diu blunde
in ir hemede dar an.
die juncvrouwen hiez si dan
entwîchen al gemeine
niwan Brangaenen eine.
nu was Tristande ein bote getân,
daz er'z durch niht solte lân,
ern spraeche Îsôte sâ ze stete.
nu tete er rehte als Âdam tete.
daz obez, daz ime sîn Êve bôt,
daz nam er und az mit ir den tôt.

(Baumgarten II als zweiter Sündenfall; Gottfried, V. 18139–18164)

Dass es Gottfried hier ganz bewusst um das Eva-Modell ging, belegt der Blick auf die auf Thomas basierende *Tristrams Saga*. Denn in dieser ist nicht die Frau, sondern der Mann die treibende Kraft: Tristan kann seine Begierde nicht zähmen und nutzt jede Gelegenheit eines Treffens, das dann tagsüber im Obstgarten zustande kommt (*Saga*, Kap. 67; vgl. hierzu auch Wharton 1990, S. 143). Bei Gottfried versucht Brangäne, das Liebespaar zu beschützen, indem sie alle Türen zum Garten verschließen lässt, doch bemerkt sie *daz vorhte noch huote* (V. 18176) bei Isolde nicht verfangen. Der Gegensatz zu Baumgarten I ist evident: Während dort die Liebenden unablässig auf ihre *êre* sehen und immer wieder inbrünstig Gott als Helfer anrufen, damit der Ehebruch nicht entdeckt wird, ist in Baumgarten II weder von Gott die Rede noch davon, dass die Liebenden auf ihre *êre* bzw. die Verheimlichung ihres Tuns bedacht seien. Und so hilft ihnen Gott dieses Mal nicht, eben weil Tristan und Isolde ihre *êre* aufs Spiel setzen, indem sie sich, durchaus im Wissen um die *huote* des Hofes, mitten am helllichten Tag und nicht im Schutz der Nacht der Liebe hingeben.

Handlungslogisch konsequent folgt in Baumgarten II die Entdeckung des Ehebruchs auf dem Fuß. Marke fragt nach Isolde und ihrem Aufenthaltsort, und die Hofdamen weisen ihn in den Garten. Der König findet dort Tristan und Isolde schlafend mit den Armen eng verflochten, Isoldes Wange und Mund an Tristans Wange und Mund, Arme und Hände, Schultern und Brust eng aneinandergeschmiegt (V. 18195–18207). Markes Zweifel werden zur Gewissheit: *wân unde zwîvel was dô dan, / sîn altiu überleste. / ern wânde niht, er weste* (V. 18220–18222). Der König ist also bei der Entdeckung allein, im Gegensatz zur *Saga* und zum *Sir Tristrem*, wo die *huote* auch in Gestalt des Zwerges mit anwesend ist (vgl. hierzu Krohn 2005, S. 257; zum genaueren Vergleich der Baumgartenszene bei Gottfried und Thomas vgl. Wapnewski 1964). Marke geht schweigend fort, um Zeugen herbeizuholen, und ruft den Kronrat und die Vasallen zusammen. Er sagt nichts davon, dass er das Liebespaar gesehen hat, sondern dass ihm berichtet worden sei *vür ein wârez maere* (V. 18236), dass Tristan und die Königin beieinander seien. Die Zeugen sollen mit ihm hingehen und ihm *reht und gerichte* (V. 18243), Sühne und Genugtuung, verschaffen *alsô daz lantreht* (V. 18244) es vorsieht.

Doch der öffentliche Nachweis des Ehebruchs gelingt wiederum nicht. Denn Tristan erwacht zuvor und sieht Marke weggehen; er weckt Isolde und nimmt Abschied von ihr (siehe Kap. 9.1.1), so dass, als Marke und sein Hofstaat kommen, die Königin allein ist. Der Kronrat macht dem König dahingehend Vorwürfe, dass Marke seine Frau Isolde schändlicher Verbrechen ohne Grund beschuldige – wie vor dem Gottesurteil (siehe Kap. 6.2.2.4) ist von *inziht / gar âne nôt und umbe niht* (V. 18383 f.) die Rede – und sie damit verleumde. Marke unterdrückt seinen Zorn und geht *ungerochen* (V. 18404) weg.

Isolde steht also nicht auf der Höhe des *saeligen wîbes* und auch Tristan ist dementsprechend im unerlösten Zustand, das *lebende paradîs* wird ihm in Isolde nicht zuteil. Dagegen ist der Rezipient aufgefordert, nach einem *rehte tuonden wîp* (V. 18099) zu suchen, das von Herzensqual befreit. Es geht darum, die ›eigene‹ Isolde zu finden, »[to] reexperience with her models and examples of love« (Wandhoff 2012, S. 62):

[...]	*wie vriet sî'n vor herzenôt,*
*wan zwâre **ein rehte tuonde wîp***	*sô wol sô nie dekein Îsôt*
*an swen diu lât **êre unde lip***	*dekeinen ir Tristanden baz.*
und sich der beider dar bewiget,	*und hân ez ouch binamen vür daz:*
hî, wie si des von herzen pfliget!	*der suohte, alse er solde,*
wie hât si'n in sô süezer pflege!	*ez lebeten noch Îsolde,*
wie rûmet s'alle sîne wege	*an den man ez gâr vünde,*
vor distel und vor dorne,	*daz man gesuochen künde.*
vor allem senedem zorne!	

(Aufforderung an den Rezipienten: Suche nach dem *rehte tuonden wîp*; Gottfried, V. 18099–18114)

Forschungspositionen: Meist wird davon ausgegangen, dass in Baumgarten II der Sündenfall der Stammeltern Adam und Eva im Paradies wiederholt wird (vgl. Haug 2002, S. 284; 290 f.). Wharton (1990) weist zudem auf die Mittagszeit hin, »a time which was frequently associated with the Fall in the exegetical tradition« (S. 143). Nach Hahn (1963, S. 193) dagegen »sieht Gottfried die Schuld an dem Hervorbrechen des blinden Minneverlangens, das zur Trennung der Liebenden führt, nicht in seinem sinnlichen Charakter, sondern in der *verwazenen huote* (17845)«. Huber (2013) sieht »durch eine zwanghafte Verbotsmechanik die volle Verantwortung der Frau« reduziert und fragt sich, ob »hier eine kritische oder gar ketzerische Theologie gepredigt« (S. 131) werde.

Fazit: Gottfrieds *Tristan* hat drei große Minneexkurse, die Anfang, Höhepunkt und Ende des Liebeslebens von Tristan und Isolde begleiten. Im ersten Minneexkurs, auch Minnebußpredigt genannt, wird im Predigtton und im Stil einer kritischen Zeitklage, die Rezipient und Erzähler als Wir-Gemeinschaft fasst, angeprangert, dass Minne nicht so beschaffen sei, *als wir s'ein ander machen / mit velschlîchen sachen* (V. 12225 f.). Die anklagende Ackerbaumetaphorik, dass die Menschen (›wir‹) giftiges Kraut säen und Rosen und Lilien ernten wollen, wird mit der Forderung nach einer *triuwe, diu von herzen gât* sowie dem *staeten vriundes muot* kontrastiert. In der Minnegrottenallegorese, dem zweiten Minneexkurs, wird vermittels der Grottenarchitektur eine Minneethik von allgemeinverbindlichem Status formuliert. Der dritte Exkurs, der *huote*-Exkurs, übermittelt die Absage an die *huote* sowie die diskursiv entwickelte Utopie einer idealen Frau (= *saeliges wîp*), die, wenn sie ihre ›sündige‹ Eva-Natur ablegt, um so einen Ausgleich zwischen *lîp* und *êre* zu erreichen, dem Mann ein *lebendes paradîs* bereiten könne. Diese Utopie überschreitet jedoch das Niveau der Protagonisten Tristan und Isolde. Das wird in Baumgarten II offenbar, der als zweiter Sündenfall inszeniert ist: Die Liebenden verlieren ihre *êre*, werden von Marke entdeckt und müssen sich trennen.

9 Die zwei Isolden oder: Wie wird aus der Dreiecksbeziehung eine Vierergeschichte?

9.1 | Tristans Hinwendung zu Isolde II bei Gottfried

Voraussetzung für das Kennenlernen einer anderen Frau ist die Trennung Tristans von Isolde I in der zweiten Baumgartenszene. Tristan und Isolde werden von Marke entdeckt (siehe Kap. 8.3.2), die Liebenden müssen sich trennen und Tristan flieht. Zumindest bei Gottfried ist dieses Treffen im Baumgarten das letzte von Tristan und Isolde.

9.1.1 | Die Abschiedsszene: Treueversicherung und Ringgabe

Im Mittelpunkt der Abschiedsszene von Tristan und Isolde I stehen die Versicherung der Treue und das Versprechen gegenseitiger Zugehörigkeit bis zum Tod. Die kurze Abschiedsrede Tristans (V. 18266–18285) appelliert an Isolde, sich an die *lûterlîche minne* (V. 18272) zu erinnern, und mahnt sie, ihn im Herzen zu behalten. Auffallend ist, dass Tristans Liebesbeteuerungen bei diesem Abschied nicht immer in der ›Du-Form‹ bzw. der ehrenden ›Ihr-Form, sondern ebenso in der dritten Person erfolgen (so heißt es zum Beispiel, dass Isolde immer in Tristans Herz wohnen solle). Dies wirkt auf sprachlicher Ebene merkwürdig entpersönlicht und wird teilweise als Vorausdeutung auf das Kennenlernen einer zweiten Isolde gelesen (vgl. Huber 2013, S. 144):

[Tristan:]
»Îsôt diu muoz iemer
in Tristandes herzen sîn.
nu sehet, herzevriundîn,
daz mir vremede unde verre
iemer hin z'iu gewerre!

vergezzet mîn durch keine nôt.
dûze amîe, bêle Îsôt,
gebietet mir und küsset mich!«
Si trat ein lützel hinder sich,
[...]

(Tristans Abschiedsrede; Gottfried, V. 18278–18286)

Das Zurückweichen Isoldes (*trat ein lützel hinder sich*) las Wapnewski (1964, S. 361 f.) als räumliches und seelisches Distanzsignal zu Tristan, als Vorausschau auf das Kommende. Huber (2013, S. 143) verneint dies, auch Braunagel (2001) sieht »keine ablehnende Geste gegenüber Tristan«, es sei »vielmehr ein Distanzieren von der aktuellen Situation [...]. Isolde ist sich bewußt, daß die direkte Beziehung mit Tristan nun ein Ende hat« (S. 136).

Isoldes Abschiedsrede (V. 18288–18358), die sehr viel länger ist als die Tristans, thematisiert bereits eine neue Liebe. Denn nach Isoldes Versicherung, dass in ihrem Herzen stets nur Tristan wohnen werde, fordert sie von Tristan, keine andere Frau zwischen sie beide treten zu lassen:

[Isolde:]
»so ensol doch in dem herzen mîn
niht lebenes noch niht lebendes sîn
wan Tristan, mîn lîp und mîn leben.
hêrre, ich hân iu nu lange ergeben

beidiu leben unde lîp.
nu sehet, daz mich kein lebende wîp
iemer von iu gescheide,
[...]«.

(Abschiedsszene: Isoldes Treueversicherung und ihre Treuemahnung an Tristan; Gottfried, V. 18295–18301)

Die sich anschließende Ringgabe ist für das weitere Geschehen entscheidend:

[Isolde:]	iemer dâ zuo gewinnet,
»und nemet hie diz vingerlîn.	daz ir âne mich iht minnet,
daz lât ein urkünde sîn	daz ir gedenket derbî,
der triuwen unde der minne.	wie mînem herzen iezuo sî.«
ob ir dekeine sinne	

(Isoldes Ring als Memorialzeichen; Gottfried, V. 18307–18314)

Nur Isolde übergibt einen Ring, Dingsymbol der Treue und Liebe. Die Gabe hat fatale Folgen: Denn Isoldes Begleitworte – dass, wenn Tristan sich entschlösse, jemals eine andere zu lieben, ihn dieser Ring an die Geliebte erinnern soll – provozieren die missglückte Hochzeitsnacht mit Isolde II (siehe Kap. 9.2.2). Isoldes Abschiedskuss, der wunderbarerweise »aller Hektik der äußeren Situation« (Warning 2003, S. 202) enthoben ist, soll Zeichen für die Treue beider bis in den Tod sein: *dirre kus sol ein insigel sîn / daz ich iuwer unde ir mîn / belîben staete unz an den tôt, / niwan ein Tristan und ein Îsôt.* (V. 18355–18358). Ring und Kuss verleihen dem Gespräch die »Solemnität eines Eides, ja es ist sogar möglich, sie als Ersatz für das reguläre Eheritual zu verstehen« (Millet 2002, S. 358).

Tristans Flucht: Tristan segelt nach dem Abschied im Baumgarten mit dem ersten Schiff in die Normandie, sucht dann aber Ablenkung in Kämpfen für *daz roemesch rîche* (V. 18451); Kriegsdienst als Gegenmittel empfiehlt bereits Ovid in den *Remedia amoris* (Ovid, ed. Holzberg 2011, V. 153 f.). Die dilemmatische Situation wird durch einen Erzählerkommentar verdeutlicht, wonach Tristan vor dem leiblichen Tod fliehe, der Abschied jedoch seinen ›Herzenstod‹ bedeute:

hie merket âventiure:	*entweich von Curnewâle*
Tristan vlôch arbeit unde leit	*und s'ime doch ûf dem rucke lac*
und suohte leit und arbeit;	*alle zît naht unde tac?*
er vlôch Marken unde den tôt	*dem wibe nerte er daz leben*
und suohte tôtliche nôt,	*und was dem lebene vergeben*
diu in in dem herzen tôte:	*niuwan mit dem wibe.*
diu vremede von Îsôte.	*ze lebene und ze lîbe*
waz half, daz er den tôt dort vlôch	*enwas niht lebendes sîn tôt*
und hie dem tôde mite zôch?	*niwan sîn beste leben, Îsôt.*
waz half, daz er der quâle.	*sus twang in tôt unde tôt.*

(Tristans Flucht: ›Herzenstod‹ statt leiblichem Tod; Gottfried, V.18418–18437)

Isolde sieht Tristans Schiff nach und klagt in einem inneren Monolog bitterlich über ihren Trennungsschmerz und ihre Verzweiflung, doch nur die Trennung könne Tristans *êre* und Leben retten: *er mac vil gerne von mir varn, / sîn êre und sînen lîp bewarn* (V. 18575 f.).

9.1.2 | Isolde II: Verweischarakter durch Name und Schönheit

Wie lernt Tristan die zweite Isolde, Isolde Weißhand (zu diesem Namen vgl. Nanz 2010, S. 51), kennen? Nach seinem Versuch, mit *ritterschefte* (V. 18442) seinen Trennungsschmerz zu lindern, kehrt Tristan schließlich in seine angestammte Heimat Parmenien zurück. Mit Ruals Söhnen befreit er das von Feinden belagerte Herzogtum Jovelins von Karke und gewinnt die Freundschaft von dessen Sohn Kaedin (= Keheniß bei Eilhart; bei Thomas, je nach Fragment, Caerdin, Kaherdin, Kaerdin; in der *Saga* Kardin; der Einfachheit halber wird im Folgenden nur eine Namensform – Kaedin – verwendet). Kaedin hat eine Schwester, die ebenfalls Isolde heißt, und zwar Isolde mit den weißen Händen (= Isolde II). Als Kaedin die Blicke zwischen Tristan und seiner Schwester bemerkt, ist er erfreut, denn er will den siegreichen Tristan aus politischen Gründen an den Hof binden (V. 19088–19112).

Bereits in der ersten Begegnung von Tristan und Isolde II rücken Name und Schönheit dieser Frau in den Fokus, denn beides erinnert Tristan an Isolde I:

[…]
dô die [Isolde II] Tristan sô schoene sach,
ez vrischet ime sîn ungemach.
sîn altiu herzeriuwe
diu wart aber dô niuwe.
si mante in ie genôte
der andern Îsôte,
der lûtern von Îrlant.
und wan si Îsôt was genant,

swenne er sîn ouge an sî verlie,
sô wart er von dem namen ie
sô riuwec und sô vröudelôs,
daz man im under ougen kôs
den smerzen sînes herzen.
doch liebete er den smerzen
und truog im inneclîchen muot.
er dûhte in süeze unde guot.

(Schönheit und Name von Isolde II erinnern Tristan an Isolde I; Gottfried, V. 18965–18980)

Isolde II hat also zunächst nur Verweischarakter für Isolde I (vgl. Millet 2002, S. 362). Es entsteht neuer Liebesschmerz um die blonde Isolde, der Tristan jedoch erfreut. Denn er sieht die Weißhand, zumindest zunächst, nur deshalb so gern, weil der Kummer, den er um Isolde I empfindet, ihm angenehmer ist als jede andere Freude (V. 18981–18986); es geht also noch nicht um Isolde II selbst (vgl. Draesner 1996, S. 82). Doch das unmittelbar darauf einsetzende Vexierspiel markiert bereits die Verwirrung Tristans; in sechs Versen erscheint fünf Mal der Name Isolde:

Îsôt was sîn liep und sîn leit,
jâ Îsôt, sîn beworrenheit,
diu tete im wol, diu tete im wê.

sô ime Îsôt sîn herze ie mê
in dem namen Îsôte brach,
sô er Îsôte ie gerner sach.

(Vexierspiel des Namens: Die Verwirrung Tristans setzt ein; Gottfried, V. 18987–18992)

Diese Namenshäufung sorgt auch für Verwirrung bei den Rezipienten. Nach Huber (2013, S. 146) bezeichnet die erste Nennung Isolde I, die letzte Nennung Isolde II. Millet (2002, S. 363) sieht die ersten drei Verse auf beide Isolden bezogen, in den letzten drei Versen könne man die Zuordnung dann klar erkennen: Isolde II – Isolde I – Isolde II.

Tristan sieht in Isolde II gleichzeitig Isolde I, Wort und Sinn treten auseinander (vgl. Draesner 1996, S. 84f.). Seit der Trennung besitzt der Name Isolde eine ›Fernreferenz‹: Tristans Auge sieht Isolde II, während das Ohr den Namen hört, der ihn an Isolde I erinnert. Ries (1980, S. 329) will eine fortschreitende »selbstgewählte Verblendung« Tristans erkennen. Der folgende Monolog spiegelt Tristans Verwirrung, belegt aber ebenso, dass Tristan sich nach der blonden Isolde sehnt:

[Tristan:]
»nu bin ich komen, dâ Îsôt ist,
und enbin Îsôte niender bî,
swie nâhen ich Îsôte sî.
Îsôte sihe ich alle tage
und sihe ir niht. daz ist mîn clage.
ich hân Îsôte vunden
und iedoch niht die blunden,

diu mir sô sanfte unsanfte tuot.
ez ist Îsôt, diu mir den muot
in dise gedanke hât brâht,
von der mîn herze als ist verdâht.
ez ist diu von Arundêle
und niht Îsôt la bêle.
der ensiht mîn ouge leider niht.«

(Verwirrung Tristans, dennoch Bekenntnis zu Isolde I; Gottfried, V. 19020–19033)

Freude und Leid durch die geweckte Erinnerung, Verwirrung durch die Weißhand und Schmerz über die Trennung von Isolde I sind kopräsent. Tristan trägt Isolde II zunächst nur deshalb *liebe unde holdez herze* (V. 19037), weil sie den gleichen Namen wie die blonde Isolde hat und ebenso schön ist. Dies wird jedoch abgelöst von einer tatsächlichen Hinwendung Tristans zur Weißhand, Verführung und Besinnung wechseln in rascher Folge. Tristan will das Zeichen, den Namen Isolde, wieder mit einer Person vereinigen, er wendet sich Isolde II zu und bemüht sich um sie. Draesner (1996, S. 88) spricht diesbezüglich von »Reduktionsbestrebungen«. Tristan will sich in Isolde Weißhand verlieben: *er wolte liebe und lieben wân / wider die maget Îsôte hân* (V. 19057 f.). Die Brandmetapher der *glimmenden gluot* (V. 19046) markiert Tristans sexuelle Begierde, er sendet der Weißhand *innecliche blicke* (V. 19064), denkt nicht mehr an Kampf und ritterliche Taten (V. 19047 f.) und will jetzt auch seine *senebürde* (V. 19061) verringern.

Die Hinwendung zu Isolde II wurde unterschiedlich gelesen. Folgt Tristan damit Ovids Ratschlag, sich zwei Liebhaberinnen zu nehmen, um so den Liebesschmerz zu lindern und den Partnerwechsel zu ermöglichen (Ovid, ed. Holzberg 2011, V. 441–444; vgl. auch Ries 1980, S. 326, 329 f.)? Dagegen argumentiert Millet (2002, S. 367), dass von einer Distanz Tristans zu Isolde I nicht die Rede sein könne, denn dieser werde ja gerade durch Isolde II an Isolde I erinnert, doch immerhin trete eine erotische Begierde zur Weißhand hinzu.

9.1.3 | Tristans Verwirrung

Es können vier Phasen in der Entwicklung der Dreierbeziehung Isolde I – Tristan – Isolde II unterschieden werden (zum Folgenden Nanz 2010, S. 131–143).

Erste Phase (V. 19063–19166): Name und Schönheit von Isolde II erinnern Tristan an die blonde Isolde, die Gefühle für sie sind Voraussetzung für die Hinwendung zur weißhändigen Isolde. Tristan wird zuerst aktiv, durch seine Blicke wird Kaedins Schwester ermutigt, ihm ihre Zuwendung zu zeigen und sie erwidert den Augenkontakt (V. 19082). Tristan vermittelt Isolde II den Eindruck, er liebe sie. Beide schwören einander *liebe unde gesellschaft* (V. 19121); dies liest Nanz (2010, S. 134) als mögliches Verlöbnis. Tristan macht sich jedoch Selbstvorwürfe: *ich ungetriuwer, waz tuon ich?* (V. 19142), *ich triuwelôser Tristan! / ich minne zwô Îsolde* (V. 19154 f.).

Zweite Phase (V. 19167–19270) – der Tristan-Leich: Tristan hat Mitleid mit der Weißhand, weil er sich inzwischen in seinem Herzen wieder seiner *erbeminne* (V. 19179) Isolde I zugewandt hat. Er zeigt einerseits *höfscheit* (V. 19182), indem er versucht, der Weißhand Freude zu bereiten, doch sendet er damit andererseits ein trügerisches Signal. Denn Tristan musiziert und komponiert zur Unterhaltung Isoldes und des Hofes, wobei er *den edelen leich Tristanden* (V. 19201) vorträgt und vor Isolde II und Kaedin sowie dem ganzen Hof folgenden Refrain singt:

»*Îsôt ma drûe, Îsôt m'amie,*	»**Isolde**, meine Geliebte, meine Freundin,
en vûs ma mort, en vûs ma vie!«	in Euch **mein Tod**, in Euch **mein Leben**.«

(Der Tristan-Leich: Welche Isolde ist gemeint?; Gottfried, V. 19213 f.)

Tristan singt das für Isolde I, die Zuhörer dagegen müssen davon ausgehen, dass dies Isolde II zugedacht ist. Das Publikum kann nur Tristan und die Weißhand sehen, von Isolde I weiß es nichts. Das Minnelied hat eine »problematische Zeichenreferenz«

(Draesner 1996, S. 85), und Isolde II gibt nunmehr deutlich ihre Liebe zu erkennen. Sie bemüht sich intensiv um Tristan, sie lächelt, plaudert und scherzt, auch lässt sie bisweilen ihre *kiusche* und *schame* (V. 19232) beiseite und legt in aller Öffentlichkeit oft ihre Hände in diejenigen Tristans (V. 19234 f.). Das signalisiert möglicherweise das Bestreben, Tristans Ehefrau zu werden, vorausgesetzt man liest die Handreichung als Hinweis auf eine symbolische Geste bei zeitgenössischen Eheschließungen (bei der der Brautvater die Hand der Tochter in die des Bräutigams legt; vgl. Nanz 2010, S. 137). Isolde II nutzt ihr erotisches Verführungspotential und entflammt Tristan erneut (V. 19244). Dieser unterliegt ihrem Zauber und überlegt, ob er sich nicht doch mit der Weißhand einlassen soll (V. 19249–19255). Die personifizierte *staete* mahnt Tristan jedoch zur *triuwe* gegenüber der ersten Isolde; die folgenden Verse zeigen Tristans *jâmer* (V. 19264):

er [Tristan] zwîvelte an Îsolde,
ob er wolde oder enwolde.
ouch tete ez ime entriuwen nôt,
dô si'z im alsô suoze bôt.
er dâhte dicke wider sich:
»weder wil ich oder enwil ich?
ich waene nein, ich waene jâ.«

*sô was aber **diu staete** dâ.*
*»nein« sprach si »**hêrre Tristan,***
sich dîne triuwe an Îsôt an,
gedenke genôte
der getriuwen Îsôte,
diu nie vuoz von dir getrat.«

(**Tristans Dilemma um die beiden Isolden; Gottfried, V. 19249–19261**)

Der Sachverhalt, dass die Weißhand einerseits die Erinnerung an Isolde I stärkt, aber andererseits selbst begehrt wird, führt zu Kommunikationsproblemen. In der Isolde Weißhand-Episode geht nach Millet (2002, S. 371) die Verständigung zwischen Mann und Frau stets daneben; Tristans Worte und Gesten sind dupliziert, sie richten sich sowohl an Isolde I als auch an Isolde II.

Dritte Phase (V. 19271–19379): Der Hof und Isolde II selbst gehen davon aus, dass Tristans Liebesleiden ihr gilt. Für den Hof »ist Tristans Rede eindeutig, und was sich hinter dem, was alle hören können, zu verbergen scheint, ist legitime Werbung des höfischen Ritters um die *vrouwe* des Hofes, Isolde Weißhand« (Müller 2007, S. 310). Diese leidet mit Tristan (*sîn triure was ir ungemach*, V. 19313) ohne zu wissen, dass sein Leiden sie gar nicht betrifft (V. 19320–19322), ihre Hoffnung ist aussichtslos (V. 19332). Tristans Bemühen, die weißhändige Isolde zu trösten, entflammt diese noch mehr – und Tristan gerät aufgrund ihrer neuerlichen Bemühungen (sie wendet sich ihm *innechîche suoze*, V. 19351, in Worten, Blicken und Verhalten zu) erneut ins Wanken. Ein Erzählerkommentar erläutert Tristans Verwirrung: Sexuelles Vergnügen (= *lust*), das einem Mann immer lachend vor Augen steht, blende Augen und Verstand (V. 19358–19362), ein Mann komme leichter von einer entfernten Liebe ab, als dass er sich einer nahen enthalte: *[...] vil lieber minne mag ein man / baz verre enbern und verre gern / dan nâhe gern und nâhe enbern / und kumet der verren lîhter abe, / dan er der nâhen sich enthabe. / hie verwar sich Tristan inne* (V. 19370–19375). Diese Verse deuten an, dass Tristan Isolde I nicht treu bleiben wird, eine Hinwendung zur Weißhand scheint unvermeidbar (vgl. Millet 2002, S. 369).

Vierte Phase (V. 19381–19464): Dementsprechend setzt sich das Verwirrspiel fort: *sus was er beider irre. / er wolde und enwolde / Îsolde unde Îsolde* (V. 19388–19390). Tristan flieht vor Isolde II und leidet wegen Isolde I: *er vlôch dise und suohte jene* (V. 19391). Die Weißhand dagegen richtet ihr Sehnen einzig auf den sie meidenden Tristan (V. 19395 f.). Sie stellt ihm nach, der Erzählerkommentar gibt hierfür

Tristan die Schuld: Dieser sei durch den doppeldeutigen Gebrauch von Augen und Zunge – vor allem beim Tristan-Leich – für die missliche Situation verantwortlich:

si [Isolde II] gerte des, der von ir zôch,	die Tristan an si leite,
und was den **jagende**, der si **vlôch**.	sô was ie daz diu volleist
daz was des **schult: si was betrogen**.	diu ir herze allermeist
Tristan haete ir sô vil gelogen	an Tristandes liebe twanc,
mit disen zwein handelungen	daz er daz alsô gerne **sanc:**
der ougen unde der zungen,	»Îsôt ma drûe, Îsôt m'amie,
daz si sînes herzen unde sîn	en vûs ma mort, en vûs ma vie!«
gewis und sicher wânde sîn.	daz lockete ir herze allez dar.
und al der **trügeheite,**	daz was, daz ir die liebe bar.

(Tristans *schult* an Isolde II; Gottfried, V.19395–19412)

Der weißhändigen Isolde gelingt es erneut, Tristan für sich einzunehmen. Nanz (2010, S. 141) betont die Arglosigkeit der Weißhand, die moralisch vorbildlich sei; allerdings bestehe im Sinne einer spiegelnden Strafe ein Zusammenhang zwischen der Segellüge der Weißhand am Schluss (die Tristan und Isolde I das Leben kostet) und den Lügen Tristans in den Isolde II-Szenen.

9.1.4 | Tristans Rechtfertigungsmonolog

Mit Tristans innerem Monolog, der einerseits die Hinwendung zur Weißhand rechtfertigt, andererseits aber ein eindeutiges Liebesbekenntnis zu Isolde I formuliert, endet Gottfrieds Torso. Der Schlussmonolog bedient mehrfach Ovids Ratschläge in seinen *Remedia amoris*, seinen ›Heilmitteln‹ also, die Liebende von einer unglücklichen und gefährlichen Liebe heilen wollen. So legitimiert Tristan seine Hinwendung zu Isolde II mit Ovids Rat, dass eine Liebe der anderen die Macht raube (V. 19432–19435; vgl. Ovid, ed. Holzberg 2011, V. 441–444). Die verwendeten Metaphern stammen ebenso aus Ovids ›Heilmittel‹: Der Fluss verliert seine Kraft durch zahlreiche Kanäle, das Feuer wird schwach, wenn man die Scheite auseinanderlegt (V. 19426–19464; vgl. Ovid, ed. Holzberg 2011, V. 445 f.). Auf diese Weise könne er, so hofft Tristan, vielleicht *ein triurelôser Tristan* (V. 19464), ein Tristan ohne Trauer, werden; er verleugnet damit seine Namensetymologie und gerät in Versuchung »seine ihm durch den Namen auferlegte Identität preiszugeben« (Haug 2011, S. 741; vgl. auch Nanz 2010, S. 143; Huber 2013, S. 147). Auch Tristans Schmährede auf Isolde I sowie der Hinweis auf den anderen Bettgefährten beziehen ihre Munition aus Ovid, der rät, sich die negativen Aspekte einer Frau vor Augen zu halten, um die Geliebte vergessen zu können (Ovid, ed. Holzberg 2011, V. 299–316; vgl. auch Millet 2002, S. 369; Uttenreuther 2009, S. 231 f.). Isolde sei froh, so argumentiert Tristan, denn sie sei ja verheiratet und stets mit Marke zusammen, er aber sei traurig und in der Fremde (V. 19484–19495). Die blonde Isolde liebe ihn nicht genügend, sonst hätte sie inzwischen schon nach ihm gesucht (V. 19506–19524); er würde ihr nichts bedeuten, dagegen meide er um ihretwillen alle anderen Frauen (V. 19544 f.).

Doch letztlich gerät der Schlussmonolog zum eindeutigen Liebesbekenntnis zur blonden Isolde: *und ich enkan doch niemer / mit mînem herzen von iu komen* (V. 19498 f.); *mîn vrouwe, an der mîn leben lît* (V. 19531); *die ich minne unde meine / me danne sêle unde lîp* (V. 19542 f.). Gottfrieds Torso schließt mit der Einsicht des Protagonisten, dass er von der blonden Isolde weder Freude noch glückliches Leben in der Welt erwarten könne: *ine mac von ir niht des gegern, / daz mir zer werlde solte geben / vröude unde vrôlîchez leben* (V. 19546–19548). »Logische Konsequenz dieser Erkenntnis kann nur der Versuch sein, weltliche Freude bei Isolt a Blansche Mains zu erlangen« (Nanz 2010, S. 143).

Die Rechtfertigungsrede Tristans lässt sich wie folgt zusammenfassen. Tristan sucht Argumente für eine Heirat mit Isolde II (vgl. Uttenreuther 2009, S. 243 f.). Er kann einerseits den Verlockungen der Weißhand nicht widerstehen, es steht jedoch außer Zweifel, dass Isolde I die wahre Liebe Tristans ist (vgl. Huber 2002, S. 340). Trotz der (Schein-)Vorwürfe an die blonde Isolde werden eindeutige Bestätigungen für seine unveränderte Liebe zu ihr gegeben.

9.1.5 | Forschungspositionen zur Isolde Weißhand-Episode

Es gibt zwar konkurrierende Forschungspositionen, doch wird Tristans Hinwendung zu Isolde II vor allem in der älteren Forschung in erster Linie negativ beurteilt. Für de Boor (1940) wird die Wortgruppe ›wirr‹ »zum klanghaften Leitmotiv dieser ganzen Darstellung einer langsamen seelischen Zersetzung« (S. 296); Gottfried stelle »mit höchster Meisterschaft den langen, rückschlagsreichen Abstieg Tristans auf die niedere Ebene der ›Welt‹ dar« (ebd.). Für Bertau (1983) ist der Abschied von Isolde I nach der Baumgartenszene »der Tod dieser Liebenden und dieser Liebe« (S. 164); Ries (1980) sieht in Tristans »Anfälligkeit für die Sinnenliebe das Absinken vom Niveau der edlen Herzen« (S. 335); nach Meissburger (1954, S. 28; 129 f.) ist Isolde II unschuldig, Tristan sei ein Verführer und Betrüger, er sei zugleich ›Adam und Schlange‹. Mälzer (1991) kontrastiert Isolde I und Tristan: während jene nach der Trennung im Baumgarten altruistisch handle, sei Tristan egoistisch; die Krise innerhalb der Isolde II-Handlung solle Tristan »auf die Stufe des *edelen senedaere* zurückführen, dessen Liebe auf *triuwe* und *staete* basiert, auf eine Stufe, die Isolde nie verlassen hat« (S. 236). Thomas (2003, S. 196) sieht Tristan in der Rechtfertigungsrede auf einer Stufe mit dem »unfortunate Marke«, beide seien *zwîvelaere*. Eine Parallele zu Marke sieht auch Ries (1980), jedoch in negativer Perspektive: Tristans »Verfallenheit an den Schein« sei »Markes Verblendung« ähnlich, doch Tristan dokumentiere »darüber hinaus eine Steigerung des willentlichen Verkennens, insofern er sein Verhalten auch noch zu rechtfertigen sucht« (S. 336). Ähnlich negativ urteilt Tax (1971): Tristan lasse sich »auf das Liebesniveau eines Marke, die niedrige Ebene rein körperlicher *minne*-Freude heruntersinken« (S. 164). Konetzke (2002) sieht in der Hinwendung Tristans an Isolde II keinen Treuebruch, denn diese sei Konsequenz »einer Erkrankung an *Melancholia* [...], die durch den Verlust der Geliebten ausgelöst wird« (S. 135); Tristans Handlungen gründeten in einer »unbewußten Todessehnsucht« (ebd. S. 121). Ruh (1980, S. 247) geht von einem Wiederaufstieg nach dem Abfall von der wahren Minne aus, und nach Mergell (1949) stellt die Begegnung mit Isolde II eine Stufe auf dem Weg zur Vollkommenheit in der Liebe dar: Isolde II könne die Liebe zu Isolde I nicht gefährden, denn durch die Begegnung mit Isolde II würde sich Tristan »der Verbundenheit mit der fernen Geliebten [...] noch tiefer bewusst« (S. 147).

9.2 | Die Isolde Weißhand-Episode bei Thomas

Auch bei Thomas werden die Liebenden im Baumgarten entdeckt und Isolde übergibt ebenso Tristan einen Ring zum Abschied. Dies ist noch im Cambridger Fragment übermittelt (Thomas: Fragment Cambridge, V. 51), danach muss mit der *Saga* angeschlossen werden. Isolde formuliert dort ähnlich wie bei Gottfried die Verbindlichkeit der Ringgabe: »Er soll Brief und Siegel, Zeugnis und Trost für das Eingedenken an unsere Liebe und an diese Trennung sein!« (*Saga*, Kap. 67, Übersetzung Uecker 2008, S. 92). Beide küssen sich, dann flieht Tristan bereits (*Saga*, Kap. 68) – es gibt an dieser Stelle also keinen Hinweis auf eine zweite Frau wie bei Gottfried.

9.2.1 | Das Kennenlernen: Tristan zwischen Liebe und Begehren (*amur* vs. *delit*)

Die einzelnen Schritte des Kennenlernens bei Thomas (übermittelt teilweise im Thomas-Fragment Sneyd sowie in der *Saga*) lassen sich wie folgt zusammenfassen. Ähnlich wie bei Gottfried haben die beiden Isolden den gleichen Namen, und die Schönheit der Weißhand erinnert Tristan an seine Geliebte. Auch hier singt Tristan vor dem Hof Liebeslieder, die unspezifisch von einer Isolde handeln und Isolde II und den Hof täuschen. Noch mehr als bei Gottfried scheinen jedoch politische Überlegungen im Vordergrund zu stehen. Kaedin und seine Brüder wollen den starken Tristan an den Hof binden; Isolde II erscheint hier deutlicher als Objekt politischer Zwecke (*Saga*, Kap. 49), während bei Gottfried das Liebesbegehren der Weißhand in den Vordergrund gerückt ist. Die Kuppelei Kaedins und seiner Brüder hat Erfolg, ein Hochzeitstermin wird festgesetzt (*Saga*, Kap. 70). Die Rechtfertigungsrede Tristans ist in dem Thomas-Fragment Sneyd (V. 57–243) erhalten. Der Kontrast von Liebe und sexueller Begierde, der bei Gottfried nur anklingt, ist bei Thomas deutlich herausgearbeitet und spiegelt sich in folgenden Leitwörtern wider (vgl. dazu auch Millet 2002, S. 370 f.; Huber 2002, S. 347; Haug 2002, S. 755): *amur*: Liebe; *delit*: (sexuelles) Vergnügen, Freude, Lust; *poeir*: das Können; *voleir*: das Wollen; *desir*: Verlangen, Wunsch; Sehnsucht; *raisun*: Vernunft, Verstand.

Die sexuelle Motivation Tristans wird über den Gegensatz von *amur* und *delit* durchgespielt, hinzu treten die Leitwörter *poeir* und *voleir*. Die Argumentation lässt sich wie folgt zusammenfassen: Bisher, das heißt mit Isolde I, waren Wollen (*voleir*) und Verlangen (*desir*) nicht getrennt. Tristan wendet sich nunmehr von seinem Verlangen nach Isolde I ab und dem zu, was für ihn erreichbar ist, nämlich Isolde II. Die Leitwörter *poeir* und *voleir* werden kombiniert: Tristan will Isolde I (*voleir*), doch kann er nicht zu ihr (*poeir*); dagegen kann er die Weißhand haben und überlegt daher, dass er das, was er haben kann (*poeir*) auch wollen (*voleir*) sollte (vgl. Millet 2002, S. 370): *Quant mun desir ne puis aveir, / Tenir m'estuit a mun pueir* (»Wenn ich mein Verlangen nicht haben kann, muß ich mich an das mir Mögliche halten«; Thomas: Fragment Sneyd, V. 87 f.). Tristan wirft in einem inneren Monolog Isolde vor, ihn vergessen zu haben und sich mit Marke zu vergnügen, das meint den Bereich des sexuellen Vergnügens (*delit*). Er will versuchen, sich seinerseits zu vergnügen in einer Handlung, die gegen die Liebe und damit auch gegen Isolde I ist. Davon leitet sich Tristans Rechtfertigung ab, Isolde II zu heiraten (vgl. Millet 2002, S. 370):

9.2 Die Isolde Weißhand-Episode bei Thomas

Jo [...] voil espuser la meschine	Ich will das Mädchen heiraten,
[...]	[...]
*Altre **raisun** nule n'i trove,*	Er findet dafür keine andere **Rechtfertigung**,
Mais qu'il en fin volt assaier	als daß er endlich ausprobieren will,
*S'encuntre amur puist **delitier**,*	ob er **sich vergnügen** kann **gegen die Liebe**,
*Se par le **delit** que il volt*	ob er durch das **Vergnügen**, das er [haben] will,
*Poisse **entroblier** l'altre Ysolt*	die andere **Ysolt vergessen kann**

(Sexuelles Vergnügen mit Isolde II soll die Liebe zu Isolde I vergessen machen; Thomas: Fragment Sneyd, V. 225; 238–242)

Beides, Schönheit und Name, sind wie bei Gottfried Voraussetzung für Tristans Hinwendung zu Isolde II:

Car Ysolt as Blanches Mains volt	Denn er will Ysolt mit den Weißen Händen
Pur belté e pur nun d'Isolt.	wegen ihrer Schönheit und wegen des Namens Isolt.
Ja pur belté qui en li fust,	Wegen der Schönheit allein, die sie besaß,
Se le nun d'Isolt ne oüst,	ohne daß sie den Namen Isolt gehabt hätte,
Ne pur le nun senz la belté	und auch nicht wegen des Namens [allein], ohne die Schönheit,
Ne l'oüst il en volenté:	hätte er sie nicht in seinem Willen gehabt (nicht gewollt):
Ces dous choses qui en li sunt	Diese beiden Dinge, die in ihr [vereint] sind,
Ceste faisance emprendre font	lassen ihn diese Handlung unternehmen,
Qu'il volt espuser la meschine	[nämlich] dass er das Mädchen heiraten will

(Schönheit und Name als Voraussetzung der Hinwendung zu Isolde II; Thomas: Fragment Sneyd, V. 249–257)

Thomas geht also von einer Unterscheidung zwischen einem gelegenheitsbedingten sexuellen Vergnügen und der ›wahren‹ Liebe aus. Tristans Verhalten ist sozusagen pragmatisch, er lenkt sein Verlangen zur Weißhand, die er haben kann.

Tristans Rechtfertigung folgt bei Thomas ein Exkurs (Thomas: Fragment Sneyd, V. 285–356), der die Sucht nach Neuem verurteilt und die Unbeständigkeit tadelt: *Mais trop aiment novelerie / E home e femmes ensement, / Car trop par changent lor talent* (»Aber es lieben Männer wie Frauen gleichermaßen zu sehr die Sucht nach Neuem, denn allzu häufig ändern sie ihre Wünsche«; ebd. V. 344–346). Das Fazit, dass ein solches Verhalten nur immer tiefere Not provozieren würde (ebd. V. 356), beschreibt Tristans Dilemma, der die Weißhand nur wegen der Liebe zur Königin Isolde liebt: *Car sul pur l'amur la reïne / Enama Tristrans la meschine* (ebd. V. 375 f.). Tristans Hinwendung zu Isolde II wird gerügt: Wenn er die Königin mit wahrer Liebe (= *fin' amur*, ebd. V. 381) geliebt hätte, hätte er die andere Isolde nicht geheiratet und nicht gegen die Liebe (*encontre amur*, ebd. V. 385) gehandelt.

9.2.2 | Isoldes Ring und die missglückte Hochzeitsnacht

Unmittelbar nach diesem Exkurs folgt der knappe Bericht von Hochzeit und Festvergnügungen, danach wird breit die Hochzeitsnacht erzählt – die missglückt. Tristans Dilemma wird anschaulich in Szene gesetzt: Beim Abstreifen des Gewands wird auch der Ring von seinem Finger gezogen, den Isolde I ihm einst im Baumgarten beim Abschied gab. Tristan sieht diesen Ring, erinnert sich an sein Versprechen bei der Trennung im Baumgarten und gerät darüber in Verzweiflung: *En sun penser est molt destreit* (ebd. V. 458). Das ihm Mögliche – wiederum wird mit den Vokabeln des Wollens und Könnens gespielt – ist ihm zuwider: *Icest‹ ovre m'est a contraire* (ebd. V. 464). Das Aporetische der Situation wird in einem inneren Monolog entfaltet: Tristan hat die Weißhand nach Recht und Gesetz vor den Augen der Leute geheiratet (ebd. V. 476–489) und muss deshalb mit ihr die Ehe vollziehen. Andererseits kann er sich nicht mit der Weißhand vereinigen, ohne Isolde I die Treue zu brechen, die mit Kuss und Ring besiegelt wurde:

[Tristan:]	
»S'a ceste tinc ma convenance,	»Wenn ich dieser hier mein [Ehe]gelöbnis halte,
Dunc ment a Ysolt ma fiance,	dann breche ich mein Ysolt gegebenes Treueversprechen,
E si jo port a Ysolt fei,	und wenn ich Ysolt die Treue halte,
Envers m'espuse me deslei.	vergehe ich mich meiner Gattin gegenüber gegen Treue und Recht.
Vers li ne me dei delleer,	Ihr gegenüber darf ich mich nicht vergehen,
N'encuntre Ysolt ne voil ovrer;	und gegen Ysolt will ich nicht handeln;
Ne ne sai a la quel mentir,	ich weiß nicht, welcher ich mein Wort brechen soll,
Car l'une me covient traïr	denn eine muß ich verraten
E decevrë e enginnier [...]«	und enttäuschen und betrügen [...]«

(Tristans Dilemma in der Hochzeitsnacht: Eine Isolde wird immer betrogen; Thomas: Fragment Sneyd, V. 507–515)

Die Verbundenheit zu Isolde I verhindert Tristans Vergnügen (*delit*; ebd. V. 498). Tristan schilt sich ob seines törichten Sinnes (*fol corage*, ebd. V. 469) und seiner Leichtfertigkeit und Flatterhaftigkeit (*jolif e volage*, ebd. V. 470), als er um Isolde II anhielt; es sei eine Tollheit (*derverie*, ebd. V. 474) gewesen, seine Treue zu Isolde I zu verraten. Tristan beschließt, den Beischlaf nicht zu vollziehen, er will sich des möglichen sexuellen Vergnügens (*delit*, ebd. V. 615) wegen der irischen Isolde enthalten.

Das Spiel mit den Schlüsselwörtern *amur*, *delit*, *poeir*, *voleir*, *desir* und *raisun* wird im Rahmen der Bettszene weiter ausgereizt; der zuvor breit ausgeführte Gegensatz von *delit* und *amur* wird im Bett nochmals verdeutlicht und endgültig zugunsten von Isolde I (= *amur*) entschieden (vgl. Millet 2002, S. 371). Tristan legt sich nieder, Isolde umarmt ihn und will das, wonach es ihn nicht verlangt (Thomas: Fragment Sneyd, V. 644). Danach wird noch genauer spezifiziert: Tristans Wollen (*voleir*) ist es sowohl zuwider, auf seine Lust zu verzichten wie sie zu haben; die Natur will sich beweisen, die Vernunft aber hält sich an Isolde I: *La nature proveir se volt, / La raison se tient a Ysolt* (ebd. V. 647 f.). Das Verlangen, das er nach der Königin hat, benimmt ihm das Wollen nach Isolde II: *Le desir qu'ad vers la reïne / Tolt le voleir vers la meschine* (ebd. V. 649 f.). Die große Liebe zu Isolde I nimmt das weg, was die Natur will: *La grant amor qu'ad vers Ysolt / Tolt ço que la nature volt* (ebd. V. 655 f.).

Tristan kann in dieser dilemmatischen Situation seine *êre* nur dann bewahren, wenn er lügt und so gibt er vor, an einem Übel (*emfermeté*; ebd. V. 682) zu leiden, das seinen Sitz in der Nähe der Leber habe; er habe dieses Übel heute gespürt und wage deshalb nicht, den Beischlaf zu vollziehen. Wenn man berücksichtigt, dass die Leber im Mittelalter unter anderem als Sitz der Liebe gilt, so sagt Tristan vor dem zeitgenössischen medizinischen Horizont nicht einmal die Unwahrheit (vgl. Nanz 2010, S. 61). Die Weißhand bemitleidet Tristan und ist zur Enthaltsamkeit bereit (Thomas: Fragment Sneyd, V. 697–700). Die Ehe wird – im Unterschied zu Eilhart – auch später nicht vollzogen.

9.2.3 | Das ›kühne Wasser‹ und Tristans ›Schönheitsargument‹

Das ›kühne Wasser‹: Der Nichtvollzug der Ehe wird in der Episode des sogenannten ›kühnen Wassers‹, die zum ältesten Szenenbestand des Tristan-Stoffes gehört (siehe Kap. 1.2), offenbart. Die Episode des ›kühnen Wassers‹ spielt sich bei Thomas (teilweise beschrieben im Turiner Fragment, nach dessen Abbruch muss wiederum mit der *Saga* gelesen werden) wie folgt ab. Isolde II, ihr Bruder Kaedin sowie Tristan reiten aus, wobei Kaedin Isoldes Pferd am Zügel führt. Als Kaedins Tier scheut, bäumt sich Isoldes Pferd auf, es gleitet beim Niedergehen in eine Pfütze und die Schenkel Isoldes werden vom Spritzwasser nass. Die Weißhand bricht in Gelächter aus, als Kaedin sie darob befragt, offenbart sie Folgendes: Sie habe gelacht, weil das hinaufgespritzte Wasser höher gestiegen sei als jemals die Hand eines Mannes (Thomas: Fragment Turin, V. 1192–1195). Der Nichtvollzug der Ehe ist damit öffentlich gemacht und wird jetzt zu einer offiziellen Familienangelegenheit, denn er verletzt die *êre* der Familie. Der zornige Kaedin wirft Tristan vor, keinen rechtmäßigen Erben aus diesem Geschlecht haben zu wollen:

[...] denn das gereicht uns zur Schande am Hof wie außerhalb, diese schmähliche Sünde, die du mir angetan hast, indem du die Jungfräulichkeit meiner Schwester verschmähst [...]. Aber nun wissen wir alle, daß du keinen rechtmäßigen Erben aus unserem Geschlecht haben willst, und wenn unsere Freundschaft nicht so sicher und gefestigt wäre, dann würdest du diese Schmach teuer erkaufen müssen, die du meiner liebsten Verwandten angetan hast (*Saga*, Kap. 83, Übersetzung Uecker 2008, S. 108).

Das ›Schönheitsargument‹: Tristans Rechtfertigung ist für den modernen Rezipienten befremdlich, denn Tristan argumentiert mit der Schönheit und Vorzüglichkeit seiner Geliebten: »ich nenne deine Schwester schön und feingesittet, edelgeboren und reich an Besitz, und doch kann sie jener nicht an die Seite gestellt werden, die alle übertrifft, die jetzt leben. Mein ganzes Begehren ist einzig auf sie gerichtet, so daß ich diese hier nicht zu lieben vermag!« (*Saga*, Kap. 84, Übersetzung Uecker 2008, S. 109). Kaedin fordert hierfür einen Nachweis: »[...] aber wenn sie nicht so schön ist, wie du behauptest, dann sollst du mir das entgelten, so Gott will, sonst werde ich dir den Tod bereiten. Aber wenn sie so ist, wie du sagst und sie so sehr lobst, dann sollst du von mir und meinen Verwandten unbehelligt bleiben« (*Saga*, Kap. 84, Übersetzung Uecker 2008, S. 109). Das Schönheitsargument bedient den Sachverhalt, dass sich der Repräsentationswert einer Frau im Mittelalter an ihrer Schönheit bemisst. Wenn also nachgewiesen werden kann, dass Isolde I schöner ist, so ist textlogisch die *êre* von Isolde II und ihrer Familie durch den fehlenden Beischlaf nicht angetastet. Es geht »nicht um Liebe zu dieser und nur dieser Person, sondern um die allgemeinen Werte der feudalhöfischen Gesellschaft, die in Isolde vereinigt sind, und die Ehre, die sie auf Tristan abstrahlen« (Müller 1992, S. 536).

Das Schönheitsargument muss durch Augenschein bestätigt werden. Tristan und Kaedin besuchen zunächst den Statuensaal, in dem Tristan die lebensechten Bildwerke von Isolde und Brangäne fertigen ließ (siehe Kap. 10.2). Kaedin ist von der Schönheit der beiden Statuen überwältigt und gibt zu, dass die Isolden-Statue schöner ist als seine Schwester: »Ich sehe [...], daß du die schönste Geliebte hast« (*Saga*, Kap. 86, Übersetzung Uecker 2008, S. 111).

Die Motivation, zur lebendigen Isolde aufzubrechen, ist in der *Saga* gedoppelt: Einerseits erhofft sich Kaedin Vorteile sexueller Art aus der Begegnung mit Brangäne. Denn Isolde I und Brangäne werden sozusagen zwischen den Männer aufgeteilt:

»[Tristan:] ich wähle die Königin, nimm du die Zofe, ich gebe sie dir« (ebd. S. 111). Andererseits wird explizit auf den Wahrheitserweis des Schönheitsarguments an den lebenden Vorbildern gesetzt: »[Kaedin:] Aber wenn du mir die nicht zeigst, nach denen sie gefertigt sind, dann hast du mich in unserer ganzen Abmachung belogen, doch wenn du mir diese Geschöpfe zeigst, die an Aussehen und Schönheit diesen Figuren gleichen, dann bist du von aufrichtiger Gesinnung, und ich kann deinen Worten trauen« (ebd. S. 111 f.). Tristan und Kaedin brechen dann im Rahmen eines Rückkehrabenteuers nach Cornwall zu Isolde auf (siehe Kap. 10.3).

9.3 | Isalde II bei Eilhart

9.3.1 | Kennenlernen und Heirat: Isalde als ›dynastisches Tauschobjekt‹

Bei Berol kommt eine zweite Isolde nicht vor, jedoch bei Eilhart. Jedoch ist diese Episode hier auf das Nötigste beschränkt, komplexe Reflexionen bzw. innere Monologe wie die Rechtfertigungsrede fehlen. Das Kennenlernen ist in eine kriegerische Auseinandersetzung eingebettet. Isalde ist der eigentliche Grund für diese militärischen Aktionen, die breit erzählt werden und Tristrant als siegreichen Heros zeigen: Der Vater von Isalde II, König Havalin, verweigert einem Vasallen, Graf Riol von Nantis, die Hand seiner Tochter. Riol will Isalde daraufhin gewaltsam erringen und verwüstet das Land, Tristrant rettet die belagerte Isalde. Der Bruder Kaedin ist daran interessiert, den siegreichen *degin wise* (Eilhart, V. 6008) am Hof zu behalten, weil er sich dadurch politische Vorteile erhofft – und bietet deshalb Tristrant die Hand seiner Schwester an. Isalde II ist hier lediglich »dynastisches Tauschobjekt« (Nanz 2010, S. 94). Eilharts Tristrant sieht Isalde II zunächst nicht einmal, er hört nur von einer bedrängten Frau, fragt dann ihren Bruder nach ihrem Namen und sieht sie erst danach. Doch auch das wird nur sehr knapp berichtet, Tristrant spricht nicht einmal mit Isalde und scheint von ihrer Erscheinung wenig angetan: *yedoch zwâr er [Tristrant] nie jach, / er west ain schöner wib dann sie* (Eilhart, V. 5921 f.). Das Schönheitsargument als Rechtfertigungsstrategie, das bei Thomas und Gottfried eine so große Rolle spielt, wird hier nicht explizit genannt. Auch die differenzierende Benennung als die Weißhändige fehlt bei Eilhart, es ist nur von Isalde die Rede. Schöning (1989, S. 163) geht deshalb von einem lediglichen Aufspalten der Isalde-Figur in zwei Figuren aus.

Bei Eilhart willigt Tristrant sofort in das Heiratsangebot ein, Voraussetzung ist nur die Einwilligung des Vaters im Sinne einer autoritativen Sippenvergabe (dass also allein der Sippenobere bzw. der Vater die Heirat bestimmt und die Betreffende nicht gefragt wird). Eine komplexe Rechtfertigung wie bei Thomas und Gottfried entfällt völlig, sie wäre ohnehin nicht vonnöten, ist doch für Tristrant offenbar eine Isalde wie die andere: *Ysalden hon ich verlorn, / Ysalden hab ich wider funden* (Eilhart, V. 5917 f.). Andererseits ist der ›Entlastungsdruck‹ Tristrants bei Eilhart geringer, es gibt hier keine Baumgarten II-Szene, mithin keinen Abschiedsmonolog, kein Treueversprechen und keine Ringgabe. Bei Eilhart wird sofort zur Hochzeit gerüstet. Die verzweifelte Verwirrung in der Hochzeitsnacht, die bei Thomas breit ausgeführt wird, entfällt. Allerdings leben auch bei Eilhart Tristrant und Isalde II ein Jahr lang ohne Beischlaf zusammen, eine Begründung hierfür wird nicht geliefert; ebenso entfällt die Krankheitslüge, die bei Thomas den Nichtvollzug legitimieren soll. Isalde nimmt dennoch alles *ôn nid* (ebd. V. 6369), das heißt ohne Eifersucht bzw. Vorwurf, hin.

Die Isolde Weißhand-Geschichte wird bei Eilhart also auf die Namensgleichheit engeführt und ist politisch motiviert; das Zusammenspiel von Namen und Schönheit (wie bei Thomas und Gottfried) fehlt (vgl. Schöning 1989, S. 163). Es gibt keine Phasen des Kennenlernens, bei Eilhart geht es um Handlungen, nicht um Reflexionen. Affekte wie sie Gottfried und Thomas hinsichtlich der zweiten Isolde und Tristans beschreiben, werden bei Eilhart überhaupt nicht zum Thema. Dagegen rücken die *triuwe*-Verhältnisse in den Fokus, etwa als das Einverständnis des Vaters zur Heirat eingeholt wird. Vorgestellt wird eine Kriegergesellschaft, für die die passionierte Liebe ein Störfaktor ist. Entsprechend ist auch die Episode mit dem ›kühnen Wasser‹ etwas anders motiviert.

9.3.2 | Das ›kühne Wasser‹ und Tristrants ›Hundeargument‹

Das ›kühne Wasser‹: Bei Eilhart ist es so, dass die Königsfamilie mit Tristrant und Isalde spazieren reitet, als Isaldes Pferd mit dem Huf in einen *rinnenden pfůl* (Eilhart, V. 6378) tritt. Das Wasser spritzt ihr bis ans Knie und Isalde formuliert sofort den Vorwurf des ›kühnen Wassers‹: *wasser, du bist fremd, / daß dir müß misselingen, / daß du ye getorstest springen / so verr under min gewand, / da hin nie ainß ritterß hand / getorst komen noch kam* (ebd. V. 6381–6386). Kaedin hört das und fragt erschrocken: *so bist du nit sin wib?* (ebd. V. 6404), Isalde bestätigt das. Die Angelegenheit wird offenbart, denn Kaedin klagt seinem *vatter* (ebd. V. 6411) und *allen sinen holden* (ebd. V. 6412), dass Tristrant seine Schwester verlassen wolle, das bedeute *laster die wil wir leben* (ebd. V. 6415). Tristrant soll für die Schande mit dem Leben bezahlen, und der König versammelt Verwandte und Vasallen, um Tristrant noch während des Rittes zu erschlagen. Kaedin beschwichtigt und will Tristrant zuvor Fehde ankündigen. Tristrant erhält damit Gelegenheit, sich zu verteidigen und begründet dann den Nichtbeischlaf mit folgender Behauptung: Isalde sei ihm nicht so entgegengekommen, wie es ihm zustehe. Kaedin versteht das nicht, Tristrant könne doch mit Isalde einfach nach seinem Gutdünken verfahren, doch da legt dieser noch nach: Es gebe eine Frau, die aus Liebe zu ihm einen Hund in aller Öffentlichkeit und heimlich weit liebevoller behandle, als Isalde ihn je behandelt hätte: *noch halt ain frow baß / ain hund durch minen willen / uber lut und stille, / dann mich úwer swester hat getan* (Eilhart, V. 6473–6476). Dieses Argument bedient das »Für-Wert-halten« (Müller 1990, S. 28) des Ehemannes durch die Gattin. Tristrant will Kaedin Isaldes zärtliche Behandlung des Hundes vor Augen führen, muss dabei aber Kaedin und seinem Schwiegervater versprechen, danach zu seiner Ehefrau Isalde II zurückzukehren (Eilhart, V. 6484–6488).

Das ›Hundeargument‹: Tristrant macht sich zur Beweisführung mit Kaedin auf den Weg zu Isalde I, doch sorgt er zugleich dafür, dass seine List gelingen kann. Er schickt einen Boten mit den nötigen Informationen und einem *fingerlin / zů wårzaichen* (Eilhart, V. 6587 f.) zu Marcks Ehefrau. Diese richtet es daraufhin ein, dass Marck mit großem ritterlichem Gefolge auf die Jagd geht. Tristrant und Kaedin verstecken sich hinter einem Dornbusch und sehen den Hofstaat in aller Pracht vorbeiziehen: Brangäne ist *so schön getan* (ebd. V. 6684), dass Kaedin sie für die Königin hält; der Hund, den Tristrant einst Isalde geschenkt hatte, wird in einer goldenen Sänfte von Pferden getragen. Kaedin bestätigt: *du wurdest selber nie so / gefürt von der swester min* (ebd. V. 6739 f.). Als Isalde naht, strahlt ein so heller Glanz auf, dass Kaedin zwei *sunnen* (ebd. V. 6744) zu sehen glaubt. Es fällt jetzt auch das aus Thomas bekannte Schönheitsargument: *eß ward nie schöner wib. / ja, laider miner swester lib*

/ *mag sich ir nit gelichen* (ebd. V. 6766–6768). Das Hundeargument wird danach ein weiteres Mal bedient und sogar vom Erzähler kommentiert. Denn Isalde geht zur goldenen Sänfte mit Tristrants Hund, liebkost diesen – und der Erzähler bestätigt: *ich sag úch wärlich, / daß sú gar lieplich / begund strichen den hund / mit ihrem mantel in der stund* (ebd. V. 6806–6809). Ein zweites Mal bekräftigt daraufhin Kaedin: *du solt diner trúw frÿ sin: / du wurdest von der swester min / nie so wol gehalten* (ebd. V. 6824–6826). Damit ist Tristrant vor Kaedin rehabilitiert, sein Leben ist gerettet: »Indem die blonde Ysalde seine Schwester in beidem – dem Repräsentationswert der Schönheit wie dem der Unterwerfung – überbietet, muß Keheniß [= Kaedin] auf seinen Rache-Anspruch gegen Tristrant verzichten« (Müller 1990, S. 28).

Doch auch Tristrants Leben mit Isalde II wird schließlich in ein normales Eheleben überführt. Anlass hierfür ist, dass Tristrant Isalde I vorübergehend seine *huld* im Rahmen des zweiten Rückkehrabenteuers entzieht (siehe Kap. 10.3). Damit wird Platz geschaffen für eine Hinwendung zur zweiten Isalde, weil »die alte Bindung die neue nicht mehr hindert« (Müller 1992, S. 532). Und so vollzieht Tristrant *durch den zorn* (Eilhart, V. 7299) über die Geliebte die Ehe mit Isalde II – und ab da läuft diese Ehegeschichte in normalen Bahnen, das wird ausführlich betont: *do hetten fród genůg / Trystrand und daß wib sin / und achtet nit der kúngin, / waß sú laideß dar umb het: / sin fród dú waß nun stät* (ebd. V. 7302–7306). Der Ehevollzug dient der »Stabilisierung der eigenen [= Tristrants] gesellschaftlichen Position« (Nanz 2010, S. 101). Doch Tristrant verzichtet auch nicht auf die blonde Isolde, es gibt in der Folge weitere Rückkehrabenteuer zu ihr.

9.4 | Isolde Weißhand in anderen Texten

Tristan als Mönch: Eine ganz andere Stoßrichtung der Figurenregie hinsichtlich Tristans und der beiden Isolden liefert die anonym überlieferte Reimpaarerzählung *Tristan als Mönch* (TaM) mit etwas über 2700 Versen, wohl aus dem 13. Jahrhundert (vgl. Steinhoff 1995, Sp. 1062; zur Datierung genauer Classen 1994, S. VIII–X). Isolde II – der Beiname ›Weißhand‹ existiert wie bei Eilhart nicht – scheint hier der irischen Isolde zumindest gleichwertig, denn jene fungiert als »positive Kontrastfigur zu Tristan« (Nanz 2010, S. 292). Gleich zu Anfang wird die Problemkonstellation entfaltet: Anlässlich eines Hoftags von Artus muss sich Tristan entscheiden, ob er die Ehefrau oder die Geliebte dorthin mitnimmt. Damit gerät die dilemmatische Lage des Protagonisten »zwischen Liebe und Gesellschaft« (Strohschneider 1991, S. 86) in den Fokus. Tristan entscheidet sich für die Ehefrau. Das hat zur Folge, dass die soziale Rolle der zweiten Isolde ein Übergewicht erhält: Diese wird in 23 Bezeichnungen als Tristans Gattin gehandelt, dagegen gibt es nur elf namentliche Nennungen (vgl. Nanz 2010, S. 273).

Der Plot läuft über Verkleidungs- und Verwechslungsstationen. Die Handlung führt den verheirateten Tristan mit seiner Ehefrau Isolde II an den Artushof. Doch überfällt Tristan dort die Sehnsucht nach seiner Geliebten, er reitet in den Wald und stößt auf einen toten Ritter, dessen Leichnam er bis zur Unkenntlichkeit zerschneidet. Der ihm folgende Kurvenal bringt die Leiche an den Artushof, dort hält man den Toten für Tristan. Dieser tritt als Mönch in ein Kloster ein, er »verdoppelt« sich (Becker 2009, S. 302). In der Mönchsrolle kann sich Tristan dann zwei Mal mit Isolde I treffen. Tristans Geliebte scheint allerdings in einigen Bezügen hinter der Ehefrau zurückzutreten, denn die Idealisierung der zweiten Isolde ist nicht zu übersehen. Deren Trauer um den vermeintlich toten Tristan wird eindringlich beschrieben, in der Forschung wurde sogar von mariologischen Bezügen gesprochen (vgl. Nanz 2010, S. 277). Als sich die Ehefrau auf die Reise zum Artushof begibt, ist sie ein Muster gesellschaftlicher Repräsentation (vgl. ebd. S. 274): Ihr mit Edelsteinen und Gold geschmückter Mantel zeigt den hohen Rang, er ist mit *zobelen* (TaM, V. 313) und Hermelinbesatz ein Herrschaftszeichen, ihr Kopfschmuck ist einer *koningin* (ebd. V. 331) würdig.

Die Fortsetzer Ulrich und Heinrich: Eine jeweils eigene Perspektive im Hinblick auf Tristans Dilemma mit den beiden Isolden entwickeln auch die Fortsetzer Gottfrieds, Ulrich von Türheim und Heinrich von Freiberg. Beide versuchen, die gesellschaftsgefährdende Passion in die feudale Lebenspraxis zurückzubinden (siehe Kap. 14)

Matthew Arnold (*Tristram and Iseult*): Die Problemkonstellation ›Tristan zwischen zwei Isolden‹ provozierte im 19. Jahrhundert einen romantisch harmonisierenden Entwurf. Matthew Arnold schrieb 1852 eine Schlussidylle: Die Rivalität der beiden Frauen ist darin aufgehoben, es gibt keine Segellüge. Iseult of Ireland (= Isolde I) kommt hier tatsächlich zu dem todkranken Tristram, der ihr aufträgt, seine Ehefrau (Iseult of Brittany = Isolde II) zu suchen, um ihr zu sagen, dass die Geliebte bis zum Tod bei ihm bleibe; seine Frau würde das dulden, denn diese sei *kind and good* (Arnold, S. 199). Das Schlusstableau zeigt Iseult of the Snow-White Hand (ebd. S. 182) mit ihren Kindern und Tristrams altem Hund: *Joy has not found her yet, nor ever will* (ebd. S. 205). Der Text wurde als »ein Mahnmal für die fatalen Folgen einer ›fool passion‹« (Schöning 1989, S. 160) gelesen.

Richard Wagner: Ganz auf eine zweite Isolde verzichtet die Oper von Richard Wagner, die auf eine romantische Liebe zwischen Tristan und Isolde gegen den Widerstand der Welt setzt und damit hinter der Komplexität Gottfrieds weit zurückbleibt. Denn Tristan erhält die tödliche Wunde bereits nach der Entdeckung im Baumgarten durch Markes Zwerg Melot und »kann damit das Ende, eben den Liebestod, romantisch oppositiv auf die lästige Gesellschaft beziehen. Er gibt dem Text [Gottfrieds] eine Orientiertheit zurück, die dieser immer wieder dekonstruiert« (Warning 2003, S. 203)

Fazit: Voraussetzung für Tristans Kennenlernen einer anderen Frau (Isolde Weißhand) ist die Trennung der Liebenden in Baumgarten II. Schönheit und Namensgleichheit bilden die Motivation für Tristans Hinwendung zu einer zweiten Isolde bei Gottfried und Thomas. Während Thomas vor allem den Gegensatz von sexuellem Vergnügen (*delit* = Isolde II) und wahrer Liebe (*amur* = Isolde I) herausstellt, arbeitet Gottfried die Phasen des Kennenlernens und Tristans rasch wechselnde Einstellung zu den beiden Isolden detailliert heraus. Bei Eilhart dagegen ist Isolde II lediglich ›dynastisches Tauschobjekt‹. Tristan heiratet die Weißhand bei Thomas und Eilhart – Gottfrieds Text bricht vorher ab. Bei Thomas provoziert der beim Abschied im Baumgarten übergebene Ring, Dingsymbol fortwährender Treue, die missglückte Hochzeitsnacht mit der Weißhand; auch bei Eilhart wird die Ehe mit Isolde II in der Brautnacht nicht vollzogen. Der unterlassene Beischlaf wird jeweils durch die Enthüllungsszene des ›kühnen Wassers‹ zu einem öffentlichen Ärgernis, das nur durch eine Rechtfertigung Tristans bereinigt werden kann: Bei Thomas punktet Tristan mit dem ›Schönheitsargument‹, dass also die Geliebte einen höheren Repräsentationswert habe als die Ehefrau, bei Eilhart mit dem ›Hundeargument‹, das meint hier das ›Für-Wert-halten‹ des Mannes durch die Frau. In beiden Fällen wird der Wahrheitserweis durch Augenschein im Rahmen eines Rückkehrabenteuers zur blonden Isolde geleistet.

10 ›memoria‹ und Wiedersehen um jeden Preis

Der Begriff ›memoria‹ »bezeichnet seit der Antike und auch im Mittelalter das menschliche (individuelle oder kollektive) Gedächtnis als Vermögen (*vis*) und die Fähigkeit zur (bewußten) Erinnerung« (Fritsch-Rößler 2003, S. 160). Unterschieden wird zwischen einem ›natürlichen‹ Gedächtnis (= ›*memoria naturalis*‹) und einer Kunst der Erinnerung (= ›*memoria artificiosa*‹; ebd. S. 160). Tristan und die blonde Isolde bilden eine »Memorialgemeinschaft« (ebd. S. 194): Die Minnegrotte zum Beispiel ist als Gedächtnisraum konzipiert, auch Isoldes Abschiedsrede im Baumgarten (siehe Kap. 9.1.1) erinnert mit Wort, Ring und Kuss die Liebesgemeinschaft mit Tristan. Auch außerhalb dieser Memorialgemeinschaft wird bei Gottfried das Erinnern mehrfach zum Thema: Der Text beginnt mit einem ›memoria‹-Topos (vgl. dazu allgemein Nellmann 2009), das folgenreichste Memorialzeichen ist der Ring, den Rual an Marke (siehe Kap. 3.2.4) übergibt (Übersicht über die ›memoria‹-Stationen bei Fritsch-Rößler 2003).

Im Folgenden werden die Episoden behandelt, die die Trennung der Liebenden fokussieren. Zwangsläufig muss nach Baumgarten II bzw. dem Kennenlernen von Isolde Weißhand auf Thomas und Eilhart zurückgegriffen werden, weil Gottfried vorher abbricht. Die Petitcreiu-Episode stammt noch von Gottfried, den Statuensaal kennt nur Thomas, die Rückkehrabenteuer übermitteln Thomas und Eilhart.

10.1 | Die Petitcreiu-Episode: Verzicht auf Leidlöschung

Das Zauberhündchen Petitcreiu (frz. ›petite créature‹ für ›kleines Geschöpf‹; altfrz. *Petit Creü*: Oxforder *Folie Tristan*, V. 761) ist für Tristan und die blonde Isolde »geradezu das Attribut ihrer gegenseitigen unaufhörlichen Verbundenheit im steten Erinnern und im anhaltenden Minneleiden« (Gnädinger 1971, S. 47). Die Petitcreiu-Episode ist situiert nach dem Gottesurteil (siehe Kap. 6.2.2.3): Obwohl auch Tristan durch den Ausgang des Ordals öffentlich rehabilitiert ist, begibt er sich nach *Swâles* (wohl Südwales, vgl. Haug 2011, S. 620 f.) zu Herzog Gilan. Dieser bemerkt, dass Tristan sich mit trüben Gedanken quält und befiehlt, das Zauberhündchen Petitcreiu zu bringen, das ihm *von einer gottinne / durch liebe und durch minne* (V. 15809 f.) geschickt wurde und *sînes herzen spil* (V. 15798) ist. Das Hündchen stammt *ûz Avalûn, der feinen lant* (V. 15808), aus dem Land der Feen also, sein Fell schimmert so verschiedenfarbig, *daz nieman rehte wiste, / von welher varwe ez waere* (V. 15820 f.). Über 30 Verse werden der Farb- und Glanzerscheinung des Zauberhündchens gewidmet, es wird zu einer »Sensation des Lichtes« (Gnädinger 1971, S. 34) stilisiert, ja der Erzähler sieht sich außerstande, des Hündchens *schoene und sîn art* (V. 15816) zu beschreiben. Diese fingierte Sprachnot exponiert das Wunderbare des Hündchens, das sich auch in seiner Bedürfnislosigkeit zeigt, denn es frisst und trinkt nicht. Fritsch-Rößler (2003) sieht darin eine »motivliche Vorwegnahme« (S. 187) des Speisewunders in der Minnegrotte (ähnlich Gnädinger 1971, S. 39). Petitcreiu trägt eine Kette mit einem Glöckchen, das eine wunderbare Eigenschaft hat: Es kann alle Sorgen und jede Trauer vergessen machen (V. 15845–15859).

Tristan will das Hündchen Isolde schenken; im Verzicht auf die eigene Leidlöschung erweist er sich erneut als *edelez herze*. Er besiegt den Riesen Urgan, der *hôchvertic und vermezzen* (V. 15920) von Gilan erpresserisch *zins* (V. 15925) fordert und verlangt als Lohn für den Sieg Petitcreiu. Gilan bietet Tristan stattdessen die Hand seiner Schwester und die Hälfte seines Besitzes (V. 16229–16231) – das demonstriert den unerhörten Wert des Zauberhündchens. Aufgrund seines voreilig gegebenen Wortes (Stichwort ›*rash boon*‹), dem Sieger über Urgan jede Forderung zu erfüllen, muss Gilan jedoch schließlich Tristan das Hündchen geben, der es durch einen Spielmann an Isolde sendet. Deren Reaktion weist sie ebenso als *edelez herze* aus, denn der eigentliche Zweck, ihren Liebesschmerz zu lindern, wird nicht eingelöst: Isolde bricht sofort das Glöckchen von der Kette ab, das daraufhin seine Wunderkraft verliert (V. 16388–16397).

Der Blick auf die altnordische Prosaversion (die Thomas-Fragmente setzen – mit Ausnahme von Carlisle – erst mit Baumgarten II ein) macht Gottfrieds Intention an dieser Stelle noch deutlicher: Denn die *Tristrams Saga* kennt dieses Abreißen des Glöckchens gar nicht, Isolde freut sich über den Hund, der aber nicht lange am Hof bleibt, sondern für die Jagd auf Wildschweine und Rotwild eingesetzt wird (*Saga*, Kap. 63). Bei Gottfried dagegen will Isolde bewusst nicht glücklich sein: *diu getriuwe staete senedaerîn, / diu haete ir vröude unde ir leben / sene unde Tristande ergeben* (V. 16400–16402). Isolde lässt *ein wunneclîchez hûselîn* (V. 16341) *von gesmîde und von golde* (V. 16339) für Petitcreiu fertigen, der stets mitgeführt wird (V. 16344–16351). Dies zielt auf eine Leidbejahung, ja sogar Leidvermehrung, denn das Hündchen erinnert Isolde fortwährend an Tristan: *si tete ez [...] / ze niuwenne ir senede leit* (V. 16353 f.).

Die Petitcreiu-Episode versteht Philipowski (1998) als »Symbol der Uneigennützigkeit und Selbstentäußerung« (S. 29), Schröder (1973) sprach von der »Unbedingtheit ihrer [Isoldes] leidbejahenden Liebe« (S. 35). Weder Tristan noch Isolde wollen die leidstillende Zauberwirkung für sich in Anspruch nehmen, das Glöckchen, Instrument der ›*memoria*‹-Löschung, wird sogar zerstört. Petitcreiu, der »ein Oblivions-Mittel hätte sein können, wird zum das Gedächtnis stützenden Mittel, zum Memorial-Zeichen« (Fritsch-Rößler 2003, S. 180).

10.2 | Der Statuensaal bei Thomas: Isolde als duftendes Bildwerk

Isolde II als Memorialzeichen: Isolde II ist Memorialzeichen (vgl. Wenzel 1991, S. 70; Kolerus 2006, S. 268–276). Denn die Weißhand hat aufgrund ihres Namens und ihrer Schönheit Verweisfunktion auf Isolde I, beide Frauen sind in Tristans Wahrnehmung als ›Original‹ und ›Nachbildung‹ überlagert (siehe Kap. 9.1.2). Tristan blendet jedoch allmählich die ursprüngliche ›Surrogatfunktion‹ von Isolde II so massiv aus, dass er sie schließlich im Sinne einer »Fehlschaltung« (Kolerus 2006, S. 270) heiratet. Das funktioniert jedoch nur bis zur Hochzeitsnacht. Denn hier wird Isolde II von einem anderen Minne-Erinnerungszeichen dominiert, dem Ring nämlich, den Isolde I Tristan beim Abschied im Baumgarten (siehe Kap. 9.1.1) als Treuepfand übergab. Damit tritt wieder das ›Original‹ (Isolde I) in den Vordergrund, der Beischlaf mit dem ›Surrogat‹ (Isolde II) missglückt.

Isolde I als Statue: Tristans Minnebeziehung zu Isolde I wird im Folgenden erneut durch ein Surrogat simuliert, doch dieses Mal ist es ein »umfassendes architektonisch-künstlerisches Surrogat« (Kolerus 2006, S. 270 f.). Man erfährt davon durch die altnordische *Tristrams Saga* (Kap. 80 f.) sowie durch das erste Turiner Thomas-Fragment (V. 941–1196). Die *Saga* leitet die Geschichte um den Statuensaal wie folgt ein: Tristan reitet nach der missglückten Hochzeitsnacht mit seinem Schwiegervater und seinem Schwager Kaedin sowie den mächtigsten Lehnsmännern auf die Jagd, man kommt an die Landesgrenze, an der der streitbare Riese Moldagog wohnt. Tristans Schwiegervater erinnert an die eidliche Abmachung mit dem Riesen, den Grenzfluss nicht zu überschreiten (*Saga*, Kap. 73), weil sonst großes Unglück entstünde. Obwohl Tristan zusichert, nicht in des Riesen Land zu wollen, begibt er sich eines Tages dennoch zu jener Grenze (*Saga*, Kap. 75), schickt aber seine Gefährten weg und sprengt mit seinem Pferd über den Grenzfluss. Der Riese erscheint, Tristan kann ihn besiegen, jener unterwirft sich; beide schließen einen Vertrag, wonach der Riese alles tun soll, was Tristan verlangt (*Saga*, Kap. 77).

Tristan trifft im tiefsten Wald auf ein Felsengewölbe (*Saga*, Kap. 78), das einst von einem Riesen erbaut wurde, der mit Artus kämpfte; das Gewölbe repräsentiert also die Verkoppelung von mythischer Vorzeit und höfischer Zeit (vgl. Kolerus 2006, S. 271). Es besteht aus einem kreisrunden Felsen, der innen gewölbt ist, ein Steinbogen steht inmitten, geschmückt mit künstlich gebildetem Laub, Vögeln, Tieren und exotischem Zierrat. Der Zutritt zum Gewölbe ist an die Gezeiten gebunden: Natur, nicht Kultur wie im Fall des komplizierten Türmechanismus' der kunstvollen Minnegrotte Gottfrieds, regelt also den Zugang.

Tristan nutzt diese Höhle mit Hilfe des dienstbaren Riesen zum Ausbau eines Memorialraums: Er lässt in der Höhle lebensecht wirkende Statuen von Isolde I, Brangäne und den Neidern der Minne errichten. Dieses Arrangement von Tristans eigener Minnegeschichte, die hier als Triumph der Minne über die Widersacher stilisiert ist (vgl. ebd. S. 272), wird wie folgt beschrieben:

In der rechten Hand hielt sie [Isolde I bzw. Isönd] ihren Ring, und darauf waren die Worte geschrieben, die Königin Isönd bei ihrem Abschied gesprochen hatte: »Tristram«, hatte sie gesagt, »nimm diesen Ring zur Erinnerung an unsere Liebe und vergiß nicht unseren Kummer, Mühsal und Elend, die du um meinet- und deinetwillen erduldet hast!« Unter ihren Füßen befand sich ein aus Kupfer gegossenes Fußgestell in der Gestalt jenes bösen Zwerges, der sie vor dem König verleumdet und geschmäht hatte. Die Figur stand auf seiner Brust, ganz so, als träte sie ihn unter ihre Füße und er auf dem Rücken unter ihren Füßen läge, ganz so, als weinte er. Neben der Figur lag ein kleines Spielwerk aus gebranntem Gold, ihr Hund, der den Kopf schüttelte und mit seiner Schelle klingelte, gefertigt mit großer Geschicklichkeit; aber auf der anderen Seite des Zwerges stand eine kleine Figur, nach Bringvet [= Brangäne], der Zofe der Königin gebildet. Sie war entsprechend ihrer Schönheit wohl geschaffen und mit den besten Kleidern geschmückt und hielt ein Gefäß mit Deckel in der Hand, das sie Königin Isönd mit freundlicher Miene darbot. Um das Gefäß herum waren die Worte eingeschrieben, die sie gesprochen hatte: »Königin Isönd, nimm diesen Trank, der in Irland für König Markis gemacht wurde!« Auf der anderen Seite des Gemaches, dort, wo man hineingeht, hatte er [Tristan] eine große Figur in Gestalt des Riesen verfertigt so, als stünde er selbst einbeinig da und schwinge seinen Eisenstab mit beiden Händen über die Schulter, um die andere Figur zu beschützen [...]. Auf der anderen Seite der Tür stand ein großer Löwe, aus Kupfer gegossen und so geschickt gefertigt, daß keiner, der ihn sah, glaubte, er sei nicht lebendig. Er stand auf vier Füßen und schlug seinen Schwanz um eine Figur, die nach jenem Ratgeber gemacht war, der Tristram vor König Markis verleumdet und geschmäht hatte.

(Im Statuensaal: Isolde, Brangäne, die Verräter und das Hündchen als lebensechte Bildwerke; *Saga,* **Kap. 80, Übersetzung Uecker 2008, S. 105)**

Bild, Figur und Schrift gelten im Mittelalter als »Denkmäler lebendiger Erinnerung« (Wenzel 1991, S. 61). Der Statuensaal wird so zum »Gedächtnisraum für die Geschichte einer einmaligen Liebe« (ebd. S 69). Die Beischrift auf dem Ring und um das Minnetrankgefäß, das Brangäne Isolde reicht, ist im Präsens formuliert: Zeitlich auseinanderliegende Ereignisse werden so als eine einzige Zeitebene präsentiert, die

10.2 Der Statuensaal bei Thomas: Isolde als duftendes Bildwerk

künstlerische Simulation erschafft eine alternative gewünschte Realität (vgl. Kolerus 2006, S. 274; ähnlich Wenzel 1991, S. 68). Denn die Minne tritt in diesem Arrangement als Siegerin hervor: Der verräterische Zwerg liegt unter den Füßen Isoldes, Marke kommt gar nicht vor, die Widersacher sind besiegt, und Tristan ist in diesem Gedächtnisraum nicht von Isolde getrennt. Vielmehr wird eine ungestörte Minnegemeinschaft mit Isolde simuliert, denn die Isolde-Statue ist als vollkommen lebensecht gestaltet, sie verströmt sogar lieblichen Geruch:

> [...] aus dem Mund strömte ein so guter Duft, daß das ganze Haus davon erfüllt wurde, als ob die teuersten Kräuter jeder Art dort drinnen seien. Aber dieser gute Duft kam durch den Kunstgriff aus der Figur, daß Tristram unterhalb der Brustwarze in der Gegend des Herzens ein Loch an der Brust angebracht und dort eine Büchse voll der süßesten, goldvermischten Kräuter, die es in der ganzen Welt gab, hineingesetzt hatte (*Saga*, Kap. 80, Übersetzung Uecker 2008, S. 104).

Der Statuensaal dient dazu, Affekte auszuagieren (vgl. Kolerus 2006, S. 275). Denn Tristan küsst die Statue, spricht Liebesworte, ja ist sogar zornig, wenn er glaubt, dass die Statuen-Isolde einen anderen liebt. Tristans »Gedächtnisdienst ist Liebesdienst und als solcher eine Form der Devotion, die antike Götterverehrung und christlichen Gottesdienst in eine Apotheose der irdischen Liebe transformiert« (Wenzel 1991, S. 70):

E les deliz des granz amors	Und an die Wonnen der großen Liebe
E lor travaus et lor dolors	und an ihre Mühsal und ihre Schmerzen
E lor paignes et lor ahans	und an ihre Leiden und ihre Qualen
Recorde a l'himage Tristrans.	erinnert Tristran das **Bildnis**.
Molt la baise quant est haitez,	**Häufig küßt er es, wenn er glücklich ist.**
Corrusce soi, quant est irez,	**Er wird zornig auf es,** wenn er,
Que par penser ou que par songes,	teils aufgrund von Gedanken oder aufgrund von Träumen,
Que par craire en son cuer mençonges,	teils, weil er in seinem Herzen Lügen glaubt, erbittert ist darüber,
Qu'ele mette lui en obli	daß sie ihn der Vergessenheit anheimfallen lassen könnte,
Ou qu'ele ait acun autre ami;	oder daß sie einen anderen Freund haben könnte,
Qu'el ne se pusse consiurrer	dass sie sich dem nicht entziehen könnte,
Que li n'estoce un autre amer,	einen anderen lieben zu müssen,
Que mieuz a sa volunté ait.	den sie besser nach ihrem Willen [zur Verfügung] hätte.
*Hicest **penser errer** le fait.*	Dieser Gedanke bringt ihn dazu, daß er sich **verwirrt**.

(Im Statuensaal: Tristan umarmt und küsst die Statue von Isolde; Thomas: Fragment Turin, V. 941–954)

Tristan ist sich über die Surrogatfunktion der Statue nicht mehr im Klaren (vgl. Kolerus 2006, S. 276). Die Täuschung ist nicht nur durch die lebensechten Figuren und den Geruch der künstlichen Isolde perfektioniert, hinzu treten Geräusche und raffinierte Bewegungsmechanismen: Die Statue hält ein Zepter, auf dem ein Vogel mit den Flügeln schlägt, als ob er lebendig wäre. Dieser Maschinenvogel ist nichts Singuläres, es gibt seit der Antike Automaten, die zum Beispiel singende Vögel vorstellen oder einen Sternenhimmel imaginieren lassen; die Mechanik arbeitet mit Wasser- und Luftdruck, der Hauptzweck ist jeweils die Illusion einer »zweiten Wirklichkeit« (Hammerstein 1986, S. 13).

Der Statuensaal ist also eine Kombination von ›*memoria*‹ und Wunschvorstellung. Tristan ist offenbar nicht mehr in der Lage, zwischen Memorialbild und Wirklichkeit zu unterscheiden. Nach Konetzke (2002, S. 134–136) verfällt Tristan der ›*melancholia*‹, sein Denk- und Erinnerungsprozess seien beeinträchtigt, die Liebe zu Isolde I als wesentlicher Bestandteil seiner Identität provoziere seinen Realitätsverlust. Er »hat die lebende Isolt Weißhand, die er nicht begehren will noch kann, und die Statue, die nicht lebt und nur Reflex seiner eigenen Stimmungen ist. Beide sind Substitute für die wirkliche Isolt, eine eigentliche Vergegenwärtigung ist nicht möglich. Tristan sitzt in der doppelten Falle: Er leidet an dem, was er hat, und noch mehr daran, was ihm fehlt« (Mertens 1995, S. 45).

Statuensaal und Minnegrotte: Der Statuensaal ist in einigen Bezügen der Minnegrotte ähnlich (vgl. ebd. S. 41). Gottfrieds Minnegrotte hat einen mythischen Ursprung, sie wurde von Riesen vor der Ankunft der Trojaner in Britannien erbaut und damit vor der Artussage. In der Gründungsgeschichte des Statuensaals spielen ebenfalls ein Riese und Artus eine Rolle, mythische und höfische Zeit sind verkoppelt. Wie der Statuensaal im Dienst der Liebe zu Isolde I steht, so dient auch die Minnegrotte der Liebe von Tristan und Isolde I. Beide Lokalitäten sind zudem nach außen hin abgeschlossen, der Zutritt ist über Ausschlusskriterien geregelt (der Vergleich mit Foucaults ›Heterotopien‹ liegt nahe; vgl. Foucault 2008). Die Unterschiede sind jedoch nicht zu übersehen: In der Minnegrotte führt Tristan mit der lebenden Isolde I ein *wunschleben*, im Statuensaal küsst er nur ein Surrogat, eine Statue. Während in der Minnegrotte die wahre Liebe gefeiert wird, die ins Paradiesische entrückt ist, ist der Statuensaal der Ort unrechten Begehrens: Bereits dessen Erbauer, der Riese, gab sich einst unrechter Minne hin, als er eine Herzogstochter raubte und diese beim Liebesakt erdrückte (*Saga*, Kap. 78), ebenso ist Tristans Statuen-Liebe zwangsläufig einseitig und grotesk.

Auflösung der Täuschung: Tristan kann nur mehr durch die Hilfe von außen von seinem Wirklichkeitsverlust geheilt werden, Realität und Imagination verschwimmen. Seine ›*memoria*‹ ist identitätsgefährdend, sie hält ihn davon ab, nach der lebenden Isolde I zu suchen (vgl. Kolerus 2006, S. 276 f.). Nur durch einen Anstoß aus der ›wirklichen‹ Welt kann es Tristan gelingen, die verwirrende Simulation des Statuensaals zu verlassen, die Verwechslung von Original und Surrogat aufzuheben. Tristans Ausblendung, dass die Statuen nur Substitute sind, muss berichtigt werden (ebd. S. 278). Der Anlass hierzu ist die Episode mit dem ›kühnen Wasser‹, genauer: die Rechtfertigung des unterlassenen Ehevollzugs durch Einlösung des ›Schönheitsarguments‹ (siehe Kap. 9.2.3). Im Rahmen des Wahrheitserweises besucht Tristans Schwager Kaedin den Statuensaal, doch auch er verfällt zunächst der Täuschung und wird sich dieser erst bewusst, als er versucht, Brangäne das Gefäß mit dem Minnetrank aus der Hand zu nehmen (*Saga*, Kap. 86). Kaedin will die lebenden Vorbilder der Statuen sehen; beide, Tristan und Kaedin, brechen daraufhin nach Cornwall zu Isolde I auf.

10.3 | Tristans Rückkehrabenteuer oder die ›Destruktion des Heros‹

Rückkehr bedeutet hier die zeitweilige heimliche Rückkehr Tristans zu Isolde I in unterschiedlicher Verkleidung im Sinne einer ›nichtidentischen Wiederholung‹ (vgl. Schulz 2015, S. 344). Wiederkehrabenteuer werden bei Thomas und Eilhart erzählt; bei Eilhart sind es fünf Rückkehrepisoden, bei Thomas zwei bzw. drei. Doch gibt es nach Haug (2011 mit Verweis auf Schoepperle Loomis) eine »Vielzahl von Überlieferungen, die davon handeln, in welchen Verkleidungen Tristran nach seiner Flucht von Markes Hof die Geliebte immer wieder aufsuchte« (S. 790).

Rückkehrabenteuer bei Thomas: Die Rückkehrabenteuer sind nur zum Teil in einem Thomas-Fragment (Fragment Douce) überliefert, der Rest muss mit der *Saga* gelesen werden. Auslöser für die Rückkehr zu Isolde I sind die Ereignisse im Statuensaal: Kaedin ist von der Schönheit der Statuen Isoldes und Brangänes überwältigt und will deren lebende Vorbilder sehen, auch weil er sich einen Vorteil aus der Begegnung mit der schönen Brangäne erhofft (*Saga*, Kap. 86; siehe auch Kap. 9.2.3). Tristan und Kaedin verkleiden sich als Pilger und sehen Isolde und Brangäne in einem Jagdzug (*Saga*, Kap. 87). Es kommt zu einem Liebestreffen zwischen Isolde I und Tristan, danach jedoch zu einem Zerwürfnis der Liebenden aufgrund einer Verwechslung Tristans und Kaedins mit fliehenden Knappen (*Saga*, Kap. 88 f.), die Tristans und Kaedins *êre* in Frage stellt. Isolde verflucht Tristan ob der angeblichen Ehrverletzung, dieser aber verkleidet sich als Aussätziger, um an den Hof zu kommen: Kräuter lassen sein Gesicht aufschwellen, seine Hände und Füße sind verfärbt (*Saga*, Kap. 90). Doch Brangäne erkennt Tristan dennoch und lässt ihn verjagen (ebd. Kap. 91). Tristan vegetiert aus Liebeskummer halbtot unter der Treppe in einem verfallenen Palas des Hofes dahin (Thomas: Fragment Douce, V. 1773–1906). Schließlich kommt es zu einer Versöhnung mit Brangäne und zu einem erneuten Liebestreffen von Tristan und Isolde I (ebd. V. 1980–1995).

Die Motivation für die zweite Rückkehr lässt an Gottfrieds Konzept der *edelen herzen* denken: Isolde will die Liebesleiden Tristans mitfühlen und trägt deshalb Tag und Nacht einen Lederpanzer auf ihrer bloßen zarten Haut. Das »macht sie nicht zu einer veritablen Büßerin, sondern zu einer Gefährtin des Geliebten im Minneleid« (Warning 2003, S. 209). Tristan erfährt von diesem Akt leidensbereiter ›*memoria*‹ (vgl. Mader 2013, S. 303) und macht sich zusammen mit Kaedin, beide als Büßer verkleidet und verfärbt im Gesicht, zu Markes Hof auf; dort können sie vertraulich mit den Damen sprechen (Thomas: Fragment Douce, V. 2057–2066). Beide erweisen sich als überlegen in einem königlichen Turnier anlässlich eines Hoftages bei Marke; sie töten dabei jedoch zwei Barone und müssen deshalb zurück in die Heimat fliehen (ebd. V. 2095).

Die Rückkehrabenteuer bei Eilhart: Es gibt fünf Wiederkehrepisoden bei Eilhart. In der ersten ereignet sich das ›Wolfeisen-Abenteuer‹ inmitten der Artusritter (siehe Kap. 12.2); im Folgenden werden die Rückkehrabenteuer 2 bis 4 nur knapp inhaltlich referiert, dagegen das fünfte Wiedersehen ausführlicher thematisiert, weil es am deutlichsten die ›Destruktion des Heros‹ zeigt.

Auslöser für die zweite Rückkehr ist die Episode des ›kühnen Wassers‹ (Eilhart, V. 6370–6405). Tristrant und Kaedin sehen wie bei Thomas den Jagdzug, das Hundeargument wird eingelöst (siehe Kap. 9.3.2); es kommt zu einer Liebesnacht von Tristrant und Isalde (Eilhart, V. 6933). Die zweite Rückkehr kennt ähnlich wie bei Thomas die Aussätzigen-Verkleidung Tristrants. Allerdings ist es bei Eilhart Isalde selbst, die Tristrant aufgrund seines angeblichen Ehrverlusts im Rahmen der Knappen-Verwechslungsgeschichte wegjagt (ebd. V. 7261), schließlich lässt sie ihn sogar schlagen und lacht über ihn (ebd. V. 7262–7271). Aus Rache darüber, *durch den zorn* (ebd. V. 7299), vollzieht Tristrant daraufhin den Beischlaf mit seiner Ehefrau (bei Thomas dagegen bleibt Isolde II bis zum Ende unberührt). Nach dem Verjagen und den Schlägen fordert Kurvenal Tristrant wegen dieser *êre*-Verletzung auf, Isalde ein Jahr lang fernzubleiben, andernfalls würde er ihm den Dienst aufkündigen (ebd. V. 7286–7289), denn Kurvenal ist als sein Gefolgsmann von der Schande Tristrants mitbetroffen. Tristrant stimmt der Forderung sofort zu (*daß gelopt im der held san / in triuwen in sin hand*; ebd. V. 7294 f.), Isalde verliert *mit recht* (ebd. V. 7331) Tristans *huld* (ebd. V. 7332): »Liebe ist der Ehre nachgeordnet, die Bindung an die Frau ist wie die zwischen Männern gefaßt, und sie wirkt auf die Beziehungen zwischen den Männern zurück« (Müller 1990, S. 29).

Das dritte Rückkehrabenteuer ist durch die Reue Isaldes motiviert. Als Buße für das

Verlachen trägt sie ein Hemd aus Pferdehaaren auf bloßer Haut – hier scheint eine Parallele zu Isoldes Lederpanzer bei Thomas durch. Die Königin schickt ihren Knappen zu Tristrant, um ihn um Verzeihung zu bitten. Die blonde Isalde »appelliert nicht an Tristrants Liebe, sondern an seine Verantwortung für ihr Leben, das durch den Entzug der *hulde* bedroht sei – wie das des *man* durch den Gnadenentzug des Herrn« (ebd. S. 29). Tristrant lässt sich lange bitten, bis er Isalde wieder *hold sin* (Eilhart, V. 7541) will, und erst nach der Jahresfrist – »nicht einmal jetzt setzt die neuerliche *hulde* das ältere Versprechen gegenüber dem Vasallen außer Kraft« (Müller 1990, S. 30) – machen sich Tristrant und Kurvenal in Pilgerverkleidung auf nach Cornwall. Es kommt zu einem Treffen mit Isalde und zur Liebesvereinigung (Eilhart, V. 7773–7819). Ab der vierten Rückkehr bildet wirklich der Wiedersehenswunsch die Motivation: Tristrants Vater stirbt (bei Eilhart lebt der Vater noch, denn eine ausgefeilte Elternvorgeschichte und damit der Tod Riwalins zu Beginn fehlen hier) und Tristrant will Isalde sehen, bevor er Einzug in sein Erbland hält (ebd. V. 8339–8350). Tristrant und Kurvenal machen sich als *varend knaben* (ebd. V. 8431) zu Isalde auf, es gibt ein Wiedersehen mit ihr im Baumgarten (ebd. V. 8454–8457). Doch Tristrant wird dabei von dem Neider Antret, einem Neffen Marcks, entdeckt; der König lässt alle Wege sperren und nach Tristrant suchen, der nur dank einer List Isaldes entkommen kann (ebd. V. 8443).

Tristrant als Narr: Bereits die Vorgeschichte des fünften Wiedersehens deutet die Destruktion des Helden an. Denn Tristrant wird in einem Kampf gegen einen Feind Kaedins durch einen Steinwurf schwer verletzt (ebd. V. 8826–8829) und ist durch die lebensgefährliche Verwundung entstellt. Ihm wird das Haar abgeschnitten, er büßt seine Schönheit ein und sieht nun ganz anders aus, über ein Jahr kann er nicht reiten oder gehen (ebd. V. 8856–8861). Das »abgeschorene Haar kann als die sichtbarste Erscheinung der verlorenen ritterlichen Kraft gelten« (Masse 2009, S. 18). Doch erleichtert genau diese Zerstörung der äußeren Idealität das Wiedersehen mit Isalde, und so rät denn auch *sineß schwester sune* (Eilhart, V. 8864), dem Tristrant sein Liebessehnen klagt, das entstellte Äußere zu diesem Zweck zu nutzen: Er bräuchte sich lediglich einen Rock mit Kapuze anzuziehen und sich als Narr zu gebärden, um nicht erkannt zu werden (ebd. V. 8914 f.).

Tristrant zieht los und trägt eine ungeheuer große Keule, Symbol für die »unzivilisierte Form der vom Narren verkörperten Gewalt« (Masse 2009, S. 17). Er erreicht mit einem Kaufmannsschiff den Hof Marcks, auf dem Schiff noch erhält er einen Käse, den er in seiner Kapuze verbirgt, um ihn Isalde zu bringen. Die Schiffsmannschaft übergibt Marck den vermeintlichen Narren, der *äffenlich getàn* (Eilhart, V. 8968) ist. Am Hof zieht man Tristrant an den Ohren und treibt *manig spil* (ebd. V. 8973) mit ihm. Keulenschwingend geht dieser geradewegs zu Isalde und verlangt, dass diese ihn küsse, doch sie weigert sich, weil sie den Geliebten nicht erkennt. Tristrant aber betrachtet sie so liebevoll, dass Marck ihn deswegen rügt, worauf Tristrant verkündet, dass Isalde ihn liebe. Der vorgebliche Narr spricht die Wahrheit aus, die ihm keiner glaubt: Er sei Narr (*tore*) um der Liebe willen:

[Tristrant:]
»[...] ich hab bestàn
dorch sie [Isolde] manig arbait
und mir ist lieb und layd
durch sie gar dick geschehen.
sol ich dir der warhait jehen?
so ward ich durch sie tore.
man züht mir min oren:

daß lÿd ich durch iren willen
über lut und stillen.
sü liebt mir in rechter lieb geschicht.
wie sü eß wil gelouben nicht,
ich gan öch niemen gütteß bass.«
für sie er uff die erd sass
und **sach ir under ir ougen**
über lut und nicht tögen.

(Tristrant als Narr: Liebesgeständnis in aller Öffentlichkeit; Eilhart, V. 9033–9047)

»Paradoxerweise bewirken hier der soziale Abstieg des Heros und sein Außenseitertum, daß er die Autorität des Königs in Frage stellen kann«; der »Narr, das Objekt der Hofgesellschaft, behauptet sich als Subjekt, während der König zum Narren gehalten wird« (Masse 2009, S. 22 f.). Als Tristrant den alten Käse, den er sieben Tage und Nächte in seiner Kapuze hatte, diese »ekelhafte Narrenspeise« (Müller 1990, S. 33), hervorzieht und verkündet, *daß clainot* (Eilhart, V. 9079) fern über das Meer für die Königin mitgebracht zu haben – eine Parodie des »höfischen Austausch[s] kostbarer Geschenke« (Müller 1990, S. 33) – sind selbst *die wÿsen* (Eilhart, V. 9053) überzeugt, dass er ein ausgewachsener Narr ist, und lachen. Tristrant bittet Isalde, den Käse mit ihm zu verzehren; als diese sich weigert, steckt Tristrant ihr kurzerhand den stinkenden Käse in den Mund – eine »Parodie des Minnedienstes« sowie »Kussersatz« (Masse 2009, S. 24). Isalde ist empört und gibt ihm eine schallende Ohrfeige (Eilhart, V. 9108).

Der vorgebliche Narr spricht daraufhin zu Isalde von Tristrant, zeigt ihr den Abschiedsring und gibt sich schließlich als ihr Geliebter zu erkennen. Isalde befiehlt nun, man solle auf den Narren alle Sorgfalt verwenden und ihm unter der Treppe zu ihrer Kemenate ein bequemes Lager bereiten (ebd. V. 9127–9133). Tristrant treibt tagsüber allerlei Narrenpossen, des Nachts kommt er zu Isalde. Nach drei Wochen entdecken zwei Kämmerer den Narren in den Armen Isaldes. Man lauert Tristrant auf, doch dieser schwingt drohend seine Keule, geht zu Isalde, küsst sie und bittet sie um Folgendes: Wenn ein Bote ihr *daß fingerlin* (ebd. V. 9190) bringe, so solle sie in aller Heimlichkeit alles tun, worum Tristrant sie bitte. Dieser Ring wird später das Erkennungszeichen für Isalde sein, die der sterbende Geliebte zu seiner Rettung (die allerdings fehlschlägt) rufen lässt (siehe Kap. 11.1.1). Tristrant entkommt.

Die ›Destruktion des Heros‹: Tristrant greift im Zuge der Rückkehrabenteuer zu »ständisch degradierenden Verkleidungen« (Müller 1990, S. 30), er ist Aussätziger, Pilger, schließlich sogar Narr. »Der Narr als Gewalttäter und Opfer von Gewalt, häßlich, impertinent und scheinbar nicht bei Sinnen, ist radikales Gegenbild zum strahlenden Helden, den Ysalde durch den Trank erkannt hatte« (ebd. S. 32). Becker (2009) sieht dabei jedoch Tristrants Identität, deren Zentrum Liebe und Heldentum sei, nicht gefährdet: »Tristrant bleibt sogar dann noch Tristrant, als sein Leib vollkommen verwandelt worden ist« (S. 287 f.). Die Rückkehrabenteuer bei Eilhart sind zum größten Teil schwankhafte Episoden, die am Ende zeigen, was die passionierte Liebe aus einem Heros macht, einen Narren nämlich. Müller (1990) spricht pointiert von der »Destruktion des Heros« (S. 19), die »Dissoziation von Liebe und Ehre« (S. 31) wird in den Wiederkehrabenteuern verschärft vor Augen geführt. Es gibt jedoch keine moralisch eindeutige Wertung.

Eilhart erzählt »vor dem Horizont einer laikalen Kriegergesellschaft eine befremdliche Geschichte, in die die Liebe als das ›ganz Andere‹ einbricht« (ebd. S. 36) und dort verbindliche Wertvorstellungen kappt: Tristrant hintergeht Marck, seinen Onkel und König, und er hintergeht seine Ehefrau; Isalde hintergeht ebenfalls Marck, ihren Ehemann, und gibt sich dem abstoßenden Narren hin. In dieser letzten Episode verhält sich Tristrant »am transgressivsten, am tricksterhaftesten« (Schulz 2003, S. 535). Das Liebespaar ist zunehmend isoliert (vgl. zum Folgenden Müller 1990, S. 34 f.), denn Tristrant macht als Narr die Reise zu Isolde das erste Mal allein, gegen Ende wird Kaedin sterben und auch in Isaldes Umgebung gibt es keine vertrauten Namen mehr, der Tod Brangänes wird bereits innerhalb des ersten Rückkehrabenteuers berichtet (Eilhart, V. 7777 f.). Die immer schärfere Isolation bedeutet jedoch Nähe für die Liebenden, denn Tristrant ist Nacht um Nacht bei Isalde. Am Ende wird der Liebestod die Tilgung aller sozialen Bindungen beschließen, wenn die blonde Geliebte die Ehefrau vom Totenbett wegschickt (siehe Kap. 11.1.2).

Die Bedeutung des Erzählten wird verkannt – und hier ist Müller (1990) unbedingt zuzustimmen –, wenn man die schwankhaften Episoden lediglich »als Relikt einer rohen, ›spielmännischen‹ Erzählkunst« auffasst: »Die Schläge für den ›Aussätzigen‹, die degradierenden Verkleidungen, die Entstellung zum Narren, die brutalen Späße, das ekelhafte Liebesmahl spiegeln in der Verkehrung die Größe des Opfers« (S. 36). Die Passion macht aus dem Helden einen Narren, der am Ende im Bett hilflos dahinsiechen wird, wartend auf die Geliebte, die nicht kommt und zu Tode gebracht durch die eigene Ehefrau (siehe Kap. 11.1.2). Selbst der Artushof ist in diesen Destruktionsprozess einbezogen: In der Wolfeisen-Episode des ersten Rückkehrabenteuers macht sich der komplette Artushof zum Helfer des Ehebrechers Tristrants (siehe Kap. 12.2). Nach Strohschneider (1993) hat Eilharts Text »nicht die Liebe selbst im Blick, sondern, von den Imperativen feudaler Herrschaft her, deren Funktionszusammenhänge« (S. 60); es gehe um »die Frage nach den Möglichkeiten feudaler Herrschaft, mit diesem ganz Anderen, mit der Liebe fertig zu werden« (ebd.).

Fazit: Tristan und Isolde bilden eine Memorialgemeinschaft. Die Petitcreiu-Episode zeigt beide als *edele herzen*, weil Tristan und Isolde die durch das Zauberhündchen mögliche ›memoria‹-Löschung als Leidtilgung nicht annehmen. Der Statuensaal bei Thomas bzw. in der *Saga* – Gottfried bricht zuvor ab – ist ein Gedächtnisraum für die exzeptionelle Liebe. Diese Memorialstation ist für Tristan jedoch sinnverwirrend, weil er die Surrogatfunktion der künstlichen Isolden-Statue ausblendet. Die Rückkehrabenteuer bei Thomas und Eilhart, die Tristants heimliches Wiedersehen mit Isolde I beschreiben, zeigen ihn als Pilger, Aussätzigen und Narren (letzteres nur bei Eilhart). Die Narren-Episode, in der Tristrant radikales Gegenbild eines strahlenden Helden ist, veranschaulicht die ›Destruktion des Heros‹ als Konsequenz der Passion innerhalb einer vorhöfischen Kriegergesellschaft.

11 Segellüge und Liebestod

11.1 | Eilhart: Versuch einer Harmonisierung am Schluss

11.1.1 | Voraussetzung: Kaedin als ›Tristanimitator‹ und Tristans Giftwunde

Nach dem letzten Rückkehrabenteuer (Narren-Episode) verhilft Tristrant seinem Schwager Kaedin zu einem Liebesabenteuer mit Gariole, der Frau des Königs Nampetenis. Als es mit dem eifersüchtigen und vor Wut rasenden Nampetenis zum Kampf kommt, wird Tristrant von *zwain vergifften spiessen* (Eilhart, V. 9424) verwundet, Kaedin wird erschlagen (ebd. V. 9413). Die Giftwunde weist an den Anfang zurück, auf Tristrants vergiftete Wunde im Moroldkampf, denn wie diese kann auch die Todeswunde jetzt am Ende nicht von einem Arzt geheilt werden: *er waß gewunt also, / daß in niemen haÿlen mocht, / so daß eß im tögt, / wann Ysald, kung Marcken wib, / dü im ouch da vor sin lib / von vergifft ernert* (ebd. V. 9458–9463). Die Heilung der Nampetenis-Wunde soll durch die blonde Isolde erfolgen: Das ist zumindest bei Eilhart mit der Vorgeschichte kompatibel, weil hier die Moroldwunde eben nicht durch die zauberkundige Königin geheilt wurde (das ist der Fall bei Gottfried), sondern durch ein heilkräftiges Wundpflaster der Tochter Isalde. Diese Alternative einer Restitution Tristrants durch die Geliebte wird jedoch jetzt am Ende abgewiesen, und zwar durch die Segellüge der Ehefrau (Isalde II).

Es bedarf also eines fremden Liebesabenteuers, damit der Ehebrecher Tristrant zu Tode kommt, denn in seiner eigenen Geschichte verbotener Minne bleibt er ungeschoren. Erst im Rahmen eines fremden Ehebruchs wird Tristrant zum Opfer, obwohl er hier nur der Helfer eines Ehebrechers und also nicht unmittelbar betroffen ist. Der Ehebrecher, der die soziale Ordnung stört, wird dieses Mal sozusagen ›ordnungsgemäß‹ mit dem Tode bestraft: Nampetenis »tut, indem er den Liebhaber seiner Frau stellt und tötet, genau das, worauf Marke am Ende der Waldleben-Episode verzichtet: Er rächt den Verlust seiner Ehre. D. h. der Schluß, der nach der Logik der Handlung im ersten Teil zu erwarten gewesen wäre, wird hier in eine Nebenhandlung projiziert als möglicher Ausgang eines solchen Liebes- und Ehedramas« (Bonath 1983, S. 43 f.).

Die Voraussetzungen der Segellüge sind folgende: Der todkranke Tristrant bittet seinen *wirt* (Eilhart, V. 9465, gemeint ist so etwas wie ein ›Hausverwalter‹) nach Cornwall zu Isalde zu segeln und ihr auszurichten, dass sie kommen solle. Dabei wird ein Zeichen vereinbart: Wenn Isalde bei der Rückreise an Bord ist, soll ein weißes Segel gesetzt werden, im anderen Fall ein schwarzes Segel (ebd. V. 9497–9505), Tristrants Todessegel. Einzig seiner Tochter solle der *wirt* den Termin seiner Rückkehr mitteilen, so dass diese Ausschau nach dem Schiff halten und Tristrant sofort die Farbe des Segels mitteilen könne (ebd. V. 9509–9516). Tristrant gibt dem Boten *daß fingerlin* (ebd. V. 9506) als Erkennungszeichen mit.

Sobald Isalde I diesen Ring erblickt, lässt sie *man und land, / ouch schatz und gewand* (ebd. V. 9535 f.) zurück, nur die notwendige Arznei nimmt sie mit; das geschieht *durch rechter lieb* (ebd. V. 9544). Um Tristans Willen gibt Isalde *ir küngliche ere* (ebd. V. 9547) auf. Die fortschreitende Destruktion verbindlicher Wertvorstellungen ist also nicht nur an Tristrant, sondern auch an Isalde zu beobachten, und zwar angefangen beim »achtlosen Umgang mit ihrem kostbaren Mantel [in der Hunde-Episode] über das Büßerhemd, mit dem sie sich vor Tristrant demütigt, über die Hingabe an den abstoßenden Narren bis hin zum vorbehaltlosen Verzicht auf ihre königliche Würde, wenn sie dem sterbenden Geliebten zu Hilfe eilen will« (Müller 1990, S. 34).

11.1.2 | Die *tumliche* Segellüge der Ehefrau und der Tod der Liebenden

Doch Tristrants Ehefrau kennt das Segelzeichen; der Erzähler konstatiert lakonisch: *ich en waiß, wer do sagt / daß Tristrandß wib* (Eilhart, V. 9556 f.) – und sie stellt jetzt die Weichen für Tristrants Tod. Denn sie befiehlt bei Androhung des Todes, dass ihr die Tochter jenes *wirt* sofort sagen müsse, welches Segel gehisst sei, Tristrant dürfe davon nichts wissen. Damit wird Tristrants Weisung umgangen, dass nur ihm allein die Segelfarbe mitgeteilt werden solle. Als dann die Ehefrau die Botschaft vom weißen Segel vernimmt, belügt sie Tristrant, dass *daß segel wär wisß nit*. Diese Nachricht bewirkt Tristrants Tod:

[...]
uff richt er [Tristan] sich do
und fraugt sie mit list,
ob su icht wißt,
wie daß segel getán wär.
do log sü ser,
daß eß ir syd ward gar layd.
an aller schlacht falschait
sprach sü so tumlichen

und sagt im tógelichen,
daß segel wär wisß nit.
daß waß dem herren nit lieb.
daß tätt er do wol schin:
er legt daß houpt sin
uff daß bett nýder.
im krackten all sin gelyder.
also der herlich wýgand
starb do all ze hand.

(Segellüge und Tristrants Tod; Eilhart, V. 9582–9598)

Der Erzähler exkulpiert einerseits Isalde II, wenn er sagt, dass die Lüge *an aller schlacht falschait* und *tumlichen*, also töricht ohne böse Absicht, gewesen sei. Doch andererseits lässt er keinen Zweifel daran, dass die Lüge Tristrants Tod verursachte: *[...] sin wip, dü daß wort sprach, / da von im sin hertz brach* (ebd. V. 9601 f.). Als Tristrant stirbt, schreit seine Ehefrau laut auf (*über lüt*, ebd. V. 9603): *o we, ach und we, / daß mir ýe so geschach!* (ebd. V. 9604 f.) und bekennt die Schuld an Tristrants Tod: *selber sü daß wol sach, / daß er von iren schulden starb* (ebd. V. 9606 f.).

Die Reaktion der Ehefrau wird in der Folge von der Geliebten bei Weitem überboten. Als Isalde I das Totengeläut vernimmt, weiß sie sofort, dass Tristrant tot ist. Sie nähert sich der Totenbahre, an der wehklagend Isalde II steht – und die Geliebte fordert kurzerhand die Ehefrau auf, zurückzutreten und sie näher herantreten zu lassen mit der Begründung, sie würde mit mehr Recht weinen als diese, denn sie habe Tristrant mehr geliebt: *frow, ir solt uff her stan / und laussend mich näher gán. / ich wain in billicher dann ir, / deß geloubt mir: / er waß mir lieber dann üch ýe* (ebd. V. 9625–9629). Die Passion behauptet im Sonderraum von Tod und Sterben also ihr eigenes Recht. Isalde I hebt das Leichentuch in die Höhe, schmiegt sich eng an die Leiche und stirbt im gleichen Augenblick: *nýder sü sich legte / recht an den wýgand / starb ouch zů hand* (ebd. V. 9634–9636). Die Ehefrau *ýemerlich quelt iren lib / und wainot bitterlich* (ebd. V. 9658), dann befiehlt sie *flißklich / die lichnam sarken* (ebd. V. 9660 f.), also die Toten unverzüglich in den Sarg zu legen.

Der »provozierende Tod auf gemeinsamem Lager ist nur scheinbar öffentlich. In

Wirklichkeit stellt er die letzte Isolation von allen übrigen sozialen Bindungen dar, symbolisiert in der Geste, mit der die blonde Ysalde Tristrants Frau vom Totenlager hinwegweist« (Müller 1990, S. 35). Für Strohschneider (1993) ist die Segellüge kein Zufall, sie ist erzähllogisch notwendig, damit die getrennten Ordnungen von Ehe/Herrschaft und Passion nicht aufeinandertreffen:

> Der Held stirbt nicht an der Wunde, er stirbt an der Lüge seiner Frau, und sie wird von Eilhart ins Belanglose abgebogen, erscheint – Ideologiebildung sozusagen – als Folge weiblicher intellektueller Defizite. Doch daß dieses Geschehniselement derart auf der Handlungsebene als Zufall inszeniert ist, muß freilich nicht heißen, es sei tatsächlich auch erzähllogisch zufällig [...]. Das Problem liegt [...] darin, daß die Heilung des Todkranken zur Kopräsenz aller drei Figuren, der beiden Ysalden und Tristrants, in der einen sozialen Formation des Hofes von Karkes führen würde. Eben dies unterbindet die Lüge faktisch (S. 45 f.).

Der vergiftete Tristrant ist am Ende völlig hilflos drei Frauen – den beiden Isalden wie dem Mädchen – ausgeliefert, »in dieser Kriegergesellschaft gewiß ein Signal dafür, wie weit es gekommen ist« (Müller 1990, S. 33).

11.1.3 | Marcks *jamer* und das Wunder von Rose und Rebe

Die Reaktion Marcks, als er vom Tod beider erfährt und von der Geschichte ihrer Liebe, überrascht zunächst. Denn als ihm versichert wird, dass die Ursache der Passion der Zaubertrank gewesen sei und sie beide einander *âun iren danck* (Eilhart, V. 9670), also unfreiwillig, lieben mussten, klagt Marck: *owe, gûtte küniginne / und uss erwelter Tristrand* (ebd. V. 9690 f.). Er bereut Tristrants Vertreibung (*sol ymmer mir sin laid*, ebd. V. 9683) und bedauert, nichts von dem *unsäligen getranck* (ebd. V. 9687) gewusst zu haben. Wenn beide nur am Leben wären, würde er ihnen sein ganzes Königreich geben: *ich ließ üch lüt und land / und all min küngrich / ymmer aigenlich, / daß ir wärend gesund* (ebd. V. 9692–9695).

Marck bringt die beiden Toten in sein Königreich, sie werden dort *mit grossen cla-*

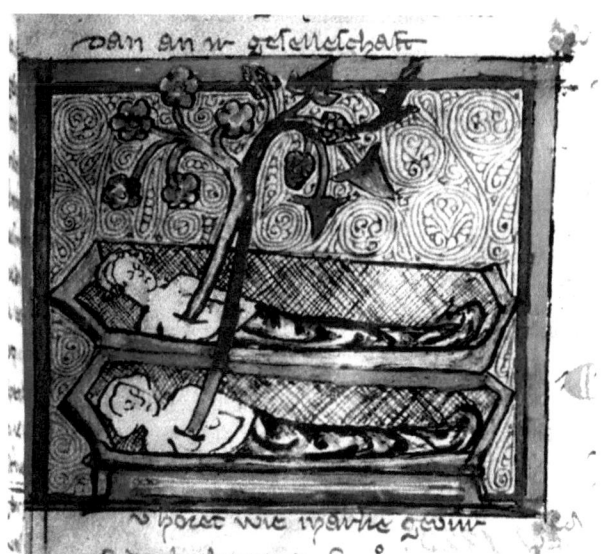

Abb. 19 Das Grabwunder: Rose und Rebe verschlingen sich (Historisches Archiv der Stadt Köln Best. 7020 (W*) 88, fol. 263r)

gen (ebd. V. 9704) begraben und sie werden *bayde in ain grab* (ebd. V. 9707) gelegt. Marck lässt einen Rosenbusch *uff daß wib* (ebd. V. 9711) pflanzen, daneben *ainen stock uff Tristrandß lib / von ainem winreben* (ebd. V. 9712 f.). Beide wachsen mit der Zeit zusammen und verschlingen sich ineinander, so dass man sie nicht voneinander trennen kann. Dies wird dem Zaubertrank zugeschrieben (*daß macht deß tranckß krafft so*, ebd. V. 9719), der über das Grab hinaus seine Wirkung entfaltet. Marck »darf am Ende großmütig verzeihen und den Liebenden ein gemeinsames Staatsbegräbnis gewähren. [...] Nur weil die Liebe auf Zauber beruht, kann der Treubruch, kann der Ehebruch entschuldigt werden« (Bonath 1983, S. 48). Das gemeinsame Grab ist ein Sonderraum, der die Liebenden gleichermaßen in und außerhalb der Gesellschaft auf ewig vereinigt: Das Sterben der Liebenden »sondert vom Raum der Herrschaft, den der Werber Marke und die Braut Ysalde II besetzen, endgültig einen radikal anderen Außenraum der Liebe ab. Es ist der Raum des gemeinsamen Sarkophags des Besten und der Schönsten, den als Ort der Liebe das Wunder von Rose und Rebe bezeichnet« (Strohschneider 1993, S. 61). Ein Umschlingungsmotiv vegetabiler Art kennt im Übrigen bereits der ›Geißblatt‹-Lai der Marie de France (altfrz. *Chievrefoil* = Geißblatt); das sich an den Haselstrauch schmiegende Geißblatt steht für die Liebe von Tristan und Isolde, eine Trennung bedeutet Absterben bzw. Tod (V. 69 f.; 75 f.).

11.2 | Thomas: Eine ›catena fatalis‹ als Ursache der Katastrophe?

11.2.1 | Voraussetzung: Tristan als Rächer eines Frauenraubs und seine Giftwunde

Bei Thomas ist die todbringende Segellüge anders motiviert (der Schluss bei Thomas muss über drei Textzeugen – Fragment Douce, Fragment Sneyd, *Saga* – rekonstruiert werden). Der selbstbewusste Erzähler will die Geschichte *par raisun* (Thomas: Fragment Douce, V. 2135) erzählen. Tatsächlich liefert Thomas' Version mehrfach abgesicherte Plausibilisierungsstrategien etwa hinsichtlich der Segellüge. Berichtet wird auch nicht von der Hilfe Tristans bei einem zweifelhaften Liebesabenteuer Kaedins mit einer verheirateten Frau (zur veränderten Rolle von Kaedin bei Thomas vgl. Bonath 1983), sondern dieses Mal steht Tristan sozusagen auf der richtigen Seite: Es geht darum, einen Frauenraub zu rächen.

Ein *beas chevalers* (Thomas: Fragment Douce, V. 2188) mit Namen *Tristran le Naim* (ebd. V. 2208), also Tristan der Zwerg, berichtet Tristan davon, dass ihm seine wunderbare Geliebte geraubt worden sei. Er bittet Tristan den Verliebten, *Tristran l'Amerus* (ebd. V. 2199; die Bezeichnung erscheint in V. 2286 auch als Selbstidentifikation Tristans), um Hilfe, denn dieser habe so sehr geliebt, dass er wohl wisse, welchen Schmerz Liebende haben (ebd. V. 2253 f.). Die Namensdoppelung als auffälligster Beleg einer dem gesamten Text hinsichtlich Figuren und Situationen unterlegten »Doublettenmatrix« (Schulz 2007, S. 315) ist keine zufällige: »Tristan der Zwerg ist ein zweiter Tristan. Tristan erkennt sich in ihm, seinem Leiden, das ihm aus dem Verlust der Geliebten entstanden ist« (Bonath 1983, S. 57). Die beiden Tristane machen sich zur Burg des Entführers auf und können diesen und dessen sechs Brüder töten; doch auch Tristan der Zwerg ist tot und *Tristran l'Amerus* durch einen vergifteten Speerstich in die Lende tödlich verwundet (Thomas' Fragment Douce, V. 2319 f.).

Das Ringen mit dem Tod wird breiter und plastischer als bei Eilhart ausgeführt: Tristan verfärbt sich und verliert seine Kraft, er magert ab, es werden Kräuter gesammelt, Wurzeln zerstampft, der Gestank der Wunde ist groß, doch kein Arzt kann ihm helfen (ebd. V. 2349); die Rettung kann nur von Isolde I kommen (ebd. V. 2406–2410). Das muss irritieren: Denn während bei Eilhart die blonde Isolde Heilerin der Moroldwunde ist, wird in der *Saga* die problematische Doppelrolle Isoldes als Geliebte und Heilerin entschärft und die irische Königin Isolde zur zauberkundigen Heilerin gemacht. Andererseits ist im Fragment Douce eindeutig davon die Rede, dass die blonde Isolde einst Tristans Wunde heilte (ebd. V. 2492). Jedenfalls passen Tristans Lendenwunde und Heilung durch die Geliebte wunderbar zusammen, wenn man ersteres als eine Art symbolische Kastration liest, die nur durch die Liebespartnerin geheilt werden kann.

11.2.2 | Der *grant irrur* der Ehefrau als Movens der Segellüge

Heimlich lässt Tristan Kaedin holen, doch Isolde II bemerkt das und versteckt sich außerhalb des Zimmers hinter der Wand, genau an der Stelle des Bettes, um zu lauschen. Die Ehefrau erfährt so von der Geliebten und vom geplanten Botendienst ihres Bruders Kaedin: Das Wissen der Gattin um Isolde I ist hier also (anders als bei Eilhart) erzähllogisch plausibilisiert. Der todwunde Tristan trägt Kaedin auf, die irische Isolde an die Freuden ihrer vollkommenen und wahren Liebe (Thomas: Fragment Douce, V. 2491: *amur fine*) zu erinnern, an den Minnetrank, mit dem sie ihren Tod (ebd. V. 2498: *nostre mort*) getrunken hätten, daran, dass beider Liebe und Verlangen (ebd. V. 2507: *nostre amur, nostre desir*) kein Mensch trennen konnte – und dann hört die Ehefrau das Bekenntnis Tristans: »Seither hatte ich keine Liebe für irgendeine andere, auch Eure Schwester kann ich nicht lieben, weder sie noch eine andere werde ich lieben können, solange ich die Königin lieben werde« (ebd. V. 2521–2524). Tristan will die Rettungsaktion vor seiner Ehefrau verheimlicht wissen, seine Geliebte solle sich, wenn sie komme, als Ärztin ausgeben. Die Zeichenvereinbarung ist dieselbe wie bei Eilhart: Ein weißes Segel, wenn Isolde mitkommt, ein schwarzes Segel, wenn sie nicht an Bord ist.

Doch die Ehefrau, hinter der Wand verborgen, hat alles gehört. Die breit geführte ›memoria‹ der Liebesgeschichte aus Tristans Mund selbst und sein Bekenntnis, seine Ehefrau nie geliebt zu haben, motivieren plausibel die Segellüge. Zusätzlich warnt ein Erzählerkommentar vor der Rache eifersüchtiger Frauen: »Der Zorn einer Frau ist zu fürchten, jeder Mensch muß sich sehr davor hüten, denn dort, wo sie am meisten geliebt hat, dort wird sie sich am schnellsten rächen« (ebd. V. 2595–2598). Und so hat auch Tristans Ehefrau sehr großen Zorn und wünscht sich grausam zu rächen:

El [Isolde II] quer en ad **mult grant irrur**,	In ihrem Herzen hat sie darüber **sehr großen Zorn**,
Que ele ad Tristran tant amé,	denn sie hat Tristran so sehr geliebt,
Quant vers altre s'est aturné;	während er sich einer andern zugewendet hat;
[...]	*[...]*
Mais tres qu ele aise en avra,	aber sobald sie eine bequeme Gelegenheit dazu haben wird,
Trop **cruelment** *se vengera [...]*	wird sie **sich zu grausam rächen** [...]

(Zorn und Rache als Motivation der Segellüge; Thomas: Fragment Douce, V. 2612–2614; 2619 f.)

Auch bei Thomas reagiert Isolde I im gewünschten Sinn, als sie Tristans Ring sieht und von seiner tödlichen Giftwunde hört. Hier allerdings steht die treue Ratgeberin Brangäne der verzweifelten Isolde zur Seite und man beschließt nach qualvoller Unterredung, mit Kaedin zu Tristan zu segeln; heimlich schleichen sich die beiden Frauen in der Nacht durch ein Hintertürchen in der Mauer davon. Sprechende Naturmetaphorik und verhängnisvolle Verkettungen weisen auf das künftige Unheil (vgl. Nanz 2010, S. 77): Denn kurz vor dem Ziel dreht der Wind, ein furchtbares Unwetter zieht herauf, das Beiboot wird durch eine Woge zertrümmert. Nahe an Land kommt zudem eine Flaute, so dass Isolde und Kaedin die Küste nicht ganz in der von Tristan gesetzten Frist von 40 Tagen erreichen, jedoch mit gehißter weißer Fahne. Bei Thomas ist es dann Tristan selbst, der seine Ehefrau fragt, und genau wie bei Eilhart lügt Isolde II hinsichtlich der Segelfarbe, hier jedoch wegen ihrer großen Hinterlist (*grant engin*; Thomas: Fragment Douce, V. 3013; vgl. dazu auch Nanz 2010, S. 77). Die Segellüge ist also bei Thomas gleich mehrfach plausibilisiert.

[Tristan:]	
»Or me dites quel est le tref«.	»Dann sagt mir, wie ist das Segel?«
Ço dit Ysolt: »Jol sai pur veir:	Darauf sagt Ysolt: »Ich weiß es mit Sicherheit.
Sachez que le sigle est tut neir«.	Wißt, daß das Segel ganz schwarz ist«.
[...]	[...]
Dunc a Tristran si grant dolur	Da hat Tristran einen so großen Schmerz,
Unques n'out ne n'avrad maiür,	niemals hatte er noch wird er einen größeren haben.
E turne sei vers la parei,	Und er dreht sich zur Wand,
Dunc dit: **»Deus salt Ysolt e mei!**	dann sagt er: »Gott errette Ysolt und mich!
Quant a moi ne volez venir,	Wenn Ihr nicht zu mir kommen wollt,
Pur vostre amur m'estuet murrir.	muß ich aus Liebe zu Euch sterben.
Jo ne puis plus tenir ma vie;	Ich kann mein Leben nicht länger halten.
Pur vus muer, Ysolt, bele amie.	Euretwegen sterbe ich, Ysolt, schöne Freundin.
N'avez pité de ma langur,	Ihr habt kein Erbarmen mit meinem Leiden,
Mais de ma mort avrez dolur.	aber über meinen Tod werdet Ihr Schmerz empfinden.
Ço m'est, amie, grant confort	Das ist mir, Freundin, ein großer Trost,
Que pité avrez de ma mort«.	daß Ihr Erbarmen haben werdet mit meinem Tod«.
»Amie Ysolt« **trei fez a dit,**	»Freundin Ysolt« hat er dreimal gesagt,
A la quarte rent l'espirit.	beim vierten Mal gibt er den Geist auf.

(Segellüge und Tod Tristans; Thomas: Fragment Douce, V. 3024–3026; 3029–3042)

Als Isolde I die Nachricht von Tristans Tod hört, kann sie vor Schmerz kein Wort hervorbringen (Thomas: Fragment Douce, V. 3072). Sie geht in den Palas und sieht den Leichnam, sie bedauert, nicht rechtzeitig gekommen zu sein. Es sei nicht recht, länger zu leben, wenn Tristan aus Liebe zu ihr tot ist. Selbst wenn sie ihn nicht hätte heilen können, hätten sie doch beide wenigstens gemeinsam sterben können (Thomas: Fragment Sneyd, V. 3106). Isolde presst sich an die Leiche Tristans und stirbt:

[Isolde:]	
»Pur mei avez perdu la vie,	»Meinetwegen habt Ihr das Leben verloren,
E jo frai cum veraie amie:	und ich werde handeln wie eine wahre Freundin:
Pur vos voil murir ensement«.	Euretwegen will ich gleichfalls sterben«.
Embrace le e si s'estent,	Sie umarmt ihn und streckt sich hin,
Baise li la buche e la face	küßt ihm den Mund und das Gesicht
E molt estrait a li l'enbrace,	und ganz eng an ihn gepreßt umarmt sie ihn,
Cors a cors, buche a buche estent,	Leib an Leib, Mund an Mund streckt sie sich aus,
Sun espirit a itant rent,	ihren Geist gibt sie sogleich auf
E murt dejuste lui issi	und stirbt so neben ihm
Pur la dolur de sun ami.	aus Schmerz um ihren Freund.
Tristrans murut pur sun desir,	Tristran starb an seinem Verlangen,
Ysolt, qu'a tens n'i pout venir.	Ysolt daran, daß sie nicht rechtzeitig zu ihm kommen konnte.
Tristrans murut pur sue amur,	Tristran starb an seiner Liebe
E la bele Ysolt pur tendrur.	und die schöne Ysolt aus zärtlichem Mitleid.

(Tod Isoldes an der Seite Tristans; Thomas: Fragment Sneyd, V. 3111–3124)

Worstbrock (2004) sieht den Tod Tristans als Ergebnis einer ›*catena fatalis*‹: »Das Verhängnis kommt weder schon durch die launische Witterung, die mit dem Schiff und der verzweifelten Isold ihr Spiel treibt, zum Zuge noch allein durch die lauernde Intrige der Weißhand, vielmehr wird es erst ermöglicht durch die konspirierende Verflechtung der beiden« (S. 242).

Isolde II rächt sich in der Thomas-Version der *Saga* noch über den Tod hinaus, wenn sie Tristan und Isolde auf verschiedenen Seiten der Kirche begraben lässt, so dass sie zumindest im Tod getrennt seien. Doch »es geschah, daß eine Eiche oder ein anderer Baum aus jedem der beiden Gräber emporwuchs, so hoch, daß sich das Astwerk über der Kirchenspitze verflocht, und daran kann man sehen, wie groß ihre Liebe war« (*Saga*, Kap. 101, Übersetzung Uecker 2008, S. 125). Bonath (1985) bezweifelt allerdings, dass die Baumvariante aus »Gründe[n] des Geschmacks« (S. 396) wirklich auf Thomas zurückgeht, doch sei dann schwer zu erklären, wie Bruder Robert zu diesem Schlussabschnitt gekommen sei.

Fazit: Der Tod von Tristan und Isolde ist bei Eilhart und Thomas Konsequenz von Giftwunde und Segellüge. Bei Eilhart wird Tristan als Helfer bei einem Ehebruch durch *zwain vergifften spiessen* tödlich verwundet, bei Thomas erhält Tristan die Giftwunde als Rächer eines Frauenraubs. Unmittelbare Ursache seines Todes ist jedoch jeweils die Lüge der betrogenen Ehefrau, die verhindert, dass die Geliebte ihn heilt. In beiden Fällen stirbt die blonde Isolde wegen ihres großen Schmerzes um den toten Tristan diesem auf der Bahre nach. Nur sie also stirbt einen ›echten‹ Liebestod; Tristans Todeswunde ist dagegen einer fremden Liebesgeschichte geschuldet, erst Isoldes Sterben bindet seinen Tod endgültig in die Passion zurück. Das gesellschaftsgefährdende Ärgernis der durch den Minnetrank gewirkten unbedingten Liebe ist mit beider Tod nicht zu Ende: Rose und Rebe, die aus den Toten wachsen, verschlingen sich ineinander, so dass man sie nicht voneinander trennen kann.

12 Unvereinbares vereinen? König Artus und Tristan

Der *Erec* Chrétiens bzw. Hartmanns ist mehrfach als eine Art ›Anti-*Tristan*‹ gelesen worden (vgl. Haug 1997b, S. 184), als Antwort auf den mindestens seit 1150 zirkulierenden Tristanstoff. In den sogenannten klassischen Artusromanen ist König Artus (im Unterschied zur Pseudohistoriographie) nicht mehr kriegslüsterner Feldherr, sondern repräsentiert einen statischen Normhorizont hinsichtlich eines höfischen Wertekatalogs. Der *Erec* ist ein »positiver Gegenentwurf« (zum *Tristan*), der die »Vereinbarkeit von Ehe, Landesherrschaft, Rittertum, Gesellschaft und individueller, gegenseitiger Liebe propagiert« (Glauch 2005, S. 36). Denn das *verligen* im *Erec*, knappes Zitat der Liebespassion im *Tristan*, wird überwunden, am Ende befindet sich der Protagonist in wunderbarer Balance zwischen ehelicher Liebe und Herrscherpflichten. All dies ist im *Tristan* anders: Weder kann die Passion überwunden werden – sie reicht ganz im Gegenteil über den Tod hinaus (Stichwort Rose und Rebe) – noch geht es überhaupt um eheliches Fehlverhalten, Thema ist die gesellschaftsgefährdende Ehebruchsliebe: »Unlike the Arthurian hero, Tristan cannot reconcile chivalry and love, which last in *Tristan* is antisocial« (McDonald 2002, S. 155).

Was also hat Tristan mit Artus zu tun (so die Frage von Mertens 1996, S. 365)? Haug (1997b) formuliert das Problem wie folgt:

Am Beginn der Geschichte des hochhöfisch-mittelalterlichen Romans stehen sich zwei Typen, oder genauer: ein Typus und ein Einzelwerk gegenüber, die fast in jeder Hinsicht verschieden sind: der arthurische Roman und der *Tristan* – verschieden in Hinblick auf die Entstehung, verschieden in ihrer Bauform, in ihren thematischen Konzepten und auch in ihrer Wirkungsgeschichte (S. 184).

Artus spielt in vielen mittelalterlichen Tristanromanen eine Rolle. Es ist bezeichnend, dass Tristan zum Beispiel in Ulrichs von Zatzikhoven *Lanzelet* zwar selbst als Artusritter auftritt, doch eben nur als »Außenseiter« (vgl. Dietl 2007, S. 35). Denn Tristans Liebe zu Isolde ist auch hier ein Störfaktor, der einer vollgültigen Integration Tristans in die (arthurische) Gemeinschaft im Wege steht.

12.1 | Artus bei Gottfried und Thomas: Höfischer Normhorizont und Riesenkämpfer

Bei Gottfried gibt es drei knappe Verweise auf Artus. Anlässlich Markes Maienfest innerhalb der Elternvorgeschichte (siehe Kap. 3.1.2) erscheinen auch Ritter *von dem künicrîche z'Engelant* (V. 530); das Fest selbst wird wie ein arthurisches Hoffest beschrieben, es ist »characterized by courtliness and revelry« (McDonald 2002, S. 149). Deutlicher ist der Bezug zu Artus in der Schilderung des Gesellschaftswunders in der Minnegrotte (siehe Kap. 7.2.1.3). Der dritte Bezug: Der Vater der irischen Isolde ist der Königssohn Gurmun, der *was geborn von Affricâ* (V. 5883). Nach Geoffreys *Historia Regum Britanniae* wurde dieser gegen Ceredic zu Hilfe geholt, den fünften Nachfolger von Artus (vgl. Dietl 2007, S. 43 f.; Stevens 2000, S. 420). Artus gehört bei Gottfried also offenbar der Vergangenheit an, Tristan der postarthurischen Zeit – und so muss König Artus in der Grottenepisode sozusagen zwangsläufig hinter dem protagonistischen Paar zurückbleiben.

Auch Thomas lässt Artus in einer unhöfischen Vorzeit agieren, Tristan gehört der nacharthurischen Zeit an. Denn Tristan kämpft und siegt nach seiner Hochzeit mit Isolde II gegen den Neffen eines Riesen, gegen den einst Artus kämpfte und siegte. Thomas' Erzählung von Artus und dem Riesen mit dem Bartmantel stammt von Geoffrey bzw. Wace (vgl. Mertens 1996, S. 368; Glauch 2005, S. 42; Stevens 2003, S. 224): Der Riese Orguillos, der von Afrika auszog, um Fürsten und Könige herauszufordern, machte aus den Bärten der Besiegten einen Mantel und forderte dann auch den Bart von Artus, der jedoch wollte lieber kämpfen (Thomas: Fragment Sneyd, V. 715–748). Das Abschneiden und die Übergabe von Haaren sind »Zeichen der Unterwerfung unter die Gewalt eines andern« (Schmidt-Wiegand 2012, Sp. 638). Der arthurische Kampf mit dem Riesen geht für Artus gut aus, er nimmt dem Riesen Mantel und Kopf (Thomas: Fragment Sneyd, V. 778). Thomas präsentiert Artus also »as a giant-killer of an earlier generation« (McDonald 2002, S. 157). Doch der Erzähler distanziert sich dann von dieser Vorgeschichte, wenn er sagt: »Dies gehört nicht zu meiner Materie« (Thomas: Fragment Sneyd, V. 781) und seinen Bericht mit der Verwandtschaft des ›arthurischen‹ und des ›tristanschen‹ Riesen rechtfertigt. Die Parallelisierung der beiden Riesenkämpfe dient bei Thomas der Superiorisierung Tristans: Denn Artus war zumindest in seiner Zeit der höchste König, was Land und *l'onur* betraf (ebd. V. 743), er war Herrscher über die anderen (ebd. V. 750). In der Forschung wurde von einer ›Imitatio Arthuri‹ gesprochen: »Indem Tristan eine Generation später die gleiche Heldentat wie Artus begeht, wird er zum neuen Leitbild der Ritterschaft und des Höfischen« (Mertens 1996, S. 368).

Bei Gottfried und Thomas spielt Artus auf Handlungsebene keine große Rolle, dagegen in den sogenannten ›spielmännischen‹ Versionen, in denen er innerhalb eines schwankhaften Settings erscheint. Das zeigt im Folgenden Eilharts Wolfeisen-Episode, die bei Gottfried und Thomas fehlt.

12.2 | Artus bei Eilhart: Die Wolfeisen-Episode

Diese Episode bildet das erste der Rückkehrabenteuer, in denen Tristrant in unterschiedlichen Verkleidungen Isalde I heimlich trifft (siehe Kap. 10.3).

Dieses erste Abenteuer ist folgendermaßen kontextualisiert. Als nach vier Jahren die Wirkung des Minnetranks nachlässt, wollen die Liebenden sofort aus dem ungeliebten Waldleben in die höfische Welt zurück. Tristrant übergibt Isalde an Marck, er selbst geht zunächst in die Bretagne an den Artushof, wo er mit Walwan Freundschaft schließt. Walwan arrangiert das erste Wiedersehen von Tristrant und Isalde. Hierzu wird ein Jagdausflug angesetzt in einem Wald, der Artus, aber auch Marck gehört. Artus' Jagdgesellschaft, darunter Tristrant, jagt einen Hirsch, Walwan bittet listig die Jäger, den Hirsch in Richtung von Marcks Hof zu treiben. Die Jagd wird auf diese Weise verzögert, so dass man am Abend gezwungen ist, in der nahe gelegenen Residenz Tintanjol Quartier zu beziehen (Eilhart, V. 5374–5409). Artus und Marck schließen einen befriedenden Rechtskontrakt (ebd. V. 5462–5479), denn Marck befürchtet durch Tristrants Anwesenheit Schande. Dennoch schleicht Tristrant des Nachts heimlich zu Isalde. Es gibt nur einen gemeinsamen Schlafsaal, die Gäste und das Königspaar schlafen in einem Raum, Marck und Isalde etwas abseits und getrennt voneinander. Marck ist misstrauisch und stellt Tristrant eine gefährliche Falle: Ein Wolfeisen wird im Saal platziert, ein Balken mit scharfen Eisen; wenn sich Tristrant im Dunkeln daran verletzt, will Marck ihn töten (ebd. V. 5506–5515). Tatsächlich schneidet sich Tristrant, er setzt den Weg zu Isalde jedoch fort, bleibt allerdings dort wegen seiner Verletzung nicht lange und blutet dann auf seiner eigenen Schlafstatt *alß ain schwin* (ebd. V. 5555). Als Tristrant klagt, hört das Walwan, er fragt nach und klagt dann selbst so laut, dass alle es hören, die Sache wird also öffentlich gemacht. Man berät sich mit Artus, alle sind sich einig, Tristrant zu helfen, wichtiges Stichwort ist hierbei die *triuwe* (ebd. V. 5592 f.). Der Artusritter Keie ersinnt eine List, die darauf hinausläuft, dass am Ende alle Artusritter verletzt sind; sie stoßen sich gegenseitig in die Falle und hören nicht eher auf, bis alle Schnittverletzungen davon getragen haben. Tristrants Missgeschick wird also durch Vervielfachung verhüllt. Nur der listige Keie schleicht sich beiseite, Walwan stößt ihn jedoch in das Wolfeisen und Keie schreit laut auf (ebd. V. 5625–5629). Marck wacht auf, er ist zornig über das wilde Toben und Artus gibt vor, er könne seine Ritter nicht zügeln, auch zu Hause würden sie sich so aufführen (ebd. V. 5647–5651). Daraufhin ist Marcks Zorn verraucht, man legt sich wieder schlafen, Tristrant aber schleicht sich ein zweites Mal zu Isalde und beide verbringen eine Liebesnacht. Am Morgen verbinden die Artusritter ihre Wunden, Marck ist tief beschämt, denn alle Artusritter hinken. Artus und die Ritter kehren in die Bretagne zurück. Obwohl Artus Tristrant Lehen und Eigen anbietet, lehnt dieser ab, er will weiterziehen (ebd. V. 5695–5697).

Artus als Solidarpartner Tristans: Die Wolfeisen-Episode mit den hinkenden Artusrittern hat durchaus burleske Züge, doch wird im Grunde die Problematik konkurrierender *triuwe*-Verpflichtungen verhandelt. Denn Tristrant hat vor der Episode aufgrund seiner ruhmreichen Aventiuren *êre* am Artushof erlangt, König Artus und Walwan halten ihn für den superioren Kämpfer unter den Artusrittern und man ist Tristrant gegenüber zur Loyalität verpflichtet (vgl. Dietl 2007, S. 38). Als die Artusritter nach der von Walwan eingefädelten Hirschjagd bei Marck übernachten wollen, weist Artus darauf hin, dass Tristrant in Marcks Ungnade gefallen ist, er hat dessen *huld nit* (Eilhart, V. 5412). Es kommt zu einem Rechtskontrakt zwischen den Königen. Marck verspricht: *sie súllent all frid hon, / waß sie joch haben geton, / die mit im her komen: / all vientschaft wirt ab genomen* (ebd. V. 5425–5428). Artus verspricht: *wer úch icht lasterß tů, / daß úch daß wol werd gebüst* (ebd. V. 5478 f.). Dieser Rechtskontrakt steht kontrastiv zur Solidargemeinschaft der Artusritter, die deutlich akzentuiert wird: *getrúlich* (ebd. V. 5593) versichern Artus und seine Vasallen, Tristrant beizustehen, ob sie davon *gewunnen schaden oder fromen* (ebd. V. 5588). Diese Bindung der arthurischen Gemeinschaft dominiert in der Wolfeisen-Episode den Rechtskontrakt der Könige. Das Recht wird gebrochen, um ein Mitglied des Artuskreises vor Schaden zu bewahren. Artus schützt eben nicht die *êre* von Marck, wie er versprochen hat, sondern zeigt Solidarität mit dem Ehebrecher, er wird zum »Komplizen« (Mertens 2005, S. 252) Tristrants: Beihilfe zum Ehebruch, gestörter Rechtskontrakt und destruierte Helden sind der Preis. Denn die Schlafsaalinszenierung provoziert Artus' Lüge, seine Ritter nicht bändigen zu können, und es fließt Blut, das aber nicht Resultat heroischer Kämpfe ist, sondern ›Schauspielblut‹. Alle Artusritter decken den Ehebrecher Tristrant, sie leiden für ihn (wenn auch Keie gezwungenermaßen): Am Ende hinkt der gesamte Artushof. Mit der Verwundung Tristrants »ist sein Körper aus dem ihn schützenden Kollektiv ausgesondert [...]. Indem alle Tristrants Wunde imitieren, integrieren sie ihn wieder in den schützenden sozialen Körper der Artusgesellschaft« (Becker 2009, S. 283). »Die Liebe zur Frau des Königs wird nicht als normwidrig bekämpft, sondern von der höchsten Instanz ritterlicher Ehre bestätigt« (Müller 1990, S. 31).

Konkurrierende *triuwe*-Verpflichtungen sind ein wesentliches Thema zum Beispiel im *Nibelungenlied*, in dem mehrfach das Dilemma konkurrierender *triuwe*-Bindungen durchgespielt wird (vgl. Müller 2015, S. 108–113). Nicht zufällig gibt es bei Eilhart zu Beginn eine Gattungsansage, die ebenso auf den heldenepischen Horizont verweist (vgl. Müller 1990, S. 21 f.). Denn als Marck vorgestellt wird, heißt es: *ain kúnig hie vor saß / ze Kurwälsch, der hieß Marck. / der kriegt starck* (Eilhart, V. 60–62). Erst nach der Ankündigung, von den Heldentaten Tristrants erzählen zu wollen, ist die Rede von den Liebenden und ihrem tödlichen Ende. Die Liebe ist so eingebunden »in die Geschichte eines Heldenlebens« (Mertens 1996, S. 370).

Bei Eilhart wird König Artus zum *triuwe*-Garanten der arthurischen Solidargemeinschaft, zu der auch Tristrant gehört (vgl. Mertens 2005, S. 252). Die arthurischen Reparationsleistungen in Sachen Tristrant münden jedoch in eine profilzerstörende Burleske: Der Einbruch passionierter Liebe generiert bedrohliche Störungen der Ordnung im homosozialen Raum. Mertens (1996) spricht hinsichtlich des arthurischen Tristan bei Eilhart von einer »Harmonisierungstendenz, die die zwei Welten einander annähert: Einerseits wird die magische Liebe höfisiert, der arthurische Hof andererseits sozusagen ›tristanisiert‹; die Solidarität der Tafelrunde mit dem vorbildlichen Minneritter Tristan beeinträchtigt die ›verlässliche Lehre‹, die der ›edle König Artus‹ nach den Worten des *Iwein*-Prologs geben soll, ohne dass das diskutiert würde« (S. 370).

12.3 | Artus bei Berol und im Prosa-*Tristan*: Der König als Eidhelfer Isoldes und Marke als Mörder

Artus als Isoldes Eidhelfer bei Berol: Innerhalb eines geradezu aberwitzigen Settings ist König Artus hier Eidhelfer beim doppeldeutigen Reinigungseid Isoldes (siehe Kap. 6.2.2.3), den die Barone des Hofes fordern. Obwohl diese die Wahrheit um Tristan und Isolde kennen und sagen, werden sie vom Erzähler als *felon* (Berol, V. 3137) abgewertet, als Verräter ihres Herrn – sie kommen also ähnlich schlecht weg wie die Bewacher Marjodo und Melot bei Gottfried. Isolde schlägt Artus als Gewährsmann und Eidhelfer vor, sie ist sich Artus' Wohlwollen gewiss (ebd. V. 3273), sie kennt *son corage* (ebd. V. 3276) – und Artus ist gerne bereit, denn Isolde gilt als die Schönste, als *la plus bele / Qui soit de ci jusqu'en Tudele* (ebd. V. 3409). Er lässt Isolde als ein ihr ergebener Streiter grüßen, alle Wünsche werde er erfüllen (ebd. V. 3540–3544). Alles geht nach Plan, und die listige Isolde schickt einen Boten zu Tristan, um diesen in ihren Plan einzuweihen (ebd. V. 3294–3312). Am Gerichtstag schwört Isolde – zwischen Marke und Artus stehend, wobei diese sie an der Hand halten (ebd. V. 4184 f.) – einen doppeldeutigen Reinigungseid auf die heiligen Reliquien: Sie habe niemanden zwischen ihre Schenkel gelassen außer dem Aussätzigen (= Tristan), der sich zum Lasttier machte und sie durch die Furt trug, und König Marke, ihren Gatten (ebd. V. 4205–4208). Die Rechtfertigung wird angenommen.

Isolde rückt durch die Aussätzigen- bzw. Reittierlist in die Nähe des *übelen wîp*, das aus dem Schwank gut bekannt ist. Urbild hierfür ist Phyllis, die Aristoteles als Reittier (!) benutzt, eine Frau also, die die konventionellen Geschlechterrollen pervertiert, indem sie den Mann zum Narren macht. Auch in bildlichen Zeugnissen ist Tristan teilweise als ›Minnesklave‹, der durch die Liebe zu Schaden kommt, dargestellt (vgl. Frühmorgen-Voss 1975, S. 131 f.). Durchschaut also Artus die List nicht? Er fordert Marke auf, nicht auf die verleumderischen Barone zu hören (Berol, V. 4141–4143); diejenigen, die nach der Rechtfertigung Isoldes diese noch weiter bezichtigen, will er hängen lassen, sie verdienten zu sterben (ebd. V. 4152–4157). Mertens (1996) sieht Artus' Position in seiner »traditionellen Rolle als Wahrer des Rechts« unbeschädigt, weil dieser »unwissend zum Bestätiger der Lüge« (S. 366 f.) werde. Nach Dietl (2007) jedoch weiß Artus um die Lüge: »Er, der über der Sache steht, hat Verständnis für Yseuts Lage und ist für ein falsches Urteil zu gewinnen, solange es die höfische Minne verteidigt. Er nimmt damit genau die Position ein, die bei Gottfried dem ›vil tugenthafte[n] Krist / [der] wintschaffen alse ein ermel ist‹ [...] zugedacht ist« (S. 37).

Artus im Prosa-*Tristan*: Der Text (Inhaltsangabe bei Baumgartner 1975) ist wohl in der ersten Hälfte des 13. Jahrhunderts in Frankreich entstanden und verbindet den Untergang des Artusreiches mit dem Tod des Liebespaares. Teilweise wird dabei auf eine Entproblematisierung gesetzt, so ist zum Beispiel Marke negativ überzeichnet. Er ist hier ein Brudermörder und versucht mehrfach, Tristan zu töten: Bereits die Brautwerbung Markes um Isolde gründet in Markes Bestreben, Tristan in den Tod zu schicken; ein weiteres Mal will er Tristan aus Missgunst auf dessen Erfolg töten, ein drittes Mal verwundet er Tristan tödlich mit einer Giftlanze, als er ihn mit Isolde in deren Gemach erwischt. Tristan selbst ist der Prototyp eines höfischen Artusritters. Die »Gegenüberstellung des negativen Marc mit dem positiven Artus findet schließlich ihren Höhenpunkt im Mordanschlag Marcs auf Artus und der Ermordung Tristans durch Marc« (Dietl 2007, S. 41). Im Prosa-*Tristan* verdient Marke Isolde ganz einfach nicht, Isolde liebt Tristan bereits vor dem Minnetrank und Tristan hat deshalb zu Recht den Beistand des Artushofes (vgl. ebd.).

Fazit: König Artus spielt in den höfischen Tristanromanen von Thomas und Gottfried eine untergeordnete Rolle. Die ›spielmännischen‹ Versionen von Eilhart und Berol zeigen ihn innerhalb eines schwankhaften Settings in einem zumindest nicht unproblematischen Licht: Bei Eilhart bricht Artus in der Wolfeisen-Episode aufgrund seiner *triuwe*-Bindung zu Tristan den Rechtskontrakt mit Marke; bei Berol ist er Eidhelfer Isoldes im Rahmen ihres doppeldeutigen Reinigungseids.

13 Gender-Perspektiven

Die Gender-Forschung hat sich mit dem *Tristan* Gottfrieds teilweise intensiv auseinandergesetzt. Mehr oder weniger Übereinstimmung scheint darin zu bestehen, dass zwar einerseits in »Gottfried's world, men occupy all positions of political, social, and economic power« (Rasmussen 2003, S. 138), dass aber andererseits Gottfrieds Text einer »pro-feminine tradition« (ebd. S. 139) zugehört. Gottfrieds Entwurf zeigt unzweifelhaft starke, aktive Frauen und überwindet damit nach Rasmussen die klerikale Ideologie: »The agency and intelligent resolve shown by all the female figures – Blanscheflur, Tristans's mother; Princess Isolde and her mother, Queen Isolde; Brangaene, Princess Isolde's cousin and companion – stand in contrast to the dominant medieval clerical ideology of feminine passivity and weakness« (ebd. S. 137).

Eine gut orientierende Zusammenschau (die vielleicht nicht in allen Punkten überzeugt) liefert Uttenreuther (2009). Knapp skizziert sind ihre wichtigsten Ergebnisse folgende: Die geschlechtliche Identität Tristans ist durch die »Doppelcharakteristik als Heros und Ritter« (S. 268; siehe auch Kap. 3.3) geprägt, die Facetten dieser hybriden Männlichkeit seien im Inkognito des Spielmanns versammelt (ebd. S. 268 f.). Der Drachenkampf diene der »Glorifizierung des Heros«, doch verkörperten ebenso Morgan- und Moroldkampf die »heroische Maskulinität« (ebd. S. 272). Tristans Listen und seine Schläue wie seine intellektuell-ästhetische Ausbildung gehören dagegen zur ritterlichen Männlichkeitskonzeption. Nach Uttenreuther sind »Anzeichen der Brüchigkeit des exklusiv maskulinen Universums« (ebd. S. 270) in Irland zu beobachten, weil die Frauen bei der Auffindung und Heilung des todkranken Tristan sowie bei der Überführung des falschen Truchsess den aktiven Handlungspart übernehmen. Als dann die passionierte Liebe in den zuvor ausschließlich männlichen Kosmos einbricht, geht es mit Tristan gewissermaßen bergab, zuvor ist aus patriarchalischer Sicht sozusagen noch alles in Ordnung. Im Rahmen der Brautwerbung ist nach Uttenreuther die junge Isolde »von Bedeutung nur als Prestige- und Tauschobjekt in feudal-politischen Bezügen«, man »holt sie zur Versöhnung von Irland und Cornwall sowie zur Wiederherstellung des Friedens am Markehof« (ebd. S. 272), sie sei nur Mittel zum Zweck. Die Passion bedeutet unzweifelhaft Veränderung auf beiden Seiten mit entgegengesetzten Vorzeichen. Denn während bei Tristan eine sukzessive »Dekonstruktion« und »Demontage des idealen Helden« (ebd.) zu beobachten ist, kann Isolde den angestammten weiblichen Aktionsraum verlassen. Die passionierte Liebe biete so »Anlässe für ihre Emanzipation vom Idealbild höfischer Weiblichkeit, das der Text vor dem Minnetrank von seiner Protagonistin zeichnet« (ebd.). Zwar liefere die Hinwendung zur Weißhand an und für sich die Chance einer ›Restitution‹ Tristans, doch werde diese durch die Minnebindung zur blonden Isolde unterlaufen; je länger die Trennung von der Geliebten dauert, »desto deutlicher manifestiert sich die Degeneration von Tristans Männlichkeit und damit Isoldes Bedeutung für deren Stabilität« (ebd. S. 273). Der »Verfall von Tristans überlegener Männlichkeitskonstruktion« (ebd. S. 276) ist nach Uttenreuther am deutlichsten in der Gottesurteil-Episode markiert, wenn Isoldes Listen »quasi die ›natürliche‹ Ordnung der Geschlechter parodieren und die männliche Superiorität demontieren« (ebd.). Uttenreuther resümiert:

Die Dekonstruktion von Tristans idealer Männlichkeitskonzeption durch die Passion steht in Zusammenhang mit der Pervertierung von gattungsspezifischen Geschlechterdiskursen: Tristans Männlichkeitskonstruktion bis zum Minnetrank ist eine monologische über die homosoziale Bindung und dessen befördernde Liebe und konstituiert sich – vergleichbar mit der altfranzösischen *chanson de geste* – ausschließlich unter Männern (S. 275).

Irland als ›woman's space‹: Augenmerk legte die Forschung vor allem auf den Schauplatz Irland, denn Irland »is constructed as woman's space« (Sterling-Hellenbrand 2001, S. 168). In Gottfrieds Irland verlassen die Frauen den traditionellen Doppelstatus der Frau, die in einer männlich dominierten Hierarchie einen unteren Platz einnimmt, aber dennoch für das Funktionieren des patriarchalischen Systems, etwa hinsichtlich der Sicherung der Erbfolge, unentbehrlich ist. In literarischen Texten um 1200 ist die weibliche Rollenüberschreitung überwiegend negativ sanktioniert, der Frau ist nur ein äußerst begrenzter Aktionsraum zugedacht. Das ist in den Irlandszenen anders. Denn in der Gerichtsszene, als der betrügerische Truchsess entlarvt wird (siehe Kap. 4.2.2.3), erscheinen die drei Frauen – Mutter und Tochter Isolde sowie Brangäne – »as the guiding stars or moon for Tristan and offer him salvation – and political power and influence at the same time« (Classen 2004, S. 43 f.; zur treuen ›confidente‹ Brangäne bzw. den »triangular connections« zwischen dem Liebespaar und der Vertrauten vgl. Deist 1995 sowie Deist 2003, S. 96–107). Nicht König Gurmun verantwortet den günstigen Ausgang, es ist seine Ehefrau. Classen (2004) stellt heraus, dass in der Gerichtsszene »the honor of the entire kingdom is at stake, and it is the queen alone who can win the legal battle against the steward« (S. 50).

Die irische Königin (also Isoldes Mutter) ist nach Rasmussen (2003) »portrayed as a shrewd political leader and diplomat without any detectable skepticism, cynicism, or hostility on the narrator's part« (S. 139). Kellermann-Haaf (1986, S. 71) konstatierte die »ungewöhnlichen Befugnisse« der Königin. Diese wird bei Gottfried immer wieder als *diu wîse* bezeichnet, was auch die magische Heilkunst mit einschließt: »Queen Isolde is an herbalist and physician second to none, a woman whose skills as a healer are augmented by occult powers (clairvoyant dreams, the love potion). These realms of knowledge are conventionally associated in fiction with (magical) female power« (Rasmussen 2000, S. 43).

Bei Eilhart hatte die junge Isolde die problematische Doppelrolle als Heilerin und Geliebte inne, die Mutter war nur für den Minnetrank zuständig; dies ist bei Gottfried (wie auch in der *Saga*) entschärft, aus einer Figur werden zwei. Die beiden Isolden sowie Brangäne repräsentieren, als Dreiheit verstanden, nach Caples (1975, S. 174) »the Celtic Triple Goddess« und zwar hinsichtlich magischer Heilkunst, mantischer Wahrträume und Liebesthematik (vgl. S. 173; zur keltischen Flussgöttin Matrona als vor-indoeuropäischer mythischer Gestalt vgl. weiterführend Loomis 1956, S. 123 f.). Die Handlungen in Irland zur Rettung des Helden gehen von den Frauen aus: »Even the hero, Tristan, owes everything to the queen's intelligence, skill, and resolve« (Rasmussen 2003, S. 142). Die Episoden, in denen die irische Königin eine Schlüsselrolle besitzt, umfassen 4300 Verse, also mehr als ein Fünftel von Gottfrieds Torso (vgl. ebd.). Strasser (1990) sieht in den drei Isolden »männliche Wünsche und Ängste, Phantasien und Traumata in einem metafiktiven Frauenbild in eins [ge]mischt« (S. 76).

Wenn man annimmt, dass die beiden Isolden (und Brangäne) eigentlich der keltischen Anderwelt zugehören, liegen zwangsläufig Überblendungen von Gender-Diskursen vor: In Irland dominiert das Register der irischen Feenwelt bzw. des Feenmärchenschemas (zum keltischen Feenmärchen bzw. dessen Segmentierung in neun

Handlungsschritten vgl. Simon 1990, v. a. S. 37–40), in dem die handlungsbestimmende Rolle die Frau (Fee) und nicht der Mann hat, der hier von ihrer Gunst abhängt. Classen (2004) konstatiert, dass »twelfth-century Irish society provided surprisingly much free space for (noble) women, which in turn finds its expression in contemporary literary sources« (S. 52). In Gottfrieds *Tristan* ist der Königin ›Feenpower‹ als superiores politisch-pragmatisches Potential codiert und rationalisiert. Es scheint nahezuliegen, den Begriff ›Matriarchat‹ anzusetzen, doch entbehrt dieser bekanntlich einer anerkannten wissenschaftlichen Definition.

›**discourse of male love at court**‹: Ausgesprochen kritisch zu betrachten sind Untersuchungen, die von homosexuellen Neigungen der männlichen Figuren (Marke, Marjodo) ausgehen. Krohn (1979) sprach von einer »unmissverständlich homoerotische[n] Komponente« (S. 370) im Verhältnis zwischen dem König und seinem Neffen, Gruenter (1964) von einem »erotischen Anziehungszauber« (S. 115), Palmer (1996) im Rahmen seines psychoanalytischen Ansatzes von »Marke's homoerotic relationship with Tristan« (S. 27). Diem (1999) weist dagegen zielführender darauf hin, dass Gottfrieds *Tristan* »einen Beitrag zur Rekonstruktion der Andersartigkeit von Beziehungsmodellen« (S. 55; knapper Forschungsüberblick S. 51, Anm. 27) liefern könne. Ähnlich argumentiert Jaeger (1989), der in seiner Untersuchung realer Freundschaftsbeziehungen von Männern in europäischen Königshäusern zum Schluss kommt, dass diese durchaus körperlichen Beziehungen einem nicht-sexuellen »discourse of male love at court« (S. 190) zugehören:

The kiss, the embrace, the expression of fervent love, either written, spoken or versified, comprised a language of favor at court that is distorted when described as ›homosexual‹, that in fact is distorted when regarded by modern sensibilities altogether, which have no words that do not place a false construction on it. To think our way into that alien usage, we are forced to imagine a non-libidinous eroticism, where all the elements of physical/amorous arousal are present [...]. The cult of non-sexual male friendship was important within the political relations at court, in fact was a structuring ethic for those relations (ebd.).

14 Die Fortsetzer Ulrich von Türheim und Heinrich von Freiberg

Vor allem in der älteren Forschung erfuhren die Tristanfortsetzungen von Ulrich und Heinrich geringe Wertschätzung als epigonale Machwerke bzw. missglückte Gottfried-Rezeption. Heute geht man davon aus, dass beide Texte eine je eigene sinntragende Konzeption verfolgen, die allerdings Gottfrieds Minnekonzeption zum Teil konterkariert. Die »vermeintlichen Spielverderber haben Gottfried nicht etwa gar nicht verstanden, sondern sie haben ihn sehr gut verstanden« (Schulz 2004, S. 275).

14.1 | Ulrich von Türheim

14.1.1 | Überlieferung, Datierung, Dichter, Gönner

Ulrichs Fortsetzung ist zusammen mit Gottfrieds Text überliefert, und zwar in sieben Handschriften vom 13. bis zum 15. Jahrhundert. Alle Textzeugen von Ulrichs Fassung liegen im Verbund mit Gottfried vor, es gibt keine von Gottfried unabhängige Überlieferung; für den zeitgenössischen Rezipienten stellte das gegenläufige Erzählen Ulrichs offenbar kein Problem dar. Als der verlässlichste Überlieferungsträger gilt die Heidelberger Handschrift H vom Ende des 13. Jahrhunderts (Strohschneider 1999, Sp. 31). Ulrichs Continuatio entstand um 1230 und umfasst in H 3730 Verse. Der Dichter benennt sich in seinem *Tristan* als *ich, von Tureheim Uolrich* (Ulrich, V. 3598). Dieser Name erscheint in Augsburger Urkunden; Ulrich wird hiermit identifiziert und stammt demnach aus einem schwäbischen Ministerialengeschlecht (Strohschneider 1999, Sp. 28). Ulrich verfasste neben der Tristanfortsetzung auch den *Rennewart* und den *Kliges*, Texte, die »in einen literarischen Kommunikationszusammenhang in der Umgebung der staufischen Könige Heinrich (VII.) und Konrad IV. [gehören], welcher anscheinend in dem Reichsschenken und maßgeblichen königlichen Berater Konrad von Winterstetten seine Mittelpunktsfigur hatte« (ebd.). Ulrich nennt in seiner Fortsetzung diesen Konrad als Auftraggeber (Ulrich, V. 26). Quelle für Ulrich ist Eilhart, das scheint Konsens der Forschung zu sein (anders jedoch Wachinger 1975, S. 61, der »eher die Benutzung einer verlorenen französischen Vorlage« annehmen möchte; Deighton 1997, S. 152, zieht »eine andere unbekannte Quelle« in Betracht).

14.1.2 | Erzählkomplexe: Die Ehebruchsminne als *unsin* und das elsternfarbene Reh

Ulrichs Text knüpft an Tristans Dilemma in Karke an und damit unmittelbar an Gottfrieds Torso, der mit Tristans Rechtfertigungsmonolog bezüglich einer Heirat mit Isolde II schließt. 18 Verse widmet Ulrichs Prolog Gottfried: Der Erzähler beklagt den Tod von *meister Gotfried* (Ulrich, V. 4) und lobt dessen außerordentliches dichterisches Können, das andere Dichtungen übertreffe (ebd. V. 9–13).

Die ehebrecherische Liebe Tristans zur blonden Isolde wird bei Ulrich gleich zu Beginn unmissverständlich als *unsin* diskreditiert. In einem inneren Monolog versucht sich Tristan zu disziplinieren, er will seinen Sinn nur noch auf die zweite Isolde richten:

›*Tristan, hore, ez ist genuc!*	*unde gar **din ere unerent**.*
Tristan, la den unvuc,	*la dim oheime*
dez diu werlt niht ruchet	*sine Ysote da heime,*
unde doch der sele vluchet.	*dem werden kunege Marke,*
Tristan, la den unsin	*unde **minne die von Karke**,*
unde tu die gedanke hin,	*diu dich ze nihte bestat [...].‹*
die dir din heil verkerent	

(Die Liebe zu Isolde I als *unvuc* und *unsin*; Ulrich, V. 45–57)

unvuc und *unsin* meinen die Liebe zu Isolde I, die Hinwendung zu Isolde II ist dagegen positiv konnotiert; bei Gottfried war das genau umgekehrt:

Mit den Worten *la disen blinden unsin* (V. 19165) hatte Gottfrieds Tristan jeden Gedanken an eine andere als die blonde Isolde zurückgewiesen [...]. Ulrich verkehrt ihn ins Gegenteil, baut ihn in eine Argumentation zugunsten allgemein akzeptierter Normen ein: Die Passion verstößt gegen vernünftige Einsicht, gesellschaftliche *vuoge* und die Forderungen christlicher Ethik; sie verletzt die Verpflichtung gegenüber dem nächsten Verwandten (*oeheim*, V. 53) (Müller 1992, S. 534).

Tristan folgt seinem »better self« (Clason 2006, S. 33) und heiratet Isolde II. Kaedin ist Brautwerber für seine Schwester, die Zustimmung der Eltern erfolgt aus dynastischem Interesse, denn es geht darum, den ruhmreichen Helden Tristan als Verbündeten bis zu dessen *tot* (Ulrich, V. 189) am Hof zu behalten. Doch die Minne zur blonden Isolde ist in der Hochzeitsnacht noch gegenwärtig, Tristans »Rückbesinnung auf die *êre* hebt den Anspruch der Passion nicht einfach auf« (Müller 1992, S. 535). Tristan kann das Beilager nicht vollziehen, er denkt an die blonde Isolde, und der Erzähler vermutet, dass diese ihm als ihren Boten *daz wunderliche minnen tranc* (Ulrich, V. 229) schickte. Nicht zufällig folgt sofort eine explizite Warnung: Wer recht bei Verstand ist, der solle zusehen, wie er *vrou minne* (ebd. V. 247) entkomme und sich der *waren minne* (ebd. V. 250) zuwenden. Letzteres meint die Gottesminne, doch wird das, im Gegensatz zu Heinrich von Freiberg (siehe Kap. 14.2), nicht weiter ausgeführt. Isolde II fügt sich klaglos Tristan und der missglückten Hochzeitsnacht: *swas ir tut, daz ist gut. / iwer mut, das ist min mut* (Ulrich, V. 297 f.). Als die Ehefrau Tristan später daran erinnert, dass sie Kuss und Umarmung entbehrt, antwortet Tristan mit einer Lüge: Er habe Gott gelobt, ein Jahr lang eine keusche Ehe zu führen (ebd. V. 344–349).

Es folgt die Episode des ›kühnen Wassers‹ wie sie in etwa aus Eilhart bekannt ist, eine »politische Angelegenheit von allgemeinem Interesse« (Müller 1992, S. 536). Tristan reagiert mit der bekannten Verteidigung, dem Schönheitspreis und dem ›Hundeargument‹ (siehe Kap. 9.2.3 und 9.3.2), es werden »Vertragsstrafe (Tristans Leben) und Termin (sechs Wochen) bestimmt« (Müller 1992, S. 536).

Das elsternfarbene Reh als ›Überdetermination‹: Neu im Unterschied zu Eilhart ist die »Überdetermination« (Schulz 2004, S. 271) der Rückkehr zur Geliebten. Denn während einer Jagd läuft Tristan ein elsternfarbenes Reh zu, Liebesbote von Isolde I. Aus einem Ohr wirft es einen Ring und einen Brief von Isolde in Tristans Schoß mit der flehentlichen Botschaft, dass sie vor Liebesverlangen sterben müsse, wenn er nicht bald zurückkomme (Ulrich, V. 619). Als Kaedin den Brief liest, nötigt er Tristan, zu Isolde I zu reisen. Die Rückkehr zur Geliebten ist also »doppelt begründet« (Schulz 2004, S. 271). Kerth (1981) sieht in Ulrichs schwarz-weißem Reh »the metaphorical union of the bliss of Gottfried's *Minnegrotte* and the darker side of the *Tristanminne* which it is his task to reveal: the sail of the ship which brings Ysolde I to heal the mortally wounded Tristan will be one of these colors« (S. 85).

Die Eltern von Isolde II reagieren mit Vorwürfen, der Vater will Tristan wegen des Ehrverlusts töten lassen (Ulrich, V. 726 f.). Ausgerechnet die Ehefrau bittet jedoch für Tristan, es wird eine Rückkehrfrist von zwölf Wochen vereinbart. Isolde II versichert Tristan ihre Liebe, und Tristan gesteht der Ehefrau seine Schuld: *ich erkenne wol mine schulde. / got gebe, deich dine hulde / noch verdienen muze, / so ich niemer geleben muze / mit eren keinen lieben tac* (ebd. V. 835–839). Schausten (1999) möchte hier einen »von christlichem Gedankengut geprägte[n] Tristan [sehen], der seiner Frau gegenüber seine Schuld eingesteht und Besserung bekundet« (S. 229). Frohgemut zieht Tristan nach Tintajol *nach hoher minnen lone / ze Ysot der lieht gemalen* (Ulrich, V. 846 f.).

Rückkehrabenteuer – Tristan als gefährlicher Narr: Es folgen die aus Eilhart bekannten Rückkehrabenteuer: Tristans Begegnungen mit der blonden Isolde, Aussätzigen-, Knappen- und Narrenepisode. Eilhart »hatte jedoch diese Sequenz (und zudem die Pilgerepisode) in vier Cornwallfahrten des Protagonisten weit auseinandergelegt, während Ulrich sie zu Stationen einer einzigen Rückreise Tristans nach Tintajol konzentriert« (Strohschneider 1991, S. 79 f.). Danach vollzieht Tristan die Ehe mit Isolde Weißhand, ein weiteres Wiedersehen mit Isolde I gibt es nicht.

Die Narrenepisode bzw. das Narrenattribut der Keule ist gegenüber Eilhart auffällig verändert, denn hieraus ist in Ulrichs Text eine ausgesprochen gefährliche Waffe geworden (vgl. Schausten 1999, S. 242; McDonald 1988, S. 130). Der Narr ist für seine Feinde bzw. die Hofgesellschaft lebensbedrohlich und verbreitet Angst und Schrecken: Tristan gibt Antret einen Hieb, so dass dieser bewusstlos und blutüberströmt niederstürzt (Ulrich, V. 2549 f.; 2563); er schlägt Melot ein Auge aus, holt mit der Keule zu einem wuchtigen Schlag gegen Marke aus, der daraufhin flieht (ebd. V. 2752–2755), und er tötet schließlich Pleherin (ebd. V. 2783), »denjenigen seiner Feinde also, der am erfolgreichsten gegen seine Liebe zu Isolde intrigiert hatte« (Schausten 1999, S. 242). Doch bleibt das ohne Folgen, der Narr kann fliehen: »Mit Hilfe des Narrenattributes erlaubt Ulrich den Liebenden somit, Rache zu nehmen an einer Gesellschaft, die versucht hatte, diese Liebe zu zerstören« (ebd., S. 242). Des Erzählers Entrüstung über die Narrenkleidung: *er tet, des ich niht tete: / der mich der dinge bete, / di mir vugeten unreht lebn* (Ulrich, V. 2501–2503) geht an den Bedingungen der Ehebruchsliebe vorbei, denn das Liebesglück der Protagonisten ist gerade an die Narrenrolle gebunden. Während für Müller (1992) die Verkleidungen keinen Abstieg signalisieren: »Nirgends ist Tristans Identität gefährdet, nirgends drohen ernste Konflikte« (S. 537), sieht das zum Beispiel Becker (2009) anders: »Mit seiner Verwandlung zum Narren erniedrigt er sich sowohl sozial wie auch körperlich [...]. Der Held wird so wahrhaft zum Minnetoren« (S. 293).

Im Rahmen der Narrenepisode, die Tristan und Isolde nächtliches Liebesglück gestattet, werden sie von dem Neider Antret im Bett entdeckt. Marke will das Liebespaar verbrennen lassen, Tristan kann entkommen, Marke will daraufhin Isolde lebendig begraben. Als ihm der Hofrat aus politischen Gründen davon abrät, weil es *der krone [...] nicht gezeme* (Ulrich, V. 2827), gibt Marke schnell nach und will sogar in Zukunft Isolde vor übler Nachrede schützen. Es »dominieren bis zuletzt die Interessen der Institution« (Müller 2007, S. 444).

Kaedin als ›Tristanimitator‹: Es folgt die Nampotenis-Episode, die wiederum aus Eilhart bekannt ist: Tristan hilft seinem Freund und Schwager Kaedin bei einem Liebesabenteuer mit einer verheirateten Frau. Die Sache endet für die Liebesabenteurer und den betrogenen Ehemann katastrophal, denn Nampotenis und Kaedin sterben, und Tristan ist durch eine vergiftete Lanze tödlich verwundet. Das motiviert die Segellüge (siehe Kap. 11). Bei Ulrich wird Isolde II wegen ihrer Lüge vom Erzähler scharf verurteilt: sie *tet niht wol* (Ulrich, V. 3388) heißt es da und: *grozze sunde Ysot erwarp* (ebd. V. 3394). Als Marke von dem Zaubertrank erfährt, beklagt er den Tod des Liebespaares und versichert, dass, wenn beide noch lebten, er ihnen alles gewähren würde (ebd. V. 3463–3465). In zwei Särgen überführt Marke das Liebespaar nach Cornwall und lässt die beiden im Kloster der Königssippe beerdigen. Am Ende des Textes wird wiederum der Minnetrank zum Thema. Denn Marke beteuert in der Retrospektive, dass er noch von keinem *so wolgelobetem man* (ebd. V. 3579) wie Tristan gehört habe, *heite in das tranc der minne / niht braht uf unsinne* (ebd. V. 3581 f.). Marke will fortan sein *ritterliches lebn* (ebd. V. 3673) in den Dienst Gottes stellen, er lässt ein Münster mit den zwei Gräbern in der Mitte errichten, und das Wunder um Rosenstock und Weinrebe geschieht.

Der Szenenbestand ist also gut überschaubar: Tristans Heirat mit Isolde II; ›kühnes Wasser‹; Schönheits- und Hundeargument; Wunderreh; Rückkehrabenteuer; Nampotenis-Episode; Segellüge und Liebestod, Rosen- und Weinstock.

14.1.3 | Forschungsgeschichte: Vom ›jämmerlichen Notdach‹ zum ›genau durchdachten Text‹

Die Fortsetzung Ulrichs ist sehr unterschiedlich beurteilt worden, wobei vor allem die ältere Forschung ästhetische bzw. intellektuelle Wertungen vornahm. Leitzmann (1920) sprach von einem »jämmerlichen notdach« (S. 120), Kerth (1979) von einem »nicht allzutiefen geistigen Gehalt« und dem »anspruchslosen Niveau einer übertriebenen, in nahezu derb-spielmännischer Art dargestellten Sexualität« (S. VII); Meissburger (1954) kritisierte eine »seltsame Zerfahrenheit« (S. 51) und Wachinger (1975) konstatierte eine »anstoßerregende Primitivität der Handlung« (S. 61 f.). Eine positive Sicht auf den Text setzte mit McDonald (1990, S. 1 f.) ein, der warnte, den Text nur von seinem »epigonalen Status« her zu beurteilen. Clason (2006) nahm diese Warnung als ein wichtiges Korrektiv »since it opens the works to well-deserved appreciation in their own right« (S. 17). Strohschneider (1991) konnte dann zeigen, dass Ulrichs Fortsetzung »ein genau durchdachter, narrative Strukturen als Elemente der Sinnkonstitution nützender [...] Text« (S. 81) ist; der Erzähler entwirft »gleichsam an der Logik der Tristanhandlung vorbei und abseits der Kommentare Gotfrits eine eigenständige Deutung des Erzählten« (ebd. S. 82).

Forschungskontroversen entwickelten sich vor allem an der Frage, ob Ulrich die Gottfriedsche Tristan-Minne relativiert. Nach Buschinger (1988) »tilgt Ulrich, im Gegensatz zu seiner Vorlage und noch entschiedener zu Gottfried, alles, was der Tristan-Stoff an revolutionärer Potenz enthält, und interpretiert ihn in voller Übereinstimmung mit der gesellschaftlichen Moral« (S. 4). Grubmüller (1985) sieht dagegen keine »Relativierung der Tristan-Minne«, keine »Domestizierung von Gotfrids riskantem Minneexperiment durch die Verherrlichung der Eheliebe in der Beziehung Tristans zu Isolde Weißhand« (S. 340). Er begründet dies mit den Erzähler-Reflexionen nach dem Minnetod des protagonistischen Paares, in denen diese »zum Muster aller

Liebenden, Isolde zum Vorbild an *triuwe* (V. 3428–3436, v. 3649 f.), Tristan zum Paradestück des höfischen Ritters« (S. 339) werden. Andererseits sieht auch Grubmüller eine »Exempelreihe für die verderblichen Wirkungen der Minne« (ebd. S. 344).

Es liegt also offenbar ein Widerspruch in Ulrichs Text vor: »Wenn Ulrichs Erzählkonzept im warnenden Exempel von der verderblichen Macht der Minne liegt, wie soll dann freilich dieses *buoch der minnen zil* werden, warum sollen gerade *rehte minnaere* diese Geschichte lieben? Die beiden Ansprüche sind nicht zu vereinen« (ebd. S. 345). Müller (1992) dagegen spricht von einem Kompromiss zwischen der Faszination durch die Liebespassion und der eindeutig didaktischen Intention: Ulrich gibt »die *minne*, auch gegen die Gesellschaft, nicht auf, aber bindet sie an besondere Bedingungen. Sie bleibt eingekapselte *âventiure* in der *historia* vom Helden Tristan« (S. 540). Diese *âventiure*-Leistung sieht Müller darin begründet, dass Tristan nach der Liebesnacht im Rahmen der ersten Wiederbegegnung, als er von Isolde Abschied nimmt, bekräftigt, alles für sie tun zu wollen: *Ysot, ich bin ze dime gebot, / swie du gebutest, vrouwe min* (Ulrich, V. 1848 f.). Das aber »überführt die Passion (*unsin*) in ein geregelteres, weniger abweichendes höfisches Dienstverhältnis« (Müller 1993, S. 537). Tristan heißt jetzt *vrouwen ritter* (Ulrich, V. 1950), der keiner *ritterschaft* (ebd. V. 1951) ausweichen darf (was dann die weiteren Rückkehrabenteuer motiviert und legitimiert). Der höfische Frauendienst ersetzt die Passion; sind die Abenteuer bestanden, kann der Held nach Hause zurückkehren, denn neben dem Frauendienst »ist für die Ehe durchaus Platz« (Müller 1992, S. 538).

Tatsächlich vollzieht Tristan nach Abschluss seiner Abenteuer als *vrouwen ritter* endlich die Ehe mit Isolde II: *vil suzze si samt lagen: / biz an Tristandes tot / nie man ez wibe baz gebot* (Ulrich, V. 3100–3102). Das Beilager mit Isolde Weißhand ist also nicht wie bei Eilhart als Racheakt Tristans an Isolde I im Rahmen der Aussätzigenlist vermittelt, es erfolgt bei Ulrich gewissermaßen folgerichtig und unproblematisch nach dem Frauendienst für Isolde I. Der »Antagonismus von Passion, Frauendienst und Ehe wird in ein Nacheinander übersetzt: zeitliche und räumliche Entzerrung soll erlauben, die antagonistischen Ansprüche aufrechtzuerhalten« (Müller 1992, S. 540).

Der Sonderregelstatus der Tristan-Minne wird deutlich auch in der Kaedin-Kassie-Episode. Für andere ist die Nachahmung der Ehebruchsliebe offenbar tödlich, die Ordnung wird wieder hergestellt, indem der Betrogene, Nampotenis, den Betrüger, Kaedin, tötet. Für Strohschneider (1991) ist deshalb

> die Kaedinerzählung nicht nur einfach ein Kommentar zum Tristanroman, sondern zugleich eine definitive Rezeptionsanweisung. Indem sie die letalen Folgen eines an dem Ehebrecher orientierten imitatorischen Verhaltens vorführt, setzt sie die Warnung vor einer identifikatorischen Rezeption der Tristangeschichte episch um und holt sie in diese selbst herein (S. 83).

Doch insgesamt ist Ulrichs Text trotz der »Strategien der Bewältigung (Totenklage, Bestattung im Hauskloster, Gebetssorge, Seelgerät), die das *wunder* in die gewöhnliche Ordnung fügen« (Müller 1992, S. 547), bis zum Ende ambivalent. So wird am Anfang vor dem *unsin* der passionierten Liebe gewarnt, doch soll Ulrichs Geschichte am Ende *der minnen zil* (Ulrich, V. 3628) sein. Der Erzähler bedauert Isoldes Liebestod, weil man heutzutage wohl kaum mehr eine Frau fände, die allein wegen ihres Geliebten zu sterben bereit sei (ebd. V. 3428–3432), und lobt wenig später auch die unvergleichliche Treue des edlen Tristan (ebd. V. 3705–3707), wähnt aber im gleichen Atemzug diesen *zehelle* (ebd. V. 3709), also in der Hölle, woraus ihn Gott erlösen möge.

14.2 | Heinrich von Freiberg

14.2.1 | Dichter, Gönner, Datierung, Überlieferung

Der Dichter ist im Prolog genannt: *Heynrich von Vriberc* (Heinrich, V. 82). Vermutlich bezieht sich das auf das sächsische Freiberg (vgl. Steinhoff 1981, Sp. 723). Ebenfalls im Prolog wird im Rahmen eines ausführlicheren Gönnerlobs ein weiterer Name genannt: *Reymunt von Luchtenburc* (Heinrich, V. 77; 75) mit dem Hinweis, dass dieser *in Behemlant* (ebd. V. 62) geboren ist. Das Haus der Lichtenburger »gehörte zu den reichsten und mächtigsten Adelshäusern im Böhmen des 13. Jahrhunderts« (Schausten 1999, S. 253; vgl. auch Sedlmeyer 1976, S. 242; Bumke 1979, S. 277). Urkundlich ist Heinrich nicht nachgewiesen. Identifizierungsversuche, die Heinrich mit dem urkundlich bezeugten Henricus de Broda in Verbindung bringen (so zum Beispiel Bernt 1978 [1906], S. 190-199) sind spekulativ.

Heinrichs Tristanfortsetzung ist etwa 50 Jahre nach Ulrichs Version entstanden, wohl um 1280/90 (vgl. Stein 2001, S. 218; Grothues 1991, S. 9; Bumke 1979, S. 277). Der Text ist mit 6890 Versen nahezu doppelt so lang wie Ulrichs Fortsetzung, die Überlieferung dagegen ist mit drei vollständigen Handschriften – Florenz, Köln und Modena – und zwei Fragmenten aus dem 14./15. Jahrhundert schmaler (vgl. Steinhoff 1981, Sp. 725 f.; Klein 1988, S. 161; 163; Sedlmeyer 1976, S. 13-15). Vor allem die ältere Forschung sah Heinrichs Version zum Teil in einer angeblich mangelnden Qualität von Ulrichs Fassung begründet (etwa Bechstein 1877, S. IX; ähnlich Wetzel 1993, S. 175); als Gegenargument wurde die Parallelüberlieferung beider Texte herangezogen (vgl. Schausten 1999, S. 251). Tatsächlich ist die Überlieferungsnähe von Gottfrieds Torso und Heinrichs Fortsetzung auffällig. So sind in einer Handschrift die Kapitelüberschriften zu Gottfried und zu Heinrich durchnummeriert, in einer anderen ist die Integration so gehandhabt, dass »der eine Text nahtlos in den nächsten übergeht« (Deighton 2004, S. 117).

Heinrichs Prolog nennt Ulrichs Namen nicht, ausführlich und stilistisch kunstvoll werden jedoch Totenklage und Lob Gottfrieds formuliert, der *mit schoner red betichtet / und meisterlich berichtet* (Heinrich, V. 13 f.). Die Quellenfrage sorgte für Irritationen. Denn die Fortsetzung stellt eine Verbindung zu Thomas von England her, auch noch *in lampartischer zungen* (ebd. V. 6844; Überblick zu diesem Forschungsproblem bei Stein 2001, S. 218), doch ist offensichtlich, dass Heinrichs Text wenig mit der Fassung von Thomas zu tun hat. Es ist weitgehend Konsens der Forschung, dass Heinrich sich auf Ulrich und Eilhart stützt (vgl. hierzu Deighton 1997, S. 152, der jedoch auch den Rückgriff auf weitere Texte als wahrscheinlich sieht).

14.2.2 | Erzählkomplexe

14.2.2.1 | Astrologie und Minne, Passion und Ehe

Heinrichs Fortsetzung knüpft unmittelbar an Gottfrieds Fragment an, wobei zunächst die Lage resümiert wird: *Wir han gehort, wie Tristant / in Arundele daz lant / zu dem herzogen quam* (Heinrich, V. 85-87). Sozusagen erwartungsgemäß erfolgt der Bericht der Heirat Tristans mit Isolde Weißhand, wobei die hier berichteten Zweifel Tristans und seine Verwirrung an Gottfried denken lassen. Anders als bei Ulrich wird nach der Hochzeit der (aus Eilhart bekannte) Artuskomplex mit der Wolfeisen-

Episode (siehe Kap. 12.2) eingeschoben, in den Heinrich jedoch massiv eingreift: Nicht nur, dass sich Artus selbst an der Balgerei der Artusritter beteiligt (Heinrich, V. 2902 f.) und so auch noch mit körperlichem Einsatz den Ehebrecher Tristan deckt, er versöhnt zudem Marke und Tristan – und das hat erzähllogische Folgen. Denn Tristan kann so am Markehof bleiben, das gibt Raum für das Erzählen von Abenteuern, die bei Eilhart in der ersten Romanhälfte stehen: Entdeckung und Gefangennahme von Isolde und Tristan, Kapellensprung, Waldleben. Danach kehrt Isolde an den Markehof zurück, Tristan zu seiner Ehefrau. Erst jetzt folgen das ›kühne Wasser‹ und die Rückkehrabenteuer ›Dornbusch‹ und ›Tristan als Narr‹. Der Schluss bedient sich mit Abweichungen wiederum bei Eilhart; hinsichtlich ihrer Segellüge wird die Weißhand explizit gerügt: *ez waz ein torisch ungelimpf* (ebd. V. 6390).

Heinrich greift also gegenüber Eilhart massiv in die bekannte Erzählchronologie ein, »denn Tristan ist ja schon der Mann der Weißhand, wenn er wieder der Geliebte der blonden Isolde wird« (Müller 1992, S. 543) – und das eben nicht nur wie bei Eilhart im Rahmen der Rückkehrabenteuer. Die Szenenabfolge ist verschlungen: Hochzeit; Wolfeisen-Episode bei Artus als erstes Rückkehrabenteuer mit Versöhnung von Marke und Tristan; Entdeckung der Liebenden am Markehof/Verurteilung/Waldleben/Trennung; ›kühnes Wasser‹; Rückkehrabenteuer; Kaedin und Kassie; Segellüge; Liebestod; Rose und Weinstock.

Ähnlich Ulrichs Wunderreh gibt es auch bei Heinrich ein wunderbares Phänomen. Die Minne zur blonden Isolde ist nämlich an kosmische Vorgänge geknüpft, sie ist keineswegs immer vorhanden. Durch feindliche Gestirnkonstellation (*man nennet iz eclypsim*; Heinrich, V. 238) kann zeitweise die Macht der Minne, genauer, des Minnetranks, aufgehoben werden: *der sorgen riche Tristan, / der mocht ouch einen stern han / mit der kunigin gemein, / der im nu nicht als e erschein / und ir beider minne pflac, / an dem die kraft des trankes lac / und genaturet nach im waz* (ebd., V. 251–257). Kann Tristan seinen ›Stern‹ Isolde nicht mehr erkennen, ist es ihm möglich, die ›richtige‹ Bilanz zu ziehen, nämlich dass Marke doch sein Onkel ist und die Minne zur irischen Isolde *sunde* (ebd. V. 273), *unrecht* (ebd. V. 274), *der eren ungewin* (ebd. V. 275), der Teufel lache hierzu. Mit dieser Einsicht ist es freilich vorbei, wenn die Gestirnkonstellation wechselt, denn dann gewinnt im »kosmischen Drama« (Becker 2009, S. 295) die Minne zur blonden Isolde wiederum die Oberhand.

Heinrichs Erzählregie geht dahin, passionierte Liebe und Ehe zugleich getrennt und kompatibel zu halten. Die Abwertung der Ehe gegenüber der Minne wird signifikant bei Tristans Lüge gegenüber seiner Ehefrau, bei seinem Drachenkampf der Jungfrau Maria geschworen zu haben, ein Jahr lang auf den Ehevollzug zu warten. Seine Beschreibung der blonden Isolde gerät dabei zur »Epiphanie der heiligen Jungfrau« (Müller 1992, S. 542). Die Art der Zuwendung Tristans zu beiden Isolden ist offenbar grundverschieden: Tristan legt die blonde Isolde *lieplich hin in / in sines herzen inren schrin* (Heinrich, V. 801 f.), und *Ysot von Arundele / die lac im an dem arm hie* (ebd. V. 806 f.). Schulz (2008) sieht darin zutreffend eine deutliche Hierarchisierung, denn »in der inneren Kammer des Herzens liegt die irische, in der Schlafkammer die Weißhand« (S. 333).

14.2.2.2 | Figurenkonzeptionen: Der höfische Frauenritter Tristan, die listige Isolde und der *einvaltige kunic* Marke

âventiure und Frauendienst für die Geliebte: Minne und *âventiure* sind überlegene Gegenspieler der Ehe in Karke; so nimmt etwa die Artusepisode, die Tristan seiner Ehefrau entführt, bei Heinrich viel mehr Raum ein als bei Eilhart. Der Kontakt zu Artus wird bei Heinrich so hergestellt, dass ein arthurischer Bote Tristan zur Gründung der Tafelrunde einlädt. Sofort will Tristan zu Artus *nach ewentuwer varn* (Heinrich, V. 1450), in 20 Versen (ebd. V. 1447–1466) ist dann elfmal von *aventure* die Rede. Gleich dreimal muss sich Tristan als hervorragender Ritter beweisen, eine »verselbstständigte *digressio*, die immerhin knapp 1330 Verse vor dem Beginn des eigentlichen Wiederkehrabenteuers umfasst und die alle relevanten Elemente arthurischen Ritterverhaltens« (Seeber 2011, S. 156) beinhaltet, der »Minnediener wird zum Artushelden« (ebd. S. 157.). Auch bei der zweiten Rückkehr ist die Verschränkung von Frauendienst und *âventiure* akzeptiertes Argument: Tristan gibt gegenüber Kaedin an, die irische Isolde *mit ritterlicher tat* (Heinrich, V. 3911) erworben zu haben, und in seiner Beschreibung gerät diese wiederum zur »ins Überirdische gesteigerten *vrouwe* des Minnedienstes« (Müller 1992, S. 544). Sogar Kaedin und dessen Eltern akzeptieren Tristans Reise zu seiner Geliebten als höfischen Frauendienst: Tristan und Kaedin wollen *durch die minnenclichen wip* (Heinrich, V. 4028) nach Cornwall fahren. Es gibt kein Hin und Her wie bei Ulrich, man bricht rasch auf, um Schönheitsvergleich und ›Hundeargument‹ Tristans einer visuellen Überprüfung zu unterziehen.

Tristans *manheit*: Zu dieser Konzeption eines Frauenritters passt, dass Tristans *manheit* stark exponiert wird: »the word-field ›manheit‹ dominates Heinrich's treatment of the protagonist« (McDonald 1999, S. 103); »erotic passion« ist die treibende Kraft für alles, was Tristan tut (ebd., S. 108). Die Verbindung von *manheit* und Minne stellt der Erzähler vor Tristans Fahrt zu Artus heraus: Tristan *weninc slif die nacht. / sin manheit und ir minne, / der suzen kuniginne, / der blunden Ysote, / die reizten ie genote / den held uf niwe ritterschaft* (Heinrich, V. 1420–1425). »Whether in the wilds or at Arthur's court, Tristan is the paragon of masculinity« (McDonald 1999, S. 107). Die Ehefrau dagegen wundert sich, *daz der gevuge Tristan / nicht zu vrowen liebe kan* (Heinrich, V. 3719 f.). In der Narrenepisode bei der blonden Isolde ist »Tristan's military masculinity« (McDonald 1999, S. 107) besonders offenkundig, seine Aggressivität ist bei Heinrich von Anfang an vorhanden (vgl. McDonald 1988 S. 131). Der Erzähler betont immer wieder, dass »Tristan kein Narr ist, sondern ihn nur spielt«, dass »er die Gelegenheit nutzt, sich an seinen Gegnern zu rächen« (Müller 1992, S. 545).

Der Kolben als Narrenattribut wird zur gefährlichen Waffe: Tristan zielt sogar nach dem König. Als Antret diesen schützen will, wird er selbst *an daz houbet* (Heinrich, V. 5214) getroffen *daz er da belac, / unversunne und betoubet* (ebd. V. 5212 f.). Auch an Melot rächt sich Tristan, er verbrennt ihm mit heißer Pfefferbrühe die Augen, *daz sie uz dem kopfe im runnen* (ebd. V. 5298). Alle fliehen vor ihm, König und Königin, die ganze Hofgesellschaft. McDonalds Einschätzung (1999): Tristan »is clearly ›fortis‹. But he is not ›sapiens‹« (S. 110) greift nicht, denn Tristan weiß, was er tut. Schausten (1999) spricht denn auch von einem »Raffinement im bewußt manipulativen Umgang mit Sprache« (S. 258). So versichert Tristan Kaedin zweideutig, dass er ›Isolde‹ liebe und er nennt sich als Narr am Markehof *Peilnetosy* (Heinrich, V. 5327), das heißt (rückwärts gelesen) *Ysoten liep* (ebd. V. 5336).

Die listige Isolde: Wie bei Gottfried ist es jedoch hauptsächlich die blonde Isolde, die listig die Weichen stellt. Im Rahmen des Waldlebens der Protagonisten inszeniert sie ein »komödienhafte[s] Scheingespräch« (Müller 1992, S. 544), um Marke von ihrer Unschuld zu überzeugen. Isolde trifft Blumen pflückend zufällig auf Marke, gibt vor, diesen nicht bemerkt zu haben, und führt *uz listigem herzen* (Heinrich, V. 3514) ein Scheingespräch mit ihrem Begleiter vor den Augen und Ohren ihres Ehemanns. So beteuert sie, ohne Tristan schuldlos im Wald zu leben, Hunger und wilden Tieren ausgesetzt zu sein, und sie bedauert weinend die Trennung von Marke, angeblich die Folge von Lügen und *valscher nider truge* (ebd. V. 3518). Wie in Gottfrieds Baumgarten (siehe Kap. 6.2.2.2) hat Isoldes List Erfolg: Marke fällt auf die Knie, bittet Isolde um Verzeihung und macht sich Vorwürfe, wollte er doch Tristan und sie verbrennen lassen. Marke nimmt Isolde einvernehmlich an den Hof zurück und *lebte mit ir sider / gar minneclichen alle vrist* (Heinrich, V. 3606 f.). Tristan ist darüber keineswegs unglücklich, er ist vielmehr *von herzen inneclichen vro* (ebd. V. 3651), lässt seiner Geliebten ausrichten, dass er weiter *in irm dinste varn* (ebd. V. 3670) wolle – und kehrt dann fristgerecht heim zu seiner Ehefrau. Dort freilich liegt er weiterhin bei ihr *als ein ron* (ebd. V. 3714), wie ein Baumstamm also, denn Tristan hat *die blunde Ysot in herzen* (ebd. V. 3705). Es folgt das ›kühne Wasser‹ und damit die zweite Rückkehr zur irischen Isolde.

Strohschneider (1991) spricht von »Schein-Schlüssen«, die Heinrich seiner Version einschreibe, epischen »Vergegenwärtigungen der Möglichkeit eines nicht katastrophal-tödlichen Ausgangs« (S. 90), die in Wahrheit »Trugschlüsse« seien. Ein solcher Scheinschluss ist unmittelbar vor der Nampotenis-Handlung inszeniert. Denn bis zu diesem Zeitpunkt lebt König Marke mit seiner Frau *gar lieplich* (Heinrich, V. 5717), und auch Tristan lebt mit seiner Ehefrau *sam ein man zu rechte sol / leben mit libem wibe* (ebd. V. 5964 f.), ein scheinbares glückliches Ende also in Tintajol und auch in Karke, wenn dort nun endlich die Ehe vollzogen wird. Die folgende Störung, die wie bei Ulrich für die Protagonisten tödlich verläuft, kommt über Kaedins Liebesbegehren von außen.

Der *einvaltige* Marke: Heinrichs Strategie, die beiden Systeme, hier Minne, dort Ehe, kompatibel zu halten und Konflikte einzudämmen, hat Folgen für die Konzeption der Markefigur. Heinrichs Marke vermeidet »die direkte Konfrontation mit den Liebenden« (Schausten 1999, S. 266). So meint Marke nach der Flucht des ertappten Liebespaares in den Wald, dass Tristan und Isolde nur mit Gottes Hilfe haben gerettet werden können (Heinrich, V. 3342 f.), was ihre Unschuld beweise; als der vermeintliche Narr fingerzeigend Marke derb verspottet, lacht dieser nur (ebd. V. 5187), und als Marke jagen geht, fordert er Isolde sogar noch auf, gut für den (vermeintlichen) Toren zu sorgen (*und pfleget mir des toren wol*; ebd. V. 5313). Marke kommt bei Heinrich in gewisser Hinsicht besser weg als bei Gottfried, doch das hat seinen erzähllogischen Preis. Denn der Erzähler berichtet nicht ohne Spott, dass Marke schläft, als sich Tristan mit dessen Frau vergnügt (ebd. V. 2796), und wiederholt ist an signifikanten Stellen von dem *einvaltige[n] kunic gut* (ebd. V. 3428; ähnlich 5713 f.) die Rede.

14.2.2.3 | Heinrichs Verhältnis zu Gottfried: »programmatische Distanznahme«? Gottesliebe statt Passion

Wie steht Heinrich zur Gottfriedschen Minnekonzeption? Nach McDonald (1990, S. 56) geht es Heinrich in didaktischer Absicht um eine Verurteilung der passionierten Liebe der Protagonisten; Strohschneider (1991) sieht eine »programmatische Distanznahme« (S. 93), eine »Domestikation [eines] problembehafteten Faszinosums« (ebd. S. 95), Grothues (1991) »ein ganz neues Buch« (S. 162); nach Deighton (2004) liegt dagegen »keine intendierte Absage an Gottfrieds Roman, kein wie auch immer gearteter Anti-Tristan vor« (S. 126). Deightons Argument, dass in Heinrichs Text die »Verdammung der Liebe zwischen Tristan und Isolde« fehle (ebd. S. 126), ist vorderhand durchaus richtig. Denn Heinrich situiert nach Tristans Tod eine Art Nachruf (Heinrich, V. 6414–6480), in dem an alle wichtigen Stationen seines Lebens, wie sie Gottfried berichtet, erinnert wird. Diese Rückschau sticht heraus, weil sie den Tod bzw. den Konnex von *leit* und *liebe*, Gottfrieds Leitthema, auffällig exponiert (vgl. Deighton 2004, S. 121). Tristan wird dabei mit ehrenvollen Epitheta belegt, die ihn vor allem als vorbildlichen höfischen Ritter ausweisen: *der aller manheit waz ein man* (Heinrich, V. 6414), der *eren riche* (ebd. V. 6421), der *ellenthafte* (ebd. V 6445) usw.

Der vermeintliche Anschluss an Gottfrieds Minnekonzeption ist zuvor jedoch nicht nur durch den wiederholten Rekurs auf den unglückseligen Minnetrank und die Bindung der Tristan-Minne an kosmische Konstellationen konterkariert, sondern ebenso durch Heinrichs besonderen Entwurf des Waldlebens. Denn bei Heinrich ist der Wald ein »von Alltagszwängen entlasteter Sonderbezirk, in dem man die *minne* problemlos ausleben kann« (Müller 1992, S. 544) – eigentlich jedoch intendierte das Paar etwas anderes: Denn Tristan und Isolde suchen zuerst nach der *fossiwer a la gant amant* (Heinrich, V. 3324), Gottfrieds Minnegrotte also, doch können sie diese nicht finden (ebd. V. 3327). Das hat Signalcharakter: Schulz (2004) spricht von einer »entmythisierende[n] Korrektur von Gottfrieds Minnegrottenleben« (S. 274), Strohschneider (1991) weist darauf hin, dass »aus der Utopie der Minnegrotte bei Heinrich von Freiberg die miserable ›Realität‹ des Daseins der Liebenden im Exil einer Waldhütte« wird (S. 94); Schausten (1999) sieht eine »Skepsis gegenüber der apologetischen Darstellung der ›minne‹ bei Gottfried« (S. 260), und Müller (1992) vermerkt, dass Heinrich »seine Helden auch nicht für eine Zeit lang ins ›ganz Andere‹ der Grotte« entlässt (S. 543).

Dass Heinrich seinen Protagonisten Gottfrieds Minneparadies verwehrt, hat sein Pendant im Schluss. Strohschneider (1991) spricht von einer »prozessual entfalteten Konzeption« bei Heinrich (S. 92), zu der die preisende Totenklage um Tristan, Kurvenals weit gespannte Weltabsage nach dem Liebestod und schließlich der mahnende Epilog gehören. Denn Kurvenal beklagt die Liebenden nach deren Tod, die letztlich Opfer der Verlockungen einer Welt und deren schönem Schein geworden seien (vgl. Schausten 1999, S. 273). Die pessimistische Weltsicht schließt auch Marke mit ein: Wie bei Eilhart und Ulrich bedauert er am Ende, nichts von dem Minnetrank gewusst zu haben; er lässt die Toten in Tintajol begraben und stiftet ein Kloster mit dem Namen Marienstern, in das er auch selbst eintritt (zur Identifizierung des Klosters mit dem 1284 vollendeten Zisterzienserinnenkloster gleichen Namens in der Lausitz vgl. Krywalski 2010, S. 50; dazu kritisch Steinhoff 1981, Sp. 724). Die Herrschaft wird an Kurvenal übergeben.

Mit dieser radikalen Weltabsage in »protziger Frömmigkeit« (Stein 2001, S. 220) in den Schlusspartien transzendiert Heinrich die Lösung Ulrichs, die nur vage Markes Rückzug aus dem Ritterleben formuliert. Die konsequente Abkehr aus einer als hinfällig erkannten Welt wird vom Erzähler ausdrücklich gebilligt, denn die weltliche Minne sei *hin slichende und genclich* (Heinrich, V. 6850), und die brennende Liebe zwischen Tristan und Isolde habe denn auch nur ein *swaches ende* (ebd. V. 6855) genommen. Die Minnesymbole Rose und Rebe, die sich auf dem Grab umschlingen, werden in eine geistliche Deutung überführt: Christus sei der wahre Rosenstock, die wahre Rebe die Christenheit, die Herz und Geist mit Christus verflechten soll. Die *werlde minner* (ebd. V. 6847) sollen sich der *waren minne* (Heinrich, V. 6858) zu Christus zuwenden: *wir cristen sulen minnen Crist* (ebd. V. 6860).

Für Strohschneider (1991) ist Heinrichs Text mithin ein »warnendes Exempel« mit einer »antiidentifikatorische[n] Rezeptionsanweisung« (S. 92); nach Schulz (2004) geht die ideologische Tendenz beider Fortsetzer dahin, »das Transgressive der Tristan-Minne in die feudale Lebenspraxis zurückzubinden« (S. 274). Doch freilich gelingt das nicht ganz. Als Tristan und Isolde bereits in ihren Gräbern liegen, zeigt *der glunde minne tranc / in den toten herzen* (Heinrich, V. 6833 f.) immer noch seine Wirkung: Man sieht Rose und Weinrebe *in ein ander minnenclich / vlechten, werren und weben* (ebd. V. 6838 f.).

Fazit: Obwohl sich Ulrich und Heinrich lobend auf Gottfried beziehen, formulieren beide in ihren Fortsetzungen, deren Erzählmaterial vor allem aus Eilhart stammt, noch im 13. Jahrhundert ein Korrektiv zu Gottfrieds Minnekonzeption. Bei Ulrich ist die passionierte Liebe gleich zu Beginn als *unsin* diskreditiert, doch Tristan und Isolde werden durch die Magie des Minnetranks und die Existenz eines elsternfarbenen Wunderrehs als Liebesbote exkulpiert. Ulrichs Erzählregie macht die vier Rückkehrabenteuer Eilharts zu Stationen einer einzigen Rückreise, in der die Passion in einen gesellschaftlich kompatiblen höfischen Frauendienst für Isolde I verwandelt wird. Das erzählerische Dilemma wird bis zum Ende nicht gelöst: Einerseits soll Ulrichs Text *der minnen zil* sein, andererseits wähnt der Erzähler am Ende Tristan in der Hölle.

In Heinrichs Continuatio ist die Tristan-Minne an kosmische Phänomene geknüpft. Denn eine besondere Konstellation am Himmel kann zeitweise die Macht der Passion aufheben und Tristan erkennen lassen, dass die Ehebruchsliebe eine *sunde wider got* ist. Ist die kosmische Verdunklung vorbei, gewinnt Tristans Minne zur blonden Isolde wieder die Oberhand, die Geliebte erscheint bei Heinrich dann sogar als ›Epiphanie‹ der Jungfrau Maria, die Ehe wird so marginalisiert. Die Rückkehrabenteuer sind in zwei Sequenzen übermittelt, die noch mehr als bei Ulrich Tristans *manheit* und seine Disposition zum Frauenritter herausstellen und so die Passion – als höfischer Frauendienst codiert – an seine Ehe anschließbar machen. Der Liebestod dient Heinrich am Ende als Folie für seine fromme Mahnung, dass die irdische Minne vergänglich sei. Die *werlde minner* sollen sich stattdessen der Gottesliebe zuwenden: *wir cristen sulen minnen Crist*.

15 Schlussbetrachtung. ›Erzählen im Paradigma‹ und ›Ökonomie der Transgression‹

Die Orientierung dieses Buches am erzählchronologischen Fortgang der Tristangeschichte (Geburt – Minnetrank – Minnegrotte – Tod der Liebenden), die der Textsorte ›Einführung‹ geschuldet ist, suggeriert, dass über die konsistente und teleologisch organisierte Erzählung eines der passionierten Liebe verfallenen Helden gehandelt würde, der am Ende die Quittung für sein ehebrecherisches Treiben erhielte, ein sozusagen sujethafter Konflikt also, der dann seinen erwartbaren Verlauf nimmt. Die Analyse hat gezeigt, dass zwar Berol und Eilhart die Passionsliebe als Störfaktor radikal jenseits gesellschaftlicher Ordnung positionieren, dass bei Gottfried jedoch bereits die Elternvorgeschichte eine solche Erwartungshaltung frustriert: Denn wie könnte so die illegitime Liebe der Eltern Tristans als *lêal amûr* gerechtfertigt sein (noch dazu, wenn kein Minnetrank diese exkulpieren kann)? Und wie könnten die Ehebrecher Tristan und Isolde dann *edele herzen* sein und ihr erfolgreicher Serienbetrug gegenüber der höfischen Markewelt gutgeheißen werden?

Es ist nicht zu übersehen, dass Gottfrieds Torso nichts gemein hat mit der Umsetzung Richard Wagners, die rezipientenfreundlich eindeutig markierte Oppositionen anbietet. Denn Tristan stirbt in der Oper in romantischer Absage an die widerständige Gesellschaft: Die Liebenden werden im Baumgarten erwischt, bereits hier erhält Tristan seine Todeswunde (durch Melot) und Isolde kommt zu spät. Diese Simplifizierung bleibt weit hinter Gottfried zurück, denn dessen Liebende wollen um ihrer *êre* willen aus dem *wunschleben* der paradiesischen Minnegrotte freiwillig wieder in die höfische Marke-Gesellschaft zurückkehren (die eben noch der Ort von Intrige und Neid war und deren Mitglieder Marjodo und Melot kurz zuvor als Werkzeuge des Teufels und dem Liebespaar überwollende *eiterslangen* diskreditiert wurden). Fazit: »Wo immer man festhält am Konzept einer syntagmatisch kohärenten Geschichte, verläßt man den Text [Gottfrieds] selbst« (Warning 2003, S. 205). Wie aber dann weiter?

Müller und Warning haben jeweils genau an diesem Problem angesetzt. Müller (2003) fokussiert den aporetischen Charakter der transgressiven Tristan-Minne wie folgt:

> In der kunstvollen Kombination des scheinbar Unvereinbaren, antagonistischer Geltungsansprüche und heterogener (poetischer, allegorischer, ethischer, erkenntniskritischer usw.) Diskurse entwirft Gottfried ein Spiel, das Ernst und Verbindlichkeit der aufgerufenen Ordnungen nicht aufhebt und ihre Widersprüchlichkeit nicht prozessiert, sondern sie ausstellt und ihre Abgrenzungen gegeneinander kollabieren läßt. [...] Gottfried [zielt] nicht auf Vereindeutigung [...], sondern darauf, Oppositionen gegeneinander zu führen, dann zu verflüssigen und Alternativen offenzulassen. Auf diese Weise kann der Transgressionscharakter der Tristan-Liebe immer wieder neu verhandelt werden, ohne daß sich eine Perspektive für die Überwindung ihrer Hindernisse abzeichnete (S. 218).

Freilich steht am Ende der Tod der Protagonisten, es gibt also durchaus einen »Richtungssinn« (ebd. S. 241), der dem Helden und der Passionsliebe von Anfang an eingeschrieben ist – doch weiß man eben nicht, wie Gottfrieds Torso hätte weitergehen sollen. Warning (2003) stellt im Rekurs auf die Lotmansche Zweier-Typologie von sujetlosen und sujethaften Texten (Lotman 1993, S. 336–340) heraus, dass Gottfrieds

15 Schlussbetrachtung. ›Erzählen im Paradigma‹ und ›Ökonomie der Transgression‹

Tristanroman weder (wie der Artusroman) ›sujethafte Kollisionen‹ erzählt, noch (wie das *Nibelungenlied*) eine ›nichtsujethafte Kollision‹ und setzt stattdessen ein ›Erzählen im Paradigma‹ an, um so den »Fallstricken der Tristan-Philologie zu entgehen: unvermerkter Psychologisierung der Protagonisten und tendenzielle Ausgrenzung alles dessen, was sich der direkten Linie vom Liebestrank zum Liebestod entzieht« (S. 185). Unter einem solchen ›Erzählen im Paradigma‹ versteht Warning »ein Erzählen im Zeichen der Episodizität, der Reihung, der variierenden Wiederholung« (ebd. S. 179), »ein Erzählen, dessen Äquivalenzbeziehungen gerade nicht formal vorgegeben sind, sondern über Sequenzierungen des Erzählflusses selbst« (ebd. S. 182). Entsprechend ist das *Tristan*-Paradigma zumindest bei Gottfried dadurch definiert, dass es Normverletzung und Normrespektierung bis zum Ende durchspielt, ohne sich endgültig auf eine Seite zu schlagen. Das beginnt bereits mit der Liebe der Eltern – Warning spricht diesbezüglich von der »Eröffnung des Paradigmas« (ebd. S. 188), – die, wie gesagt, obwohl illegitim, doch *lêal amûr* ist, »so daß ein Merkmal ritterlich-höfischer Normativität, also das Allianzdispositiv, gleichsam beim falschen Pol, also der Transgression erscheint« (ebd. S. 189; ›Allianzdispositiv‹ bezieht sich auf Foucaults ›*dispositif d'alliance*‹, dies bezeichnet »dynastischen Vorgaben bzw. Interessen folgende Heiraten«; ebd. Anm. 27).

Dieses Hin und Her konstituiert die »Dekonstruktion der Opposition von Norm und Transgression« (ebd. S. 201). Diese Denkfigur meint »nicht einfach Rechtfertigung permanenten Ehebruchs, sondern die Aufwertung eines Bereichs der Intimität und des Geheimnisses« (ebd.), die nach Warning nicht als Indiz kulturellen Zerfalls zu lesen ist, »sondern schlicht Wandel [ist], ohne den Kultur nicht denkbar ist« (ebd.). Das serielle Erzählen in Gottfrieds *Tristan*, das im Horizont der dargestellten Welt »immer wieder die gleichen oder zumindest sehr ähnlichen Basiskonfigurationen durchspielt« (Schulz 2015, S. 343), ist (das sich ständig erneuernde Begehren der Liebenden vorausgesetzt) seiner Natur nach perpetuell, auch die ›Doublettenmatrix‹, die Figuren und Situationen in »nichtidentischer Kopie« (ebd. S. 346) auftreten lässt, könnte ad infinitum aufgelegt werden.

So gesehen muss der Tod von außen an den Protagonisten herantreten, das narrative Basisparadigma kann nicht selbst zu seinem Ende kommen. Nicht zufällig also ist Tristans Tod auffälligerweise nicht seiner eigenen Passion geschuldet: Es gibt eben in den mittelalterlichen Versionen, anders als bei Wagner, keine direkte Verbindungslinie vom Minnetrank bis zum Tod der Liebenden, das ist lediglich eine »romantische Projektion« (ebd. S. 344). Denn Tristan wird (bei Eilhart) tödlich verwundet, weil er Helfer ist in einem dubiosen Liebesabenteuer seines Freundes – und hier eben dann aufgrund eines Systemwechsels das ›richtige‹ Erzählmuster gilt, dass nämlich der betrogene Ehemann sich rächt und der Betrüger und dessen Helfer zu Tode kommen (bei Thomas läuft die Sache bekanntlich anders, doch auch hier ist Tristans Tod nicht unmittelbar seiner eigenen Liebesgeschichte geschuldet). Nur Isoldes Tod ist Konsequenz ihrer passionierten Liebe zu Tristan und damit ein ›echter‹ Liebestod, der dann auch Tristans Sterben endgültig in die Passion zurückbindet. Pointiert resümiert Müller (2003): »Gäbe es eine Ökonomie der Transgression, Gottfried hätte sie erfunden« (S. 242).

Literaturverzeichnis

Primärliteratur

Agobard von Lyon: *Opera omnia*. Hg. von L. van Acker (= *Corpus Christianorum. Continuatio Medaevalis* 52). Turnholti 1981.

Andreas Capellanus: *De amore. Libri tres*. Übers. und mit Anm. und einem Nachwort versehen von Fritz Peter Knapp. Berlin/New York 2006.

Arnold, Matthew: *Tristram and Iseult*. In: Ders.: *The Works of Matthew Arnold in Fifteen Volumes. Vol. 1: Poems*. London 1903, 179–211.

Berol: *Tristan und Isolde*. Hg. und übers. von Ulrich Mölk [1962] (= *Klassische Texte des Romanischen Mittelalters in zweisprachigen Ausgaben* 1). München ²1991.

Chrétien de Troyes: *Erec et Enide. Altfranzösisch/Deutsch*. Hg. und übers. von Albert Gier. Stuttgart 2000.

Chrétien de Troyes: *Le chevalier au Lion ou le roman d'Yvain*. Éd. critique d'après le manuscrit B. N. fr. 1433. Présentation et notes de David F. Hult. Paris 1994.

[Derdriu und Noisi:] »Longas mac n-Uislenn (n-Usnig)«. In: Rudolf Thurneysen: *Die irische Helden- und Königssage bis zum siebzehnten Jahrhundert* [Halle (Saale) 1921]. Hildesheim [u.a.] 2013, 322–334.

Diarmaid und Gráinne. In: Ingeborg Clarus: *Keltische Mythen. Der Mensch und seine Anderswelt*. Olten/Freiburg/Br. 1991, 231–248.

[Diarmaid und Grainne:] *Tóruigheacht Dhiarmada agus Ghráinne. The Pursuit of Diarmaid und Gránne*. Hg. von Nessa Ní Shéaghdha (= *Irish Texts Society* XLVIII). Dublin 1967.

Eilhart von Oberg: *Tristrant und Isalde*. Mittelhochdeutsch/Neuhochdeutsch von Danielle Buschinger und Wolfgang Spiewok (= *Greifswalder Beiträge* 27). Greifswald 1993.

Eilhart von Oberg: *Tristrant und Isalde (nach der Heidelberger Handschrift Cod. Pal. Germ. 346)*. Mittelhochdeutsch/Neuhochdeutsch von Danielle Buschinger (= *Berliner Sprachwissenschaftliche Studien* 4). Berlin 2004.

La folie Tristan d'Oxford. Publiée avec commentaire par Ernest Hoepffner. Paris 1963.

Gottfried von Straßburg: *Tristan und Isolde*. 2 Bde. Hg. von Walter Haug und Manfred Günter Scholz (= *Bibliothek des Mittelalters* Bd. 10,I). Berlin 2011.

Gottfried von Straßburg: *Tristan*. 3 Bde. Hg. und übers. von Rüdiger Krohn. Stuttgart 2005.

Gottfried von Straßburg: *Tristan*. 3 Bde. Hg. von Werner Schröder und übers. von Peter Knecht. Berlin/New York ⁵2004.

Gottfried von Straßburg: *Tristan und Isolde*. Mit der Fortsetzung Ulrichs von Türheim. Faksimile-Ausgabe des Cgm 51 der Bayerischen Staatsbibliothek München. Textband (Kommentar). Hg. von Ulrich Montag und Paul Gichtel. Stuttgart 1979.

Gottfried von Straßburg: *Tristan und Isolde*. Hg. von Wilhelm Hertz. Stuttgart/Berlin 1904.

Gottfried von Straßburg: *Tristan*. Hg. von Eberhard von Groote. Mit der Fortsetzung des Meisters Ulrich von Turheim. Berlin 1821.

Hartmann von Aue: *Der arme Heinrich*. Mittelhochdeutsch/Neuhochdeutsch. Hg. von Ursula Rautenberg, übers. von Siegfried Grosse. Stuttgart 1993.

Hartmann von Aue: *Erec*. Hg. von Albert Leitzmann und Ludwig Wolff (= *Altdeutsche Textbibliothek* 39). Tübingen ⁷2006.

Hartmann von Aue: *Iwein*. Hg. und übers. von Rüdiger Krohn. Stuttgart 2011.

Heinrich von Freiberg: *Tristan und Isolde (Fortsetzung des Tristan-Romans Gottfrieds von Straßburg). Originaltext (nach der Florenzer Handschrift mx. B.R.226)*. Hg. von Danielle Buschinger, übers. von Wolfgang Spiewok (= *Wodan* 16). Greifswald 1993.

Heinrich von Freiberg: *Dichtungen. Mit Einl. über Stil, Sprache, Metrik, Quellen u. d. Persönlichkeit d. Dichters*. Hg. von Alois Bernt [Halle a. S. 1906] Hildesheim/New York 1978.

Heinrich von Veldeke: *Eneasroman. Die Berliner Bilderhandschrift mit Übersetzung und Kommentar*. Hg. von Hans Fromm (= *Bibliothek des Mittelalters* 4). Frankfurt a.M. 1992.

[Innozenz III:] *De ordaliis*. Bd. I: *Decreta pontificium romanourm et synodorum*. Hg. von Peter Browe. Rom 1932.

[Ivo von Chartres:] *De ordaliis*. Bd. II: *Ordo et rubricae. Acta et facta. Sententiae theologorum et canonistarum*. Hg. von Peter Browe. Rom 1933.

Konrad von Würzburg: *Heinrich von Kempten, Der Welt Lohn, Das Herzmäre*. Mhd. – Nhd. Nach der Ausg. von Edward Schröder, übers., mit Anm. und Nachwort von Heinz Rölleke. Stuttgart 1968.

Marie de France: *Lais*. Altfranzösisch/Deutsch. Hg. von Philipp Jeserich. Stuttgart 2015.
[MF:] *Des Minnesangs Frühling*. Unter Benutzung der Ausgaben von Karl Lachmann und Moritz Haupt, Friedrich Vogt und Carl Kraus, bearb. von Hugo Moser und Helmut Tervooren, Bd. I: Texte 38. erneuerte und revidierte Aufl. Stuttgart 1988.
P. Ovidius Naso: *Remedia amoris. Heilmittel gegen die Liebe*. Lateinisch/Deutsch. Übers. und hg. von Niklas Holzberg. Stuttgart 2011.
P. Ovidius Naso: *Ars armatoria. Liebeskunst*. Lateinisch/Deutsch. Übers. und hg. von Michael von Albrecht. Stuttgart 2005.
[Petrus Cantor:] *De ordaliis*. Bd. II: *Ordo et rubricae. Acta et facta. Sententiae theologorum et canonistarum*. Hg. von Peter Browe. Rom 1933.
[Prosa-Tristan:] *Le ›Tristan en prose‹*. Hg. von und kommentiert von Emmanuèle Baumgartner. Genf 1975.
[Robert, Mönch:] *Die norwegische Saga von Tristram und Königin Isönd*. In: Heiko Uecker: *Der mittelalterliche Tristan-Stoff in Skandinavien. Einführung – Texte in Übersetzung – Bibliographie*. Berlin/New York 2008, S. 7–125.
[Robert, Mönch:] *Tristams Saga ok Isondar*. Hg. von Eugen Kölbing. Heilbronn 1878, Repr. Hildesheim 1978.
Rudolf von Ems: *Alexander. Ein höfischer Versroman des 13. Jahrhunderts*. Darmstadt 1970.
[Stephan V.:] *De ordaliis*. Bd. I: *Decreta pontificium romanourm et synodorum*. Hg. von Peter Browe. Rom 1932.
[Thomas von Aquin:] *De ordaliis*. Bd. II: *Ordo et rubricae. Acta et facta. Sententiae theologorum et canonistarum*. Hg. von Peter Browe. Rom 1933.
Thomas: *Tristran et Ysolt*. Hg., übers. und kommentiert von Walter Haug (=*Bibliothek des Mittelalters*, Bd. 11,II). Berlin 2011.
[Thomas: Carlisle-Fragment:] Zotz, Nicola: »Programmatische Vieldeutigkeit und verschlüsselte Eindeutigkeit. Das Liebesbekenntnis bei Thomas und Gottfried von Straßburg (mit einer neuen Übersetzung des Carlisle-Fragments)«. In: *Germanisch-romanische Monatsschrift* 50 (2000), 1–19.
[Thomas: Carlisle-Fragment. Altfranzösisch:] Benskin, Michael/Hunt, Tony/Short, Ian: »Un nouveau fragment du *Tristan* de Thomas«. In: *Romania* 113 (1995), 289–319 [300–306].
Thomas d'Angleterre: *Tristan et Yseut. Das »Carlisle-Fragment«*. Übers. von Ian Short und Ursula Schmidt-Brummer. Supplement zur Edition des Reineke-Verlages (= *Wodan* 42), Greifswald 1995.
Thomas: *Tristan et Yseut*. Altfranzösisch/neuhochdeutsch. Hg. von Anne Bertholet/Danielle Buschinger/Wolfgang Spiewok (= *Greifswalder Beiträge zum Mittelalter* 42). Greifswald 1994.
Thomas: *Tristan*. Eingel., textkritisch bearb. und übers. von Gesa Bonath (= *Klassische Texte des romanischen Mittelalters in zweisprachigen Ausgaben* 21). München 1985.
[Thomas:] *Le Roman de Tristan de Thomas. Tome Premier: Texte*. Hg. von Joseph Bédier. Paris 1902.
Tochmarc Ēmire. In: Rudolf Thurneysen: *Die irische Helden- und Königssage bis zum siebzehnten Jahrhundert* [Halle (Saale) 1921]. Hildesheim [u.a.] 2013, 377–395.
Tristan als Mönch. Mittelhochdeutsch/Neuhochdeutsch. Hg. von Albrecht Classen (= *Wodan* 50). Greifswald 1994.
Ulrich von Türheim: *Tristan und Isolde (Fortsetzung des Tristan-Romans Gottfrieds von Straßburg). Originaltext (nach der Heidelberger Handschrift Pal. Germ. 360)*. Hg., übers. und eingel. von Wolfgang Spiewok in Zusammenarbeit mit Danielle Buschinger (= *Wodan* 11). Greifswald 1992.
Visramiani: The Story of the Loves of Wis and Ramin. A Romance of Ancient Persia. Translated from the Georgian Version by Oliver Wardrop. London 1914, Repr. 1966.
Wisramiani oder Die Geschichte der Liebe von Wis und Ramin. Übertragen aus dem Georgischen und mit einem Nachwort versehen von Ruth Neukomm und Kita Tschenkéli (= *Manesse Bibliothek der Weltliteratur*). Zürich 1957.
Wolfram von Eschenbach: *Parzival*. Studienausgabe. Mittelhochdeutscher Text nach der 6. Ausgabe von Karl Lachmann. Hg. von Peter Knecht. Berlin/New York ²2003.
Wolfram von Eschenbach: *Willehalm*. Mittelhochdeutsch – Neuhochdeutsch. Text der Ausgabe von Werner Schröder. Übertragung, Vorwort und Register von Dieter Kartschoke. Berlin, New York ³2003.

Allgemeine Literatur und Hilfsmittel

Althoff, Gerd: *Spielregeln der Politik im Mittelalter. Kommunikation in Frieden und Fehde.* Darmstadt 1997.
Bachtin, Michael M.: *Formen der Zeit im Roman. Untersuchungen zur historischen Poetik.* Hg. von Edward Kowalski und Michael Wegner. Frankfurt a.M. 1989 (russ. 1979)
[BMZ:] *Mittelhochdeutsches Wörterbuch.* Mit Benutzung des Nachlasses von Georg Friedrich Benecke ausgearbeitet von Wilhelm Müller und Friedrich Zarncke. 3 Bde. Leipzig 1854–1861, Repr. 1986.
Foucault, Michel: *Die Heterotopien. Der utopische Körper.* Frankfurt a.M. 2008.
van Gennep, Arnold: *Übergangsriten (Les rites de passage).* Aus dem Französischen von Klaus Schomburg und Sylvia M. Schomburg-Scherff. Mit einem Nachwort von Sylvia M. Schomburg-Scherff. Frankfurt a.M./New York ³2005.
Genette, Gérard: *Die Erzählung.* Übers. von Andreas Knop, mit einem Vorwort von Jürgen Vogt (Hg.). München 1994.
Harrauer, Christine/Hunger, Herbert: *Lexikon der griechischen und römischen Mythologie.* Purkersdorf ⁹2006.
[HRG:] *Handwörterbuch zur deutschen Rechtsgeschichte.* Hg. von Albrecht Cordes, Heiner Lück, Dieter Werkmüller, Ruth Schmidt-Wiegand und Christa Bertelsmeier-Kierst. Bd. 1–2. Berlin ²2008–2012.
[HRG:] *Handwörterbuch zur deutschen Rechtsgeschichte.* Hg. von Adalbert Erler, Ekkehard Kaufmann, Wolfgang Stammler und Adalbert Cordes. 5 Bde. Berlin 1978.
Haug, Walter: »Kommentar«. In: Gottfried von Straßburg: *Tristan und Isold.* Hg. von Walter Haug und Manfred Günter Scholz. Mit dem Text des Thomas, hg., übers. und kommentiert von Walter Haug. Bd. 2. Berlin 2011, S. 205–823.
Huber, Christoph: *Gottfried von Straßburg. Tristan* (= Klassiker Lektüren 3). Berlin ³2013.
Kern, Manfred/Ebenbauer, Alfred: *Lexikon der antiken Gestalten in den deutschen Texten des Mittelalters.* Berlin 2003.
Kluge, Friedrich: *Etymologisches Wörterbuch der deutschen Sprache.* Bearb. von Elmar Seebold. Berlin/New York ²⁴2002.
Köbler, Gerhard: *Altnordisch-neuhochdeutsches und neuhochdeutsch-altnordisches Wörterbuch.* Gießen 1986.
Krohn, Rüdiger: *Tristan.* Bd. 3: *Kommentar, Nachwort und Register.* Stuttgart 2005.
Kuhn, Hugo: »Gottfried von Straßburg«. In: Kurt Ruh [u.a.] (Hg.): *Verfasserlexikon.* Bd. 3. Berlin/New York ²1981, 153–168.
[LCI:] *Lexikon der christlichen Ikonographie.* Hg. von Engelbert Kirschbaum. Freiburg/Br. u.a. 2004.
[LexMa:] *Lexikon des Mittelalters.* Hg. von Rudolf Auty. Bd. 1–10. München/Zürich 1980–1999.
Lommatzsch, Erhard (Hg.): *Tobler-Lommatzsch. Altfranzösisches Wörterbuch.* Wiesbaden 1956–2008.
Lotman, Jurij M.: *Die Struktur literarischer Texte.* München ⁴1993.
[LThK:] *Lexikon für Theologie und Kirche.* Hg. von Walter Kaspar. Bd. 1–11. Freiburg/Br. 2009.
Lugowski, Clemens: *Die Form der Individualität im Roman* [1932]. Mit einer Einl. von Heinz Schlaffer. Frankfurt a.M. ²1994.
Maier, Bernhard: *Die Kelten. Geschichte, Kultur und Sprache.* Tübingen 2015.
Müller, Jan-Dirk: *Höfische Kompromisse: Acht Kapitel zur höfischen Epik um 1200.* Tübingen 2007.
von Okken, Lambertus: *Kommentar zum Tristan-Roman Gottfrieds von Strassburg.* 3 Bde. Amsterdam 1996.
Schmid-Cadalbert, Christian.: *Der Ortnit AW als Brautwerbungsdichtung. Ein Beitrag zum Verständnis mittelhochdeutscher Schemaliteratur* (= Bibliotheca Germanica 28). Bern 1985.
Schröder, Werner/Wolff, Ludwig: »Eilhart von Oberg«. In: Kurt Ruh [u.a.] (Hg.): *Verfasserlexikon.* Bd. 2. Berlin/New York ²1980, 410–418.
Schulz, Armin: *Erzähltheorie in mediävistischer Perspektive.* Hg. von Manuel Braun [u.a.]. Berlin [u.a.] ²2015.
Simek, Rudolf: *Artus-Lexikon.* Stuttgart 2012.
Simon, Ralf: *Einführung in die strukturalistische Poetik des mittelalterlichen Romans.* Würzburg 1990.
Steinhoff, Hans-Hugo: »Tristan als Mönch«. In: Burghart Wachinger [u.a.] (Hg.): *Verfasserlexikon.* Bd. 9. Berlin/New York ²1995, 1062–1065.
Steinhoff, Hans-Hugo: »Heinrich von Freiberg«. In: Kurt Ruh [u.a.] (Hg.): *Verfasserlexikon.* Bd. 3. Berlin/New York ²1981, 723–730.
Strohschneider, Peter: *Höfische Textgeschichten. Über Selbstentwürfe vormoderner Literatur.* Heidelberg 2014.
Strohschneider, Peter: »Ulrich von Türheim«. In: Burghart Wachinger [u.a.] (Hg.): *Verfasserlexikon.* Bd. 10. Berlin/New York ²1999, 28–39.

Tomasek, Tomas: *Gottfried von Straßburg.* Stuttgart 2007.
[VL]: *Die deutsche Literatur des Mittelalters. Verfasserlexikon.* Bd. 1–14. Begründet von Wolfgang Stammler, fortgeführt von Karl Langosch. Berlin/New York 1989–2008.
Weddige, Hilkert: *Einführung in die germanistische Mediävistik.* München [8]2014.
Zimmer, Stefan (Hg.): *Die Kelten – Mythos und Wirklichkeit.* Stuttgart [3]2012.

Sekundärliteratur

Althoff, Gerd: *Spielregeln der Politik im Mittelalter. Kommunikation in Frieden und Fehde.* Darmstadt 1997.
Altpeter-Jones, Katja: »Love Me, Hurt Me, Heal Me. Isolde Healer and Isolde Lover in Gottfried's ›Tristan‹«. In: *The German Quarterly* 82,1 (2009), 5–23.
Bachtin, Michael M.: *Formen der Zeit im Roman. Untersuchungen zur historischen Poetik.* Hg. von Edward Kowalski und Michael Wegner. Frankfurt a.M. 1989 (russ. 1979).
Baier, Beate: *Die Bildung des Helden. Erziehung und Ausbildung in mittelhochdeutschen Antikenromanen und ihren Vorlagen* (= Bochumer Altertumswissenschaftliches Colloquium 68). Trier 2006.
Baier, Sebastian: »Heimliche Bettgeschichten. Intime Räume in Gottfrieds ›Tristan‹«. In: Elisabeth Vavra (Hg.): *Virtuelle Räume. Raumwahrnehmung und Raumvorstellung im Mittelalter. Akten des 10. Symposiums des Mediävistenverbandes, Krems, 24.–26. März 2003.* Berlin 2005, 189–202.
Baisch, Martin: »Das Skriptorium des Cgm 51«. In: Martin Schubert (Hg.): *Schreiborte des deutschen Mittelalters. Skriptorien – Werke – Mäzene.* Berlin 2013, 669–691.
Baisch, Martin: *Textkritik als Problem der Kulturwissenschaft. Tristan-Lektüren* (= Trends in Medieval Philology 9). Berlin [u.a.] 2006.
Barandun, Anina: *Die Tristan-Trigonometrie des Gottfried von Straßburg. Zwei Liebende und ein Dritter.* Tübingen 2009.
Bartrum, Peter C.: *A Welsh Classical Dictionary. People in History and Legend up to about AD 1000.* Aberystwyth, National Library of Wales 1993.
Baumgartner, Emmanuèle: *Le ›Tristan en prose‹. Essai d'interpretation d'un roman médiéval.* Genf 1975.
Bechstein, Reinhold: »Einleitung«. In: Heinrich von Freiberg: *Tristan.* Hg. von Reinhold Bechstein. Leipzig 1877, V–XXXII.
Becker, Anja: »Körper, Selbst, Schöpfung. Körper und Identität in den Rückkehrabenteuern der ›Tristan‹-Tradition«. In: *Beiträge zur Geschichte der deutschen Sprache und Literatur* 131,2 (2009), 277–307.
Becker, Hans-Jürgen: »Gottesurteil«. In: Robert-Henri Bautier [u.a.] (Hg.): *Lexikon des Mittelalters.* Bd. 6. München/Zürich 1989, 1594.
Bédier, Joseph: *Le Roman de Tristan par Thomas. Tome Second: Introduction.* Paris 1905.
Bennewitz, Ingrid. »Sin mund begund im uff gan. Versuche zur Überlieferung von Gottfrieds ›Tristan‹«. In: Christoph Huber/Victor Millet (Hg.): *Der ›Tristan‹ Gottfrieds von Straßburg, Symposion Santiago de Compostela 2000.* Tübingen 2002, 9–22.
Benskin, Michael/Hunt, Tony/Short, Ian: »Un nouveau fragment du Tristan de Thomas«. In: *Romania* 113 (1995), 289–319.
Bernard, Wolfgang: »Zur Begründung der mathematischen Wissenschaften bei Boethius«. In: *Antike und Abendland* 43,1 (1997), 63–89.
Bernt, Alois: »Persönlichkeit des Dichters«. In: Heinrich von Freiberg: *Dichtungen. Mit Einl. über Stil, Sprache, Metrik, Quellen u. d. Persönlichkeit d. Dichters.* Hg. von Alois Bernt [Halle a. S. 1906]. Hildesheim/New York 1978, 178–208.
Bertau, Karl: *Über Literaturgeschichte. Literarischer Kunstcharakter und Geschichte in der höfischen Epik um 1200.* München 1983.
Betz, Werner: »Gottfried von Straßburg als Kritiker höfischer Kultur und Advokat religiöser, erotischer Emanzipation«. In: Christian J. Gellinek/Herwig Zauchenberger (Hg.): *Festschrift für Konstantin Reichhardt.* Bern/München 1969, 168–173.
Beyerle, Dieter: »Der doppelte Betrug. Ein Thema der mittelalterlichen Novellistik«. In: *Romanistische Monatsschrift* 30 (1979), 63–82.
Bonath, Gesa: »Nampetenis – Tristan der Zwerg. Zum Schluß von Eilharts ›Tristrant‹ und dem Tristan-Roman des Thomas«. In: Dietmar Peschel (Hg.): *Germanistik in Erlangen. Hundert Jahre nach der Gründung des Deutschen Seminars.* Erlangen 1983, 41–60.
de Boor, Helmut: »Der strophische Prolog zum Tristan Gottfrieds von Straßburg«. In: *Beiträge zur Geschichte der deutschen Sprache und Literatur* 81 (1959), 47–60.

de Boor, Helmut: »Die Grundauffassung von Gottfrieds Tristan«. In: *Deutsche Vierteljahresschrift für Literaturwissenschaft und Geistesgeschichte* 18 (1940), 262–306.
Brandenstein, W.: »Pikten«. In: Karl Mittelhaus (Hg.): *Paulys Realencyclopädie der classischen Altertumswissenschaft*. Bd. XX,1. Stuttgart 1941, 1198–1203.
Brandt, Rüdiger: *Enklaven – Exklaven. Zur literarischen Darstellung von Öffentlichkeit und Nichtöffentlichkeit im Mittelalter.* München 1993.
Braunagel, Robert: *Die Frau in der höfischen Epik des Hochmittelalters. Entwicklungen in der literarischen Darstellung und Ausarbeitung weiblicher Handlungsträger.* Ingolstadt 2001.
Brinker-von der Heyde, Claudia: »Autorität dank Autoritäten: Literaturexkurse und Dichterkataloge als Mittel zur Selbststilisierung«. In: Jürgen Fohrmann [u.a.] (Hg.): *Autorität der/in Sprache, Literatur, Neue Medien. Vorträge des Bonner Germanistentags 1997.* Bd. 2. Bielefeld 1999, 442–464.
Brinkmann, Hennig: »Der Prolog im Mittelalter als literarische Erscheinung. Bau und Aussage«. In: Ders. (Hg.): *Studien zur Geschichte der deutschen Sprache und Literatur.* Bd. 2: *Literatur.* Düsseldorf 1966, 79–105 (ursprünglich erschienen in: *Wirkendes Wort* 14 (1964), 1–21).
Briški, Marija Javor: »Die Bildung in Gottfrieds ›Tristan‹. Bemerkungen zu ihrer epischen und symbolischen Funktion«. In: *Acta Neophilologica* 29 (1996), 13–25.
Brockington, Mary: »The Separating Sword in the Tristan Romances. Possible Celtic Analogues Re-Examined«. In: *Modern Language* Review 91 (1996), 281–300.
Bromwich, Rachel: »The Tristan of the Welsh«. In: Dies. [u.a.] (Hg.): *The Arthur of the Welsh. The Arthurian Legend in Medieval Welsh Literature.* Cardiff 1991, Repr. 2008, 209–228.
Bromwich, Rachel: »Some Remarks on the Celtic Sources of ›Tristan‹«. In: *Transactions of the Honourable Society of Cymmrodorion.* Session 1953 (1955), 32–60.
Brüggen, Elke/Ziegeler, Hans-Joachim: »Textual Words – Pictorial Worlds. Interpreting the Tristan Dtory in Illuminated Manuscripts«. In: Jutta Eming/Ann Marie Rasmussen/Kathryn Starkey (Hg.): *Visuality and Materiality in the Story of Tristan and Isolde.* Notre Dame, Indiana 2012, 223–268.
Brunner, Horst: »Tristan als Mörder«. In: Katharina Boll/Katrin Wenig (Hg.): *Kunst und saelde: Festschrift für Trude Ehlert.* Würzburg 2011, 75–86.
Bumke, Joachim: *Wolfram von Eschenbach.* Stuttgart [8]2004.
Bumke, Joachim: *Geschichte der deutschen Literatur im hohen Mittelalter.* München 1990.
Bumke, Joachim: *Mäzene im Mittelalter. Die Gönner und Auftraggeber der höfischen Literatur in Deutschland 1150–1300.* München 1979.
Bunte, Iris: *Der ›Tristan‹ Gottfrieds von Straßburg und die Tradition der lateinischen Rhetorik: Tropen, Figuren und Topoi im höfischen Roman.* Marburg 2014.
Buschinger, Danielle: »Mutter und Tochter in der Tristan-Tradition«. In: Caroline Kolisang/Stefan Hartmann (Hg.): *Variationen des Tristan-Stoffes in diachroner Darstellung. Gesammelte Vorträge des Mainzer Tristan-Workshops, April 2011.* Amiens 2012, 1–15.
Buschinger, Danielle: »Gottfried's Adaption of the Story of Riwalin and Blanscheflur«. In: Will Hasty (Hg.): *A Companion to Gottfried von Strassburg's ›Tristan‹.* Rochester/New York 2003, 73–86.
Buschinger, Danielle/Spiewok, Wolfgang: »Einleitung«. In: Eilhart von Oberg: *Tristrant und Isalde. Mittelhochdeutsch/Neuhochdeutsch von Danielle Buschinger und Wolfgang Spiewok.* Greifswald 1993 (= *Wodan* 27), VII–XXIII.
Buschinger, Danielle/Spiewok, Wolfgang: »Zur Rezeption des Tristan-Stoffes in der deutschen Literatur des Mittelalters nach 1250«. In: Dies. (Hg.): *Sammlung – Deutung – Wertung. Ergebnisse, Probleme, Tendenzen und Perspektiven philologischer Arbeit. Festschrift für Wolfgang Spiewok.* Amiens 1988, 39–50.
Caples, Cynthia Barrett: »Brangaene and Isold in Gottfried von Strassburg's ›Tristan‹«. In: *Colloquia Germanica* 9 (1975), 167–176.
Cavanna, Adriano: »Stab. Rechtssymbolik«. In: Robert-Henri Bautier [u.a.] (Hg.): *Lexikon des Mittelalters.* Bd. 7. München/Zürich 1995, 2161–2162.
Chinca, Mark: »Tristan Narratives from the High to the Late Middle Ages«. In: William Henry Jackson (Hg.): *The Arthur of the Germans. Arthurian Legend in Medieval German and Dutch Literature.* Cardiff 2000, 117–134.
Christ, Winfried: *Rhetorik und Roman. Untersuchungen zu Gottfrieds von Straßburg ›Tristan und Isold‹.* Meisenheim 1977.
Clarus, Ingeborg: *Keltische Mythen. Der Mensch und seine Anderswelt.* Olten/Freiburg/Br. 1991.
Clason, Christopher R.: »Gottfried's Continuator Ulrich von Türheim. Epistemology and Language«. In: *Tristania* 24 (2006), 17–36.
Clason, Christopher R.: »Deception in the Boudoir. Gottfried's ›Tristan‹ and ›Lying‹ in Bed«. In: *Journal of English and Germanic Philology* 103,3 (2004), 277–296.

Classen, Albrecht: »Polyglots in Medieval German Literature: Outsiders, Critics, or Revolutionaries? Gottfried von Straßburg's Tristan, Wernher the Gardener's Meier Helmbrecht, and Oswald von Wolkenstein«. In: *Neophilologus* 91 (2007), 101–116.

Classen, Albrecht: »Female Agency and Power in Gottfried von Straßburg's ›Tristan‹. The Irish Queen Isolde: New Perspectives«. In: *Tristania* 23 (2004), 39–60.

Classen, Albrecht: »Einleitung«: In: *Tristan als Mönch.* Mittelhochdeutsch/Neuhochdeutsch. Hg. von Albrecht Classen (= *Wodan* 50). Greifswald 1994, III–XXXVI.

Collings, Lucy G.: »Structural Prefiguration in Gottfried's ›Tristan‹«. In: *Journal of English and Germanic Philology* 72 (1973), 378–389.

Combridge, Rosemary N.: *Das Recht im ›Tristan‹ Gottfrieds von Strassburg.* Berlin ²1964.

Czerwinski, Peter: *Der Glanz der Abstraktion. Frühe Formen von Reflexivität im Mittelalter.* Frankfurt a.M. 1989.

Deighton, Alan R.: »Ein Anti-Tristan? Gottfried-Rezeption in der ›Tristan‹-Fortsetzung Heinrichs von Freiberg«. In: *Deutsche Literatur des Mittelalters in Böhmen und über Böhmen. Bd. II. Tagung in Ceské Budejovice/Budweis 2002/2004.* Hamburg 2004, 111–126.

Deighton, Alan R.: »Die Quellen der Tristan-Fortsetzungen Ulrichs von Türheim und Heinrichs von Freiberg«. In: *Zeitschrift für deutsches Altertum und deutsche Literatur* 126,2 (1997), 140–165.

Deist, Rosemarie: *Gender and Power. Counsellors and their Masters in Antiquity and Medieval Courtly Romance.* Heidelberg 2003.

Deist, Rosemarie: »Sun and Moon: Constellations of Character in Gottfried's *Tristan* and Chrétien's *Yvain*«. In: Friedrich Wolfzettel (Hg.): *Arthurian Romance and Gender. Masculin/Féminin dans le roman arthurien médiéval. Geschlechterrollen im mittelalterlichen Artusroman. [...] Ausgewählte Akten des XVII. Internationalen Artuskongresses.* Amsterdam/Atlanta 1995, 50–65.

Dembeck, Till: »Der *wintschaffene* (wetterwendische) Christus und die Transparenz der Dichtung in Gottfrieds ›Tristan‹«. In: *Zeitschrift für Germanistik* 10 (2000), 493–507.

Dick, Ernst S.: »The Hunted Stag and the Renewal of Minne: Bast in Gottfried's ›Tristan‹«. In: *Tristania* 17 (1996), 1–25.

Dicke, Gerd: »Das belauschte Stelldichein«. In: Christoph Huber/Victor Millet (Hg.): *Der ›Tristan‹ Gottfrieds von Straßburg. Symposion Santiago de Compostela 2000, 5. bis 8. April 2000.* Tübingen 2002, 199–220.

Dicke, Gerd: »›Gouch Gandin‹: Bemerkungen zur Intertextualität der Episode ›Rotte und Harfe‹ im ›Tristan‹ Gottfrieds von Straßburg«. In: *Zeitschrift für deutsches Altertum und deutsche Literatur* 127 (1998), 121–148.

Dicke, Gerd: *Erzähltypen im ›Tristan‹. Studien zur Tradition und Transformation internationaler Erzählmaterialien in den Romanversionen bis zu Gottfried von Straßburg.* Göttingen 1997 [Typoskript].

Dickerson, Harold D.: »Language in ›Tristan‹ as a Key to Gottfried's Conception of God«. In: *Amsterdamer Beiträge zur Germanistik* 3 (1972), 127–145.

Diem, Albrecht: »*nu soln ouch wir gesellen sîn* – Über Schönheit, Freundschaft und mann-männliche Liebe im *Tristan* Gottfrieds von Straßburg«. In: *Tristania* 19 (1999), 45–96.

Dietl, Cora: »Artus: ein Fremdkörper in der Tristantradition?«. In: Bart Besamusca (Hg.): *The European Dimensions of Arthurian Literature* (= *Arthurian Literature* 24). Cambridge 2007, 33–49.

Dilg, Wolfgang: »Zur Frage der Gliederung des Tristan-Prologs Gottfrieds von Straßburg«. In: *Euphorion* 71 (1997), 269–271.

Dilg, Wolfgang: »Der Literaturexkurs des »Tristan« als Zugang zu Gottfrieds Dichtung«. In: Rüdiger Krohn [u.a.] (Hg.): *Stauferzeit. Geschichte, Literatur, Kunst. Ergebnis der Karlsruher Staufertagung 1977.* Stuttgart 1978, S. 270–278.

Dinzelbacher, Peter: *Das fremde Mittelalter. Gottesurteil und Tierprozess.* Essen 2006.

Draesner, Ulrike: »Zeichen – Körper – Gesang. Das Lied in der Isolde-Weißhand-Episode des ›Tristan‹ Gotfrids von Straßburg«. In: Michael Schilling/Perter Strohschneider (Hg.): *Wechselspiele. Kommunikationsformen und Gattungsinterferenzen mittelhochdeutscher Lyrik* (= *Beihefte Germanisch-Romanische Monatsschrift* 13). Heidelberg 1996, 77–101.

Eckhardt, Holger: »*Wintschaffen* oder *tugenthaft*? Zu Lösungsmethoden werkimmanenter ›Widersprüche‹ am Beispiel von Gottfrieds Verdikt über Christus«. In: *Neophilologus* 81 (1997), 577–581.

Edel, Doris: »Keltische Literatur«. In: Zimmer, Stefan (Hg.): *Die Kelten – Mythos und Wirklichkeit.* Stuttgart ³2012, 122–159.

Ehlert, Trude: »Die Frau als Arznei. Zum Bild der Frau in hochmittelalterlicher deutscher Lehrdichtung«. In: *Zeitschrift für deutsche Philologie* 105 (1986), 42–62.

Ehrismann, Otfrid: »Isolde, der Zauber und die Liebe – der Minnetrank in Gottfrieds ›Tristan‹ zwischen Symbolik und Magie«. In: Elisabeth Feldbusch (Hg.): *Ergebnisse und Aufgaben der Germa-*

nistik am Ende des 20. Jahrhunderts. Festschrift Ludwig Erich Schmitt zum 80. Geburtstag. Hildesheim [u.a.] 1989, 282–301.
Eifler, Günther: »Das Carlisle-Fragment und Gottfried von Strassburg. Unterschiedliche Liebeskonzepte?« In: Wolfgang Haubrichs/Wolfgang Kleiber/Rudolf Voss (Hg.): *Vox Sermo Res. Beiträge zur Sprachreflexion, Literatur- und Sprachgeschichte vom Mittelalter bis zur Neuzeit. Festschrift Uwe Ruberg.* Stuttgart 2001, 113–130.
Eifler, Günther: »Publikumsbeeinflussung im strophischen Prolog zum ›Tristan‹ Gottfrieds von Straßburg«. In: Günther Bellmann [u.a.] (Hg.): *Festschrift für Karl Bischoff zum 70. Geburtstag.* Köln/Wien 1975, 357–389.
Ernst, Ulrich: »Haut-Diskurse. Semiotik der Körperoberfläche in der Erzählliteratur des hohen Mittelalters«. In: Friedrich Wolfzettel (Hg.): *Körperkonzepte im arthurischen Roman. Beiträge der Deutschen Sektionstagung.* Tübingen 2007, 149–200.
Ernst, Ulrich: »Gottfried von Straßburg in komparatistischer Sicht. Form und Funktion der Allegorese im Tristanepos«. In: *Euphorion* 70 (1976), 1–72.
Falkenberg, Bettina: *Die Bilder der Münchner Tristan-Handschrift.* Frankfurt a.M. [u.a.] 1986.
Finlay, Alison: »›Intolerable Love‹. Tristrams Saga and the Carlisle Tristan Fragment«. In: *Medium Aevum* 73,2 (2004), 205–224.
Foucault, Michel: *Die Heterotopien. Der utopische Körper.* Frankfurt a.M. 2008.
Fouquet, Doris: »Die Baumgartenszene des ›Tristan‹ in der mittelalterlichen Kunst und Literatur«. In: *Zeitschrift für deutsche Philologie* 92 (1973), 360–370.
Fritsch-Rößler, Waltraud: »Gottfried von Straßburg. Der Literaturexkurs im ›Tristan‹. Literaturkritik als Voraussetzung für Literatur«. In: Sigurd Paul Scheichl (Hg.): *Große Literaturkritiker.* Innsbruck 2010, 90–105.
Fritsch-Rößler, Waltraud: »Falsche Freunde, Markes Ohren und der Autor als Intimus. Zweifelhafte amicitia im ›Tristan‹ Gottfrieds von Straßburg«. In: Gudrun Marci-Boehncke (Hg.): *Von Mythen und Mären. Mittelalterliche Kulturgeschichte im Spiegel einer Wissenschaftler-Biographie. Festschrift für Otfrid Ehrismann zum 65. Geburtstag.* Hildesheim 2006, 80–93.
Fritsch-Rößler, Waltraud: »Multiple Memoralisierung in Gottfrieds von Straßburg ›Tristan‹«. In: Ulrich Ernst/Klaus Ridder (Hg.): *Kunst und Erinnerung. Memoriale Konzepte in der Erzählliteratur des Mittelalters* (= Ordo 8). Köln [u.a.] 2003, 159–197.
Fromm, Hans: »Tristans Schwertleite«. In: Ders.: *Arbeiten zur deutschen Literatur des Mittelalters.* Tübingen 1989, 155–172.
Frühmorgen-Voss, Hella: »Tristan und Isolde in mittelalterlichen Bildzeugnissen«. In: Dies.: *Text und Illustration im Mittelalter. Aufsätze zu den Wechselbeziehungen zwischen Literatur und bildender Kunst.* München 1975, 119–139.
Furstner, Hans: »Der Beginn der Liebe bei Tristan und Isolde in Gottfrieds Epos«. In: *Neophilologus* 41 (1957), 25–38.
Ganz, Peter F.: »Minnetrank und Minne. Zu Tristan Z. 1170f«. In: Ottmar Werner/Bernd Naumann (Hg.): *Formen mittelalterlicher Literatur. Siegfried Beyschlag zu seinem 65. Geburtstag.* Göppingen 1970, 63–75.
Geier, Bettina: *Täuschungshandlungen im Nibelungenlied. Ein Beitrag zur Differenzierung von List und Betrug.* Göppingen 1999.
van Gennep, Arnold: *Übergangsriten (Les rites de passage).* Aus dem Französischen von Klaus Schomburg und Sylvia M. Schomburg-Scherff. Mit einem Nachwort von Sylvia M. Schomburg-Scherff. Frankfurt a.M./New York [3]2005.
Genette, Gérard: *Die Erzählung.* Übers. von Andreas Knop, mit einem Vorwort von Jürgen Vogt. München 1994.
Gephart, Irmgart: »Der Zorn der Heroen. Heldenepische Formen der Wut im Nibelungenlied«. In: *Das Mittelalter* 14 (2009), 41–49.
Gerok-Reiter, Annette: »Kindheitstopoi in Gottfrieds ›Tristan‹. Anspielungen, Überlagerungen, Subversionen«. In: Dorothea Elm von der Osten [u.a.] (Hg.): *Alterstopoi. Das Wissen von den Lebensaltern in Literatur, Kunst und Theologie.* Berlin 2009, 114–136.
Gerok-Reiter, Annette: *Individualität. Studien zu einem umstrittenen Phänomen mittelhochdeutscher Epik* (= Bibliotheca Germanica 51). Tübingen [u.a.] 2006, 148–196.
Gewehr, Wolf: »Der Topos ›Augen des Herzens‹ – Versuch einer Deutung durch die scholastische Erkenntnistheorie«. In: *Deutsche Vierteljahreshefte für Literaturwissenschaft und Geistesgeschichte* 46 (1972), 626–649.
Gillam, Doreen/Kooznetzoff, Constantine: »The Cave Revisited: Some New Light on the Minnegrotte in Gottfried's Tristan«. In: Gabriel Turville-Petre/John Stanley Martin (Hg.): *Iceland and the Mediaeval World. Studies in Honour of Ian Maxwell.* Melbourne 1974, 90–100.

Glauch, Sonja: »*die fabelen sol ich werfen an den wint* – Der Status der arthurischen Fiktion im Reflex: Thomas, Gotfrid und Wolfram«. In: *Poetica. Zeitschrift für Sprach- und Literaturwissenschaft* 37 (2005), 29–64.
Glauch, Sonja: »Inszenierungen der Unsagbarkeit. Rhetorik und Reflexion im höfischen Roman«. In: *Zeitschrift für deutsches Altertum und deutsche Literatur* 132 (2003), 148–176.
Gnädinger, Louise: *Hiudan und Petitcreiu. Gestalt und Figur des Hundes in der mittelalterlichen Tristandichtung*. Zürich [u.a.] 1971.
Gnädinger, Louise: *Musik und Minne im ›Tristan‹ Gotfrids von Strassburg* (= Beihefte zur Zeitschrift Wirkendes Wort 19). Düsseldorf 1967.
Goebel, Dieter: »Tristans Einkleidung (Gottfried v.4555–5011)«. In: *Zeitschrift für deutsche Philologie* 96 (1977), 61–72.
Goller, Detlef: »*wan bî mînen tagen und ê hât man sô rehte wol geseit.*« *Intertextuelle Verweise zu den Werken Hartmanns von Aue im Tristan Gottfrieds von Straßburg*. Frankfurt a.M. [u.a.] 2005.
Gottzmann, Carola L.: »Identitätsproblematik in Gottfrieds ›Tristan‹«. In: *Germanisch-romanische Monatsschrift* 70 (1989), 129–146.
von Groote, Eberhard: *Tristan. Mit der Fortsetzung des Meisters Ulrich von Turheim*. Berlin 1821.
Grosse, Siegfried: »*Vremdiu maere* – Tristans Herkunftsberichte«. In: *Wirkendes Wort* 20 (1970), 289–302.
Grothues, Silke: *Der arthurische Tristanroman. Werkabschluß zu Gottfrieds ›Tristan‹ und Gattungswechsel in Heinrichs von Freiberg Tristanfortsetzung*. Frankfurt a.M. 1991.
Grubmüller, Klaus: »*ir unwarheit warbæren.* Über den Beitrag des Gottesurteils zur Sinnkonstitution in Gotfrids ›Tristan‹«. In: Ludger Grenzmann (Hg.): *Philologie als Kulturwissenschaft. Studien zur Literatur und Geschichte des Mittelalters. Festschrift für Karl Stackmann zum 65. Geburtstag*. Göttingen 1987, 149–163.
Grubmüller, Klaus: »Probleme einer Fortsetzung. Anmerkungen zu Ulrichs von Türheim ›Tristan‹-Schluß«. In: *Zeitschrift für deutsches Altertum und deutsche Literatur* 114 (1985), 338–348.
Gruenter, Rainer: »*Das wunnecliche tal*«. In: Wolfgang Adam (Hg.): *Tristan-Studien* (= Euphorion Beihefte 27). Heidelberg 1993, 65–140. (ursprünglich erschienen in: *Euphorion* 55 (1961), 342–404).
Gruenter, Rainer: »Der Favorit. Das Motiv der höfischen Intrige in Gottfrids Tristan und Isold«. In: *Euphorion* 58 (1964), 113–128.
Hahn, Ingrid: »Zu Gottfrieds von Straßburg Literaturschau«. In: Alois Wolf (Hg.): *Gottfried von Strassburg* (= Wege der Forschung 320). Darmstadt 1973, 424–452.
Hahn, Ingrid: »*Daz lebende paradis* (Tristan 17858–18114)«. In: *Zeitschrift für deutsches Altertum und deutsche Literatur* 92 (1963), 184–195.
Hammer, Andreas: *Tradierung und Transformation. Mythische Erzählelemente im ›Tristan‹ Gottfrieds von Strassburg und im ›Iwein‹ Hartmanns von Aue*. Stuttgart 2007.
Hammerstein, Reinhold: *Macht und Klang. Tönende Automaten als Realität und Fiktion in der alten und mittelalterlichen Welt*. Bern 1986.
Harrauer, Christine/Hunger, Herbert: *Lexikon der griechischen und römischen Mythologie*. Purkersdorf 92006.
Harris, Sylvia C.: »The Cave of Lovers in the ›Tristramssaga‹ and related Tristan Romances«. In: *Romania* 98 (1977), 460–500.
Hartmann, Angelika: »Das persische Epos ›Wis und Ramin‹. Ein Vorläufer des ›Tristan‹?«. In: Xenja von Ertzdorff (Hg.): *Tristan und Isolde im Spätmittelalter. Vorträge eines interdisziplinären Symposiums vom 3. bis 8. Juni 1996 an der Justus-Liebig-Universität Gießen*. Amsterdam 1999, 103–139.
Hartmann, Stefan: »Isoldes Gottesurteil im Kontext des zeitgenössischen Wunderdiskurses. Theologische und mentalitätsgeschichtliche Überlegungen zu einer Schlüsselpassage des Gottfriedischen ›Tristan‹-Fragments«. In: Caroline Kolisang/Stefan Hartmann (Hg.): *Variationen des Tristan-Stoffes in diachroner Darstellung. Gesammelte Vorträge des Mainzer Tristan-Workshops, April 2011*. Amiens 2012, 16–38.
Hattenhauer, Hans: »Der gefälschte Eid«. In: *Gefälschte Rechtstexte. Der bestrafte Fälscher* (= Monumenta Germaniae Historica 33,2). Hannover 1988, 661–689.
Hatto, Arthur T.: »*Der minnen vederspil Isot*«. In: *Euphorion* 51 (1957), 302–307.
Hauenstein, Hanne: *Zu den Rollen der Marke-Figur in Gottfrieds ›Tristan‹*. Göppingen 2006.
Haug, Walter: »Kommentar«. In: Gottfried von Strassburg. *Tristan und Isold*. Hg. von Walter Haug und Manfred Günter Scholz. Mit dem Text des Thomas, hg., übers. und kommentier von Walter Haug. Band 2. Berlin 2011, 205–823.
Haug, Walter: »Erzählung und Reflexion in Gottfrieds ›Tristan‹«. In: Christoph Huber/Victor Millet (Hg.): *Der ›Tristan‹ Gottfrieds von Straßburg. Symposon Santiago de Compostela 2000*. Tübingen 2002, 281–294.

Haug, Walter: *Der Tristanroman im Horizont der erotischen Diskurse des Mittelalters und der frühen Neuzeit*. Freiburg i. Ue. 2000.
Haug, Walter: *Gottfrieds von Straßburg Verhältnis zu Thomas von England im Licht des neu aufgefundenen ›Tristan‹-Fragments von Carlisle*. Amsterdam 1999.
Haug, Walter: »Der ›Tristan‹ – eine interarthurische Lektüre«. In: Ders. (Hg.): *Brechungen auf dem Weg zur Individualität. Kleine Schriften zur Literatur des Mittelalters*. Tübingen 1997, 184–196 [= Haug 1997a].
Haug, Walter: »Reinterpreting the Tristan Romances of Thomas und Gotfrid: Implications of a Recent Discovery«. In: *Arthuriana* 7/3 (1997), 45–59 [= Haug 1997b].
Haug, Walter: »Erzählen als Suche nach personaler Identität. Oder: Gottfrieds von Straßburg Liebeskonzept im Spiegel des neuen »Tristan«-Fragments von Carlisle«. In: Harald Haferland/Michael Mecklenburg (Hg.): *Erzählungen in Erzählungen. Phänomene der Narration in Mittelalter und Früher Neuzeit* (= Forschungen zur Geschichte der Älteren deutschen Literaturwissenschaft 19). München 1996, 177–187.
Haug, Walter: »Die Tristansage und das persische Epos ›Wîs und Râmîn‹«. In: Ders.: *Strukturen als Schlüssel zur Welt. Kleine Schriften zur Erzählliteratur des Mittelalters. Studienausgabe*. Tübingen 1990, 585–599.
Haug, Walter: »Gottfrieds von Straßburg ›Tristan‹. Sexueller Sündenfall oder erotische Utopie«. In: Ders.: *Strukturen als Schlüssel zur Welt. Kleine Schriften zur Erzählliteratur des Mittelalters*. Tübingen 1989, 600–611.
Haug, Walter: »Aventiure in Gottfrieds von Strassburg ›Tristan‹«. In: *Beiträge zur Geschichte der deutschen Sprache und Literatur* 94,1 (1972), 88–125.
Haupt, Barbara: »›... ein vrouwe hab niht vil list‹: Zu Dido und Lavinia, Enite und Isolde in der höfischen Epik«. In: Heinz Finger (Hg.): *Die Macht der Frauen*. Düsseldorf 2004, 145–205.
Haupt, Barbara: »Zum Prolog des ›Tristan‹ Gottfrieds von Straßburg. Prolegomenon zu einer wirkungs- und rezeptionsorientierten Untersuchung mittelalterlicher volkssprachlicher Prologe«. In: Gert Kaiser (Hg.): *Literatur, Publikum, historischer Kontext*. Bern 1977, 109–136.
Hellgardt, Ernst: »Tristan-Roman und ›Volsunga-Saga‹. Mythos, Magie und Liebe. Zwei mittelalterliche Paradigmen zum Thema ›Liebe und Passion‹«. In: Christoph Huber/Victor Millet (Hg.): *Der ›Tristan‹ Gottfrieds von Straßburg. Symposion Santiago de Compostela, 5.–8. April 2000*. Tübingen 2002, 167–198.
Hermann, Henning: *Identität und Personalität in Gottfrieds von Straßburg ›Tristan‹. Studien zur sozial- und kulturgeschichtlichen Entwicklung des Helden* (= Schriften zur Mediävistik, 8). Hamburg 2006.
Hertz, Wilhelm: *Tristan und Isolde von Gottfried von Straßburg*. Stuttgart/Berlin 1904.
Herzmann, Herbert: »Nochmals zum Minnetrank in Gottfrieds Tristan. Anmerkungen zum Problem der psychologischen Entwicklung in der mittelhochdeutschen Epik«. In: *Euphorion* 70 (1976), 73–94.
Hexter, Ralph J.: *Equivocal Oaths and Ordeals in Medieval Literature* (= The LeBaron Russell Briggs Prize Honors Essays in English 1974). Cambridge 1975.
Hörmann, Karl: »Ehrfurcht vor Gott«. In: Ders. (Hg.): *Lexikon der christlichen Moral*. Innsbruck [u.a.] 21976, 309–312.
Huber, Christoph: *Gottfried von Straßburg. Tristan* (= Klassiker Lektüren 3). Berlin 32013.
Huber, Christoph: »Sehnsucht und Autonomie der Liebe«. In: Christoph Huber/Victor Millet (Hg.): *Der ›Tristan‹ Gottfrieds von Straßburg. Symposion Santiago de Compostela, 5.–8. April 2000*. Tübingen 2002, 339–356.
Huber, Christoph: *Die Aufnahme und Verarbeitung des Alanus ab Insulis in mittelhochdeutschen Dichtungen. Untersuchungen zu Thomasin von Zerklaere, Gottfried von Straßburg, Frauenlob, Heinrich von Neustadt, Heinrich von St. Gallen, Heinrich von Mügeln und Johannes von Tepl*. Zürich 1988.
Huber, Christoph: *Gottfried von Straßburg. Tristan und Isolde*. München/Zürich 1986 (= Artemis Einführungen 24).
Hüpper, Dagmar: »Handschuh«. In: *Handwörterbuch zur deutschen Rechtsgeschichte*. Bd II. Berlin 2012, 749–751.
Hurst, Peter W.: »Zur Interdependenz von Gottfrieds *blintheit*- und *huote-/mâze*-Exkursen. (›Tristan‹ vv. 17723–18114)«. In: *Zeitschrift für deutsche Philologie* 105 (1986), 321–332.
Huot, Sylvia: »A Tale Much Told: The Status of the Love Philtre in the Old French Tristan Texts«. In: *Zeitschrift für Deutsche Philologie* 124 (2005), 82–95.
Jackson, William T.H.: *The Anatomy of Love. The Tristan of Gottfried von Straßburg*. New York 1971.
Jackson, William T.H.: *Tristan the Artist in Gottfried's Ooem* (= Publications of the Modern Language Association of America, Vol. LXXVII). Menasha/Wisconsin 1962, 364–372.
Jaeger, Charles Stephen: *Die Entstehung höfischer Kultur. Vom Bischof zum höfischen Ritter* (= Philologische Studien und Quellen 167). Berlin 2001 (engl. 1985).

Jaeger, Charles Stephen: »Mark and Tristan. The Love of Medieval Kings and Their Courts«. In: Winder McConnell (Hg.): *in hôhem prîse. A Festschrift in Honor of Ernst S. Dick*. Göppingen 1989, 183–197.
Jaeger, Charles Stephen: »The Baron's Intrigue in Gottfried's ›Tristan‹. Notes Toward a Sociology of Fear in Court Society«. In: *Journal of English and Germanic Philology* 83 (1984), 46–66.
Jaeger, Charles Stephen: *Medieval Humanism in Gottfried von Strassburg's ›Tristan und Isolde‹* (= Germanische Bibliothek 3). Heidelberg 1977.
Jaeger, Charles Stephen: »The ›Strophic‹ Prologue to Gottfried's *Tristan*«. In: *Germanic Review* 47 (1972), 5–19.
Jaffe, Samuel: »Gottfried von Strassburg and the Rhetoric of History«. In: James Jerome Murphy (Hg.): *Medieval Eloquence. Studies in the Theory and Practice of Medieval Rhetoric*. Berkely [u.a.] 1978, 288–318.
Jantzen, Ulrike/Kröner, Niels: »Zum neugefundenen Tristan-Fragment des Thomas d'Angleterre. Editionskritik und Vergleich mit Gottfrieds Bearbeitung«. In: *Euphorion* 91 (1997), 291–309.
Jauch, Ernst-Alfred: *Untersuchung der Begriffe tugent, saelde, triuwe und edelez herze im ›Tristan‹ Gottfrieds von Straßburg*. Diss. Freiburg/Br. 1951.
Johnson, Sidney: »This Drink Will Be the Death of You: Interpreting the Love Potion in Gottfried's Tristan«. In: Will Hasty (Hg.): *A Companion to Gottfried von Strassburg's ›Tristan‹*. Rochester/New York 2003, 82–112.
Jupé, Wolfgang: *Die ›List‹ im Tristanroman Gottfrieds von Straßburg. Intellektualität und Liebe oder die Suche nach dem Wesen der individuellen Existenz* (= Germanische Bibliothek 3). Heidelberg 1976.
Karg, Ina: »Die Markefigur im ›Tristan‹. Versuch über die literaturgeschichtliche Position Gottfrieds von Straßburg«. In: *Zeitschrift für deutsche Philologie* 113 (1994), 66–87.
Keck, Anna: *Die Liebeskonzeption der Mittelalterlichen Tristanromane. Zur Erzähllogik der Werke Bérouls, Eilharts, Thomas‹ und Gottfrieds* (= Beihefte zu Poetica 22). München 1998.
Kellermann, Karina: »und vunden vür ir herren da einen zestucketen man. Körper, Kampf und Kunstwerk im »Tristan««. In: Christoph Huber/Victor Millet (Hg.): *Der ›Tristan‹ Gottfrieds von Straßburg. Symposion Santiago de Compostela 2000*. Tübingen 2002, 131–152.
Kellermann-Haaf, Petra: *Frau und Politik im Mittelalter. Untersuchungen zur politischen Rolle der Frau in den höfischen Romanen des 12., 13., und 14. Jahrhunderts*. Göppingen 1986.
Kellner, Beate: *Ursprung und Kontinuität. Studien zum genealogischen Wissen im Mittelalter*. München 2004.
Kellner, Beate: »Autorität und Gedächtnis. Strategien der Legitimierung volkssprachlichen Erzählens im Mittelalter am Beispiel Gottfrieds von Straßburg ›Tristan‹«. In: Jürgen Fohrmann [u.a.] (Hg.): *Autorität der/in Sprache, Literatur, Neue Medien. Vorträge des Bonner Germanistentags 1997*. Bd. 2. Bielefeld 1999, 484–508.
Kern, Manfred: »Blumen zerpflücken, Philologie und Kritik im Literaturexkurs von Gottfrieds Tristan«. In: Primus Heinz Kucher u.a. (Hg.): *Germanistik und Literaturkritik. Zwischenbericht zu einer wunderbaren Freundschaft* (= *Stimulus. Mitteilungen der Österreichischen Gesellschaft für Germanistik* 2006). Wien 2007, 83–96.
Kern, Manfred: »Sirenes«. In: Ders./Alfred Ebenbauer: *Lexikon der antiken Gestalten in den deutschen Texten des Mittelalters*. Berlin 2003, 582–587.
Kern, Manfred: »Vulcanus«. In: Ders./Alfred Ebenbauer: *Lexikon der antiken Gestalten in den deutschen Texten des Mittelalters*. Berlin 2003, 672–675.
Kern, Manfred: »Isolde, Helena und die Sirenen: Gottfried von Straßburg als Mythograph«. In: *Oxford German Studies* 27 (1998), 1–30.
Kern, Manfred/Ebenbauer, Alfred: *Lexikon der antiken Gestalten in den deutschen Texten des Mittelalters*. Berlin 2003.
Kern, Peter: »Gottfried von Straßburg und Ovid.« In: Márta Nagy/László Jónácsik (Hg.): *swer sînen vriunt behaltet, daz ist lobelîch. Festschrift für András Vizkelety zum 70. Geburtstag* (= Abrogans 1 / Budapester Beiträge zur Germanisitk 37). Budapest 2001, 35–49.
Kern, Peter: »Sympathielenkung im »Tristan« Gottfrieds von Straßburg«. In: Danielle Buschinger (Hg.): *Sammlung – Deutung – Wertung. Ergebnisse, Probleme, Tendenzen und Perspektiven philologischer Arbeit. Festschrift für Wolfgang Spiewok*. Amiens 1988, 205–217.
Kerth, Thomas: »Kingship in Gottfried's ›Tristan‹«. In: *Monatshefte für deutschen Unterricht, deutsche Sprache und Literatur* 80 (1988), 444–458.
Kerth, Thomas: »The Denounement of the Tristan-Minne. Türheim's Dilemma«. In: *Neophilologus* 65 (1981), 79–93.
Kerth, Thomas: »Einleitung«. In: Ulrich von Türheim: *Tristan*. Hg. von Thomas A. Kerth. (= *Altdeutsche Textbibliothek* 89). Tübingen 1979, VII–XVI.

Klein, Dorothea: »Amoene Orte. Zum produktiven Umgang mit einem Topos in mittelhochdeutscher Dichtung«. In: Sonja Glauch (Hg.): *Projektion – Reflexion – Ferne. Räumliche Vorstellungen und Denkfiguren im Mittelalter*. Berlin/New York 2011, 61–83.
Klein, Josef: »Die Schwertleite in Gotfrids Tristan und Isold als ›epische Einheit‹«. In: *Euphorion* 64 (1970), 1–22.
Klein, Klaus: »Stillstand. Zur handschriftlichen Überlieferung von Gottfrieds ›Tristan‹«. In: *Zeitschrift für deutsches Altertum und Literatur* 135 (2006), 213–216.
Klein, Thomas: »Ermittlung, Darstellung und Deutung von Verbreitungstypen in der Handschriftenüberlieferung mittelhochdeutscher Epik«. In: Nigel Palmer/Volker Honemann (Hg.): *Deutsche Handschriften 1100–1400*. Tübingen 1988, 110–167.
Klinger, Judith: »Möglichkeiten und Strategien der Subjekt-Reflexion im höfischen Roman. Tristan und Lancelot«. In: Jan-Dirk Müller/Horst Wenzel (Hg.): *Mittelalter – Neue Wege durch einen alten Kontinent*. Stuttgart 1999, 127–148.
Koch, Elke: *Trauer und Identität. Trauer als Performanz von Identität. Inszenierungen von Emotionen in der deutschen Literatur des Mittelalters* (= Trends in Medieval Philology 8). Berlin [u.a.] 2006.
Kolb, Herbert: »Isoldes Eid. Zu Gottfrieds von Straßburg ›Tristan‹ 15267–15764«. In: *Zeitschrift für deutsche Philologie* 107 (1988), 321–335.
Kolb, Herbert: »Der Hof und die Höfischen. Bemerkungen zu Gottfried von Straßburg«. In: *Zeitschrift für deutsches Altertum und deutsche Literatur* 106 (1977), 236–252.
Kolb, Herbert: »Der Minnen Hus. Zur Allegorie der Minnegrotte in Gottfrieds Tristan«. In: *Euphorion* 56 (1962), 229–247.
Kolerus, Alexander: *Aula memoriae. Zu Gestalt und Funktion des Gedächtnisraums im ›Tristan‹ Gottfrieds von Straßburg und im mittelhochdeutschen Prosa-Lancelot*. Frankfurt a.M. 2006.
Konetzke, Claudia: »*triuwe* und *melancholia*. Ein neuer Annäherungsversuch an die Isolde-Weißhand-Episode des *Tristan* Gottfrieds von Straßburg«. In: Klaus Ridder/Otto Langer (Hg.): *Körperinszenierungen in mittelalterlicher Literatur. Kolloquium am Zentrum für interdisziplinäre Forschung der Universität Bielefeld* (= Körper – Zeichen – Kultur 11). Berlin 2002, 117–138.
Kraß, Andreas: *Geschriebene Kleider. Höfische Identität als literarisches Spiel*. Tübingen 2006.
Krohn, Rüdiger: »Gottfried von Strassburg and the Tristan Myth«. In: Will Hasty (Hg.): *German Literature of the High Middle Ages*. Rochester, NY 2006, 55–73.
Krohn, Rüdiger: *Tristan. Kommentar, Nachwort und Register*. Stuttgart 2005.
Krohn, Rüdiger: »Erotik und Tabu in Gottfrieds ›Tristan‹: König Marke«. In: Ders. (Hg.): *Stauferzeit, Geschichte, Literatur, Kunst* (= Karlsruher Kulturwissenschaftliche Arbeiten 1). Stuttgart 1979, 362–376.
Krywalski, Diether: »Ein Tristan für Böhmen. Zum Leben und Werk des böhmischen Dichters Heinrich von Freiberg«. In: *Stifter Jahrbuch* 24 (2010), 49–65.
Kuhn, Hugo: »Gottfried von Straßburg«. In: Kurt Ruh [u.a.] (Hg.): *Verfasserlexikon*. Bd. 3. Berlin/New York ²1981, 153–168.
Kuhn, Hugo: *Liebe und Gesellschaft* (= Kleine Schriften 3). Stuttgart 1980.
Kucaba, Kelley: »Höfisch inszenierte Wahrheiten. Zu Isolds Gottesurteil bei Gottfried von Straßburg«. In: Wolfgang Harms (Hg.): *Fremdes wahrnehmen – fremdes Wahrnehmen. Studien zur Geschichte der Wahrnehmung und zur Begegnung von Kulturen im Mittelalter und früher Neuzeit*. Stuttgart [u.a.] 1997, 74–93.
Küenzlen, Franziska: »Erzählen von vollkommener Liebe. Die Tristan-Romane Eilharts von Oberg und Gottfrieds von Straßburg«. In: Verena Olejniczak Lobsien [u.a.] (Hg.): *Vollkommenheit. Ästhetische Perfektion in Antike, Mittelalter und Früher Neuzeit*. Berlin/New York 2010, 45–73.
Kühnel, Jürgen: »Derdriu und Noísi/Gráinne und Diarmuid/Tristan und Isolt. Die Epik des alten Irland und die Tristan-Romane des europäischen Mittelalters«. In: Danielle Buschinger (Hg.): *Tristan et Iseut, Mythe europeen et mondial. Actes du Colloque des 10, 11 et 12 Janvier 1986*. Göppingen 1987, 211–251.
Kunisch, Hermann: »*edelez herze – edeliu sele*: Vom Verhältnis höfischer Dichtung zur Mystik«. In: Ursula Hennig/Herbert Kolb (Hg.): *Mediaevalia litteraria. Festschrift für Helmut de Boor zum 80. Geburtstag*. München 1971, 413–450.
Kunitzsch, Paul: »Are There Oriental Elements in the Tristan Story?«. In: *Vox Romanica* 39 (1980), 73–85.
Küsters, Urban: »Späne, Kreuze, Initialen: Schriftzeichen als Beglaubigungsmittel in mittelalterlichen Tristan-Dichtungen«. In: Dirk Matejovski/Friedrich Kittler (Hg.): *Literatur im Informationszeitalter* (= Schriftenreihe des Wissenschaftszentrums Nordrhein-Westfalen 2). Frankfurt a.M. 1996, 71–101.
Küsters, Urban: »Liebe zum Hof. Vorstellungen und Erscheinungsformen einer »höfischen« Lebensordnung in Gottfrieds ›Tristan‹«. In: Gert Kaiser/Jan-Dirk Müller (Hg.): *Höfische Literatur, Hofge-*

sellschaft, höfische Lebensformen um 1200. Kolloquium am Zentrum für Interdisziplinäre Forschung der Universität Bielefeld (3. bis 5. November 1983). Düsseldorf 1986, 141–176.
Leitzmann, Albert: »Zu den Tristan-Fortsetzern.« In: *Beiträge zur Geschichte der deutschen Sprache und Literatur* 44 (1920), 122–125.
Lenschen, Walter: »Tempus, et tempora, et dimidium tempus: zu Gottfrieds ›Tristan‹ V.4122«. In: André Crépin/Wolfgang Spiewok (Hg.): *Tristan-Tristrant: mélanges en l'honneur de Danielle Buschinger à l'occasion de son 60ème anniversaire*. Greifswald 1996, 339–341.
Lenschen, Walter: »Väter und Vaterbild in Gottfrieds ›Tristan‹«. In: Eijiro Iwa-Saki (Hg.): *Begegnung mit dem »Fremden«. Grenzen – Traditionen – Vergleiche (= Akten des VIII. Internationalen Germanisten-Kongresses Tokyo 1990*, 6). München 1991, 210–216.
Linden, Sandra: »Die Amme der *edelen herzen*. Zum Konzept der *moraliteit* in Gottfrieds ›Tristan‹«. In: Henrike Lähnemann/Sandra Linden (Hg.): *Dichtung und Didaxe. Lehrhaftes Sprechen in der deutschen Literatur des Mittelalters*. Berlin 2009, 117–133.
Linden, Sandra: »Wie die Ratio das Irrationale gebiert. Überlegungen zur Minnereflexion in Exkursen Hartmanns von Aue, Gottfrieds von Straßburg und Wolframs von Eschenbach«. In: *Wolfram-Studien* 20 (2008), 95–118.
Loomis, Roger Sherman: »The Legend of Arthur's Survival«. In: Ders. (Hg.): *Arthurian Literature in the Middle Ages. A Collaborative History*. Oxford 1969, 64–71.
Loomis, Roger Sherman: *Wales and the Arthurian Legend*. Cardiff 1956.
Lotman, Jurij M.: *Die Struktur literarischer Texte*. München ⁴1993.
Lugowski, Clemens: *Die Form der Individualität im Roman* [1932]. Mit einer Einl. von Heinz Schlaffer. Frankfurt a.M. ²1994.
Lühr, Rosemarie: »Tristan im Kymrischen«. In: Xenja von Ertzdorff (Hg.): *Tristan und Isolde im Spätmittelalter. Vorträge eines interdisziplinären Symposiums vom 3. bis 8. Juni 1996 an der Justus-Liebig-Universität Gießen*. Amsterdam/Atlanta 1999, 141–168.
Mader, Andrea: »Memoria im Gewand mittelalterlichen Totengedenkens: Gottfrieds und Thomas' *Tristan* vs. Eilharts *Tristrant*«. In: Monika Schulz (Hg.): *vindaerinne wunderbaerer maere. Gedenkschrift für Ute Schwab*. Wien 2013, 283–310
Maier, Bernhard: *Die Kelten. Geschichte, Kultur und Sprache*. Tübingen 2015.
Mälzer, Marion: *Die Isolde-Gestalten in den mittelalterlichen deutschen Tristandichtungen. Ein Beitrag zum diachronischen Wandel*. Heidelberg 1991.
Masse, Marie-Sophie: »*so ward ich durch sie tore*. Narrheit und Liebespassion im ›Tristrant‹ Eilharts von Oberg«. In: Jean Schillinger (Hg.): *Der Narr in der deutschen Literatur im Mittelalter und in der Frühen Neuzeit. Kolloquium in Nancy (13.–14. März 2008)*. Bern [u.a.] 2009, 13–28.
Mazzadi, Patrizia: *Autorreflexion zur Rezeption: Prolog und Exkurse in Gottfrieds ›Tristan‹*. Triest 2000.
McCann, W. J.: »Tristan: The Celtic and Oriental Material Re-Examined«. In: Joan Tasker Grimbert (Hg.): *Tristan and Isolde – A Casebook*. New York 1995, 3–35.
McCann, W. J.: »Tristan: The Celtic Material Re-Examined«. In: Adrian Stevens/Roy Wisbey (Hg.): *Gottfried von Straßburg and the Medival Tristan Legend. Papers from an Anglo-North American Symposium (= Arthurian Studies* 23). Cambridge/London 1990, 235–245.
McDonald, William C.: »Gottfried von Strassburg: *Tristan* and the Arthurian Tradition«. In: Joan Tasker Grimbert (Hg.): *Tristan and Isolde. A Casebook*. New York/London 2002, 147–185.
McDonald, William C.: »›Tristan, der je manheit wielt‹. Heinrich von Freiberg's ›Tristan‹ as Emblem of Medieval Masculinity«. In: *Tristania* 19 (1999), 97–113.
McDonald, William C.: »A Reconsideration of *Tristan als Mönch*«. In: William McDonald/Winder McConnell (Hg.): *Fide et amore. A festschrift for Hugo Bekker on His Sixty-fifth Birthday*. Göppingen 1990, 235–260.
McDonald, William C.: »The Fool-Stick: Concerning Tristan's Club in the German Eilhart Tradition«. In: *Euphorion* 82 (1988), 127–149.
Meissburger, Gerhard: *Tristan und Isold mit den weißen Händen. Die Auffassung der Minne, der Liebe und der Ehe bei Gottfried von Straßburg und Ulrich von Türheim*. Basel 1954.
Mergell, Bodo: *Tristan und Isolde. Ursprung und Entwicklung der Tristansage des Mittelalters*. Mainz 1949.
Mertens, Volker: *Der deutsche Artusroman*. Stuttgart 2005.
Mertens, Volker: »Klosterkirche und Minnegrotte«. In: Nigel F. Palmer/Hans-Jochen Schiewer (Hg.): *Mittelalterliche Literatur und Kunst im Spannungsfeld von Hof und Kloster*. Tübingen 1999, 1–16.
Mertens, Volker: Der arthurische Tristan. *Die fabelen, die hier unter sint, die sol ich werfen an den wint*. In: André Crepin (Hg.): *Tristan – Tristant*. Greifswald 1996, 365–379.
Mertens, Volker: »Bildersaal – Minnegrotte – Liebestrank. Zu Symbol, Allegorie und Mythos im Tristanroman«. In: *Beiträge zur Geschichte der deutschen Sprache und Literatur* 117 (1995), 40–64.

Merzbacher, Friedrich: »Legitimation durch nachfolgende Ehe«. In: Adalbert Erler [u.a.] (Hg.): *Handwörterbuch zur deutschen Rechtsgeschichte*. Bd. 2. Berlin 1978, 1677–1681.
Meyer, Johann Jakob: *Isoldes Gottesurteil in seiner erotischen Bedeutung. Ein Beitrag zur vergleichenden Literaturgeschichte* (= Neue Studien zur Geschichte des menschlichen Geschlechtslebens 1). Berlin 1914.
Meyer, Matthias: »Desaster in der Minnegrotte: Tristan und Isolde im Diskursgestrüpp«. In: André Crépin/Wolfgang Spiewok (Hg.): *Tristan–Tristrant: mélanges en l'honneur de Danielle Buschinger à l'occasion de son 60ème anniversaire*. Greifswald 1996, 381–392.
Meyer, Matthias/Sager, Alexander: *Verstellung und Betrug im Mittelalter*. Göttingen 2015.
Meyer, Heinz/Suntrup, Rudolf: »Elf«. In: Dies. (Hg.): *Lexikon der mittelalterlichen Zahlenbedeutungen*. München 1987, 615–620.
Mieth, Dietmar: *Dichtung, Glaube und Moral. Studien zur Begründung einer narrativen Ethik mit einer Interpretation zum Tristanroman Gottfrieds von Straßburg*. Mainz 1976.
Mikasch-Köthner, Dagmar: *Zur Konzeption der Tristanminne bei Eilhart von Oberg und Gottfried von Straßburg*. Stuttgart 1991.
Millet, Victor: »Liebe und Erinnerung. Überlegungen zur Isolde-Weißhand-Episode«. In: Christoph Huber/Victor Millet (Hg.): *Der ›Tristan‹ Gottfrieds von Straßburg. Symposion Santiago de Compostela 2000*. Tübingen 2002, 357–377.
Mohr, Wolfgang: »Tristan und Isold als Künstlerroman«. In: *Euphorion* 53 (1959), 153–174.
Morsch, Klaus: *schœne daz ist hœne. Studien zum ›Tristan‹ Gottfrieds von Straßburg* (= Erlanger Studien 50). Erlangen 1984.
von Moos, Peter: »Das mittelalterliche Kleid als Identitätssymbol und Identifikationsmittel«. In: Ders. (Hg.): *Unverwechselbarkeit. Persönliche Identität und Identifikation in der vormodernen Gesellschaft*. Köln [u.a.] 2004, 123–146 [= von Moos 2004a].
von Moos, Peter: *›Öffentlich‹ und ›privat‹ im Mittelalter. Zu einem Problem der historischen Begriffsbildung, vorgetragen am 22.6.1996* (= Schriften der Philosophisch-historischen Klasse der Heidelberger Akademie der Wissenschaften 33). Heidelberg 2004 [= von Moos 2004b].
von Moos, Peter: »Herzensgeheimnisse (*occulta cordis*). Selbstbewahrung und Selbstentblößung im Mittelalter«. In: Aleida Assmann (Hg.): *Schleier und Schwelle. Geheimnis und Öffentlichkeit. Bd. 1* (= Archäologie der literarischen Kommunikation 5,1). München 1997, 89–109.
Montag, Ulrich/Gichtel, Paul: *Tristan und Isolde. Mit der Fortsetzung Ulrichs von Türheim. Faksimile-Ausgabe des Cgm 51 der Bayerischen Staatsbibliothek München*. Textband (Kommentar). Stuttgart 1979.
Mühlherr, Anna: »Unstimmigkeit als Kalkül. Gottfrieds Rühmen und Schelten zu Beginn des poetologischen Exkurses«. In: Christoph Huber (Hg.): *Der ›Tristan‹ Gottfrieds von Straßburg. Symposion Santiago de Compostela, 5. bis 8. April 2000*. Tübingen 2002, 317–326.
Müller, Irmgard: »Liebestränke, Liebeszauber und Schlafmittel in der mittelalterlichen Literatur«. In: Xenja von Ertzdorff (Hg.): *Liebe, Ehe, Ehebruch in der Literatur des Mittelalters. Vorträge des Symposiums vom 13. bis 16. Juni 1983 am Institut für Deutsche Sprache und Mittelalterliche Literatur der Justus-Liebig-Universität Gießen* (= Beiträge zur deutschen Philologie 58). Gießen 1984, 71–87.
Müller, Jan-Dirk: *Das Nibelungenlied* (= Klassiker Lektüren 5). Berlin [4]2015.
Müller, Jan-Dirk: »The Light of Courtly Society: Blanscheflur and Riwalin«. In: Jutta Eming/Ann Marie Rasmussen/Kathryn Starkey (Hg.): *Visuality and Materiality in the Story of Tristan and Isolde*. Notre Dame, Indiana 2012, 19–40.
Müller, Jan-Dirk: *Höfische Kompromisse: Acht Kapitel zur höfischen Epik um 1200*. Tübingen 2007.
Müller, Jan-Dirk: »Gottfried von Straßburg: ›Tristan‹: Transgression und Ökonomie«. In: Gerhard Neumann (Hg.): *Transgressionen: Literatur als Ethnographie* (= Litterae 98). Freiburg/Br. 2003, 213–242.
Müller, Jan-Dirk: »Zeit im ›Tristan‹«. In: Christoph Huber/Victor Millet (Hg.): *Der ›Tristan‹ Gottfrieds von Straßburg. Symposion Santiago de Compostela 2000*. Tübingen 2002, 379–397.
Müller, Jan-Dirk: *Spielregeln für den Untergang: die Welt des Nibelungenliedes*. Tübingen 1998.
Müller, Jan-Dirk: »Tristans Rückkehr. Zu den Fortsetzern Gottfrieds von Straßburg«. In: Johannes Janota (Hg.): *Festschrift Walter Haug und Burghart Wachinger*. Bd. II. Tübingen 1992, 529–548.
Müller, Jan-Dirk: »Die Destruktion des Heros oder wie erzählt Eilhart von passionierter Liebe?«. In: Paola Schulze-Belli/Michael Dallapiazza (Hg.): *Il romanzo di Tristano nella letteratura del Medioevo. Der ›Tristan‹ in der Literatur des Mittelalters*. Beiträge der Triester Tagung 1989. Triest 1990, 19–37.
Nanz, Ute: *Die Isolde-Weißhand-Gestalten im Wandel des Tristanstoffs. Figurenzeichnung zwischen Vorlagenbezug und Werkkonzeption*. Heidelberg 2010.

Nellmann, Eberhard: »›Gedaehte man ir ze guote niht‹. Der ›memoria‹-Topos im Tristanprolog«. In: Thordis Hennings (Hg.): *Mittelalterliche Poetik in Theorie und Praxis. Festschrift für Fritz Peter Knapp zum 65. Geburtstag*. Berlin 2009, S. 241–255.
Nellmann, Eberhard: »Der Türverschluß der Minnegrotte (›Tristan‹ 16989–17061)«. In: Anna Keck/ Theodor Nolte (Hg.): *Ze hove und an der strâzen. Die deutsche Literatur des Mittelalters und ihr ›Sitz im Leben‹. Festschrift Volker Schupp*. Stuttgart [u.a.] 1999, 305–310.
Newstead, Helaine: »The Origin and Growth of the Tristan Legend«. In: Roger Sherman Loomis (Hg.): *Arthurian Literature in the Middle Ages. A Collaborative History*. Oxford 1959, 122–133.
Nickel, Emil: *Studien zum Liebesproblem bei Gottfried von Straßburg* (= Königsberger Deutsche Forschungen 1). Königsberg 1927.
Ní Shéaghdha, Nessa: »Introduction«. In: *Tóruigheacht Dhiarmada agus Ghráinne. The Pursuit of Diarmaid und Gránne* (= Irish Texts Society XLVIII). Hg. von Nessa Ní Shéaghdha. Dublin 1967, IX–XXXI.
von Okken, Lambertus: *Kommentar zum Tristan-Roman Gottfrieds von Strassburg*, 3 Bde. Amsterdam 1996.
Oswald, Marion: »›Kunst um jeden Preis‹. Gabe und Gesang in Gottfrieds von Straßburg ›Tristan‹«. In: Beate Kellner (Hg.): *Literarische Kommunikation und soziale Interaktion. Studien zur Institutionalität mittelalterlicher Literatur* (= Mikrokosmos 64). Frankfurt a.M. [u.a.] 2001, 129–152.
Ott, Norbert: »Bildstruktur statt Textstruktur. Zur visuellen Organisation mittelalterlicher narrativer Bilderzyklen. Die Beispiele des Wienhauser Tristanteppichs I, des Münchener Parzival Cgm 19 und des Münchener Tristan Cgm 51«. In: Klaus Dirscherl (Hg.): *Bild und Text im Dialog*. Passau 1993, 53–70.
Padel, Oliver James: »The Cornish Background of the Tristan Stories«. In: *Cambridge Medieval Celtic Studies* 1 (1981), 53–81.
Palmer, Craig B.: »A Question of Manhood: Overcoming the Paternal Homoerotic in Gottfried's ›Tristan‹«. In: *Monatshefte für deutschsprachige Literatur und Kultur* 88 (1996), 17–30.
Peiffer, Lore: *Zur Funktion der Exkurse im Tristan Gottfrieds von Straßburg*. Göppingen 1971.
Pfeiffer, Jens: »Satz und Gegensatz. Narrative Strategie und Leserirritation im Prolog des ›Tristan‹ Gottfrieds von Straßburg«. In: Wolfgang Haubrichs (Hg.): *Erzähltechnik und Erzählstrategien in der deutschen Literatur des Mittelalters* (= Wolfram Studien 18 (2004), 151–169.
Pensom, Roger: *Reading Bèroul's Tristan. A Poetic Narrative and the Anthropology of Its Reception*. Bern [u.a.] 1995.
Plasa, Stefan: »Minnegrotte und Wald von Morrois«. In: Ulrich Müller/Werner Wunderlich (Hg.): *Burgen, Länder, Orte*. Konstanz 2008, 587–600.
Poag, James F.: »Entzauberte Heilsmuster. Zur Vorgeschichte von Gottfrieds ›Tristan‹«. In: Ders./Thomas C. Fox (Hg.): *Entzauberung der Welt. Deutsche Literatur 1200–1500*. Tübingen 1989, 19–33.
Poag, James F.: »Lying Truth in Gottfried's ›Tristan‹«. In: *Deutsche Vierteljahresschrift für Literatur und Geistesgeschichte* 61 (1987), 223–237.
Philipowski, Silke: »Mittelbare und unmittelbare Gegenwärtigkeit oder: Erinnern und Vergessen in der Petitcriu-Episode des ›Tristan‹ Gottfrieds von Straßburg«. In: *Beiträge zur Geschichte der deutschen Sprache und Literatur* 120 (1998), 29–35.
Pörksen, Gunhild/Pörksen, Uwe: »Die ›Geburt‹ des Helden in mittelhochdeutschen Epen und epischen Stoffen des Mittelalters«. In: *Euphorion* 74,3 (1980), 257–286.
Przybilski, Martin: »Ichbezogene Affekte im ›Tristan‹ Gottfrieds von Straßburg«. In: *Beiträge zur Geschichte der deutschen Sprache und Literatur* 126 (2004), 377–397.
Rabine, W. Leslie: »Love and the New Patriarchy. *Tristan and Isolde*«. In: Joan Tasker Grimbert (Hg.): *Tristan and Isolde. A Casebook*. New York/London 2002, 37–74.
Ranke, Friedrich: *Die Allegorie der Minnegrotte in Gottfrieds Tristan* (= *Schriften der Königsberger Gelehrten Gesellschaft* 2). Berlin 1925.
Ranke, Friedrich: »Die Überlieferung von Gottfrieds Tristan«. In: *Zeitschrift für deutsches Altertum und deutsche Literatur* 55 (1917), 157–278, 381–438.
Rasmussen, Ann Marie: »The Female Figures in Gottfried's Tristan and Isolde«. In: Will Hasty (Hg.): *A Companion to Gottfried von Strassburg's ›Tristan‹*. Rochester, NY 2003, 137–157.
Rasmussen, Ann Marie: »*ez ist ir g'artet von mir.* Queen Isolde and Princess Isolde in Gottfried von Strassburg's Tristan und Isolde«. In: Thelma S. Fenster (Hg.): *Arthurian Women*. New York/London 2000, 41–57.
Rathofer, Johannes: Der ›wunderbare Hirsch‹ der Minnegrotte. In: *Zeitschrift für deutsches Altertum und deutsche Literatur* 95 (1966), 371–391.
Rautenberg, Ursula: Hartmann von Aue: *Der arme Heinrich*. Mittelhochdeutsch/Neuhochdeutsch. Übers. und mit Erläuterungen von Siegfried Grosse. Stuttgart 1993.
Reid, Thomas B.W.: *The Tristan of Beroul. A Textual Commentary*. Oxford 1972.

Riede, Peter: »Zeder«. In: Walter Kasper [u.a.] (Hg.): *Lexikon für Theologie und Kirche*. Bd. 10. Freiburg/Br. [u.a.] ³2009, 1391–1392
Ries, Sybille: »Erkennen und Verkennen in Gottfrieds ›Tristan‹ mit besonderer Berücksichtigung der Isolde-Weisshand-Episode«. In: *Zeitschrift für deutsches Altertum und deutsche Literatur* 109 (1980), 316–337.
Röcke, Werner: »Im Schatten des höfischen Lichtes. Zur Trennung von Öffentlichkeit und Privatheit im mittelalterlichen Tristan-Roman«. In: Walter Gebhard (Hg.): *Licht. Religiöse und literarische Gebrauchsformen* (= Bayreuther Beiträge zur Literaturwissenschaft 14). Frankfurt a. M. 1990, 37–75.
Röll, Walter: »Zu Gottfrieds Minnegrotte«. In: Dorothea Klein [u.a.] (Hg.): *Vom Mittelalter zur Neuzeit. Festschrift für Horst Brunner*. Wiesbaden 2000, 199–209.
Ruberg, Uwe: »Zur Poetik der Eigennamen in Gottfrieds ›Tristan‹«. In: Albrecht Greule (Hg.): *Sprache, Literatur, Kultur. Studien zu ihrer Geschichte im deutschen Süden und Westen. Wolfgang Kleiber zu seinem 60. Geburtstag gewidmet*. Stuttgart 1989, 301–320.
Ruh, Kurt: *Höfische Epik des deutschen Mittelalters*. Bd. 2. Berlin 1980.
Russ, Anja: *Kindheit und Adoleszenz in den deutschen Parzival- und Lancelot-Romanen. Hohes und spätes Mittelalter*. Stuttgart 2002.
Sassenhausen, Ruth: »Emotionsdarstellungen als Instrument differenter Kindheits- und Jugendentwürfe im ›Parzival‹ Wolframs von Eschenbach und im ›Tristan‹ Gottfrieds von Straßburg«. In: *Zeitschrift für Literaturwissenschaft und Linguistik* 146 (2007), 155–168.
Saurma-Jeltsch, Liselotte: »Zum Wandel der Erzählweise am Beispiel der illustrierten deutschen Parzival-Handschriften«. In: *Wolfram-Studien* 12 (1992), 124–152.
Sayce, Olive: »Der Begriff *edelez herze* im Tristan Gottfrieds von Straßburg«. In: *Deutsche Vierteljahresschrift für Literaturwissenschaft und Geistesgeschichte* 33 (1959), 389–413.
Sayers, William: »Breaking the Deer and Breaking the Rules in Gottfried von Strassburg's ›Tristan‹«. In: *Oxford German Studies* 32 (2003), 1–52.
Schausten, Monika: »*Ich bin, alse ich hân vernomen ze wunderlîchen maeren komen*. Zur Funktion biographischer und autobiographischer Figurenrede für die narrative Konstitution von Identität in Gottfrieds von Straßburg ›Tristan‹«. In: *Beiträge zur Geschichte der deutschen Sprache und Literatur* 123 (2001), 24–48.
Schausten, Monika: *Erzählwelten der Tristangeschichte im hohen Mittelalter: Untersuchungen zu den deutschsprachigen Tristanfassungen des 12. und 13. Jahrhunderts* (= Forschungen zur Geschichte der älteren deutschen Literatur 24). München 1999.
Schild, Wolfgang: »Handhafte Tat«. In: Albrecht Cordes [u.a.] (Hg.): *Handwörterbuch zur deutschen Rechtsgeschichte*. Bd. 2. Berlin ²2012, 741–748.
Schild, Wolfgang: »Das Gottesurteil der Isolde. Zugleich eine Überlegung zum Verhältnis von Rechtsdenken und Dichtung«. In: Hans Höfinghoff (Hg.): *Alles was Recht war. Rechtsliteratur und literarisches Recht. Festschrift für Ruth Schmidt-Wiegand zum 70. Geburtstag* (= Mediävistische Studien 3). Essen 1996, 55–75.
Schiewer, Regina D.: »Riskante Theologie? Minnegrotte, Engel und Eucharistie: Eine rezeptionsgeschichtliche Untersuchung«. In: Rüdiger Brandt/Dieter Lau (Hg.): *Exemplar. Festschrift für Kurt Otto Seidel*. Frankfurt a. M. [u.a.] 2008, 243–262.
Schindele, Gerhard: *Tristan. Metamorphose und Tradition* (= Studien zur Poetik und Geschichte der Literatur 12), Stuttgart [u.a.] 1971.
Schindler, Andrea: »Kurvenal und Kurnewal. Der Diener und Vertraute bei Eilhart von Oberg und Gottfried von Straßburg«. In: Danielle Buschinger [u.a.] (Hg.): *Tristan et Yseut, ou l'Eternel Retour. Actes du Colloque international de 6, 7 et 8 mars 2013 à la Maison de la Culture d'Amiens*. Amiens 2013, 290–302.
Schirok, Bernd: »Handlung und Exkurse in Gottfrieds ›Tristan‹: Textebenen als Interpretationsproblem«. In: Heinrich Löffler [u.a.] (Hg.): *Texttyp, Sprechergruppe, Kommunikationsbereich. Studien zur deutschen Sprache in Geschichte und Gegenwart. Festschrift für Hugo Steger zum 65. Geburtstag*. Berlin/New York 1994, 33–51.
Schirok, Bernd: »Zu dem Akrosticha in Gottfrieds ›Tristan‹. Versuch einer kritischen Bestandsaufnahme«. In: *Zeitschrift für deutsches Altertum und deutsche Literatur* 113 (1984), 188–213.
Schlechtweg-Jahn, Ralf: »Genealogie im Machtkontext in Gottfrieds ›Tristan‹«. In: Hartwin Brandt [u.a.] (Hg.): *Erfahren, Erzählen, Erinnern. Narrative Konstruktionen von Gedächtnis und Generation in Antike und Mittelalter* (= Bamberger Historische Studien 9). Bamberg 2012, 141–168.
Schleusener-Eichholz, Gudrun: *Das Auge im Mittelalter*. Bd. 2 (= Münsterische Mittelalter-Schriften 35). München 1985.

Schmid-Cadalbert, Christian: »Der wilde Wald. Zur Darstellung und Funktion eines Raumes in der mittelhochdeutschen Literatur«. In: Rüdiger Schnell (Hg.): *Gotes und der werlde hulde. Literatur in Mittelalter und der Neuzeit*. Bern/Stuttgart 1989, 24–47.

Schmid-Cadalbert, Christian: *Der Omit AW als Brautwerbungsdichtung. Ein Beitrag zum Verständnis mittelhochdeutscher Schemaliteratur* (= Bibliotheca Germanica 28). Bern 1985.

Schmidt-Wiegand, Ruth: »Haar, Haarscheren«. In: Albrecht Cordes [u.a.] (Hg.): *Handwörterbuch zur deutschen Rechtsgeschichte*. Bd. 2. Berlin ²2012, 635–641.

Schmitz, Silvia: *Omnia vincit Amor. Gottfrieds »Tristan« im Vergleich mit dem Fragment von Carlisle*. In: Bürkle, Susanne (Hg.): *Interartifizialität. Die Diskussion der Künste in der mittelalterlichen Literatur* (= Sonderheft der Zeitschrift für deutsche Philologie 128). Berlin 2009, 247–267.

Schmitz, Silvia: »Reisende Helden. Zu Hans Staden, Erec und Tristan«. In: Thomas Cramer (Hg.): *Wege in die Neuzeit* (= Forschungen zur Geschichte der älteren deutschen Literatur 8). München 1988, 198–228.

Schnell, Rüdiger: *Suche nach Wahrheit. Gottfrieds »Tristan und Isold« als erkenntniskritischer Roman*. Tübingen 1992.

Schnell, Rüdiger: *Causa Amoris. Liebeskonzeption und Liebesdarstellung in der mittelalterlichen Literatur*. Bern/München 1985 (= Bibliotheca Germanica 27).

Schnell, Rüdiger: »Der Frauenexkurs in Gottfrieds Tristan (V. 17858–18114). Ein kritischer Kommentar«. In: *Zeitschrift für deutsche Philologie* 103 (1984), 1–26.

Schnell, Rüdiger: »Gottfrids Tristan und die Institution der Ehe«. In: *Zeitschrift für deutsche Philologie* 101 (1982), 334–369.

Schöning, Brigitte: »Name ohne Person – Auf den Spuren der Isolde Weißhand«. In: Ingrid Bennewitz (Hg.): *Der frauwen buoch. Versuche zu einer feministischen Mediävistik*. Göppingen 1989, 159–178.

Schöning, Brigitte: *Causa Amoris. Liebeskonzeption und Liebesdarstellung in der mittelalterlichen Literatur* (= Bibliotheca Germanica 27). Bern/München 1985 .

Schoepperle Loomis, Gertrude: *Tristan and Isolt. A Study of the Sources of the Romance. Second Edition, Expanded by a Bibliography and Critical Essay on Tristan Scholarship since 1912 by Roger Sherman Loomis*. 2 Bde. New York 1963.

Schommers, Stephanie: *Helden ohne Väter. Die Suche der Söhne nach Identität in mittelalterlicher Literatur*. Marburg 2010.

Schott, Clausdieter: »Ehe. Germanisches und deutsches Recht«. In: Robert-Henri Bautier [u.a.] (Hg.): *Lexikon des Mittelalters*. Bd. 3. München/Zürich 1986, 1629–1630.

Schröder, Franz Rolf: »Die Tristansage und das persische Epos ›Wîs und Râmîn‹«. In: *Germanisch-romanische Monatsschrift* 11 (1961), 1–43.

Schröder, Johannes Walter: *Der Liebestrank in Gottfrieds Tristan und Isolt*. In: *Euphorion* 61 (1967), S. 22–35.

Schröder, Werner: *Kleinere Schriften 5: Über Gottfried von Straßburg*. Stuttgart/Leipzig 1994.

Schröder, Werner: *Text und Interpretation. Das Gottesurteil im ›Tristan‹ Gottfrieds von Straßburg*. Wiesbaden 1979.

Schröder, Werner: »Das Hündchen Petitcreiu im ›Tristan‹ Gotfrids von Straßburg«. In: Rainer Schönhaar (Hg.): *Dialog. Literatur und Literaturwissenschaft im Zeichen deutsch-französischer Begegnung. Festgabe für Josef Kunz*. Berlin 1973, 32–42.

Schröder, Werner/Wolff, Ludwig: »Eilhart von Oberg«. In: Kurt Ruh [u.a.] (Hg.): *Verfasserlexikon*. Bd. 2. Berlin/New York ²1980, 410–418.

Schröter, Michael: *›Wo zwei zusammenkommen in rechter Ehe...‹. Sozio- und psychogenetische Studien über Eheschließungsvorgänge vom 12. bis 15. Jahrhundert*. Frankfurt a.M. 1990.

Schultz, James A.: »Why do Tristan and Isolde Make Love? The Love Potion as a Milestone in the History of Sexuality«. In: Jutta Eming [u.a.] (Hg.): *Visuality and Materiality in the Story of Tristan and Isolde*. Notre Dame, Indiana 2012, 65–82.

Schultz, James A.: »Clothing and Disclosing: Clothes, Class, and Gender in Gottfried's ›Tristan‹«. In: *Tristania* 17 (1996), 111–123.

Schultz, James A.: *The Knowledge of Childhood in the German Middle Ages, 1100–1350*. Philadelphia 1995.

Schulz, Armin: *Erzähltheorie in mediävistischer Perspektive*. Hg. von Manuel Braun [u.a.]. Berlin [u.a.] ²2015.

Schulz, Armin: *Schwieriges Erkennen: Personenidentifizierung in der mittelhochdeutschen Epik*. Tübingen 2008.

Schulz, Armin: »Das Reich der Zeichen und der unkenntliche Körper des Helden«. In: Friedrich Wolfzettel (Hg.): *Körperkonzepte im arthurischen Roman*. Tübingen 2007, 311–336.

Schulz, Armin: »Die Spielverderber. Wie ›schlecht‹ sind die *Tristan*-Fortsetzer?«. In: Ute von Bloh/ Friedrich Vollhardt (Hg.): *Schlechte Literatur. Mitteilungen des Deutschen Germanistenverbandes* 51,3 (2004), 262–276.

Schulz, Armin: »*in dem wilden wald*. Außerhöfische Sonderräume, Liminalität und mythisierendes Erzählen in den Tristan-Dichtungen: Eilhart – Béroul – Gottfried«. In: *Deutsche Vierteljahrsschrift für Literaturwissenschaft und Geistesgeschichte* 77/4 (2003), 515–547.

Schulz, Monika: *Eherechtsdiskurse. Studien zu König Rother, Partonopier und Meliur, Arabel, Der guote Gerhart, Der Ring*. Heidelberg 2005.

von Schwerin, Claudius: *Rituale für Gottesurteile. Eingegangen am 3. Dezember 1932* (= Heidelberger Akademie der Wissenschaften/Philosophisch-Historische Klasse 1932/33,3). Heidelberg 1933.

Schwietering, Julius: *Der ›Tristan‹ Gottfrieds von Straßburg und die Bernhardische Mystik*. Berlin 1943.

Schweikle, Günther: *Minnesang in neuer Sicht*. Stuttgart 1994.

Schweikle, Günther: »Zum Minnetrank in Gottfrieds ›Tristan‹. Ein weiterer Annäherungsversuch«. In: Waltraud Fritsch-Rößler (Hg.): *›Ûf der mâze pfat‹. Festschrift für Werner Hoffmann zum 60. Geburtstag*. Göppingen 1991, 135–148.

Schweikle, Günther: »Reinmar der Alte«. In: Kurt Ruh [u.a.] (Hg.): *Verfasserlexikon*. Bd. 7. Berlin/New York [2]1989, 1180–1191.

Sedlmeyer, Margarete: *Heinrichs von Freiberg Tristanfortsetzung im Vergleich zu anderen Tristandichtungen*. Bern 1976.

Seeber, Stefan: »Arthurische Sonderwege. Zur Rolle der Artuswelt bei Eilhart und in den ›Tristan‹-Fortsetzungen«. In: Friedrich Wolfzettel (Hg.): *Artusroman und Mythos*. Berlin 2011, 145–164.

Seggewiss, Michael: *›Natur‹ und ›Kultur‹ im Tristan Gottfrieds von Straßburg*. Heidelberg 2012.

Seibold, Lilli: *Studien über die Huote* (= Germanische Studien 123). Nendeln/Liechtenstein 1967 (Nachdruck der Ausg. Berlin 1932).

Semmler, Hartmut: *Listmotive in der mittelhochdeutschen Epik. Zum Wandel ethischer Normen im Spiegel der Literatur* (= Philologische Studien und Quellen 122). Bielefeld 1991.

Singer, Samuel: »Arabische und europäische Poesie im Mittelalter«. In: *Germanisch-romanisches Mittelalter. Aufsätze und Vorträge*. Zürich/Leipzig 1935, 151–169.

Spitz, Hans-Jörg: »*bickelwort*: Würfel und Speerworte. Zu einer poetologischen Waffenmetapher im Literaturexkurse Gottfrieds von Straßburg«. In: José Cajot (Hg.): *Lingua theodisca. Beiträge zur Sprach- und Literaturwissenschaft. Jan Goossens zum 65. Geburtstag*. Münster 1995, 1019–1032.

Stein, Peter K.: *Tristan-Studien*. Hg. von Ingrid Bennewitz unter Mitarbeit von Beatrix Koll und Ruth Weichselbaumer. Stuttgart 2001.

Stein, Peter K.: »Tristans Schwertleite. Zur Einschätzung ritterlich-höfischer Dichtung durch Gottfried von Strassburg«. In: *Deutsche Vierteljahrsschrift für Literaturwissenschaft und Geistesgeschichte* 51 (1977), 300–350.

Steinmetz, Ralf-Henning: »Tristans Erbeminne. Versuch über vier Hapax legomena bei Gottfried von Straßburg«. In: *Zeitschrift für deutsches Altertum und deutsche Literatur* 129 (2000), 388–408.

Sterling-Hellenbrand, Alexandra: *Topographies of Gender in Middle High German Arthurian Romance*. New York 2001.

Stevens, Adrian: »History, Fable and Love: Gottfried, Thomas, and the Matter of Britain«. In: Will Hasty (Hg.): *A Companion to Gottfried von Strassburg's ›Tristan‹*. Rochester/New York 2003, 223–256.

Stevens, Adrian: »Killing Giants and Translating Empires: The History of Britain and the Tristan Romances of Thomas and Gottfried«. In: Mark Chinca [u.a.] (Hg.): *Blütezeit. Festschrift für L. Peter Johnson*. Tübingen 2000, 409–426.

Stolte, Heinz: »Drachenkampf und Liebestrank. Zur Geschichte der Tristandichtung«. In: *Deutsche Vierteljahreshefte für Literaturwissenschaft und Geistesgeschichte* 18 (1940), 250–261.

Storp, Ursula: *Väter und Söhne. Tradition und Traditionsbruch in der volkssprachlichen Literatur des Mittelalters*. Essen 1994, 180–204.

Strasser, Ingrid: »Isold, die Mutter, Isold, die Tochter, und Isold als *blansche mains*. Überlegungen zu drei Frauenfiguren in Gottfrids »Tristan« oder »Tristan gegen den Strich gelesen««. In: Paola Schulze-Belli/Michael Dallapiazza (Hg.): *Il romanzo di Tristano nella letteratura del Medioevo. Der ›Tristan‹ in der Literatur des Mittelalters. Beiträge der Triester Tagung 1989*. Triest 1990, 67–78.

Strätz, Hans-Wolfgang: »Kuss«. In: Robert-Henri Bautier (Hg.): *Lexikon des Mittelalters*. Bd. 5. München/Zürich 1991, 1590–1591.

Strätz, Hans-Wolfgang: »Gottesurteil. II. Mittelalter«. In: Gerhard Müller (Hg.): *Theologische Realenzyklopädie*. Bd. 14. Berlin/Passau 1985, 102–105.

Strohschneider, Peter: *Höfische Textgeschichten. Über Selbstentwürfe vormoderner Literatur*. Heidelberg 2014.

Strohschneider, Peter: »Ulrich von Türheim«. In: Burghart Wachinger [u.a.] (Hg.): *Verfasserlexikon.* Bd. 10. Berlin/New York ²1999, 28–39.

Strohschneider, Peter: »Herrschaft und Liebe. Strukturprobleme des Tristanromans bei Eilhart von Oberg«. In: *Zeitschrift für deutsches Altertum und deutsche Literatur* 122 (1993), 36–61.

Strohschneider, Peter: »Gotfrit-Fortsetzungen. Tristans Ende im 13. Jahrhundert und die Möglichkeiten nachklassischer Epik«. In: *Deutsche Vierteljahresschrift für Literaturwissenschaft und Geistesgeschichte* 65 (1991), 70–98.

Teichert, Matthias: *Von der Heldensage zum Heroenmythos. Vergleichende Studien zur Mythisierung der nordischen Nibelungensage im 13. und 19./20. Jahrhundert* (= Skandinavistische Arbeiten 24). Heidelberg 2008.

Thomas, Neil: »Duplicity and Duplexity: the Isolde of the White Hands Sequence«. In: Will Hasty (Hg.): *A Companion to Gottfried von Strassburg's ›Tristan‹.* Rochester/New York 2003, 183–201.

Thomas, Neil: »The ›Minnegrotte‹: Shrine of Love or Fool's Paradise? Thomas, Gottfried and the European Development of the Tristan Legend«. In: *Trivium* 23 (1988), 89–106.

Thurneysen, Rudolf: *Die irische Helden- und Königsage bis zum siebzehnten Jahrhundert.* Halle (Saale) 1921, Repr. Hildesheim/Zürich/New York 2013.

Todd, Malcom: »Picti«. In: Hubert Cancik [u.a.] (Hg.): *Der neue Pauly.* Bd. 10. Stuttgart/Weimar 2000, 1006.

Todtenhaupt, Martin: *Veritas amoris: Die Tristankonzeption Gottfrieds von Straßburg.* Frankfurt a.M. 1992.

Toepfer, Regina: *Höfische Tragik: Motivierungsformen des Unglücks in mittelalterlichen Erzählungen* (= Untersuchungen zur deutschen Literaturgeschichte 144). Berlin/New York 2013.

Tomasek, Tomas: »Zur Tristanliebe. Anlässlich von Anna Keck ›Die Liebeskonzeption der mittelalterlichen Tristanromane‹«. In: *Beiträge zur Geschichte der deutschen Sprache und Literatur* 128/3 (2006), 467–471.

Tomasek, Tomas: »Moral und Menschenbild in den mittelalterlichen Tristandichtungen«. Friedhelm Debus/Ernst Dittmer (Hg.): *Sandbjerg 85: Dem Andenken von Heinrich Bach gewidmet.* Neumünster 1986, 113–139.

Tomasek, Tomas: *Die Utopie im ›Tristan‹ Gottfrieds von Straßburg.* Tübingen 1985.

Uecker, Heiko: *Der mittelalterliche Tristan-Stoff in Skandinavien. Einführung – Texte in Übersetzung – Bibliographie.* Berlin/New York 2008.

Urbanek, Ferdinand: »Die drei Minne-Exkurse im ›Tristan‹ Gottfrieds von Straßburg«. In: *Zeitschrift für deutsche Philologie* 98 (1979), 344–371.

Uttenreuther, Melanie: *Die (Un)Ordnung der Geschlechter. Zur Interdependenz von Passion, gender und genre in Gottfrieds von Straßburg Tristan.* Bamberg 2009.

Velten, Hans Rudolf: »Sprache und Raum. Anmerkungen zur Baumgartenszene in Gottfrieds ›Tristan‹«. In: *Zeitschrift für deutsche Philologie* 133 (2014), 23–47.

de Vries, Jan: *Heldenlied und Heldensage.* Bern/München 1961.

Wachinger, Burghart: »Zur Rezeption Gottfrieds von Straßburg im 13. Jahrhundert«. In: Wolfgang Harms/Leslie Peter Johnson (Hg.): *Deutsche Literatur des späten Mittelalters.* Berlin 1975, 56–82.

Wandhoff, Haiko. »How to Find Love in Literature: Reading Gottfried von Strassburg's Tristan and His Cave of Lovers«. In: Jutta Eming/Ann Marie Rasmussen/Kathryn Starkey (Hg.): *Visuality and materiality in the story of Tristan and Isolde.* Notre Dame, Indiana 2012, 41–64.

Wagner, Wilfried: »Die Gestalt der jungen Isolde in Gottfrieds ›Tristan‹«. In: *Euphorion* 67 (1973), 52–59.

Walliczek, Wolfgang: »Rudolf von Ems«. In: Kurt Ruh [u.a.] (Hg.): *Verfasserlexikon.* Bd. 8. Berlin/New York ²1992, 322–346.

Wapnewski, Peter: »Tristans Abschied. Ein Vergleich der Dichtung Gotfrits von Straßburg mit ihrer Vorlage Thomas«. In: William Foerste/Karl Heinz Borck (Hg.): *Festschrift für Jost Trier zum 70. Geburtstag.* Köln u.a. 1964, 335–363.

Wapnewski, Peter: »Herzeloydes Klage und das Leid Blancheflurs: Zur Frage der agonalen Beziehungen zwischen den Kunstauffassungen Gottfrieds von Strassburg und Wolframs von Eschenbach«. In: Werner Simon [u.a.] (Hg.): *Festgabe für Ulrich Pretzel zum 65. Geburtstag dargebracht von Freunden und Schülern.* Berlin 1963, 173–184.

Warning, Rainer: »Die narrative Lust an der List. Norm und Transgression im ›Tristan‹«. In: Gerhard Neumann/Rainer Warning (Hg.): *Transgressionen. Literatur als Ethnographie* (= Rombach Wissenschaften Reihe Litterae 98). Freiburg/Br. 2003, 175–212.

Wawer, Anne: *Tabuisierte Liebe. Mythische Erzählschemata in Konrads von Würzburg ›Partonopier‹ und ›Meliur‹ und im ›Friedrich von Schwaben‹.* Köln [u.a.] 2000.

Weber, Gottfried: *Gottfrieds von Strassburg ›Tristan‹ und die Krise des hochmittelalterlichen Weltbildes um 1200.* Bd.1. Stuttgart 1953.

Wenzel, Franziska: »Kontingenzerfahrung. Gabe, Gewalt und Emotionalität bei Gottfried von Straßburg«. In: *Zeitschrift für deutsche Philologie* 133,1 (2014), 3–22.
Wenzel, Horst: »Die Zunge der Brangäne oder die Sprache des Hofes«. In: Ders. (Hg.): *Höfische Repräsentation. Symbolische Kommunikation und Literatur im Mittelalter.* Darmstadt 2005, 81–96.
Wenzel, Horst: »Der unfeste Held. Wechselnde oder mehrfache Identitäten«. In: Peter von Moos (Hg.): *Unverwechselbarkeit. Persönliche Identität und Identifikation in der vormodernen Gesellschaft.* Köln [u.a.] 2004, 163–183.
Wenzel, Horst: »Imaginatio und Memoria. Medien der Erinnerung im höfischen Mittelalter«. In: Aleida Assmann (Hg.): *Mnemosyne. Formen und Funktionen der kulturellen Erinnerung.* Frankfurt a.M. 1991, 57–82.
Wenzel, Horst: »Negation und Doppelung. Poetische Experimentalformen von Individualgeschichte im ›Tristan‹ Gottfrieds von Straßburg«. In: Thomas Cramer (Hg.): *Wege in die Neuzeit* (= Forschungen zur Geschichte der älteren deutschen Literatur 8). München 1988, 229–251 [= Wenzel 1988a].
Wenzel, Horst: »Öffentlichkeit und Heimlichkeit in Gottfrieds ›Tristan‹«. In: *Zeitschrift für deutsche Philologie* 107 (1988), 335–361 [= Wenzel 1988b].
Wenzel, Horst: »*Ze hove und ze holze, offenlîch und tougen*. Zur Darstellung und Deutung des Unhöfischen in der höfischen Epik und im ›Nibelungenlied‹«. In: Gert Kaiser/Jan-Dirk Müller (Hg.): *Höfische Literatur, Hofgesellschaft, höfische Lebensformen um 1200. Kolloquium am Zentrum für Interdisziplinäre Forschung der Universität Bielefeld (3. bis 5. November 1983).* Düsseldorf 1986, 277–300.
Wenzel, Horst: *Frauendienst und Gottesdienst. Studien zur Minne-Ideologie.* Berlin 1974.
Wessel, Franziska: *Probleme der Metaphorik und die Minnemetaphorik in Gottfrieds von Straßburg ›Tristan und Isolde‹* (= Münstersche Mittelalter-Schriften 54). München 1984.
Wetzel, René: »Die südostmitteldeutsche Überlieferungsinsel von Gottfrieds *Tristan* im Kontext der böhmischen Gesellschafts- und Bildungssituation und der Minne-Ehe-Kasuistik im 13.–15. Jahrhundert«. In: *Tristan-Studien. Die Tristan-Rezeption in den europäischen Literaturen des Mittelalters.* Greifswald 1993, 165–181.
Wetzel, René: *Die handschriftliche Überlieferung des ›Tristan‹ Gottfrieds von Straßburg. Untersucht an ihren Fragmenten.* Freiburg i. Ue. 1992.
Wharton, Janet: »*daz lebende paradis*? A Consideration of the Love of Tristan and Isot in the Light of the *huote* Discourse«. In: Adrian Stevens/Roy Wisbey (Hg.): *Gottfried von Straßburg and the Medival Tristan Legend. Papers from an Anglo-North American Symposium* (= Arthurian Studies 23). Cambridge/London 1990, 143–154.
Willms, Eva: »*Der lebenden brôt*. Zu Gottfrieds von Straßburg ›Tristan‹ 238 (240)« In: *Zeitschrift für deutsches Altertum und deutsche Literatur* 123 (1994), 19–44.
Winkelmann, Johann H.: »Die Baummetapher im literarischen Exkurs Gottfrieds von Straßburg«. In: *Amsterdamer Beiträge zur älteren Germanistik* 8 (1975), 85–112.
Wisbey, Roy: »The *renovatio amoris* in Gottfried's Tristan«. In: *London German Studies* 1 (1980), 1–66.
Wolf, Alois: *Gottfried von Strassburg und die Mythe von Tristan und Isolde.* Darmstadt 1989.
Wolf, Alois: »Die Klagen der Blanscheflur. Zur Fehde zwischen Wolfram von Eschenbach und Gottfried von Straßburg«. In: *Zeitschrift für deutsche Philologie* 85 (1966), 66–82.
Worstbrock, Franz Josef: »Der Zufall und das Ziel. Über die Handlungsstruktur in Gottfrieds ›Tristan‹«. In: Ders.: *Ausgewählte Schriften.* Bd. 1. *Schriften zur Literatur des Mittelalters.* München 2004, 229–245 (ursprünglich erschienen in: Walter Haug/Burghart Wachinger (Hg.): *Fortuna.* Tübingen 1995, 34–51).
Wynn, Marianne: »Nicht-Tristanische Liebe in Gottfrieds ›Tristan‹. Liebesleidenschaft in Gottfrieds Elterngeschichte«. In: Xenja von Ertzdorff (Hg.): *Liebe, Ehe, Ehebruch in der Literatur des Mittelalters. Vorträge des Symposiums vom 13. bis 16. Juni 1983 am Institut für Deutsche Sprache und Mittelalterliche Literatur der Justus-Liebig-Universität Gießen* (= Beiträge zur deutschen Philologie 58). Gießen 1984, 56–70.
Wyss, Ulrich: »Tristan und die ›Nachtigallen‹«. In: Christoph Huber/Victor Millet (Hg.): *Der ›Tristan‹ Gottfrieds von Straßburg. Symposion Santiago de Compostela 2000.* Tübingen 2002, 327–338.
Young, Christopher: Der Minnetrank als Literarisierungsprozeß bei Gottfried von Straßburg. In: Christoph Huber/Victor Millet (Hg.): *Der ›Tristan‹ Gottfrieds von Straßburg. Symposion Santiago de Compostela 2000.* Tübingen 2002, 257–279.
Young, Christopher: »Literaturtheorie bei Gottfried von Straßburg: Fiktion, Religion und Rhetorik«. In: Joachim Heinzle (Hg.): *Wolfram-Studien* 15 (1998), 195–210.
Zacke, Birgit: *Wie Tristan sich einmal in eine Wildnis verirrte. Bild-Text-Beziehungen im ›Brüsseler Tristan‹.* Berlin 2016.

Zak, Nancy C.: »The Portrayal of Isolde in Gottfried von Strassburg's ›Tristan‹«. In: Ulrich Müller/Franz Hundsnurscher/Cornelius Sommer (Hg.): *The Portrayal of the Heroine in Chrétien de Troyes's ›Erec et Enide‹, Gottfried von Strassburg's ›Tristan‹, and ›Flamenca‹*. Göppingen 1983, 56–103.

Zettl, Evamaria: »*In dirre wilden cluse*: Gottfrieds von Straßburg Minnegrotten-Episode und die Eremitenlegende«. In: *Archiv für das Studium der neueren Sprachen und Literaturen* 159 (2007), 241–259.

Ziegler, Josef Georg. *Die Ehelehre der Pönitentialsummen von 1200–1350. Eine Untersuchung zur Geschichte der Moral- und Pastoraltheologie* (= Studien zur Geschichte der katholischen Moraltheologie 4). Würzburg 1956.

Ziegler, Vickie: »A Burning Issue: Isolde's Oath in Its Historical Context«. In: Carol A. Blackshire-Belay (Hg.): *The Germanic Mosaic. Cultural and Linguistic Diversity in Society* (= *Contributions in Ethnic Studies* 33). Westport [u.a.] 1994, 73–82.

Zimmer, Heinrich: »Beiträge zur Namenforschung in den altfranzösischen Arthurepen«. In: *Zeitschrift für französische Sprache und Literatur* 13 (1891), 1–117.

Zotz, Nicola: »Vaterverlust oder Vatergewinn? Rual zwischen Riwalin und Marke«. In: Johannes Keller [u.a.] (Hg.): *Das Abenteuer der Genealogie. Vater-Sohn-Beziehungen im Mittelalter*. Göttingen 2006, 87–103.

Zotz, Nicola:„Programmatische Vieldeutigkeit und verschlüsselte Eindeutigkeit. Das Liebesbekenntnis bei Thomas und Gottfried von Straßburg (mit einer neuen Übersetzung des Carlisle-Fragments)«. In: *Germanisch-romanische Monatsschrift* 50 (2000), 1–19.

Register

A

Ackerbaumetaphorik 144, 154
Adam 152
aithed 10
allegorische Einkleidung 48
altirische Literatur 21
amour passion 1, 51
Anagramm 69
analogia interioris et exterioris 43
anderweltlich-keltischer Raum 140
Andreas Capellanus 1
âne danck 80–81
anima nobilis 28
Anthropologie der Heroen 50
Anti-Tristan 186
Antret 118, 176, 196, 201
Archetypus 19
arcwân 102–103, 107, 114, 134
Arnold, Matthew 169
ars amandi 62, 129
ars amatoria 36, 93
ars venandi 129
Arteswissen 61
Artus 174, 178, 186–190, 199, 201
Astrologie 199
autobiographischer Exkurs 128–129, 134
Autorbild 15–16, 21
autoritative Sippenvergabe 72
avalûn 140, 170
avunkular 32, 43, 59
Avunkulatserbe 63

B

Badszene 66–68, 76
Bartmantel 187
Baumgarten 97, 105, 108, 119, 151, 153–154, 156, 161, 169, 171, 205
Bédier, Joseph 5, 9
Beilager 72
belauschtes Stelldichein 97–98, 105–106, 119, 121
Berol 2, 6, 8, 78–80, 94, 117, 122, 129–130, 139, 141–143, 189–190, 205
bettemaeren 101–104, 107, 119–121
Bettgespräch 97–98, 102
bickelworte 17
Black Book of Carmarthen 10
Blanscheflur 34–37, 119
blintheit 120, 139
boese conterfeit 145

Brandanlegende 10
Brangäne 66–67, 70, 73, 79, 81, 83, 85, 93, 98, 102–103, 105, 107, 153, 165, 172, 174–175, 177, 183, 192
Brautnachtbetrug 72–73, 80, 97, 99, 119
Brautunterschub 83
Brautwerbung 54–77
Breri 9
Bruder Robert 5, 80, 117, 185
Brüsseler Tristan 19

C

caput-Repräsentation 95
Carlion 110
Carlisle-Fragment 4, 89, 90, 92–93
catena fatalis 182, 185
Celtic Triple Goddess 192
Cgm 51 19
Chronotopos 124
Cligès 4, 91
Codex Manesse 15, 21
confort 93
Corineus 127
cor nobile 28
Cornwall 13, 51, 55, 57, 63, 144, 166, 176, 179, 197, 201
curîe 42
Curvenal 2

D

daz lebende paradîs 151
Derdriu und Noisi 12
Destruktion des Heros 174–175, 177–178
Diarmaid und Gráinne 11–13
Dichterschau 15
Diristan 10
discourse of male love at court 193
doppeldeutiger Eid 108, 112, 117–118
Doublettenmatrix 2, 182, 206
Drachenkampf 65, 76
Drachentötung 76
Drachenzunge 65–66, 71
Dreiecksgeschichten 21, 78
Drust 12
Drustanus 13
Drystan 10
Dublin 60
durnehtec 97

227

Register

E

Ebertraum 98, 101, 119
edele senedaere 23, 27
edelez herz 22-23, 25-26, 28-29, 31, 33, 35, 85, 91, 94, 120, 127, 132, 141, 144-145, 147, 151, 171, 175, 178, 205
Eherechtsproblematik 72
Eilhart 2-3, 6, 9, 74, 76, 78-80, 94, 117, 119, 122-123, 129-130, 139, 141-143, 164, 166-169, 174-181, 183, 189-190, 192, 195-196, 198-200, 204-206
Eisenprobe 111-112, 117
elegantia morum 40, 62
elsternfarbenes Reh 194-195, 204
Elternvorgeschichte 32-37, 186
Entbästungsszene 42
erbepfluoc 38, 130
erbevater 46, 53, 60
erbevogetîn 38, 84
Erec 19, 186
Erzählen im Paradigma 206
Erzählen, mündliches 3
Erzählen, schemagebundenes 64
Erzählmuster vom betrogenen Ehemann 108
Eselt 13
Essyllt 10
estoire 8, 14
Eucharistiemetapher 29
Eva 148, 152

F

Fahrt nâch wâne 76
Fee 62, 66, 170, 192-193
Feenmärchen 59
Feenmärchenschema 192
feine 140
femina virilis 150
Feuerordal 111, 114
fin' amur 163
fingierte Sprachnot 47
Finnzyklus 11
Floraete 38, 40
Fluchterzählung 10-11
Folie Tristan 5
Foucault, Michel 206
furkîe 42

G

Gandin-Episode 97, 99, 101
Gariole 179
Gegenlist 95
geis 11
Geiselforderung 55
Geißblatt-Lai 182

gelüppeter eit 113, 116
geluste unde gelange 138-139
Geoffrey 187
Gerichtstag 67, 70
Gesellschaftswunder 131
g'êvet 148-149
gewerldet 24-25
Giftwunde 55, 77, 179, 182-183, 185
Gilan 170-171
gotes höfscheit 108, 110, 117
Gottesminne 195, 202, 204
Gottesurteil 96-97, 101, 108-109, 111-115, 119, 121, 153, 170, 191
gradus amoris 93
grant irrur 183
Große Heidelberger Liederhandschrift 15
Grottenallegorese 122, 125, 132, 134-137, 142, 147
Grottenfenster 137
Guenelon 117
Gurmun 55-56, 67, 70, 186
Gurmuns Bann 58

H

Hákon Hákonarson 5
handhafte Tat 109
handschriftliche Überlieferung 18
Harfe 59, 100-101
Hartmann von Aue 16
hasen geselle 17
Heilungsfahrt 10, 59, 74, 77
Heimführung der Braut 72
Heimlichkeit 95, 97
Heinrich von Freiberg 194, 199-200, 202-204
Heinrich von Veldeke 3, 16, 80
Helikon 48
Hell-/Dunkel-Metaphorik 95-96
Heroenbiographie 52
Herz-Auge-Wahrnehmung 120
Herzmaere 145
Hirschbast 41
Historia Regum Britanniae 186
Hochzeit 72
Hochzeitsnacht 85, 163-164, 166, 171-172, 195
Hofintrige 63
höfische Erziehung 52
Homonymen-Wortspiel 91
hortus conclusus 127
hryt eselt 13
huote 99, 121, 140, 143, 145, 147-149, 151-152, 154
Hybridität 49, 52

I

Ideologie des adligen Körpers 71
illegitime Abkunft 50
immram 10, 59-60, 74, 76
Initialen-Kryptogramm 20
Initialenspiel 30, 105
inziht 109
ir aller werlde 22, 26, 31, 35
Irland 65, 67
Irland als ›woman's space‹ 192
Irlandfahrt 59
iudicium Dei 111
iudicium ferri igniti 111
Iwein 28, 30, 100, 145, 189

J

Jagdkunst 43
Jenseitsfahrt, keltische 60

K

Kaedin 156-158, 165-168, 174-175, 177, 179, 182-184, 195, 197-198, 201
kalokagathia 43
Kampfparodie 65
Kapellensprung 117-118, 200
Karke 156, 194, 202
Kaufmannslist 65
Keie 188
keltische Anderwelt 59, 67, 137, 192
keltische Erzähltradition 8, 62, 100
keltische Namen und Schauplätze 13
Kemenatenszene 55, 68
Kindheitsgeschichte, literarische 52
Kindheitstopoi 52
Kleidung 45, 71
Kleidung als zweite Haut 71
König Artus 118, 131
Königin Isolde 58-59, 67-70, 81-82
Konkordanzästhetik 43
Konsensehe 72, 74
Kristallbett 128, 133, 135, 138
kühnes Wasser 12-13, 165, 167, 174-175, 195
Kurnewal 2, 41, 119
Kurvenal 40-41, 60, 105, 126, 130, 168, 175-176, 203

L

Lachmann, Karl 19
lameir 88-89, 91-92, 94
Lanzelet 186
lêal amûr 36-37, 205-206
lebendes paradîs 154
leich 100

Leimrutenmetapher 34-35, 84, 88
leit unde linge 49, 53
›Lesbarkeit‹ der höfischen Körper 45
Liebe als Krankheit 35
liebe-leit 27, 31, 38, 93, 147
Liebe-Loyalitäts-Konflikt 10, 21
Liebesgeständnis 89, 91-92
Liebestod 85, 179
Liebeszauber 79
liebe und êre 86
list/List 24, 73, 95, 97-98, 103, 107, 121
Literaturexkurs 15, 47-49
liument 109
locus amoenus 105, 127-128, 142
locus terribilis 127
Lotman, Jurij M. 205
Lügengeschichte 60, 101
Lugowski, Clemens 51

M

March 10
Marcus von Cornwall 13
Marie de France 182
mariologische Pflanzenmetaphorik 151
Marjodo 98, 103, 119-121, 148, 189, 205
Marke 2, 43-47, 51, 53, 55, 63, 84, 98, 101-103, 105, 107, 118, 120, 137-139, 152, 173, 175-177, 181-182, 187-190, 196-197, 200-203, 205
matière de Bretagne 1-2
Meerfahrt 10
Mehlstreu-Episode 97-99, 101-102, 108, 119
meister Gotfried 15
Melot 98, 104-105, 120-121, 148, 169, 189, 196, 201, 205
memoria 170-178, 183
memoria artificiosa 170
Memorialbild 173
Memorialgemeinschaft 178
Memorialzeichen 171
memoria naturalis 170
Minne als Ärztin 36, 93
Minnebußpredigt 143-144, 146-147, 154
Minneexkurs 143-154
Minnegrotte 122-142, 170, 174, 186, 203
Minnegrottenallegorese 141, 143, 154
Minnehöhle 124, 126
Minnekrankheit 79
Minnelehrpredigt 143, 147
Minnelobpredigt 143, 147
Minnetrank 72-73, 78-94, 119, 181-183, 185, 190, 203
morâliteit 61-62
Morgan 33, 37-38, 50

Morold 56, 58–59, 77
Moroldkampf 55, 58, 77, 179
»Motivation von hinten« 51
Motivsymmetrie 49
Musenanruf 48–49
mythische Basisregel 55, 66, 73, 77
mythische Drachentötung 72
mythischer Heilsbringer 57
mythisches Register 70

N
Namensdoppelung 182
Nampotenis 179, 197–198, 202
Narrenepisode 196, 201
Natur/Kultur 105, 134
Naturmetaphorik 149, 184
Nibelungenlied 96, 189
nichtidentische Kopie 206
niederfränkisches Tristanfragment 5

O
Ogrin 79
Ölbaum 105
Ordal 110, 116
Ordalformen 111
ordalium 111
Ordalkritik 114–115
orientalisches Erzählgut 14
Ovid 158, 160

P
Paradigma der Lügengeschichten 65
Parmenien 32, 46–47
Passion 1, 178, 180–181, 185–186, 189, 191–192, 195, 198–199, 202, 204–206
Peilnetosy 201
Petitcreiu 140, 170–171, 178
Pikten 12
poeir 162
poison 78–79
Präfiguration 32, 37
prodesse aut delectare 28
Prolog 22–29, 31, 147
Prosa-Tristan 189–190
publicus/privatus 95
puer senex 41
Pufferfiguren 98

Q
Quellenkritik 75

R
rash boon 100
Ratszene 63–64
Rechtfertigungsmonolog 160, 166, 194
rede von guoten minnen 143, 146
Registerwechsel 50
reines wîp 149–150
Reinigungseid 117, 189–190
Reinmar von Hagenau 17
remedia amoris 35, 156, 160
Reymunt von Luchtenburc 199
Ring 145–146, 155–156, 169–172, 177, 179, 183
Riol von Nantis 166
Riwalin 32–37, 47, 119
Rolandslied 117
Roman de Brut 4
Rose und Rebe 181, 185–186, 197, 203–204
Rotte und Harfe 99, 101
Rual 37–40, 44–47
Rûal li foitenant 33
Rückkehrabenteuer 166, 168–169, 174–175, 177–179, 187, 196, 200, 204
Rudolf von Ems 18

S
saeliges wîp 149–151, 154
salernitanische Schule 59
samblanze 119–120
Schein-Schlüsse 202
Schwalbenhaar-Episode 75–76
Schwertleite 47, 49
Schwertlist 97, 99, 102, 138
Schwertsplitter 56, 58, 67
Segellüge 160, 179–180, 182–185, 197
senediu maere 26
senemaere 132
sensus moralis 132
septem artes liberales 40
septem probitates 40
Sirenenvergleich 62
Sir Tristrem 5, 138
Sonnen- bzw. Mondmetaphorik 71
Spänelist 105
Speise- und Gesellschaftswunder 128–130, 142, 170
Splitterepisode 58, 67–68, 76
Sprachlist 97, 102
Statuensaal 165, 171–174, 178
Statusrepräsentation, adlige 70
Stemma 19
sunder danck 80
Swâles 170

T

Tantris 59–61, 66–67, 69
Tavola Ritonda 5
Thomas 2, 4–5, 9, 89, 93, 122, 141, 162–167, 169, 171, 174–175, 178, 182–185, 187, 199
Thomas-Fragmente 4
Thômas von Britanje 4
Tiermetapher 99, 148
Tintajol 33, 55, 187, 196, 202–203
Tochmarc Êmire 12
Trankwirkung 94
Transgression 205–206
Triaden 10
Tristan als Mönch 168
Tristan als Narr 196, 200
Tristan der Zwerg 182
Tristan en prose 6
Tristanimitator 179, 197
Tristan-Leich 158
Tristan-Saga 130, 138–141, 157, 162, 165, 174–175, 178, 182–183, 185, 192
Tristans ›zweite Geburt‹ 38, 53
triste 39
Tristrams Saga 38, 50, 59, 80, 83, 93, 117, 122, 124, 153, 171–172
Tristrams Saga ok Ísondar 5
Tristran l'Amerus 182
Tristran le Naim 182
Tristrant als Narr 176, 178, 180
triuwe, diu von herzen gât 146, 154
Truchsess 65, 67, 70–71, 192

U

übeles wîp 189
Übergangsriten 41
Ulrich von Türheim 194–195, 197, 199, 201, 204
Ulrich von Zatzikhoven 186
Ur-Tristan 14

V

Väterakkumulation 44
vederspil 91
verligen 186
version commune 5–6, 122
version courtoise 5–6, 122
Versöhnungskuss 70
Vokabular, astronomisches 70
voleir 162

W

Wace 187
Wagner, Richard 169, 205
Waldleben 78, 119, 122–124, 128–129, 141, 179, 187, 200–201
Walter von der Vogelweide 17
Walwan 187–188
Weiberlist-Geschichten 108
Werbungsauftrag 63
Werbungshelfer 55, 64–65
wintschaffen Crist 108, 113, 116–117, 121
Wîs und Râmîn 14
Wolfeisen-Episode 175, 178, 187–188, 190, 199
Wolfram von Eschenbach 17, 48
wortlâge 103
Wunderhirsch 137
Wunderkind 53
Wunde, vergiftete 58
wunschleben 122, 125, 129, 131, 140–141, 174, 205

Y

Yvain 145

Z

zahlenkompositorische Struktur 49
zorn unde wîpheit 69
Zweikampf 56, 111
zwîvel 103, 114
zwîvel/arcwân 104, 121

Detlef Kremer
Romantik
Lehrbuch Germanistik
4., akt. Auflage, X, 349 S., kartoniert,
24,95 €
978-3-476-02597-5

Dieses Lehrbuch informiert umfassende über die Literatur der deutschen Romantik von der Frühromantik bis zu den Ausläufern der Spätromantik um 1830/40. Der Autor versteht die deutsche Romantik als eine literarische Revolution, von der entscheidende Impulse für eine literarische Moderne in ganz Europa ausgehen. Der Band skizziert die kultur- bzw. sozialgeschichtlichen sowie die philosophischen und wissenschaftlichen Kontexte der Romantik sowie die romantische Poetik und Ästhetik. Den Hauptteil bildet die ausführliche Darstellung zentraler Werke der verschiedenen Gattungen. Für die 4. Auflage wurde der Band durchgesehen und insbesondere bibliographisch aktualisiert.

www.metzlerverlag.de
J.B. METZLER
Part of SPRINGER NATURE

Dorothea Klein
Mittelalter
Lehrbuch Germanistik
2., akt. Auflage, IX, 326 S., kartoniert,
24,95 €
978-3-476-02596-8

Diese Einführung gibt einen Überblick über die deutsche Literatur des Mittelalters und liefert die Grundlagen, die zu ihrem Verständnis nötig sind. Sie informiert über die kulturellen und medialen Voraussetzungen sowie über die Bedingungen der literarischen Kommunikation (literarische Zentren, Autoren und Schreiber, Gönner und Publikum). Die Autorin beschreibt die Epochen der mittelalterlichen deutschen Literatur, die zentralen Werke und benennt die Themen und Diskurse. Mit Abbildungen, Zeittafeln und Werklisten, Bibliographien, Werk- und Personenregister. Für die 2. Auflage wurde der Band durchgesehen und insbesondre bibliographisch aktualisiert.

www.metzlerverlag.de
J.B. METZLER
Part of SPRINGER NATURE

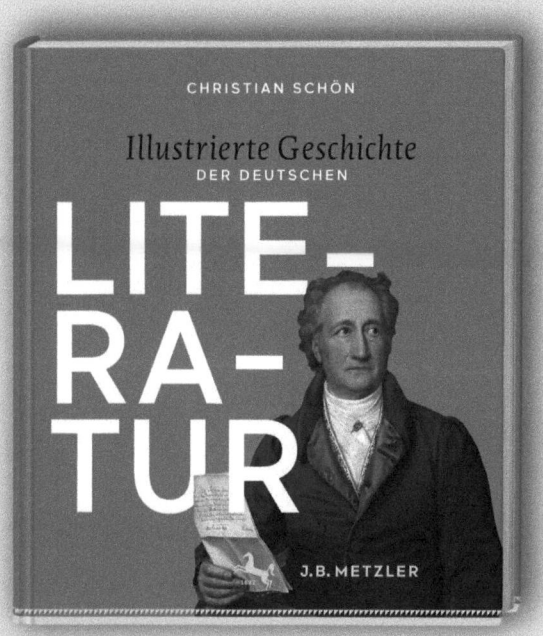

Christian Schön
Illustrierte Geschichte der deutschen Literatur
Epochen - Autoren – Werke
V, 187 Seiten, zahlreich bebildert, 24,95 €
978-3-476-02647-7

Diese reich bebilderte Literaturgeschichte bietet einen kompakten und gut lesbaren Überblick über die deutschsprachige Literatur vom Mittelalter bis zur Gegenwart. Zu den Bildern treten lebendige Darstellungen der Epochen mit den wichtigsten Stilen, Gattungen, Autoren und Werken. Dabei werden auch historische und kulturelle Zusammenhänge und Hintergründe erläutert. Spezielle Infokästen stellen zentrale Autorinnen und Autoren vor.

www.metzlerverlag.de

MIX
Papier aus verantwortungsvollen Quellen
Paper from responsible sources
FSC® C105338

If you have any concerns about our products,
you can contact us on
ProductSafety@springernature.com

In case Publisher is established outside the EU,
the EU authorized representative is:
**Springer Nature Customer Service Center GmbH
Europaplatz 3, 69115 Heidelberg, Germany**

Printed by Libri Plureos GmbH
in Hamburg, Germany